高等院校财经管理类"十三五"规划教材

财 政 学

于丽红　张明如　主编

中国林业出版社

内 容 简 介

本教材以市场分析为起点,秉承现代经济学分析方法和我国财政学理论分析规范,构建了"基础理论—财政支出—财政收入—管理与政策"框架。全书共四部分15章,第一部分为基础理论部分,包括财政概念和财政职能、财政支出的基本理论问题;第二部分为财政支出部分,在分析财政支出规模与结构的基础上,重点分析了购买性支出和转移性支出;第三部分为财政收入部分,包括财政收入规模与构成分析、税收原理、税收的经济效应、税收制度、非税收入以及国债;第四部分为财政管理与政策部分,包括政府预算与财政管理体制、政府间财政关系和财政政策。本教材在保证财政学体系的科学性、系统性、完整性与准确性前提下,体现了基础性与前瞻性、理论性与实践性的结合,可拓宽学生的理论视野,让学生掌握最新财政理论,了解财政实践面临的问题,培养学生运用所学的财政理论进行宏观经济分析和解决实际问题的能力。

本教材可以作为高等院校经济管理类和公共管理类专业教材,也可以满足实践工作者对财政学理论知识学习的需要,还可供研究人员参阅。

图书在版编目(CIP)数据

财政学/于丽红,张明如主编.—北京:中国林业出版社,2016.7
高等院校财经管理类"十三五"规划教材
ISBN 978-7-5038-8528-0

Ⅰ.①财… Ⅱ.①于… ②张… Ⅲ.①财政学-高等学校-教材 Ⅳ.①F810

中国版本图书馆 CIP 数据核字(2016)第 100493 号

国家林业局生态文明教材及林业高等教材建设项目

中国林业出版社・教育出版分社
责任编辑: 田 苗
电 话: (010)83143557　　　传 真: (010)83143516

出版发行	中国林业出版社(100009　北京市西城区德内大街刘海胡同7号) E-mail: jiaocaipublic@163.com　电话: (010)83143500 http://lycb.forestry.gov.cn
经　销	新华书店
印　刷	北京中科印刷有限公司
版　次	2016年7月第1版
印　次	2016年7月第1次印刷
开　本	850mm×1168mm　1/16
印　张	21
字　数	497千字
定　价	42.00元

未经许可,不得以任何方式复制或抄袭本书之部分或全部内容。

版权所有　侵权必究

《财政学》编写人员

主　　编　于丽红　张明如
副 主 编　郭艳俊　彭艳斌
编写人员(按姓氏拼音排序)
　　　　　陈　瑜(甘肃农业大学)
　　　　　丑晓玲(西安科技大学)
　　　　　郭艳俊(甘肃农业大学)
　　　　　呼　应(沈阳农业大学)
　　　　　彭艳斌(沈阳农业大学)
　　　　　于丽红(沈阳农业大学)
　　　　　余家凤(长江大学)
　　　　　张明如(长江大学)

前　言

财政是政府的经济行为，财政学是研究政府收支活动及其规律的学科。随着我国社会主义市场经济体制的逐步建立，构建与之相适应的社会主义财政学体系是广大理论教学研究及实际工作者面临的一项重大课题。

财政学作为经济学的一个重要分支，在我国高等院校经济学和管理学科课程体系中一直处于核心地位。随着社会的飞速发展，各个领域与学科都发生了深刻变化，财政学领域尤其如此。无论是政府支出领域的公共化改革、税制改革，还是财政分权的理论与实践，都引起学界内外广泛的争论和探讨。培养和提升学生理论联系实际的能力，使他们全面系统地掌握现代财政学的理论体系，并且能够对我国及世界范围内的财政经济改革的现实情况进行独立思考和观察，是理论教学研究者的责任。为此，我们结合多年的教学实践和经验，组织编写了本教材。本教材在介绍财政学基础知识、基本理论的基础上，融入了国内外财政领域最新发展成果和研究方法。

本教材的编写着重体现以下特色：第一，课程体系的前瞻性、科学性。本教材在编写过程中融合国内外优秀教材的优点，构建的课程框架反映了财政理论和实践创新及发展的最新成果，将学科前沿、财经热点和难点纳入教材。第二，理论体系完整且突出中国特色。依据国际惯例，以经典理论为基点，融入我国的财政理论发展与创新，反映中国经济改革和财政改革的进程和内容，力图贴近中国财政改革和发展的现实。第三，分析方法和手段规范、实用。使用"图形""推理""模型"等经济学规范分析工具来阐明基本理论、解析财政现象和判断财政政策。第四，培养操作技能和发展潜能。每章配有课外阅读资料或案例分析，既拓展学生的视野，也培养和训练学生分析、解决问题的能力。

本教材由于丽红副教授和张明如副教授担任主编，郭艳俊副教授和彭艳斌副教授担任副主编。本教材是集体劳动和团队合作的结晶，各章分工如下：于丽红编写第1章、第7章、第11章；呼应编写第2章、第5章；陈瑜编写第3章、第4章；郭艳俊编写第6章、第10章；余家凤编写第8章；彭艳斌编写第9章、第14章；丑晓玲编写第12章、第13章；张明如编写第15章。由主编于丽红统稿。另外，沈阳农业大学博士生戴琳参与了第7章和第13章的部分编写工作。

本教材在编写过程中参阅了大量的财政学相关文献，吸取了各种版本教材在编写结构及内容上的一些可贵之处，在此向相关作者表示衷心的感谢。在成书的过程中，中国林业出版社给予了热情的关心和帮助，在此特表谢意。

由于编者水平有限，不足之处在所难免，敬请广大读者批评指正。

编 者
2015 年 12 月

目 录

前 言
第1章 财政和财政职能 (1)
1.1 财政现象及财政的概念、特征 (1)
1.1.1 财政现象 (1)
1.1.2 财政的概念及特征 (2)
1.2 政府和市场关系 (4)
1.2.1 市场效率与市场失灵 (4)
1.2.2 政府干预与政府失灵 (7)
1.2.3 混合经济中政府与市场的基本分工 (11)
1.3 财政职能 (12)
1.3.1 资源配置职能 (12)
1.3.2 收入分配职能 (14)
1.3.3 经济稳定与发展职能 (15)

第2章 财政支出的基本理论问题 (19)
2.1 公共物品 (19)
2.1.1 公共物品与私人物品特征比较 (19)
2.1.2 公共物品的提供方式 (20)
2.1.3 公共物品的生产和定价 (22)
2.2 混合物品 (24)
2.2.1 混合物品的含义及分类 (24)
2.2.2 混合物品的提供方式 (25)
2.3 外部效应及其纠正 (27)
2.3.1 外部效应的含义及分类 (27)
2.3.2 外部效应的低效率 (29)
2.3.3 外部效应的纠正 (30)

第3章 财政支出规模、结构与效益评价 (35)
3.1 财政支出分类 (35)
3.1.1 按经济性质分类 (35)

3.1.2　按财政功能分类 ………………………………………… (36)
　　　3.1.3　按支出的最终用途分类 ……………………………… (37)
　　　3.1.4　其他分类方法 …………………………………………… (38)
　　　3.1.5　国际分类方法 …………………………………………… (39)
　3.2　财政支出规模分析 ……………………………………………… (40)
　　　3.2.1　衡量财政支出规模的指标 …………………………… (40)
　　　3.2.2　财政支出规模变化的一般趋势 ……………………… (41)
　　　3.2.3　财政支出的影响因素 ………………………………… (44)
　　　3.2.4　我国财政支出规模发展变化特征分析 …………… (45)
　3.3　财政支出结构分析 ……………………………………………… (48)
　　　3.3.1　财政支出结构发展变化学说 ………………………… (48)
　　　3.3.2　我国财政支出结构的一般分析 ……………………… (49)
　3.4　财政支出的效益及评价 ………………………………………… (51)
　　　3.4.1　财政支出效益的含义、特点及衡量方法 …………… (52)
　　　3.4.2　成本—效益分析法 ……………………………………… (53)
　　　3.4.3　最低费用选择法 ………………………………………… (54)
　　　3.4.4　公共劳务收费法 ………………………………………… (55)

第4章　消费性支出 ……………………………………………………… (57)
　4.1　社会消费性支出概述 …………………………………………… (57)
　　　4.1.1　社会消费性支出的属性 ………………………………… (57)
　　　4.1.2　社会消费性支出的项目 ………………………………… (58)
　4.2　行政管理与国防支出 …………………………………………… (58)
　　　4.2.1　行政管理支出和国防支出属性 ……………………… (58)
　　　4.2.2　行政管理支出 ……………………………………………… (59)
　　　4.2.3　国防支出 …………………………………………………… (62)
　4.3　文教科卫支出 …………………………………………………… (65)
　　　4.3.1　文教科卫支出的性质 …………………………………… (65)
　　　4.3.2　我国文教科卫支出的构成 …………………………… (66)
　　　4.3.3　教育支出 …………………………………………………… (66)
　　　4.3.4　科学技术支出 ……………………………………………… (68)
　　　4.3.5　医疗卫生支出 ……………………………………………… (70)
　　　4.3.6　提高文教科卫支出效益的措施 ……………………… (71)

第5章　财政投资性支出 ………………………………………………… (75)
　5.1　财政投资的特点及选择范围 …………………………………… (75)
　　　5.1.1　投资与经济增长 ………………………………………… (75)
　　　5.1.2　财政投资的含义和特点 ………………………………… (77)

5.1.3　财政投资的决策标准 …………………………………………… (78)
　　　5.1.4　资产项目类别划分与财政投资的选择范围 ……………………… (78)
　5.2　基础设施投资支出 ………………………………………………………… (80)
　　　5.2.1　基础设施及基础设施投资的含义 ………………………………… (80)
　　　5.2.2　基础设施投资的特点 ……………………………………………… (80)
　　　5.2.3　基础设施在社会经济发展中的作用 ……………………………… (81)
　　　5.2.4　基础设施投资的提供方式 ………………………………………… (82)
　5.3　农业支出 …………………………………………………………………… (84)
　　　5.3.1　财政对农业投入的重要意义 ……………………………………… (84)
　　　5.3.2　财政对农业支出的内容 …………………………………………… (86)
　　　5.3.3　财政加大对农业投入的措施和力度 ……………………………… (87)

第6章　转移性支出 …………………………………………………………… (92)
　6.1　社会保障支出 ……………………………………………………………… (92)
　　　6.1.1　社会保障的概念、特点与职能 …………………………………… (92)
　　　6.1.2　社会保障支出的内容 ……………………………………………… (94)
　　　6.1.3　我国社会保障制度的改革 ………………………………………… (96)
　6.2　财政补贴支出 ……………………………………………………………… (110)
　　　6.2.1　财政补贴的概念与分类 …………………………………………… (110)
　　　6.2.2　财政补贴的必要性和作用 ………………………………………… (114)
　　　6.2.3　我国现行的财政补贴政策与完善思路 …………………………… (116)
　6.3　税收支出 …………………………………………………………………… (119)
　　　6.3.1　税收支出的概念与分类 …………………………………………… (119)
　　　6.3.2　税收支出的主要形式 ……………………………………………… (120)
　　　6.3.3　税收支出的控制 …………………………………………………… (122)

第7章　财政收入规模与构成分析 …………………………………………… (126)
　7.1　财政收入的含义、原则与分类 …………………………………………… (126)
　　　7.1.1　财政收入的含义 …………………………………………………… (126)
　　　7.1.2　财政收入的原则 …………………………………………………… (126)
　　　7.1.3　财政收入的分类 …………………………………………………… (128)
　7.2　财政收入规模分析 ………………………………………………………… (132)
　　　7.2.1　财政收入规模的衡量指标 ………………………………………… (132)
　　　7.2.2　财政收入规模的影响因素 ………………………………………… (134)
　　　7.2.3　我国财政收入增长变化趋势 ……………………………………… (137)
　7.3　财政收入结构分析 ………………………………………………………… (139)
　　　7.3.1　财政收入结构含义 ………………………………………………… (139)
　　　7.3.2　财政收入结构类型 ………………………………………………… (139)

7.3.3 我国财政收入结构 …………………………………………………………… (141)

第8章 税收原理 ……………………………………………………………………… (144)
8.1 税收概述 ……………………………………………………………………… (144)
8.1.1 税收的定义和基本属性 ………………………………………………… (144)
8.1.2 税收的"三性" ………………………………………………………… (145)
8.1.3 税收与其他财政收入的区别 …………………………………………… (146)
8.1.4 税收分类 ………………………………………………………………… (147)
8.2 税收原则 ……………………………………………………………………… (148)
8.2.1 税收应以公平为本 ……………………………………………………… (148)
8.2.2 征税必须考虑效率的要求 ……………………………………………… (149)
8.2.3 税收的具体原则 ………………………………………………………… (149)
8.2.4 税收公平与效率的两难选择 …………………………………………… (152)
8.3 税收负担 ……………………………………………………………………… (152)
8.3.1 税收负担的含义 ………………………………………………………… (152)
8.3.2 税收负担的分类 ………………………………………………………… (153)
8.3.3 税收负担的影响因素 …………………………………………………… (154)
8.3.4 合理的税收负担水平的确定 …………………………………………… (156)
8.4 税负转嫁与税负归宿 ………………………………………………………… (157)
8.4.1 税负转嫁与税负归宿的含义 …………………………………………… (157)
8.4.2 税负转嫁的方式 ………………………………………………………… (157)
8.4.3 税负转嫁的条件 ………………………………………………………… (158)
8.4.4 我国的税负转嫁 ………………………………………………………… (160)

第9章 税收的经济效应 ……………………………………………………………… (165)
9.1 税收经济效应的作用机制 …………………………………………………… (165)
9.1.1 收入效应 ………………………………………………………………… (165)
9.1.2 替代效应 ………………………………………………………………… (166)
9.2 税收的经济影响 ……………………………………………………………… (167)
9.2.1 税收的个人劳动供给效应 ……………………………………………… (167)
9.2.2 税收对居民储蓄的影响 ………………………………………………… (169)
9.2.3 税收对投资的影响 ……………………………………………………… (174)
9.2.4 税收对个人收入分配的影响 …………………………………………… (176)
9.3 税收与经济发展 ……………………………………………………………… (178)
9.3.1 税收对宏观经济的作用机制 …………………………………………… (178)
9.3.2 税收对经济增长的影响 ………………………………………………… (179)
9.3.3 税收对经济周期的影响 ………………………………………………… (182)

第 10 章 税收制度 (185)

10.1 税收制度的含义及构成要素 (185)
10.1.1 税收制度的含义 (185)
10.1.2 税收制度的构成要素 (185)

10.2 商品课税 (190)
10.2.1 商品课税概述 (190)
10.2.2 增值税 (191)
10.2.3 消费税 (197)
10.2.4 营业税 (202)
10.2.5 关税 (203)

10.3 所得课税 (205)
10.3.1 所得课税概述 (205)
10.3.2 企业所得税 (208)
10.3.3 个人所得税 (213)

10.4 资源课税、财产课税和行为课税 (220)
10.4.1 资源课税 (220)
10.4.2 财产课税 (224)
10.4.3 行为课税 (225)

10.5 我国的税制历史演进和税制改革 (227)

第 11 章 非税收入 (233)

11.1 国有资产分类及收益形式 (233)
11.1.1 国有资产的概念 (233)
11.1.2 国有资产分类 (234)
11.1.3 国有资产收入及其形式 (235)

11.2 政府收费及其他非税收入 (236)
11.2.1 政府收费的概念与特点 (236)
11.2.2 政府收费的理论依据 (237)
11.2.3 政府收费的构成 (238)
11.2.4 公共定价的基本方法 (239)
11.2.5 其他财政非税收入 (240)

11.3 我国非税收入现状和改革建议 (240)
11.3.1 我国非税收入现状 (240)
11.3.2 我国现行的政府非税收入管理存在的问题 (242)
11.3.3 我国政府非税收入改革建议 (243)

第 12 章 国 债 (246)

12.1 国债概述 (246)

- 12.1.1 国债的概念与特征 （246）
- 12.1.2 国债的产生和发展 （247）
- 12.1.3 国债的作用及分类 （248）
- 12.2 国债制度 （249）
  - 12.2.1 国债制度的概念 （249）
  - 12.2.2 国债制度的构成要素 （250）
- 12.3 国债的负担与限度 （252）
  - 12.3.1 国债的负担 （252）
  - 12.3.2 国债适度规模的理论分析 （253）
  - 12.3.3 我国国债规模的分析 （254）
- 12.4 国债的经济效应 （256）
  - 12.4.1 李嘉图等价定理及其实证研究 （256）
  - 12.4.2 国债的经济效应分析 （257）

第13章 政府预算与财政管理体制 （259）

- 13.1 政府预算概述 （259）
  - 13.1.1 政府预算及其分类 （259）
  - 13.1.2 政府预算的特征 （263）
  - 13.1.3 政府预算的主要功能 （264）
  - 13.1.4 政府预算原则 （265）
- 13.2 政府预算的编制、审批、执行与决算 （266）
  - 13.2.1 政府预算的编制 （266）
  - 13.2.2 政府预算的审批 （268）
  - 13.2.3 政府预算的执行 （269）
  - 13.2.4 政府决算 （271）
- 13.3 我国财政管理体制 （271）
  - 13.3.1 分税制财政管理体制的主要内容 （271）
  - 13.3.2 分税制预算管理体制的进一步完善 （273）

第14章 政府间财政关系 （278）

- 14.1 分级财政体制与政府间职能划分 （278）
  - 14.1.1 财政分权的理论依据 （278）
  - 14.1.2 财政分权的优势与不足 （280）
  - 14.1.3 我国分级财政体制 （283）
  - 14.1.4 政府间职能划分 （285）
- 14.2 政府间的支出划分 （289）
  - 14.2.1 政府间支出责任分工基本框架 （289）
  - 14.2.2 政府间财政支出项目划分 （290）

14.3 政府间的收入划分 …………………………………………………………… (291)
　　14.3.1 政府间分税的基本原则 ……………………………………………… (291)
　　14.3.2 政府间税种的划分 ……………………………………………………… (292)
14.4 政府间的转移支付 …………………………………………………………… (294)
　　14.4.1 财政转移支付的类型 ………………………………………………… (294)
　　14.4.2 财政转移支付的经济效应 …………………………………………… (295)

第15章　财政政策 ……………………………………………………………… (299)
15.1 财政政策概述 ………………………………………………………………… (299)
　　15.1.1 财政政策的概念与性质 ……………………………………………… (299)
　　15.1.2 财政政策的目标 ……………………………………………………… (300)
　　15.1.3 财政政策工具 ………………………………………………………… (301)
　　15.1.4 财政政策的类型 ……………………………………………………… (303)
　　15.1.5 财政政策的功能 ……………………………………………………… (304)
15.2 财政政策的传导和效应 ……………………………………………………… (305)
　　15.2.1 财政政策传导机制 …………………………………………………… (305)
　　15.2.2 财政政策效应 ………………………………………………………… (306)
　　15.2.3 财政政策乘数 ………………………………………………………… (307)
15.3 财政政策与货币政策的配合 ………………………………………………… (308)
　　15.3.1 货币政策概述 ………………………………………………………… (308)
　　15.3.2 财政政策与货币政策相互配合的必要性 …………………………… (310)
　　15.3.3 财政政策与货币政策的搭配 ………………………………………… (311)
　　15.3.4 财政政策与货币政策的相对效力 …………………………………… (312)
　　15.3.5 财政政策与货币政策的时滞 ………………………………………… (314)
15.4 我国财政政策的实践 ………………………………………………………… (315)

参考文献 ………………………………………………………………………… (320)

第 1 章 财政和财政职能

本章提要

本章从财政现象入手,了解人们日常生活中的财政现象和财政活动。通过学习,重点掌握财政的概念及特征;理解政府与市场的关系及其活动范围,尤其要正确理解市场失灵、政府干预以及政府干预失效;正确理解财政职能的概念,熟悉在市场经济条件下财政必须具有资源配置、收入分配和经济稳定与发展三大职能的原因。

1.1 财政现象及财政的概念、特征

1.1.1 财政现象

在人的一生中,无论处在哪个阶段,都或多或少受到政府活动的影响,而政府的活动必然涉及资金的筹集和使用。从资金的筹集和使用的角度观察政府活动时,可以发现各种各样的财政现象。

从个人的角度来看,出生后看到的第一个地方很可能就是政府建立的公立医院,即便是私立医院,迎接他降临的医生、护士也大多曾受教于政府开办的医学院;到了入学年龄,他便可以享受政府提供的义务教育;初等教育过后,可以选择继续接受高等教育(绝大多数高校由政府出资兴办)或直接参加工作;参加工作后,如果收入超过某个限额,就必须缴纳所得税,同时也可以参加政府提供的养老保险或其他保险计划;一旦失业,他可以向政府申请失业救济金以维持生计;如果失业是由于宏观经济的不景气造成的,那么政府可能会干预经济使其复苏,这时就业机会增多,他就可能重新回到工作岗位;当他进入退休年龄后,可以依靠政府建立的社会保障体系所提供的养老保险和医疗保险来安度晚年。

当跳出个人的视角,从更广阔的视野观察这个世界时,可以发现更多的政府活动和财政现象。实现政府行政、国防、治安等基本职能的国家机关、军队、司法系统是靠国家拨款维持和发展的;为国民提供义务教育、医疗等服务的学校、医院也由政府兴建或获得政府资助;一大批涉及国计民生和带有战略性的重大工程是由政府出资建设的。例如,我国长期规划中已经完工或正在实施的三峡水利枢纽工程、青藏铁路、南水北调工程、西气东输工程,规模宏大的电站、油田、钢铁厂、横跨江河和贯通全国的桥梁、铁路、公路网,大型的农业水利工程、灌溉系统等,只能在由政府拨付资本金的前提下采取多渠道筹资的

方式来兴建。特别是像我国这样一个资本市场还未发育健全的发展中国家,这种政府资源配置方式具有特殊的重要意义。

政府与家庭和企业一样,要办事就要有资金,有支出就要有收入。但与家庭和企业不同的是,政府作为公共权力和公共服务机构,本身没有收入来源,它的收入是来自于民,而后用之于民的。比如,居民个人收入达到一定的标准要缴纳个人所得税,在有些国家居民继承遗产也要缴纳遗产税,对政府提供的某些特定的服务(办理户口登记、出国护照等)也要支付一定的费用。就工商企业而言,需要缴纳营业税、增值税、消费税以及企业所得税等。工商企业作为主要纳税人的同时,不仅享用政府提供的公共工程和公共服务,而且享受政府提供的各种优惠,如税收优惠、投资抵免、出口退税、财政补贴等。政府还可以通过向社会发行国债、地方债等取得收入。

财政收支是通过国家预算来安排的。国家预算综合反映了一系列涉及国计民生的重大财政政策问题:财政收入占国内生产总值的比重以及中央财政收入占全国财政收入的比重多大才是适度的;企业的税收负担确定在什么水平上,才可能既保证政府的各项支出需要,又不致使企业丧失应有的活力;财政运行中为什么会出现财政赤字,财政赤字对经济发展有什么影响,财政赤字和通货膨胀或通货紧缩是什么关系,为筹集国家建设资金或弥补财政赤字,政府连续多年向社会发行国债,积累的债务余额会逐年上升,是否会形成财政风险和债务危机;从1998年开始我国实施积极财政政策,2005年转为实施稳健财政政策,2009年又重新启动积极财政政策,2015年我国继续积极财政政策,财政政策发挥什么作用,为什么要转变财政政策,不同的财政政策有什么不同,等等。

政府收支活动作为一个客观范畴,始终存在于我们的周围,它所呈现出来的种种现象就是财政现象,也就是现实生活中的财政学。

1.1.2 财政的概念及特征

1.1.2.1 财政的概念

(1)"财政"的来源

财政(finance)一词源于拉丁文中的 Finis,有结算支付的意思。到16世纪,这一词被引入法语,变形成 Finance,法国政治家波丹将法语 finance 作为财政一词使用,认为财政是"国家的神经",随后逐渐泛指国家及其他公共团体的理财。到了18世纪,英国著名的古典政治经济学代表人物亚当·斯密的代表作《国民财富之性质与原因的研究》中多处使用 finance。现代西方财政学对财政或公共财政(public finance)的定义,主要是从组织政府收入、安排政府支出、提供公共品,以及纠正市场失灵,调节资源配置和收入分配等方面进行的。

我国古代并无"财政"一词,在各种文献古籍中,对于国家收支活动、理财之道的表述和阐述,主要是使用国计、国用、理财、生财。据考证,1898年(清光绪二十四年),在戊戌变法"明定国是"诏书中出现了"改革财政,实行国家预算"的条文,这是我国首次在政府公文中使用"财政"一词。清王朝灭亡之后,随着西方文化思想的传播,西方财政学关于财政的概念开始传入我国,并逐渐流行。例如,20世纪40年代中华书局出版的《辞海》

对"财政"的解释是:"财政谓理财之政,即国家或公共团体以维持其生存发达为目的,而获得收入、支出经费之经济行为也。"

(2) 财政的定义

财政的概念从不同的角度有不同的理解。在实际工作中,财政是指政府的收支活动及其管理。

从经济学的意义来理解,财政是一个经济范畴,是一种以国家为主体的经济行为,是政府集中一部分国民收入用于满足公共需要的收支活动,以达到优化资源配置、公平收入分配及经济稳定和发展的目标;也可以理解为,财政是以国家为主体的分配活动,但这里的"分配"应理解为广义的分配,既包括生产要素的分配,也包括个人收入的分配。

由于本书是从经济学角度研究财政问题,所以将财政定义为:财政是以国家为主体,通过政府的收支活动,集中一部分社会资源,用于履行政府职能和满足社会公共需要的经济活动。

1.1.2.2 财政的基本特征

(1) 公共性和阶级性

国家历来是统治阶级的国家,政府则是执行统治阶级意志的权力机构,财政既然是国家或政府的经济行为,那么具有鲜明的阶级性是不言而喻的,因此,财政从根本上反映的就是统治阶级的利益。

财政的公共性是指财政活动具有的满足社会成员公共需要的属性,它是财政活动的共性,是不同社会形态下的国家财政共同具有的性质。事实上,自从人类社会建立伊始,人们的生产、生活活动除了满足自身生存的需要外,就逐渐有了单靠私人活动难以胜任的一些公共事务,如社区秩序管理、引水灌溉工程等。在阶级出现、国家建立之后,一国政府就具有了独家行使政治权力,保护该国公民免受其他国家的暴力侵犯和维护社会稳定的社会管理职能。此外,像道路、桥梁和大型水利设施建设等公共工程项目,是社会成员出于个人利益所不愿提供或无力提供的。由于这些活动是用来满足社会公众的公共需要的,因此服务于这类活动需要的财政活动就天然具有了区别于私人财务的公共性。

(2) 强制性与非直接偿还性

财政的强制性是指财政这种经济行为及其运行是凭借国家政治权力,通过颁布法令来实施的。是政府凭借政治权力依法强行征收的,任何形式的抗税都是一种违法行为。同样,财政支出也具有强制性特征。在财政支出规模和用途的安排中,众多的公民可能有各种不同意见,但公共支出不能按某一公民的意见做出决策,而是通过一定的政治程序做出决策并依法强制实施。

财政的非直接偿还性是和它的强制性相一致的。例如,国家征税之后,税款归国家所有,对纳税人不需要付出任何代价,也不需要偿还。当然,从财政收支的整体过程来看,我国的税收是"取之于民,用之于民",具有间接的偿还性,但是每一个纳税人都无权要求从公共支出中享受与他的纳税额等值的福利,也就是说,对每一个纳税人来说,他的付出和所得是不对称的,这是财政运行的一个重要特点,即非直接偿还性。

(3) 收入与支出的对称性

财政的运行过程是有收有支，即通过"收入—支出、支出—收入"过程运行的，因而收入与支出的对称性构成财政运行的一个重要特征。关于财政收入与支出的关系，我国历来就有"以收定支"和"以支定收"的争论，不管是收入决定支出或是支出决定收入，这种争论说明收入与支出是财政运行过程中相互制约的两方，收支是否对称或平衡构成财政运行的主要矛盾。

实践中，收支的绝对平衡几乎是不存在的，有时收大于支，有时支大于收，收大于支意味着有结余，财政运行似乎稳妥，但常年形成大量结余则说明政府集中的资源没有充分运用，会抑制社会经济的发展。支大于收意味着出现赤字，如果出于政策需要，运用得当，将有利于社会经济的发展。但连年不断形成大量赤字，则说明财政运行失控，影响市场经济效率，甚至最终导致通货膨胀。

1.2 政府和市场关系

1.2.1 市场效率与市场失灵

1.2.1.1 市场效率

现代经济是以市场经济为基础运行的社会再生产过程，因而被称为市场经济。参与市场活动的所有生产者和消费者，都以市场为平台，以经济利益为纽带，按照不同的分工和需求，向市场提供着各自拥有的要素资源，来取得相应的收益。

在市场经济条件下，人们经济活动的目标是以有限的资源利用获得最大化的福利服务。也就是说，社会成员一般要通过市场的高效率配置资源，求得自己最大的经济利益。西方经济学将社会资源的合理配置视为经济学的核心问题，并以"效率"作为评价社会资源配置状况的标准。

关于市场的有效性分析，早在自由竞争的资本主义时期，就已经受到了以亚当·斯密为代表的经济学家们的推崇。西方经济理论研究表明，完全竞争的市场机制能够使资源配置达到最有效率的状态。因为，如果市场是完全竞争的，则市场供求双方力量的对比就决定了市场的均衡价格。此时，无论买者还是卖者都是价格的接受者。作为买者，其将根据自己消费产品所得到的边际效用的大小来确定购买量；作为卖者，则根据自己边际成本的大小来确定供给量。这样，通过买卖双方的自愿交换，整个社会的资源配置就会实现效率的追求。那么，什么是"效率"？福利经济学的代表人物意大利经济学家帕累托，提出了在学习西方经济学和财政学时经常提到的帕累托效率，又称帕累托最优，即资源配置达到了这样一种境地，资源配置状态的任何重新调整已不可能在不减少一个人福利的情况下去增加另外一个人的福利，这种资源配置状况就是最佳的。如果一个社会能够通过资源的重新配置，在使一个人处境变好的同时，却不导致任何他人处境变差，则此时被称为"帕累托改善"。

一般认为，在完全竞争条件下，市场运行的结果能使社会资源的配置自动处于帕累托最优状态之中，即此时市场运行是最有效的，但完全竞争是指一种理想的市场状态。这种理想的市场状态，至少应满足以下假定条件：①市场上有无数多个买者和卖者，且每个买者和卖者的买卖数量只占整个交易市场的一小部分，他们只是市场价格的接受者；②市场上的各种人力、物力、财力等资源都是自由流动的；③无论买者还是卖者都对市场信息具有完全的知识；④市场交易成本极低，甚至为零。

1.2.1.2 市场失灵

市场的作用机制是"看不见的手"，尽管市场经济的理念已经深入人心，但在现实生活中，市场机制低效率或无效率的困境仍然无处不在，并不时挑战着人们的市场经济信仰。事实上，我们身边被称为市场失灵的公共经济问题与公共经济现象比比皆是，比如众所周知的"公地"问题、环境卫生问题、邻居喧哗带来的噪声问题、河流湖泊污染治理问题等。究竟什么是市场失灵，其表现如何，是由什么原因引起的？这一系列相关问题正是本部分所要研究的内容。

（1）市场失灵的含义

市场失灵是指市场机制这只"看不见的手"，因各种原因无法实现资源最佳配置而产生的市场低效率或无效率的一种状态。也就是说，市场的资源配置功能不是万能的，市场机制本身也存在固有的缺陷，统称为"市场失灵"。换句话说，市场失灵是市场机制作用下的资源配置背离帕累托最优的一种状态。微观经济学说明，在完全竞争市场条件下，市场经济能够在自发运行的过程中，依靠自身的调节使资源得到充分合理的利用，达到社会资源的有效配置状态，实现帕累托最优。然而，这种完全竞争的市场机制毕竟只是理论上的理想状态，现实经济并不能严格满足完全竞争市场的所有条件。市场失灵状态是经常性的。市场失灵通常表现为贫富差距拉大、失业问题严重、区域经济不协调、公共资源的过度使用等方面。市场失灵是相对市场效率而言的，市场失灵为政府介入或干预提供了必要性和合理性的依据。

（2）市场失灵的原因

①垄断和自然垄断　市场效率是以完全自由竞争为前提的，然而当某一行业在产量达到一定水平之后，就会出现规模效益递增和成本递减问题，这时就会形成垄断。当一个行业被一个企业或几个企业垄断时，垄断者可能通过限制产量、抬高价格，使价格高于其边际成本，获得额外利润，使市场效率丧失。自然垄断是垄断的一种特殊形式，自然垄断往往具有严格的地域性，即如果某企业在某一地域内居于自然垄断地位，别的地域的企业将无法与其竞争。比如，一个地区往往只有一个自来水公司，别的地区的自来水公司将无法与其展开竞争。诸如这类的自然垄断行业，还有煤气供应、供电、公共交通、有线电话、邮电通信等城市公用事业，由于这类产品或服务难以在地区间流动，所以异地的同类企业就难以进入该产品的竞争。市场解决不了垄断和自然垄断的问题，就使政府的介入和干预成为必要。

②公共物品　公共物品（public goods）是指这样一种物品，当消费该物品时，并不会减少其他人对该物品的消费。公共物品是相对于私人产品而言的。私人产品（private goods）通过市场价格的竞争机制来提供，具有经济利益的可分性、所有权的确定性及效用的排他

性和竞争性。而公共物品具有非竞争性和非排他性。增加一个人消费某种公共物品时，并不会减少其他人对该产品的消费数量和质量，而要排除某个人对该产品的消费几乎是不可能的。公共物品的这两大特性，决定了公共物品是正外部效应的一个极端例子。它会引起所谓"搭便车"或"免费搭车"现象，即消费者试图在不支付费用的情况下，享有生产者提供的产品和服务。因此，对私人生产者来说，公共物品的生产是无法获得利润的。这将导致市场价格无法引导资源进入公共物品的生产领域，造成公共物品供给的市场失灵。在公共物品的问题上，市场失灵表现为市场不能有效地提供社会所需要的公共物品和公共服务，一般只能由政府或国家财政来解决（本书在第2章中对公共物品进行详述，在此从略）。

③外部效应　完全竞争市场要求所有产品的成本和效益都内在化，也就是说，该产品的生产者要承担生产这一产品而给社会带来的全部成本，同时这一产品所带来的全部好处都归这一生产者或该产品的购买者享有。然而在现实生活中，有些产品或服务具有外部效应，也称外部性，即一个经济主体的活动影响了其他经济主体，却没有为之承担应有的成本或没有获得应有的报酬的现象。

外部效应分为两种情况：一种是外部效益或正的外部性，即某一个经济主体的行为对其他经济主体产生有利的影响，但是产生有利影响的经济主体没有得到补偿，得到有利影响的经济主体没有支付成本的情形。例如，门前绿化不仅使购买者本人得到了好处，同时也使其邻居或过路人的环境有所改善。另一种是外部成本或负的外部性，即某一个经济主体的行为对其他经济主体产生不利的影响，但是产生不利影响的经济主体没有支付成本，遭受不利影响的经济主体没有得到补偿。例如，工厂生产过程中所排放的废气、废水会污染环境，使生活在这一环境中的人们都受到损害，但它们的制造者却不会为此进行赔偿。

无论是正的外部性导致的某些产品供应不足，还是负的外部性导致的某些产品供应过度，都会造成资源配置的低效率，这就需要政府的干预。对于产生正的外部性的经济主体，政府应采取一些鼓励措施，使其获得部分补偿；对于产生负的外部性的经济主体，政府应采取一些矫正性措施，使其承担全部社会成本（本书在第2章中对外部效应进行详述，在此从略）。

④信息不充分和不对称　完全竞争市场要求所有的生产者和消费者都具有充分信息。显然，现实的市场不具备这一条件，不论是生产者还是消费者都可能发生信息失灵现象。生产者不能准确地知道消费者需要什么产品，需要多少；生产者相互之间也缺乏信息的沟通，他们只了解自己的情况，但对其他同类或相关企业的情况却知之甚少，以至于当某种产品供不应求时，大家一哄而上，生产上出现过剩；而当某种产品供大于求时，又纷纷转向，使得这一产品又出现了供不应求的局面。消费者也会遇到信息不灵的情况，他可能因不识货而受骗上当，也可能因不了解市场行情而支付了较高的价格。在这种情况下，市场无法实现效率。

⑤收入分配不公　收入分配不公是市场失灵的又一典型表现。在市场经济中，人们主要通过向市场提供产品生产所需要的各种要素（包括劳动和资本）来获取收入。然而，社会成员之间由于所拥有的体力、智力等先天禀赋和后天的教育、培训等方面的原因，难免在劳动能力和生产技能方面存在差异，加上劳动努力程度、职业状况等方面的影响，直接导

致了社会成员之间在劳动收入方面的差异。而且,这种差距本身又会成为收入分配差距进一步扩大的原因。实践证明,如果缺乏外来力量的介入和干预,社会成员收入分配之间的差距,将随着时间的推移和环境的变迁不断扩大,并最终出现两极分化的局面。收入分配的悬殊差距不仅会与公平目标相抵触,而且会引起许多社会问题,直接威胁到市场机制本身的存在。所以,社会收入分配不公平是市场经济自发运行必然出现的结果,是市场有效配置资源的结果,这一结果是市场无法单纯依靠自身的能力解决的,需要政府介入和干预,以实现社会公平。

⑥宏观经济失衡　凯恩斯主义经济学已经表明,依赖于市场自发调节,经济可能出现宏观上的不稳定,典型的表现为高失业率或者高通货膨胀率。也就是说,自发的市场机制并不能自动趋向于充分就业、物价稳定、经济适度增长和国际收支平衡。宏观经济不稳定是指在市场经济运行中产生的失业、通货膨胀、国际收支失衡以及经济危机现象。虽然产生不稳定的原因是复杂的、多方面的,但如果仅靠市场机制的自发调节,宏观经济总量均衡是难以实现的,而如果政府等公共部门采用合理的财政或货币政策手段,可以调节有效需求、稳定经济主体的预期,从而达到改善宏观经济的目的。

⑦偏好不合理　个人偏好的合理性是市场竞争结果合理性的前提条件,因为市场是按所有个人的偏好来配置资源的。但在现实经济中,并不是每个人的要求、愿望都是合理的。可能某种东西能给一个人带来较大的利益,但消费者本人却没有意识到这一点,只给予它以较低的评价,也只有在很低的价格下才愿意购买;反之,某种东西能给人们带来的好处并不大,或者根本有害,但消费者却给予较高的评价,表现为消费者愿意以较高的价格购买。尽管对什么是合理的偏好,怎样的评价才是正确的,理论界还未取得一致的看法,但大家都认为在现实市场中,至少某些人的偏好在某些方面不尽合理。例如,有人低估教育带来的好处,不愿为子女教育花费金钱,导致学龄儿童弃学打工。又如,有人高估香烟给自己带来的好处,甚至给予毒品以很高的效用评价,愿以高价购买。我们把消费者的评价低于合理评价的产品称为优值品(merit goods);把消费者的评价高于合理评价的产品称为劣值品(dismerit goods)。"优值"或"劣值"都不是对产品本身自然属性的评价,它只是表明消费者偏好存在问题,需要加以纠正。如果考虑到某些消费者的行为实际上已经与社会普遍接受的价值观相违背,听任自由选择可能导致社会不稳定,主张完全自由选择实际上是危险和荒谬的。

这7种市场失灵状态,也是市场经济的一个重要特征。竞争性市场能够带来资源的优化配置和经济运行的高效率,肯定了市场机制的基础作用。但是,由于自身存在着各种缺陷和弊端,市场经济并不具备解决整个社会经济活动的能力。即使人们不干预市场的自发运行,充分放手让市场机制去发挥作用,它也无法自然而然地达到有效配置资源的结果。市场失灵成为政府财政存在的经济根源,也为政府介入或干预提供了必要性和合理性,决定了政府必须对市场失灵进行干预,以克服和矫正市场的不足与缺陷。

1.2.2　政府干预与政府失灵

1.2.2.1　政府的经济作用

人们从日常生活中可以察觉到,政府的作用几乎是无处不在的,众所周知,政府广泛地执行政治、社会和经济的职能。作为经济学和财政学,当然更加关注的是经济职能方面,而且主要是关注市场经济条件下政府的经济作用。政治职能和社会职能是以经济职能为依托的,一个简单的事实是,政府必须从社会产品分配中集中一部分社会产品,才有可能实施并实现其全部职能。这里需要说明的是,财政学是研究财政运行规律的一门学科,而财政部门作为政府的一个经济部门,首先是直接执行政府的经济职能,并通过执行经济职能来保证政治职能和社会职能的有效实施。

在市场经济体制下政府的经济作用是什么?西方经济学的新凯恩斯主义学派综合西方经济学关于政府和市场关系的传统特点,提出一种新型的政府—市场观,认为现代经济是一种混合经济(指私人经济和公共经济),政府和市场之间不是替代关系,而是互补关系。我国在明确提出我国经济体制改革的目标是社会主义市场经济体制的时候,曾对社会主义市场经济体制作出一个简明的概括:"就是要使市场在社会主义国家宏观调控下对资源配置起基础性作用"。这个简明的概括清楚地说明了市场和政府的关系,也说明了社会主义市场经济体制下政府的经济作用:第一,所谓使市场在资源配置中起基础性作用,既肯定了市场的配置效率,指明市场的作用是基础性的,同时也指明,不是所有资源都是可以通过市场来配置,市场经济要有政府介入,在资源配置中弥补市场的失灵,而不是替代市场,主要是提供具有外部效应的公共物品;第二,所谓国家宏观调控,是指市场机制本身存在固有的缺陷,必然存在收入分配不公和经济波动,要求政府通过宏观政策协调国民经济健康、稳定地运行。我国目前仍处于经济体制转换过程中,而建成社会主义市场经济体制的核心问题之一,就是正确处理政府和市场的关系,转变政府职能,规范政府行为,其中包括转换财政职能[①]。在没有政府介入的市场,家庭和企业之间的收支循环流程可以通过图1-1来表示,在有政府介入的市场,政府与家庭、企业之间的收支循环流程可以通过图1-2来表示。

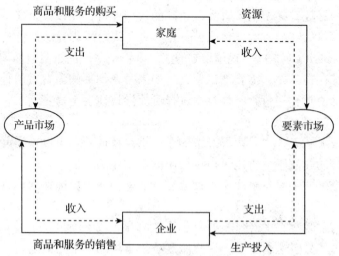

图1-1 家庭与企业之间的收支循环流程图

---

① 陈共. 财政学. 北京:中国人民大学出版社,2012。

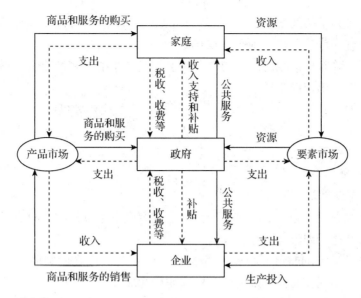

图 1-2　政府与家庭、企业之间的收支循环流程图

1.2.2.2　政府干预手段

政府干预手段可以概括为三个方面：

(1) 立法和行政手段

立法和行政手段主要是制定市场法规，规范市场行为，制定发展战略和中长期规划，制定经济政策，实行公共管制，规定垄断产品和公共物品价格等。例如，为了解决垄断，政府可以制定反垄断法，实行公共管制，或由政府制定价格；对负外部效应的物品，政府可以采取行政手段或法律手段，如强制排污工厂停产，限制治理，或对受损单位给予应有的补偿。

(2) 组织公共生产和提供公共物品

公共生产是指由政府出资兴办的所有权归政府所有的工商企业和事业单位，主要是生产由政府提供的公共物品，也可以在垄断部门建立公共生产，并从效率或社会福利角度规定价格。政府组织公共生产，不仅是出于提供公共物品的目的，而且是出于有效调节市场供求和经济稳定的目的。按广义的生产概念，公共生产既包括生产有形物品的工商企业，也包括提供无形物品和服务的学校、医院、文艺团体、气象部门以及政府机关和国防部门等。比如，为了弥补市场信息的不充分和不对称，政府的有关部门要定期向社会提供有关商品供求状况，价格趋势以及宏观经济运行和前景预测资料，而政府提供经济信息，是一种社会性服务，也属于公共物品和公共服务的范围。

(3) 经济手段

政府的经济手段主要包括财政政策、货币政策、国际收支政策、产业政策，其中财政政策和货币政策最为重要。财政政策包括公共支出和公共收入政策两方面。通过改变政府公共支出和收入的总量与结构，用预算赤字或结余作为社会总需求的调节器，缓解经济周期波动，调节社会收入分配；在货币政策方面，中央银行通过公开市场业务、调整贴现率和改变法定准备率三大手段，改变商业银行的准备金数量，从而改变货币与信用的供给，进而影响利率，而利率的变动调节投资和消费的数量，最后影响收入、价格和就业水平；在国际收支平衡方面包括汇率、汇率制度的选择、关税政策、进出口政策和利率政策等；在产业政策方面，政府根据经济发展的内在要求调整产业结构和产业组织形式，使供给结构能够有效地适应需求结构要求。

这里要注意两点：第一，政府能不干预则尽量不干预，尽可能让市场进行调节；第二，政府干预的手段无非是税收、货币等经济手段或必要的立法、行政手段，重要的是如何合理搭配使用这些手段。

1.2.2.3 政府失灵

（1）政府失灵的含义

市场经济存在失灵问题，需要政府干预，但政府也不是万能的，政府机制同样存在缺陷和干预失效的问题，即政府失灵。

所谓政府失灵（government failure），是指由于存在政府内在的缺陷而导致政府干预的低效或无效，无法实现社会福利最大化和资本的最优配置。换句话说就是政府不能实现帕累托效率，且不能以公平的方式再分配收入。市场失灵的存在为政府干预提供了理由。政府通过在一定范围发挥作用，与市场共同配置资源。但正如现实中的市场不是理想中的完全竞争市场一样，现实中的政府也不完全具备理想化政府的条件，同市场失灵现象普遍存在一样，政府失灵现象也普遍存在。

（2）政府失灵的原因及表现

政府失灵的原因和表现可能发生在以下方面：

① 信息不完全　政府与市场一样，都会存在信息失灵的问题。首先，在现实经济中，要全面、准确地掌握整个社会经济的信息十分困难。由于信息具有很强的时效性，信息必须是及时的，一旦信息滞后，本来准确的信息会转变为不准确的信息。政府机构层次重叠，容易阻碍信息的传递速度，实际上政府不可能在任何时间都能得到决策所需要的所有信息。即使能做到这一点，信息的搜集成本也将会非常高。其次，政府面对的偏好显示和偏好加总困难。在众多的消费者中，每个人的偏好各不相同，且消费者的偏好处于不断变化之中，使得获得全面准确的信息成为不可能。最后，许多行为产生的后果是不可预料的，即使政府可以获得决策所需要的所有信息，也不一定能够对所有政府行为的结果进行准确的预测。不完全信息是市场失灵的表现之一，也是政府面对的问题。现实中，在掌握信息方面，政府不一定比市场更具有优势。在不完全信息下所作出的决策，也很难达到资源最优配置。

② 公共决策中的经济人行为　政府干预实际上是以公共决策来代替市场决策。政府能有效干预市场、促进资源配置的必然条件之一是参与公共决策和执行过程的所有政府官员都是公共利益的代表，都是一心为公的，他们的行为目标是社会全体成员的福利最大化。但事实上，这只是理论上的规范。政府官员都是具有自身利益和偏好的个人，也是"经济人"。他们承担公共责任、掌握公共权力，这一事实本身并不使之必然具有追求公共利益的行为目标。他们可能在一定程度上像在市场活动中具有经济人行为特征的个人，即在自己能力所及的范围内最大限度地追求自身利益，并且政府官员追求自身利益最大化有比其

他人更为便利的条件。政府官员的个人利益内化在政府利益之中，政府就成为政府官员个人利益最大化的工具。因此，政府行为目标不是实现社会福利最大化，而是实现预算最大化，导致政府失灵。

③政府决策机制的缺陷　首先，政府对资源进行配置是通过公共选择方式来决策的。整个社会是一个偏好汇总体系，这一偏好体系要求反映这一社会所有人的愿望和要求。由于不同的个人有着不同的偏好，偏好显示和偏好加总的困难，以及政府能力、决策和行为工具等方面的限制，用公共选择方式来确定公共利益及能否在决策中体现公共利益都变得困难。政府决策在符合一部分人的偏好的同时，必然要违背另一部分人的要求和愿望。其次是决策的时滞。政府作出一项决策要比私人部门决策慢得多，认识滞后、决策滞后、执行与生效滞后、决策链长，使得政府决策往往滞后于市场活动，对市场的影响力降低。这些是公共决策本身所固有的缺陷，无论采取怎样的决策程序都无法消除。

④政府运行效率问题　政府要有效地发挥作用，达到预期目标，不仅取决于决策是否正确，还取决于政府机制能否有效地运行来实现决策目标。在经济生活中，一方面，政府部门提供的公共品和劳务具有垄断性，也都是特定类型的，不具有同质性和可比性。政府处于唯一的垄断地位，不存在竞争的压力，也就不会在提高服务和效率方面给予足够重视，因此对其产出和效果很难进行评价；另一方面，政府活动目标的非市场性无法以市场价格来引导，政府活动缺乏预算约束，容易造成浪费。加之政府部门活动追求的直接目标不是利润，其行为目标是预算最大化，政府机构不断扩张，运行成本不断增加，导致政府部门缺乏降低成本的激励机制，由此产生长期低效率运行。

⑤寻租行为　政府活动与经济活动是互相连接的，政治过程中的权力因素总是有可能直接介入到经济活动中，从而干预经济当事人之间的交易。在此前提下，很多人便会力求借助于权力因素谋取个人最大利益，这就产生了寻租行为。寻租活动是把那些本应当可以用于价值生产活动的资源用于只是为了决定分配结果的竞争，是一种非生产性活动。在市场经济体制下，几乎不可避免地会产生由于滥用权力而发生的寻租行为，如利用政治权力谋取私利、权钱交易、化公为私、受贿索贿、为"小集体"谋福利、纵容亲属从事非法商业活动，等等。寻租间接造成了经济资源配置的扭曲，阻止了更有效生产方式的实施，并直接造成社会资源的浪费，社会公平和效率的损失，导致政府失灵。

通过以上分析可以得出，如同市场失灵一样，政府也会失灵。单纯的市场机制或单纯的政府机制都是不可取的，两者有各自的优越性，也都有其自身不可克服的缺陷。可以采取某些措施来改善政府的作用，将两种机制相互配合，促进资源的优化配置和社会福利水平的提高。

1.2.3　混合经济中政府与市场的基本分工

市场是满足人们生活的一个系统，主要提供私人产品和服务，满足的是个别需要；而政府是满足人们生活的另一个系统，主要提供公共产品和服务，满足的是社会公共需要。但从资源配置效率的角度看，市场和政府都具有不完善性，即存在市场失灵和政府失灵。现代社会或国家，无论是发达的还是发展中的，在经历了政府与市场的多次失效之后，都义无反顾地选择了政府与市场的混合。①

那么,在混合经济中如何划分政府与市场的边界?可谓众说纷纭,但共同的结论是:从作用范围上,政府活动的界限应在市场失灵领域,而市场机制的调节应在政府失效领域;从作用层次上,政府活动主要在宏观经济层面上,而市场机制主要在微观经济层面上;从公平与效率准则的实现上,政府主要致力于社会公平,市场主要致力于效率。其目标是:在市场对资源配置发挥基础性作用的基础上,将市场和政府有机地结合起来,建构市场主体有机运行、企业自主经营、政府相机调控的现代市场经济体制和运行机制,实现资源配置的最优化和社会福利的最大化。②

1.3 财政职能

所谓财政职能,是指财政在一定经济模式下所固有的功能和应承担的职责,是财政本身所具有的属性。在经济运行过程中,市场机制的作用是有限的,而市场失灵的领域恰恰是财政发挥作用的领域。政府的经济活动(财政活动)必然会对经济产生影响。政府活动对经济的方方面面所产生的影响就体现着财政的职能。一般来讲,财政的经济职能主要体现在以下三个方面:配置职能,分配职能,稳定职能。

1.3.1 资源配置职能

1.3.1.1 资源配置职能的含义

资源配置是通过对现有的人力、物力、财力等社会经济资源的合理调配,实现资源结构的合理化,使其得到最有效的使用,获得最大的经济效益和社会效益。

在现代社会中,存在着两种资源配置方式,即市场配置和政府财政配置。市场配置资源的主要机制是市场机制,通过需求刺激价格,价格引导投资来实现。市场机制是迄今为止最为有效的资源配置方式,它在资源配置中起基础性作用。但是,在资源配置过程中,市场机制也存在着低效或无效,需要政府介入社会资源配置过程,以弥补市场机制的缺陷,并为市场配置创造一个公平的环境。财政的资源配置主要通过财政分配手段实现,它强调的是要通过政府的有目的的介入确保资源能够得到有效的利用。在发挥市场机制在资源配置中的基础作用的前提下,通过政府和财政的介入,确保社会资源配置的效率性,便构成了政府及其财政活动的首要职能。

1.3.1.2 资源配置职能的主要内容

(1) 调节资源在不同地区之间的配置

一个国家或地区之间经济发展不平衡是客观事实,其原因不仅在于历史、地理和自然条件方面的差异,而且在于市场机制导致资源往往从落后地区向经济发达地区单向流动,从而使落后地区更落后,发达地区更发达,造成落后地区与发达地区的经济差距进一步扩大,经济差距的扩大又导致地区之间财政能力和公共服务水平的悬殊差距。从整体上看,

---

① 李宇兵,方宏建.政府和市场谁主经济沉浮.山东大学学报(哲社版),2011(1):23-25.
② 刘儒.市场与政府相互替代的不同模式及其特点比较研究.西安:西北大学,2005.

这种状况不利于社会经济长期均衡稳定发展。因此，调节地区间的资源配置成为财政的一项重要职能。财政资源配置职能的一个重要内容，就是通过财政分配，即财政补贴、财政投资、税收及财政政策等合理调节各地区之间的资金数量和流向，实现资源的合理配置。

我国是一个经济发展相当不平衡的国家。东、中、西部地区的基础设施、人力资源和投资环境存在较大的差距。为了缩小这种差距，尽快实现各地区经济实力的普遍提高，政府推出了一系列财政政策支持中、西部地区的发展。例如，西部大开发、中部崛起。这些政策都体现了财政在调节地区间的资源配置方面的功能和作用。

(2) 调节资源在不同产业部门之间的配置

社会资源在各产业部门之间的配置状况，直接关系到产业结构是否合理及其合理化程度。合理的产业结构对提高宏观经济效益、微观经济效益以及整体社会效益，促进国民经济健康发展具有重要意义。产业结构的调节属于宏观经济领域，而财政又是政府进行宏观调控的主要手段。财政调整产业结构有以下两条途径：一是改变现有企业的生产方向，即调整资产的存量结构，进行资产重组，来调整产业结构。首先，财政可以调节国家预算支出中的直接投资，如增加能源、交通和原材料等基础产业和基础设施方面的投资，减少加工部门的投资；其次，利用税收、财政补贴、投资政策引导企业的投资方向，例如，降低税率、减免税、加速折旧补贴和税率区别对待政策，可以发挥扶持或抑制某些产品、产业发展的作用。二是调整投资结构，增加对国家需要优先发展的产业的投资。财政可以通过税收政策和补贴政策来引导社会资金按照国家的意图合理地投放到不同的产业和部门之中，从而实现优化产业结构的目标。例如，我国实施西部大开发的战略，以及东北老工业基地振兴和中部崛起，就是政府利用财政政策来调整总体结构。此外，对于有正外部效应的项目，政府可以通过财政支出来兴办或提供财政补贴；对于负外部效应的项目，政府可通过税收加以限制，如对造成污染的企业课以重税，以弥补其对环境破坏所形成的成本。

(3) 调节资源在政府部门和非政府部门之间的配置

资源在政府与非政府部门之间的配置，取决于财政收入占国民生产总值或国内生产总值的比例。提高这一比例，会使社会资源中归政府部门支配使用的部分增大，非政府部门支配使用的部分减小；降低这一比例，会使社会资源中归政府部门支配使用的部分减小，非政府部门支配使用的部分增大。财政配置的资源数量过大，会对市场配置产生排挤效应，造成市场配置不足，公共物品过剩，降低社会资源的总体效率；财政配置的资源数量不足，则难以有效地弥补市场资源配置的缺陷，无法提供足够的公共品，同样会降低社会资源配置的总体效率。因此，社会资源在政府部门和非政府部门之间的最佳配置，既要满足社会对公共物品和劳务的需要，又不妨碍市场在资源配置中的基础地位。社会资源在政府和非政府部门之间的分配，主要是根据社会公共需要在整个社会需要中所占的比例来确定。它是随着经济的发展、国家职能和活动范围的变化而变化的。政府部门支配使用的资源应当与其承担的责任相适应，过多或过少都不符合优化资源配置的要求。

1.3.1.3 实现资源配置职能的主要手段和机制

(1) 政府支出

政府可直接提供某些市场供给不足的产品，如公共物品、准公共物品、私人经营容易产生垄断的产品、市场不完全产品等。对于市场供给不足的产品，政府可以通过财政补贴的方式刺激私人企业生产,达到与政府直接提供同样的目的。而政府对私人产品的购买也可视为对该产品的补助,因为它直接体现为对该产品的需要,可起到刺激该产品的生产、扩大供给的效果。另外,合理安排政府投资的规模和结构可以将集中起来的社会资源配置到某个行业或某个地区,并保证国家的重点建设。

(2)财政税收

政府是一个非生产性的部门,它要参与到社会资源中,首先必须依靠国家财政的力量集中一部分的社会资源,税收则是征收财富的一种最重要的手段。政府也可以通过调整税率来鼓励或限制某些产品的生产。通过政府税收手段带动和促进民间投资,吸引外资和对外贸易,提高经济增长率。

(3)公债

公债是现代市场经济国家经常使用的一种财政工具。虽然公债收入不是国家强制、无偿征收的,但政府可以用它筹集到大量的闲散资金,达到资源重新配置的目的。

1.3.2 收入分配职能

1.3.2.1 收入分配职能的含义

财政收入分配职能是指财政通过收入再分配机制,重新调整由市场决定的收入和财富的分配,达到社会认可的公平和正义分配状态的一种功能。

市场分配机制遵循经济公平原则,强调收入分配应以各利益主体为社会提供的生产要素的数量和质量为依据。现实生活中人们的劳动能力、劳动技能、资本占有量等方面存在着客观上的差别,使得市场分配的结果必然会形成收入差距过大。因此,以市场机制为基础的收入分配主要体现了经济公平,而往往损害了社会公平。财政有必要进行干预,防止收入悬殊和两极化,并为那些无劳动能力又不能提供其他生产要素的人们提供财政补助以维持生存。由此可见,调节收入分配也是财政的一项重要职能。

1.3.2.2 收入分配职能的主要内容

(1)财政调节企业的利润水平

财政调节企业的利润水平,主要是通过调节使企业的利润水平能够比较客观地反映企业的生产经营管理水平和主观努力状况,使企业在条件大体相同的情况下,获得大体相同的利润,为企业创造一个公平竞争的外部环境。主要是通过包括税收、财政补贴等在内的各种财政手段的调节。例如,通过税收剔除客观原因对企业利润水平的影响,使企业在大体相同的条件下获得大体相同的利润。

(2)财政调节居民的个人收入水平

在市场竞争中,每个人获取收入的机会是不均等的,这些不公平的因素会影响市场机制决定的分配格局。要素赋予的分配不公平使得有资本者收入越来越多,进一步积累造成了贫富悬殊。因此,在完全竞争市场下所形成的分配格局不满足社会公平的价值标准,需要财政进行干预和调节。财政调节居民的收入水平主要包括以下两种方式:一是通过税收进行调节,如通过征收个人所得税来缩小个人收入之间的差距,通过征收财产税、遗产税等税种调节个人财产分布等;二是通过转移支付,如社会保障支出水平、救济支出、补贴等,以维持居民最低的生活水平和福利水平。

1.3.2.3 实现收入分配职能的手段和机制

(1) 财政支出

财政支出通过再分配进行：一是具有社会救助性质的转移支出，主要是对那些处境不利的人们提供资金和物质救济，如最低生活保障制度；二是具有社会保险性质的转移性支出，主要包括养老保险、医疗保健和失业保险等；三是通过一些公共支出项目的安排间接影响收入分配格局，比如，政府若投资于某公共项目，则该项目中的从业者将获得更多的报酬。

(2) 财政税收

税收是政府进行收入再分配的重要手段。政府拥有强制征税的权力，该项权力使政府能够大规模地进行收入再分配工作，在相当大的范围实现对收入的调节。例如，通过征收企业所得税调节企业收入水平；通过征收累进税率的个人所得税、财产税、遗产和赠与税来缩小贫富差距和缓和财富在不同人群中的分布不均状况；通过开征消费税，选择对奢侈品课税，可以调节高收入者的实际可支配收入；通过征收资源税可以缩小部门和地区间资源条件和地理环境不同而形成的极差收入等。

(3) 政府管制

在财政支出和税收之外，政府还可以对市场机制进行直接干预，如规定企业必须向雇员支付最低工资、对生活必需品以及一些服务（如教育、医疗收费）实行价格上限、房租管制等；与此性质不同的是非价格管制，如规定同工同酬、不得对特定的群体（如妇女）实行工资歧视等。

1.3.3 经济稳定与发展职能

1.3.3.1 经济稳定和发展职能的含义

财政的经济稳定和发展职能是指政府通过对财政政策的制定、实施和调整，对生产、消费、储蓄和投资发生影响，达到充分就业、物价稳定、经济增长和国际收支平衡四个目标。也就是财政在市场经济条件下承担国民经济宏观调控、实现国家宏观经济政策目标的职责。

充分就业的概念是英国经济学家凯恩斯在《就业、利息和货币通论》一书中提出的，是指在某一工资水平下，所有愿意接受工作的人，都获得了就业机会。充分就业并不等于全部就业或者完全就业，而是仍存在一定的失业，但所有的失业均属于摩擦性的和季节性的，而且失业的间隔期很短。通常把失业率等于自然失业率时的就业水平称为充分就业。

物价稳定是绝大多数国家的一个宏观经济调控目标和中央银行执行货币政策的首要目标。所谓物价稳定，是指一般物价水平在短期内不发生显著的或急剧的波动，但并不排除某种商品价格相对于其他商品价格的变动。适度的物价上涨幅度对经济的发展是有利的。物价波动的幅度不能太大，如果物价总水平大幅度上升，必然导致货币贬值、通货膨胀。同时，物价大幅度上涨也容易导致总供求的失衡，严重制约经济的稳定与增长。因此，需要运用财政等政策工具，将物价总水平控制在一定时期社会可承受的范围内。世界各国普遍以通货膨胀率作为衡量物价稳定的一个指标。一般认为5%以下的通货膨胀率为物价总水平基本稳定。

经济增长通常是指一个国家或地区在一定时期内的总产出与前期相比实现的增长。总产出通常用国民生产总值或国内生产总值及其人均水平来衡量。对一国经济增长速度的衡量，通常用经济增长率来表示。经济增长率的高低体现了一个国家或地区在一定时期内经济总量的增长速度，它是衡量一个国家或地区总体经济实力增长速度的标志。经济发展与经济增长是不同的概念，经济发展比经济增长的含义要广。经济发展的含义包括生产能力的增长、经济结构的改善、社会制度的优化以及居民生活质量的提高。

国际收支平衡是指一国在进行国际经济交往时，其经常项目和资本项目的收支大体保持平衡。在开放的经济条件下，一国的国际收支同国内收支是密切联系的，国际收支不平衡，一般也意味着国内收支不平衡。经济稳定要求国际收支不出现大的逆差和顺差。如果一国国际收支出现过度逆差，会导致该国外汇储备减少，本国货币对外币汇率下降，削弱本国的经济实力；国际收支出现大量顺差，则会使本国货币对外币汇率上升，影响出口，且会使大量外资流入，加剧本国的通货膨胀。

在市场经济中，由于市场机制的自发作用，不可避免地造成经济的波动，社会总需求与总供给的失衡、通货膨胀、失业、经济危机是经常发生的，甚至还会出现通货膨胀和经济停滞并存的局面。这就需要政府对市场进行干预和调节，以维持生产、就业和物价的稳定，以及国际收支平衡。因此，经济稳定也是财政的重要基本职能之一。

1.3.3.2 实现经济稳定和发展职能的手段

(1) 充分发挥财政的自动稳定器功能

"自动稳定器"是指那些能随经济形势的变化自动发生作用（即不需政府主动采取行动），而缩小社会总供需差距，缓解经济波动的财政政策的总称。自动稳定的财政政策的作用主要体现在税收收入和财政支出两个方面。例如，采用累进税率的个人所得税，对经济波动相当敏感。当经济处于上升期，税收收入会以比个人收入更快的速度增长，从而抑制了非政府消费和投资。反之，经济处于衰退期，累进税率将自动降低，从而刺激非政府消费和投资，自动地发挥促进经济回升的作用。从财政支出方面看，最为典型的是社会保障支出。当经济不景气时，政府的社会保障支出会大幅度增加；反之，当经济处于上升期，失业率下降，人们的收入增加，政府的社会保障支出会大幅度减少。

(2) 采取相机抉择的财政政策

相机抉择财政政策是指国家依据宏观经济的波动特征，有意识地采取特定的财政手段消除通货膨胀或通货紧缩缺口。当经济不景气，总需求小于总供给时，政府采用扩张性财政政策，通过减收增支等措施，刺激总需求，以减少通货紧缩缺口；当经济过热，总需求大于总供给时，政府采用紧缩性财政政策，即通过增收减支等措施，抑制总需求，以减少通货膨胀；在总供求基本平衡时，实行中性财政政策，主要发挥市场机制的作用。

(3) 其他财政政策

通过投资、补贴和税收等手段，加快基础设施建设和产业结构调整。扩大农业、能源、交通运输业等基础设施建设，加快"瓶颈"产业的发展。通过投资、补贴和税收等体现的不同导向，实现产业结构的优化与提升。

财政的三种职能是完整的统一体，不应忽视任何一方。三种职能互为条件，相互促进，相辅相成。

延伸阅读

更好发挥财政职能作用，着力促进经济稳定增长

2015年7月29日，全国财政工作视频会议在京召开。会议的主要任务是学习贯彻党的十八大和十八届二中、三中、四中全会精神，认真落实党中央、国务院对财政工作的重要指示，分析当前财政经济形势，研究做好下一步财政工作，更好发挥财政职能作用。

财政部党组书记、部长楼继伟指出，2015年以来，财政部门坚决贯彻落实党中央、国务院的决策部署，围绕稳增长、调结构、促改革、惠民生、防风险采取了一系列政策措施，有力促进了经济社会持续健康发展。深入推进财税体制改革，积极盘活财政存量资金，强化预算执行管理，促进提高财政资金的使用效益。积极践行"大国财政、统筹内外"的理念，深化双多边财经交流与合作，为国内改革发展提供支持和营造良好外部环境。受经济增长放缓、物价水平回落等因素影响，2015年1~6月，全国一般公共预算收入79 600亿元，同比增长4.7%。在财政收入低速增长的情况下，财政部门积极盘活财政存量，用好财政增量，加强支出预算执行管理，民生等重点支出得到较好保障。全国一般公共预算支出77 288亿元，增长10.6%。

楼继伟继续强调，当前我国国内经济运行缓中趋稳、稳中向好，但下行压力仍然较大。下一步，财政部门要按照党中央、国务院的决策部署，继续坚持稳中求进的工作总基调，立足当前，着眼长远，将创新宏观调控与推进结构性改革有机结合起来，更加精准有效地实施定向调控和相机调控，把抓落实放在更加突出的位置，切实增强政策实施的针对性和实效性，促进经济持续健康发展和社会大局稳定。

加力增效，落实好积极财政政策的各项措施。加大力度推进重大项目建设；大力推进财政资金统筹使用；加大降税清费力度。加快政府和社会资本合作（PPP）模式的推广运用。加快完善法律制度和政策扶持体系；强化市场理念和风险意识，进一步规范地方政府债务管理，依法规范地方政府举债行为。发挥好各类投资引导基金的作用。设立各类投资引导基金，创新运作方式，有利于发挥财政资金的放大和撬动作用，引导民间资本投入经济社会发展的关键领域和薄弱环节。深入推进财税体制改革，全面推进预算公开，完善政府预算体系，实行中期财政规划管理，改革和完善财政转移支付制度，加快推进权责发生制政府综合财务报告制度建设；推进消费税改革，积极推进落实税收法定原则；研究完善中央和地方事权与支出责任划分。

（资料来源：《中国财政》，2015年第16期）

本章小结

1. 在实际工作中，财政是指政府的收支活动及其管理。从经济学的意义来理解，财政是以国家为主体，通过政府的收支活动，集中一部分社会资源，用于履行政府职能和满足社会公共需要的经济活动。

2. 财政的基本特征有公共性和阶级性、强制性与非直接偿还性、收入与支出的对称性。

3. 帕累托效率常常被作为评价资源配置合理性的标准。帕累托效率是指资源配置达到了这样一种境地，资源配置状态的任何重新调整已不可能在不减少一个人福利的情况下去增加另外一个人的福利，也

被称为"帕累托最优",这种资源配置状况就是最佳的。

4. 市场失灵是指市场机制因各种原因无法实现资源最佳配置而产生的市场低效率或无效率的一种状态。也就是说,市场的资源配置功能不是万能的,市场机制本身也存在固有的缺陷,统称为"市场失灵"。市场失灵的原因有 7 种:垄断和自然垄断的存在、公共物品、外部效应、信息不充分和不对称、收入分配不公、宏观经济失衡、偏好不合理。政府失灵的原因和表现可能发生在诸多方面,如信息不完全、公共决策中的经济人行为、政府决策机制的缺陷、政府运行效率问题、寻租行为。

5. 市场失灵成为政府财政存在的经济根源,也为政府介入或干预提供了必要性和合理性。

6. 政府干预手段可以概括为三个方面:立法和行政手段、组织公共生产和提供公共物品、经济手段。

7. 财政有三大职能:资源配置职能、收入分配职能、经济稳定与发展职能。财政资源配置是通过对现有的人力、物力、财力等社会经济资源的合理调配,实现资源结构的合理化,使其得到最有效的使用,获得最大的经济效益和社会效益。财政的收入分配职能是指政府为了实现公平目标,对市场经济形成的收入分配格局予以调整的职责和功能。财政的经济稳定和发展职能是指政府通过对财政政策的制定、实施和调整,对生产、消费、储蓄和投资发生影响,达到充分就业、物价稳定、经济增长和国际收支平衡四个目标。三大职能不是完全独立的,它们是完整的统一体,互为条件,相互促进,相辅相成。

▲思考题

1. 请列举现实中政府经济活动的若干例子。
2. 简述私人部门经济和公共部门经济的异同。
3. 如何理解财政的概念?
4. 什么是市场失灵?市场失灵的原因有哪些?
5. 试述政府在市场经济体制下的经济作用。
6. 试述政府干预手段,为什么会出现政府干预失效?
7. 什么是财政的资源配置职能?如何实现财政的资源配置职能?
8. 什么是财政的收入分配职能?如何实现财政的收入分配职能?
9. 什么是财政的经济稳定与发展职能?如何实现财政的经济稳定与发展职能?

第 2 章 财政支出的基本理论问题

本章提要

人类社会的发展需要消费产品,而产品按照受益对象和提供方式的不同可以划分为公共物品和私人物品,此外,还存在大量的在性质上介于公共物品与私人物品之间的混合物品。本章首先对公共物品的基本特征、提供方式、生产与定价进行了阐述;其次介绍了混合物品的含义及分类,探讨了混合物品的提供方式;最后介绍了外部效应的含义及分类,分析了外部效应的低效率和纠正方法。

2.1 公共物品

2.1.1 公共物品与私人物品特征比较

在经济生活中,人们需要各种各样的物品,这些物品按照其在消费过程中受益对象范围的差异和提供方式的不同,分为公共物品和私人物品。

"公共物品"一词最早是由瑞典人林达尔在其博士论文《公平税收》中正式提出来的。1991年产生的林达尔均衡是公共物品理论最早的研究成果。所谓公共物品是指由政府提供的用于满足整个社会共同需要的物品和服务;私人物品是指由市场提供的用来满足个别人需要的商品或服务。

2.1.1.1 公共物品的基本特征

(1) 非竞争性

非竞争性是指消费者在消费某物品时并不妨碍其他消费者从该物品中获得的利益。这一特点主要源于公共物品效用的不可分割性,即公共物品是提供给全体社会成员的,其效用为所有社会成员共享,而不能将其分割为若干部分,分别归某些个人或厂商享用。非竞争性具体来说包含两层含义:

① 边际生产成本为零 即指消费者的增加不会引起生产成本的增加,多一个消费者引起的社会边际成本为零。一旦公共物品被提供出来,没有必要排斥任何人对它的消费。如海上建造的灯塔,为邻近海域新增加的一艘船只指引方向是不需要追加任何生产成本的。

② 边际拥挤成本为零 即每个消费者的消费都不会影响其他消费者消费的数量和质量,消费者之间不存在利益上的冲突,在共同消费时,不存在拥挤现象。如国防,尽管每年人口都在增加,但任何人享受国防提供的国家安全保障是不会发生变化的。

(2) 受益的非排他性

受益的非排他性是指在物品消费中，很难将拒绝为其付费的消费者排除在受益范围之外。具体包含三层含义：

①任何人都无法阻止别人享用它带来的利益，尽管某些人对它的消费有独占之心，但在技术上是不可行或技术上可行而成本过高。如市内繁华街道，要排除某些消费者消费，从技术上来说是可能的，比如在街道周边修建栅栏或围墙然后设卡收费，这样做往往成本过高，在经济上不可行。

②任何人都不得不消费它，即使有些人可能会不愿意，但却无法加以拒绝。如国防，如果在一国的范围内提供了国防服务，任何一个生活在该国的人想不享受国防保护是很困难的。

③任何人都可以消费相同的数量。如果某人消费以后就减少了别人的消费数量，则在消费上就产生了竞争关系，也就等于部分地排他了，就不再是一种纯公共物品了。

在理解公共物品的特征时，需要注意以下几点：

①公共物品有空间上的区分。根据物品受益范围的不同，可以将公共物品分为地方性公共物品、全国性公共物品和国际性公共物品。

②一种公共物品的排他性不是绝对的。随着科技的进步，在过去不排他的物品，在未来的某一时期也可能成为具有排他性的物品。

③不同消费者在消费等量的公共物品时不一定获得等量的效用。这是因为个人偏好的不同，对公共物品的评价也可能有所不同。

2.1.1.2 私人物品的基本特征

私人物品具有竞争性和排他性。竞争性是指如果增加一个消费者对某物品的消费，就会对其他消费者同时从该物品中获得的利益产生影响，就必须增加供给量，从而增加产品的成本。如一件衣服，甲消费者支付了该商品的价格后，乙消费者就不能从这件衣服中享受到利益。这说明私人物品在消费过程中在消费者之间存在着利益冲突。排他性是指在物品的消费中，能够通过某种方式将某些消费者排斥在物品的消费利益之外。这种排斥无论在技术上还是经济上都是可行的。消费者在消费该种物品时要付出一定的代价或受到一些条件的限制，否则就无法获得该物品的消费权。排他的主要方式通常是收费，例如，面包的消费，只有支付了其价格的消费者才能享受到面包带来的营养、充饥等利益。除了收费以外，也可以通过法律限制来排斥一些消费者。识别公共物品和私人物品的标准如图 2-1 所示。

2.1.2 公共物品的提供方式

政府机制和市场机制的不同决定了私人物品主要由市场来提供，公共物品主要由政府来提供。

2.1.2.1 私人部门提供公共物品的无效率

竞争性的市场不可能达到公共物品的帕累托最优产量。一方面是由于公共物品供给中存在免费搭车问题。由于公共物品具有非排他性，每个消费者无论付费与否都可以享受公共物品的好处，不会因为付费而比他人多享好处，也不会因为没有付费而少获利益，在这

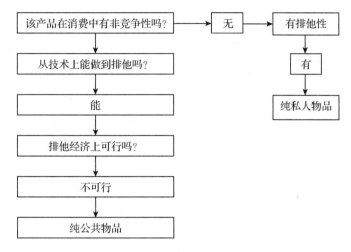

图 2-1 识别公共物品和私人物品的标准

种情况下,他就会产生让别人付费而自己坐享利益的心里,就出现了"免费搭车者"(free rider)。在这种心理的驱动下,理性的消费者不愿出资购买,导致公共物品的投资无法收回,以追求利益最大化为目标的私人企业自然不会提供这类物品。因此,市场无法提供这种公共产品。即便有人愿意提供(如慈善家做好事),其数量也是有限的,无法满足社会对这种产品的需求。故而只能由政府来提供这类物品以弥补市场缺陷(私人部门提供公共物品的效率损失可以用图 2-2 表示)。另一方面,由于公共物品的边际成本为零,按照帕累托最优所要求的边际成本定价原则,物品必须免费提供,这对于私人企业而言显然是难以接受的。因此,公共物品必须由公共部门来提供。

图中 AB 为生产可能性曲线,I 为社会无差异曲线。I_1 与生产可能性曲线 AB 的切点为 E,表明在产出水平最大的条件下,社会从公共产品与私人产品的组合中获得了最大的效用,资源在生产与消费领域都达到了最佳配置。如果公共物品由市场提供,即使能提供,其数量也无法满足人们的需求,如图中点 C,资源大部分都被配置到了私人产品的供给中。过 C 点的社会无差异曲线的位置 I_2 远低于 I_1,说明这种组合提供的社会效用大大减少。两种组合产生的效用之差就是公共产品市场提供产生的效率损失。

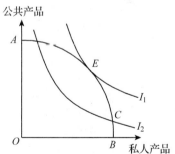

图 2-2 私人部门提供公共物品的效率损失

2.1.2.2 强制性融资

存在非排他性就会产生免费搭车问题,然而取消非排他性,也不一定能杜绝免费搭车问题。不论是在私人物品还是在公共物品的交易中,消费者都需为他所表示出来的需求付费,表示的需求越少,付费就越少,因此,免费搭车者会通过隐瞒自己的真实需求以达到免费搭车的目的。

既然公共物品不可或缺,免费搭车者的问题又不可避免,那就只能靠强制性的融资方式来解决公共物品的供给问题。现实中,政府正是一方面以征税的方式取得资金;另一方面,又将取得的资金用于公共物品的供给。

2.1.3 公共物品的生产和定价

2.1.3.1 公共物品的生产

(1) 公共物品的私人生产

公共物品由政府提供即公共提供,但并不一定要求政府直接组织生产,可以由私人进行生产,政府出资购买。例如武器,由政府的军事部门提出关于产品质量、性能方面的要求,企业竞争签约,生产出来后,由政府出资采购。私人企业也可以承包政府的工程等。

私人部门参与公共物品的生产,由于引入了竞争机制,使得公共支出的效率大大提高。但是由于公共物品的提供往往存在规模经济,所以引入私人部门会破坏规模经济进而造成效率的损失,但只要竞争生产的效率能超过由此带来的损失,就是可行的。

(2) 公共物品的公共生产

由政府出资建立的工商企业和单位生产公共物品。例如武器,由政府部门设立的企业组织人力、物力和财力进行生产。这种方式的优点是可以在短时间内集中大量的人力、物力和财力,迅速生产出所需要的物品。但由于缺乏竞争性,提供的公共产品的质量不一定是最高的。

2.1.3.2 公共物品的定价

对于私人物品来说,价格是实现资源最优配置的主要机制。市场竞争决定了均衡价格和均衡产量。但是对于公共物品来说,由市场价格决定的产量低于社会的实际需求量,为矫正市场失灵,提高资源配置效率,改进收入分配,提高财政支出效率,保证居民的生活水平和生活安定,政府必须对这种物品的价格进行干预。

(1) 公共物品定价的含义和定价政策

政府相关部门通过一定的程序和规则制定提供公共物品的价格或收费标准就是公共物品的定价。公共定价的对象既包括公共部门提供的公共物品,也包括私人部门提供的公共物品。

公共物品的定价政策应从供给与需求两个方面来考虑。公共物品与人们的福利直接相关,需求量大,社会效益也较大,虽然公共物品的生产和销售不能以追求利润最大化为目的,但是也必须考虑政府和企业提供公共物品的成本,确定一个弥补成本的价格。

从定价政策来看,公共定价包括两个方面,即纯公共定价和管制定价。纯公共定价是指政府直接制定自然垄断行业物品的价格,如水、热、电、气等的价格。管制定价又称价格管制,即政府对涉及国计民生而又带有竞争性行业生产的物品的价格作出规定,如农业、高等教育等行业的价格。

各级政府往往会规定公共定价的对象和范围。例如,辽宁省物价局公布的自2003年10月1日起实行的《辽宁省定价目录》中列举了20项公共物品,包括:重要的储备物资;专营及特定商品;重要农业生产资料;工程供水;部分能源;重要公用事业;军品;粮食;部分房地产;重要交通运输;药品;临床用血;医疗服务;教育;教材;邮政业务;电信业务;重要专业服务(部分中介服务、产品检验、鉴定及检测、卫生服务、婚姻服务);旅游服务;国家机关收费。

(2) 公共定价方法的分类

针对不同的公共物品采用不同的定价方法,可以促使公共物品的价格更趋于合理,促进公共物品市场的健康发展。

公共定价方法包括平均成本定价法、二部定价法和负荷定价法。

①平均成本定价法　是在市场需求曲线和厂商平均成本曲线给定的条件下，由两条曲线的交点来确定产品价格的方法。是在保持提供公共物品的企业和事业对外收支平衡的情况下，采取尽可能使经济福利最大化的定价方式。

在理论上，按边际成本对公共物品进行定价是最理想的定价方式，但这种定价会使企业长期处于亏损状态，必须依靠财政补贴才能维持运行，从长期来看，很难保证企业按质按量提供公共物品。既然边际成本定价会使企业发生亏损，从而无法实现社会福利最大化，那么至少应该限制企业的超额利润，使其亏盈相抵，收支平衡。本着这样一种思想，采取按高于边际成本的平均成本定价，使社会福利达到次优状态，在成本递减的行业就成为一种可供选择的方法。

②二部定价法　就是将价格分为固定费和从量费两个部分的定价方法。固定费按通常情况下消费者人数计算的平均固定成本来定，这部分费用与消费数量无关；从量费按边际成本等于边际效用的原则来定，与消费数量直接相关。

由于二部定价法具有"以收支平衡为条件实现经济福利最大化"的性质，所以现在几乎所有受管制的行业（特别是电力、城市煤气、自来水、电话等自然垄断行业），都普遍采用这种定价方法。

二部定价由两部分组成，对厂商来说就面临一个抉择问题：是制定一个高固定费和低从量费的定价模式，还是相反；怎样做才能获得更多的消费者剩余？一般来说，如果消费者是同类型时，通过单一的二部定价方法，厂商实现了同完全价格歧视一样的目标。当消费者呈现多种类型时，对厂商来说，单一类型的二部定价方法通常不是最佳的选择，厂商一般会设计不同类型的二部定价方法，以使不同类型的消费者能进行自我选择。这种自我选择机制必须满足两个基本原则：一是参与约束，即二部定价必须不能超过消费者的支付意愿，否则他们不会参与购买；二是激励相容约束，每个消费者都选择自己类型的二部定价而不是其他类型的。对于高需求类型的消费者来说，由于购买数量比较大，低从量费的定价方式是其更乐意接受的；而对于低需求类型的消费者来说，由于购买数量不大，或只是偶尔购买，则从量费高点他们也能接受，即低固定费更为可取。

二部定价使自然垄断行业实现了收支平衡条件下的经济福利最大化，符合有效定价原则。二部定价一方面使边际成本定价下厂商的亏损额由使用者来承担；另一方面使更多的消费者可以按等于边际成本的价格使用厂商提供的商品或服务。

③负荷定价法　电力、煤气、自来水、通信等行业需求波动非常频繁，为满足社会需要，生产能力必须满足负荷最高时的需求。

负荷定价法是指对于不同时段或时期的需求制定不同的价格标准。在电力、煤气、自来水、通信等行业，按照需求的季节、月份、时区的高峰和非高峰确定不同的收费标准，低峰期时，收费最低。例如，电力的消费，在炎热的夏季往往形成耗电高峰；而在每一天里，往往是白天形成高峰，深夜则是耗电的低谷。

一般地，在消费的高峰时间，需求是较为缺乏弹性的，而在消费的低谷，需求的价格弹性则往往是充足的，因此，在高峰时间应定较高的价格，而在低谷时间应定较低的价格。例如，对电力的消费来说，为了减弱其波动性，特别是减弱一天中的波动性，企业可以考虑对高峰时间制定较高的电价，而在低谷时间给予低价优惠。但这样定价的效果要看电力消费的对象是否对电价有弹性。对一般居民来说，通常并不会因为深夜的电价较低而半夜起来多用电，因此，这一策略只是对大量耗电的生产性企业比较有效。

(3) 自然垄断行业的公共定价

自然垄断行业的经营规模通常都很大，这些部门的产品随着产量的增加，平均成本(AC)呈递减趋势。

在图2-3中，如果由市场定价，在利润最大化时边际收益(MR) = 边际成本(MC)，此时，价格为P_m，产量为OC，利润为$GHIP_m$，产量满足的社会需求最小，资源没有得到充分利用。如果按照平均成本定价，平均收益(AR) = $AC = P_{at}$，产量为OB为厂商的损益持平点，不能获得额外利润。如果按照边际成本MC定价，产出为OA，社会福利最大，但厂商将蒙受了$P_{mt}DEF$的亏损。亏损部分，厂商可以通过收费

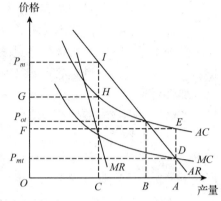

图2-3　自然垄断的公共定价法

来弥补，也可以由政府通过财政资金来弥补。由此可见，既要满足公共物品的供给，又要提高财政资金的使用效益，选择合适的定价方法就变得十分重要。

2.2　混合物品

在现实生活中，许多物品和服务既不属于纯公共物品也不属于纯私人物品，而是兼具有二者的性质，这种物品就是混合物品，也称准公共物品。

2.2.1　混合物品的含义及分类

所谓混合物品是指在性质上介于私人物品与公共物品之间的物品。它可以分为以下三类：

(1) 具有排他性和一定范围内非竞争性的物品，即俱乐部物品

这类物品都有一个饱和界限，在还未达到饱和状态时，物品的消费具有非竞争性，增加一个消费者并不会减少其他消费者从该物品中获得的利益，不会因此而增加物品的成本。但是，当物品趋于饱和状态时，再增加消费者就会影响其他消费者对该物品的消费，发生拥挤问题，使非竞争性遭到破坏，因而，这类物品的非竞争性是局限在一定范围内的。这类物品的另一个特征是排他性，不让某些消费者消费这种物品在经济上和技术上都是完全可行的，如桥梁、公园、博物馆、图书馆等。

(2) 具有非排他性和竞争性的物品，即公共资源

有些资源在权限界限不明时，常表现为大家共同使用，如海洋渔业资源。由于海洋中的鱼群不属于任何个别生产者，所有海洋渔业生产者都可以在其中捕鱼，这表明该资源具有非排他性。但由于这种资源的有限性，当捕鱼者达到一定数量后，新增加的生产者就会使其他生产者能够捕到的鱼减少，这表明渔业资源在消费上又具有一定的竞争性。公共资

源的使用在超过一定限度之后也会遇到拥挤问题,这与俱乐部物品的拥挤问题完全相同。

(3) 具有非竞争性和非排他性不完全的物品

有些物品的非竞争性和非排他性是不完全的,如教育。受教育者通过接受教育,不仅学到了知识和技能,提高了自身在未来经济活动中的竞争力,而且也增加了自己获得收入的能力,这些利益完全为受教育者个人所拥有。从这一角度看,教育这种物品具有竞争性和排他性。但是,这种物品还有相当大的一部分利益通过受教育者外溢给了社会,使得社会劳动生产率得以提高,使得民族文化素养得以提高,使得国家政治制度得以在一个更为良好的环境中运行,等等。从这个意义上说,这种物品又具有非竞争性和非排他性。因而,类似于教育这种物品的非竞争性和非排他性是不完全的。

2.2.2 混合物品的提供方式

2.2.2.1 具有排他性和一定范围内非竞争性的物品的提供方式

由于该类物品只有在消费者达到一定数量时,消费才具有竞争性,因此,可以向消费者收取一定的费用,并且在技术上也可以实现排他。对于这类物品,市场供给和政府供给都是可以选择的方式。需要探讨的是究竟哪种提供方式更好的问题。下面以桥梁为例加以说明。

在图 2-4 中,C 为桥梁的建造成本,F 为收费成本,AB 为桥梁的边际效用曲线。OB 为最大车流量,未超过给定的桥梁负荷界限为 OQ,因此,消费者的

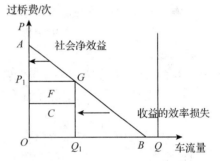

图 2-4 桥梁收费与免费的效率比较

增加并不会增加物品的成本,所以边际成本曲线与横轴重合。

如果由公共提供,消费者免费消费该物品,那么按照 $MR = MC$ 的原则,消费者会把消费量扩大到 $MR = 0$ 时为止,此时,消费者的消费量为 OB,消费者从该物品消费中获得的收益为 AOB。由于桥梁是公共提供的,建桥的成本必须由政府筹措资金来加以弥补。假定政府通过税收的方式筹措资金,那么,征税过程中还会发生税收成本 D 和税收的效率损失 E。所以,社会净效益为 $AOB - C - D - E$。

如果采取市场提供,通过收费的方式来弥补建桥成本,在收费过程中由于也要发生相应的成本,因此,收费标准应定在图中 OP_1 的水平,此时恰好可以弥补桥梁的建造成本和收费成本。但是,由于收费,会使消费者的消费量由 OB 减少到 OQ_1,由此,造成收费的效率损失,即图中 BGQ_1 的面积。收费减少了社会净效益损失,所以,社会净效益为 $AOB - C - F - BGQ_1$。

在税收成本与税收效率损失既定的情况下,这类物品的供给方式的选择主要取决于收费管理的难易程度和物品的需求弹性。当该物品的需求弹性较小,收费管理较为容易时,可考虑采取市场提供方式,反之,采取公共提供方式。有时,在这类物品的供给中,市场供给与政府供给兼而有之。

2.2.2.2 公共资源的提供方式

共同使用公共资源会增加生产成本,降低生产效率,也会由于对资源的过度使用而造

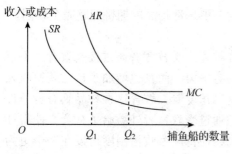

图 2-5 公共资源供给及其效率损失

成资源枯竭。下面以海洋渔业资源为例加以说明。

如图 2-5 所示，由于渔业资源的有限性，随着捕鱼船的增加会使每艘船的平均收益下降，即生产者的平均收益曲线 AR 向下倾斜，这意味着增加一艘渔船，其边际社会收益 SR 会低于该船的平均收益。假设添置一艘渔船的成本为 MC，当平均收益大于每条船的捕鱼成本时，对于新增的私人生产者来说仍有利可图，因此，捕鱼船将继续增加，一直到 $AR=MC$ 时为止，此时，市场均衡的捕鱼船数量为 Q_2。但是从整个社会角度来看，当捕鱼船的数量超过 Q_1 后，再增加一条渔船所得到的产出量将小于单个船的捕鱼成本，这表明对公共资源的过度利用导致了效率的损失。

对于公共资源问题，可以采用使用权市场化方式加以解决。如政府可在某一捕鱼区域限定捕鱼船只的数量，采用招标方式发放捕鱼许可证，只允许有许可证的渔船进入规定的区域捕鱼。

2.2.2.3 具有非竞争性和非排他性不完全的物品的提供方式

该类混合物品具有非竞争性和非排他性不完全的特征，这一特征来自于该物品的外部效用。

该类混合物品如果采取市场方式提供，利益的外溢会带来效率的损失。在外部效应存在的情况下，购买者的边际效用曲线与社会边际效用曲线是相分离的。图 2-6 中，dd 为混合物品物品的购买者边际收益曲线，DD 为社会边际收益曲线，它们之间的垂直距离表示该物品的边际外部收益（为了讨论方便，假定为常数），SS 为供给曲线。从整个社会的角度来看，按照社会边际收益等于社会边际成本的原则，该物品的最佳产出量应为 Q_0。但在市场机制下，由于外部效用的存在，价格无法反映产品的全部效益，在这一价格决定下，社会资源在该种产品的配置上是不足的。人们按照本人获得的利益决定购买量，该物品的产出水平只能达到 dd 和 SS 的交点 E_1 所决定的 Q_1，这就导致了社会效率的损失（图中的三角形 E_0AE_1）。

为了实现经济效率，可以由政府直接提供准公共物品，以较低的价格鼓励人们增加消费，从而达到有效率的消费量。由于某些人可获得直接的利益，所以也应向他们收取一定的费用。图 2-6 中，如果由政府提供准公共物品，其供给曲线应下移至 SS'，应向受益人收取的价格为 P_0。如果完全免费供应，则会由于消费者的过度消费而造成资源的浪费进而导致社会福利的损失（图中三角形 CE_0D）。

为了避免市场提供造成的消费不足和公共提供造成的资源浪费导致的效率的损失，该类物品通常采用市场提供与公共提供相结合的方式。例如，几乎每个

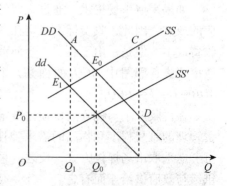

图 2-6 混合物品物品的市场提供、公共提供与效率损失

国家的政府都参与教育的直接投资，但一般仅限于提供基础的义务教育。其原因在于随着受教育程度的提高，受教育者个人获得的收益越来越大。

2.3 外部效应及其纠正

生产和消费过程中可能产生外部效应。在外部效应存在的情况下，市场竞争是缺乏效率的。

2.3.1 外部效应的含义及分类

2.3.1.1 外部效应的含义

外部效应又称外部性，从经济学角度，外部效应的概念是由马歇尔和庇古在20世纪初提出的，其含义在经济学界没有统一的说法。一般将其定义为：在经济活动中，某些个人或厂商的经济行为影响了其他个人或厂商，造成不利影响的个人或厂商却没有为此付出相应的成本，给他人带来有利影响的个人或厂商没有获得应有的报酬的现象。

外部效应可以用效用函数来说明。当某个人的效用不仅取决于他购买的和消费的物品，还取决于其他某些人的活动时，就存在着外部效应。在效用函数中，个人 A 的效用 U_A 不仅取决于其自身可以控制的变量，即他所消费的各种物品 $(x_1, x_2, x_3, \cdots, x_n)$，同时还取决于另一个人 B 从事的某种活动 y_1 的影响：

$$U_A = U_A(x_1, x_2, x_3, \cdots, x_n, y_1)$$

外部效应的明显特征是一个人与另一个人之间的相互依赖性，而且更为重要的是这种相互依赖性发生在价格机制之外。

2.3.1.2 外部效应的分类

(1) 正外部效应和负外部效应

这是经济分析中对外部效应最有用的分类方法。正外部效应也称外部效益或外部经济，指的是对交易双方之外的第三者所带来的未在价格中得以反映的经济效益，如教育。在正外部效应存在的情况下，无论是物品的购买者，还是物品的出售者，都未在其决策中将他们之间的交易给其他人或厂商带来的利益考虑进去。如果将这一因素考虑在内，在不能向第三者收取相应补偿的情况下，该物品的消费量肯定会出现不足。负外部效应也称外部成本或外部不经济，指的是对交易双方之外的第三者所带来的未在价格中得以反映的成本费用，如工业污染。正因为如此，具有负外部效应的物品的供给量往往是过多的。

(2) 生产的外部性与消费的外部性

按照产生的领域，外部性可以划分为生产的外部性与消费的外部性。生产的外部性就是由生产活动所导致的外部性，消费的外部性就是由消费行为所带来的外部性。以往经济理论重视的是生产领域的外部性问题。20世纪70年代以后，关于外部性理论的研究范围扩展至消费领域。从正外部效应与负外部效应、生产的外部性与消费的外部性两种分类出发，可以把外部效应进一步细分：

①消费活动产生的正的消费外部效应　指某人或家庭因他人或家庭的消费活动而受益。如 A 注射了流感疫苗，这种消费不仅对他自己有益，对其周围的人也是有一定好

处的。

②消费活动产生的正的生产外部效应　指某厂商因某人或家庭的消费活动而受益。如购买者偏好的变化增加了对厂商商品的需求。

③消费活动产生的负的消费外部效应　指某个人或家庭因别人或家庭的消费活动而受损。如 A 养了一只狗，每天夜里不停地叫，该人已经习惯于夜生活，并不觉得困扰，而邻居 B 习惯于早起早睡，被狗的叫声弄得失眠。在这里养狗就是一种负外部效应。

④消费产生的负的生产外部效应　指某厂商因某个人或家庭的消费活动而受损。如购买者偏好的变化减少了对厂商商品的需求。

⑤生产者产生的正的消费外部效应　指某个人或家庭因某厂商的生产活动而受益。如由于采用新的技术，使得企业在追求最大利润时，以较低的价格出售质量较好的物品，消费者就会因此而得到外部收益。

⑥生产者产生的正的生产外部效应　指某厂商因别的厂商的生产活动而受益。如一个养蜂人离果园很近，他的养蜂活动会有益于果园的主人。反之，果园规模的扩大也会给养蜂人带来好处。

⑦生产者产生的负的消费外部效应　指某个人或家庭因某厂商的生产活动而受损。如厂商的活动造成了污染，对附近居民的健康带来有害影响。

⑧生产者产生的负的生产外部效应　某厂商因别的厂商的生产活动而受损。如造纸厂将污水排放到湖水里，对养鱼者的生产活动产生不利影响。

(3) 制度外部性与科技外部性

新制度经济学丰富和发展了外部性理论，并把外部性、产权以及制度变迁联系起来，从而把外部性引入制度分析之中。朱中彬把这种外部性称为制度外部性。制度外部性主要有三方面的含义：

第一，制度是一种公共物品，本身极易产生外部性；

第二，在一种制度下存在、在另一种制度下无法获得的利益(或反之)，是制度变迁所带来的外部经济或外部不经济；

第三，在一定的制度安排下，由于禁止自愿谈判或自愿谈判的成本极高，经济个体得到的收益与其付出的成本不一致，从而存在着外部收益或外部成本。

"一个和尚挑水喝，两个和尚抬水喝，三个和尚没水喝"，就包含着制度外部性的意义。制度外部性实质上就是社会责任与权利的不对称。在改革过程中，制度外部性问题要解决的主要是如何在社会成员中分配制度变革所带来的新增利益的问题：一是"搭便车"，即为改革付出努力的人不能获得相应的全部报酬；二是"牺牲者"，改革中某些人承担了别人应该承担的成本。前一种情况使改革缺乏动力，后一种情况给改革增加阻力。

科技外部性是一个尚未被人使用的概念，但客观上已经普遍存在。它大致包含以下几个方面：

第一，科技成果是一种外部性很强的公共物品，如果没有有效的激励机制，就会导致这种物品的供给不足；

第二，科技进步往往是长江后浪推前浪，一项成果的推广应用能够为其他成果的研究、开发和应用开辟道路；

第三,网络自身的系统性、网络内部信息流及物流的交互性和网络基础设施长期垄断性所导致的网络经济的外部性。

2.3.2 外部效应的低效率

当存在外部效应时,人们在经济决策中所依据的价格,不能精确地反映其全部的社会边际收益,或者不能精确地反映其全部的社会边际成本,从而导致了外部效应的低效率:存在正外部效应时,造成外部效应一方的活动总是不能提供得足够多;存在负外部效应时,又总是出现过分提供。根本原因就是当事人只按私人的边际收益等于边际成本的原则行事,而不考虑将外部效应包含进去时的社会边际收益和社会边际成本。

2.3.2.1 负外部效应的低效率

负外部效应通常用外部边际成本表示。增加一个单位的某种物品或服务的产量而给第三者带来的额外成本没有在商品的价格中得到反映,但它却是生产某一物品或提供某一服务的社会边际成本的一部分,所以当存在成本外部化现象时,生产上会忽视物品的外部成本,进而造成物品的实际供给量大于最优的供给量,造成社会福利的损失。下面以造纸厂为例,分析负的外部效应的低效率。

假设造成外部效应的当事人的私人边际成本为 MPC,边际收益为 MPB,所造成的外部边际成本为 MEC,则社会边际成本 $MSC = MPC + MEC$,此时的社会边际收益 MSB 等于私人边际收益 MPB。如图 2-7 所示,不加干预的市场均衡在 A 点实现,在这一点上,$MPC = MSB$,A 点所决定的产量水平 Q_A 显然不是最佳的,因为最优的均衡条件是 $MSC = MSB$,其均衡点是 B。由此,我们可以得出结论,在存在负的外部效应时,物品的生产和销售会呈现过多状态。

2.3.2.2 正外部效应的低效率

正外部效应通常用外部边际收益表示。与负外部效应类似,这种额外的收益也没有在商品的价格中得到充分体现。

如图 2-8 所示,假设造成外部效应的当事人的私人边际成本 MPC,私人边际收益为 MPB,所带来的额外边际收益为 MEB,则社会边际收益 $MSB = MPB + MEB$。为简化起见,假设此时的社会边际成本 MSC 等于私人边际成本 MPC。从整个社会的角度来考虑,生产的最佳水平应由 $MSB = MSC$ 决定,产出水平为 Q_B,而实际上的均衡产量为 Q_A,因为当事人只按 $MPC = MPB$ 规则去生产。由此可知,在存在正的外部效应时,物品的生产会出现不足。

在现实经济生活中,某种物品的外部边际收益很可能会随其消费量的增加而递减,当消费量达到一定水平时,其外部边际收益将趋向于零。此时资源配置的效率并非低效,而是接近最优。

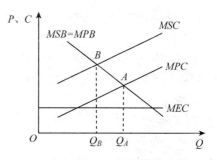

图 2-7 负外部效应的效率损失

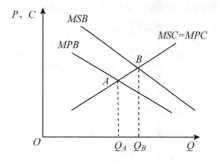

图 2-8 正外部效应的效率损失

2.3.3 外部效应的纠正

无论一个经济单位对其他经济单位的影响是正或是负，私人自主决策所决定的最优产量是缺乏效率的。为实现资源的有效配置，需要对外部效应的低效率进行矫正。一般来说，纠正外部效应问题可以从私人部门和政府部门两个方面入手。

2.3.3.1 私人部门纠正外部效应的方式

(1) 产权界定

产权理论认为，外部效应从根本上说是产权界定不够明确或界定不当引起的。问题的关键不在于产权归谁所有，而在与它是否有明确的归属。只要界定了产权，有关各方总能达成一种协议，通过这一协议，每个人的状况都能变好，无须政府的介入和干预，其结果是有效率的。

所谓产权，通常是指对某种资源的所有权、使用权以及自由转让权等。美国经济学家罗纳德·科斯提出了著名论点，即只要产权已明确界定并受到法律的有效保护，那么交易的任何一方拥有产权都能带来同样的资源最优配置的结果。这可通过双方之间的谈判自然地实现。产权赋予不同的人只会带来收入分配结果的不同，这就是科斯定理。

如果产权归属于造成外部效应的一方，那么受影响的一方就只有通过补偿前者才能使前者减少其活动水平。如果产权归属于受影响一方，那么行动方就只有补偿受影响方才能从事其活动。

按科斯的思路分配产权，有助于解决某些重大的环境和自然资源保护问题。在现实中，在缺乏相应约束制度的情况下，企业的生产不会考虑污染问题，因为排放的空间是公共的，它就可以不承担污染造成的外部成本这个责任，但是如果产权归属于受影响的一方，企业就必须补偿受影响方才能从事其活动，这样就可以在一定程度上减少污染物的排放。

这种方法的局限性是，科思定理的隐含条件限制了科思定理在实践中的应用：首先，谈判必须是公开且无成本的(交易成本=0)；其次，外部效应影响有关当事人只能是少数几个人。

(2) 企业合并

通过将不同类型的企业结合在一起的形式，使外部效应内部化。如位于河流上游的化工厂和河流下游的食品厂属于同一个所有者，化工厂排放污水时就会考虑到对食品厂的影响，从而会减少污水的排放量。养蜂会给果园带来外部效益，果园又使蜜蜂采到更多的蜜，如果果园的主人和养蜂人同为一人，则原来的外部效益就全部内部化了。企业合并的缺陷在于让有关的个人或企业自愿联合起来成为一体，但是实践中往往没人会主动出面担负起这项组织工作，企业规模尽可能大不仅很难做到，而且即使做到了又会导致垄断出现新的市场失灵。

(3) 道德约束

在应付负外部效应方面，道德约束即利用社会道德规范强迫人们留意自己产生的外部性，约束能带来负的外部效应的行为。如多数人不乱扔垃圾源于内心的道德约束。"己所不欲，勿施于人"就是要求考虑我们的行动如何影响他人。这种做法具有一定的作用，但是过于软弱。

2.3.3.2 政府部门纠正外部效应的方式

(1) 征税或罚款

经济学家庇古认为,政府对具有负外部效应的产品,在效率产量水平上向污染者课征相当于边际外部成本的税收,使之变成污染者的内部成本。这样,税收就成了企业成本的一个组成部分,外部成本就成为企业的内部成本。

在图2-9中,当政府向污染者课征相当于边际外部成本的税收企业时,其内部边际成本曲线就会上移到S',与需求曲线D的交点决定产量为Q_1。外部成本内部化的税收被称为庇古税。

庇古税有两种实施方法:

①对每一单位物品制定一个固定的征收数额 该方法的优点是以造成污染的企业的产量为课征对象,比较容易确认,缺点是一旦征收标准给定,企业就不会有减少或消除外部边际成本的积极性。

②直接按外部成本征税 即对造成污染的企业,根据它排放的污染物的数量来征税。由于课征对象是直接造成外部成本的经济指标,减少外部成本就会减轻税收,企业对此会作出较为灵敏的反应。无论哪两种方法,遇到的最大问题都是如何准确地以货币形式衡量外部成本,如污染环境所造成的社会成本到底有多大?有时政府只能近似地估计这些成本。

也可以采取对企业罚款的方式,迫使企业考虑外部成本,使外部成本内在化。

在图2-9中,$S' = S +$ 税或罚款,由于边际社会成本上升,供给量减少,供给曲线由$S = MPC$变为$S' = MSC$,最终$MSC = P$,从而达到最优产量。

(2) 补贴

政府也可以通过补贴的方式矫正外部效益的低效率,即对带有正外部效应的物品或服务的消费者,按照该物品或服务的外部边际效益的大小发放财政补贴,以此将补贴物品或服务的私人边际效益提高到与社会边际效益相一致的水平。

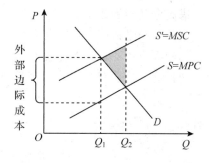

图2-9 外部成本的纠正——征税

有两种可供选择的做法:一是政府通过向私人企业提供补贴以降低私人企业的边际生产成本,使企业在一定的价格条件下扩大供给量,从而达到社会最佳产量。在图2-10中,政府可以对厂商每生产一个单位的该物品进行补贴,数量为T,这样,厂商的供给量就会增加,供给曲线将下移至$SS - T$,于是,市场均衡产量达到帕累托最优的Q_0点。二是政府向购买该物品的消费者进行等额的补贴,增加消费者的购买力,使需求曲线由dd移至DD,最后也会使最优产量达到Q_0的水平。

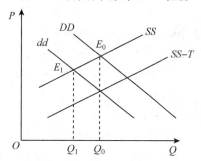

图2-10 对外部收益效率损失的纠正——补贴

在生活中有很多这样的例子。如对于在自己庭院内植树的家庭，虽然其所种的树木属私人财产，但因为由此可以带来环境的改善，政府往往会给予补贴。又如政府向贫困人口发放最低生活保障金，以增加他们的消费能力，维持他们的基本生活水平。

(3) 公共管制

公共管制是政府对付外部效应问题可以采取的一种方式。即政府对能带来外部成本的生产者行为进行某些限制，限制的形式视具体情况而定。如为了控制生产者所造成的环境污染，政府可以规定一个法定的排污标准，也可以对生产程序作出规定（如必须使用符合某种质量要求的原材料），还可以规定企业的生产量，以便将其排出的污染物限制在可接受的水平上。

公共管制的实施存在以下几个问题：

①政府难以获得全面的信息　由于生产者的供给曲线、消费者的需求曲线、社会边际成本等都很难精确计算和衡量。因此，公共管制在信息失灵方面可能存在着较大的问题。

②公共管制不能适应环境的变化　政府所规定的产出水平只是在一组给定的供给与需求曲线的条件下才被认为是符合效率的，一旦供给和需求发生了变化，这一规定的产出水平就不再符合效率。在实践中，物品的供给曲线可能因为生产要素的变化而变化，消费者偏好的变化会使需求曲线发生移动，政府的限制水平必须根据这种变化而调整，否则就不能在较长时期满足效率的要求。

③公共管制仅仅限制了污染的水平　对任何企业一视同仁的排放标准，无法使具有不同边际效益和边际成本的排污企业均达到最佳生产量，并且只要排放量低于排放标准就可以免费排放而无需对受污染者付费。如果排放量超过了规定的标准，则采取罚款、勒令停产等措施令其限期改正。

公共管制是目前世界上使用最广泛的污染管制方法。管制措施没有将外部成本转变为企业的内部成本，不能产生促使企业减少污染的激励机制，而且限量会阻止企业间的竞争，使得这一行业有可能获得垄断利润。

▲延伸阅读

环境污染导致的群体性事件案例

一、陕西凤翔"血铅"案，引发恶性群体事件

2006年建成投产的陕西东岭集团冶炼公司，位于陕西省宝鸡市凤翔县长青镇长青工业园区，与马道口村、孙家南头村紧邻，部分群众住房与厂房相隔只有百米左右。

2009年8月，长青镇东岭集团冶炼公司环评范围内两个村庄731名儿童接受血铅检测后，确认615人血铅超标，其中166人属于中度、重度铅中毒，需住院排铅治疗。"血铅事件"的发生，造成群众恐慌。

8月11日上午，凤翔县长青镇高咀头村一些村民围堵了途经村口的冶炼厂车辆。8月16日上午，东岭公司附近数百村民冲击东岭厂区，东岭厂区铁路专用线近三百米围墙被掀翻，村民还砸烂了前来送煤的货车挡风玻璃和停在厂区的工程车。

目前，凤翔县政府拨出首批100万元人民币，用于支付血铅普查和患儿治疗，拟投资

2000万元，启动搬迁方案，计划在两年内对环评标准范围内需要搬迁的民众全部搬迁。宝鸡市市长戴征社表示，对于凤翔血铅超标事件很痛心，就此向受到影响的村民鞠躬道歉，彻底关停了投资6亿元的东岭集团陕西东岭冶炼有限公司年产10万吨的铅锌冶炼项目和年产70万吨的焦化项目。

二、江苏东海倾倒有毒物质，造成重大环境污染事故

2009年6月，江苏省东海县响水亿达化工有限公司，在生产医药中间体过程中产生有毒化学废弃物（所合成分为二硫化碳、二硫代乙酸等，其中二硫化碳属极易燃、易爆化学品，常温下呈液态，是损害神经和血管的毒物）。

为处理该废弃物，该公司先与徐某所在的废弃物处理有限公司签订了委托处理废弃物的合同。后因该批废弃物不易燃烧，处理成本较高，该废弃物处理有限公司遂安排业务员即徐某通知响水亿达化工有限公司停止该笔业务。后徐某等为了赚取非法利润，于2009年5月底，由徐某、茆某与被告人王某达成协议，由王某支付16.212万元费用，从这家厂拉出近90吨有毒化工废弃物。由朱子星、朱艾建在未经任何处理的情况下将该批化工废弃物抛撒在东海县曲阳乡、安峰镇及沭阳县茆圩乡境内桥底、村竟界处等不易被人发现的地方。

东海县人民法院认为，上述五人违反国家规定，向土地、水体倾倒有毒物质，造成重大污染事故，致使公私财产遭受重大损失。依法判处五人重大污染事故罪，分别处以拘役，并处罚金；违法所得予以没收，上缴国库。

（资料来源：http://news.yushu.gov.cn/html/20091030094227.html）

本章小结

1. 公共物品的基本特征在于消费的非竞争性和受益的非排他性。公共物品有空间上的区分。根据物品受益范围的大小，可将公共物品分为地方性公共物品、全国性公共物品和国际性公共物品。一种公共物品的排他性不是绝对的。现在不可排他的物品，随着科技的进步在未来的某一时期可能是具有排他性的。因为消费者的个人偏好不同，对公共物品的评价不同，每个人在消费等量的公共物品时并不一定获得等量的效用。公共物品的公共提供并不一定要求政府直接组织生产，可以私人生产，政府出资购买。

2. 私人物品的基本特征是具有竞争性和排他性。

3. 混合物品在性质上是介于私人物品与公共物品之间的物品。它可以分为三类：具有排斥性和一定范围内的非竞争性的物品；具有非排斥性和竞争性的物品，即公共资源；具有非竞争性和非排斥性不完全的物品。不同类型的混合物品应当有不同的供给方式。

4. 外部效应又称外部性，一般将其定义为：某些个人或厂商的经济行为影响了其他人或厂商，却没有为此付出相应的成本或没有获得应有的报酬的现象。外部效应是市场失灵的主要表现之一，也是政府运用财政支出等手段对经济运行进行干预的一个主要领域。只要私人利益与社会利益发生了不一致，就存在着某种外部效应。由于划分的依据不同，对外部效应划分的种类也不相同。

5. 为实现资源有效配置，需要对外部效应的低效率进行矫正。一般来说，纠正外部性问题可以从私人部门和政府部门两个方面入手。私人部门纠正外部效应可以采用产权界定、企业合并和道德约束的方式。政府部门可以采用征税、补贴、公共管制方式矫正外部效应。

思考题

1. 公共物品的基本特征是什么？

2. 如何判断公共物品?
3. 为什么公共物品无法由市场有效提供?
4. 混合物品的供给方式有哪些?
5. 外部效应如何分类?
6. 分别分析负外部效应和正外部效应对资源配置效率的影响。
7. 解决外部性问题的私人对策有哪些?
8. 什么是科斯定理?其成立的条件有哪些?
9. 解决外部效应问题的公共对策有哪些?

第 3 章 财政支出规模、结构与效益评价

本章提要

财政支出是国家对集中起来的财力进行再分配的活动,它要解决的是由国家支配的社会财富如何安排使用的问题。本章首先结合国际和国内实践,对财政支出分类标准及支出类型进行阐述;随后探讨财政支出规模和财政支出结构分析问题;最后介绍财政支出效益与绩效评价。

3.1 财政支出分类

财政支出是政府施政行为选择的反映,体现着政府的政策意图,代表着政府活动的方向和范围。具体讲,财政支出是以政府为主体,以政府事权为依据进行的一种货币资金支出活动。

财政支出分类标准不同会产生不同的支出结构,而不同的支出结构对财政运行甚至于对整体经济运行的影响差异较大。因此,在分析财政支出结构时,首先要了解财政支出的分类标准。

过去我国政府预算一直采用按支出的经费性质和具体用途分类的方法,从 2007 年起,开始依照公开、透明、易操作和与国际接轨的原则对《财政收支分类科目》进行了全面改革。本节所介绍的财政支出分类方法既包括传统的也包括改革后的分类方法。

3.1.1 按经济性质分类

按照财政支出是否与商品和服务相交换为标准,即根据财政支出经济性质不同,可将财政支出分为购买性支出和转移性支出两类。

3.1.1.1 购买性支出

购买性支出直接表现为政府购买商品和服务的活动,包括购买进行日常政务所需的或用于国家投资所需的商品和服务的支出。前者如政府各部门的事业费,后者如政府各部门的投资拨款。这些支出的目的和用途虽然不同,但却具有一个共同点,即财政在付出资金的同时相应地购得了商品和劳务,并运用这些商品和劳务来实现国家的职能。也就是说,在这样一些支出安排中,政府如同其他经济主体一样,在从事等价交换的活动。我们称此类支出为购买性支出,它所体现的是政府参与市场再分配的活动。

3.1.1.2 转移性支出

转移性支出直接表现为财政资金无偿的、单方面的转移,政府付出资金的同时没有获

取相等价值量的商品和劳务。这类支出主要有补助支出、捐赠支出和债务利息支出。这些支出的目的和用途不同，但却有一个共同点，即财政付出了资金，却无所得，这里不存在等价交换。我们称此类支出为转移性支出，它所体现的是政府的非市场性再分配活动。

3.1.1.3 购买性支出与转移性支出的区别

(1) 作用不同

购买性支出的作用，是通过支出使政府掌握的资金与微观经济主体提供的商品和劳务相交换，政府直接以商品和劳务购买者的身份参与市场，因而，对于社会的生产和就业有直接的影响。此类支出当然也影响分配，但这种影响是间接的。转移性支出所起的作用，是通过支出过程使政府所有的资金转移到领受者手中，是资金使用权的转移，微观经济主体获得这笔资金以后，究竟是否用于购买商品和服务以及购买哪些商品和服务，这已脱离开了政府的控制，因此，此类支出直接影响收入分配，而对生产和就业的影响是间接的。

(2) 原则和对政府的约束力不同

在安排购买性支出时，政府必须遵循等价交换的原则，因此，通过购买性支出体现出的财政活动对政府形成较强的约束。在安排转移性支出时，政府并没有十分明确和一以贯之的原则可以遵循，而且转移性支出的规模及其结构也在相当大的程度上是根据政府同微观经济主体、中央政府与地方政府的谈判情况而定的，显然，通过转移性支出体现出的财政活动对政府的约束较弱。

(3) 对微观经济主体的效益约束不同

微观经济主体同政府购买性支出发生联系时，遵循等价交换原则。对于向政府提供商品和服务的企业来说，其收益大小，取决于市场供求状况及其销售收入同生产成本的对比关系，所以，对微观经济主体的效益约束强。微观经济主体同政府转移性支出发生联系时，并无交换发生。因而，对于可以得到政府转移性支出的微观经济主体来说，它们收入的高低在很大程度上并不取决于个人能力和企业生产能力，显然对微观经济主体的效益约束较弱。

该分类方法具有较强的经济分析意义。根据上述区别，我们可以认为：若财政支出总额中，购买性支出所占比重较大，政府财政活动对生产和就业具有较大的直接影响作用，通过财政配置资源的规模就更大；反之，若转移性支出占较大比重，财政活动对收入分配的直接影响作用更大。联系财政职能来分析，购买性支出占较大比重的支出结构，政府财政活动资源配置职能作用较强；转移性支出占较大比重的支出结构，财政活动收入分配职能的作用较强。

3.1.2 按财政功能分类

按财政功能分类，过去也称之为按费用类别的分类，就是按国家主要职能对财政支出进行分类。运用这种分类方法考察政府的财政支出结构，可以全面了解政府的活动范围和职能重心。

我国依据国家职能的不同，将财政支出区分为经济建设费、社会文教费、国防费、行政管理费和其他支出五大类：①经济建设费，包括基本建设拨款支出，国有企业挖潜改造资金，科学技术三项费用（新产品试制费、中间试验费、重要科学研究补助费），简易建筑费支出,地质勘探费,增拨国有企业流动资金,支援农村生产支出,工业、交通、商业等部门的事业费支出,城市维护费支出,国家物资储备支出,城镇青年就业经费支出,抚恤和社会福利救济费支出等;②社会文教费,包括用于文化、教育、科学、卫生、出版、通信、广播、文物、体育、地震、海洋、计划生育等方面的经费、研究费和补助费等;③国防费,包括各种武器和军事设备支出,军事人员给养支出,有关军事的科研支出,对外军事援助支出,民兵建设事业费支出,用于实行兵役制的公安、边防、武装警察部队和消防队伍的各种经费,防空经费等;④行政管理费,包括用于国家行政机关、事业单位、公安机关、司法机关、检察机关、驻外机构的各种经费、业务费、干部培训费等;⑤其他支出。

《2007年政府收支分类科目》在财政分类改革中设置了新的支出功能分类体系。功能分类体系更加清楚地反映了政府各项职能活动和政策目标,这是财政收支分类改革的核心。《2014年政府收支分类科目》按照支出功能科目设置为25大类,具体包括:

一般公共服务支出、外交支出、国防支出、公共安全支出、教育支出、科学技术支出、文化体育与传媒支出、社会保障和就业支出、社会保险基金支出、医疗卫生与计划生育支出、节能环保支出、城乡社区事务支出、农林水支出、交通运输支出、资源勘探信息等支出、商业服务业等事务支出、金融支出、援助其他地区支出、国土海洋气象等支出、住房保障支出、粮油物资储备支出、预备费、国债还本付息支出、其他支出、转移性支出。

可以看出,按国家职能对财政支出分类,能够清楚地揭示国家执行了怎样一些职能以及侧重于哪些职能,对一个国家的支出结构进行时间序列分析,便能够揭示该国的国家职能发生了怎样的演变;对若干国家在同一时期的支出结构作横向分析,则可以揭示各国国家职能的差别。

3.1.3 按支出的最终用途分类

按支出用途分类,是我国迄今为止的财政支出的主要分类方法,它的理论依据是马克思关于社会产品价值构成理论。

3.1.3.1 基本原理

社会总产品在价值构成上分为 C、V 和 M 三个部分,一个经济社会若不从事扩大再生产,社会总产品的最终使用便可分为补偿与消费两大部分。与补偿支出相对应的社会总产品价值为 C,与消费支出相对应的社会总产品价值则为 V+M。众所周知,简单再生产只是一个理论抽象,现实运行着的经济社会总是不断地扩大再生产。所谓扩大再生产,就是将社会总产品价值中 M 的一部分不用于消费,通过一个投资的过程形成积累。显然,从上期生产的结果来看的社会总产品的价值构成,同从最终使用即从下期生产的起点来看的社会总产品的价值构成是不相对应的。具体地说,从最终使用来看,C 的价值并非全部用于补偿消耗掉的生产资料,因为,在固定资产规模不断扩大的情况下,从全社会来看的固定资产折旧价值,有一部分可以用于积累性的投资。V 的价值也不等于全部消费,因为:①作为总消费之构成部分的社会消费主要来自 M;②作为劳动者个人收入的 V,有一部分也会以储蓄的形式沉淀下来,再通过各种渠道转化为投资。同样,M 的价值也不等于积累，因为用于社会消费基金要取自 M，余下的部分才能用于积累。可见，在一个动态的发展的经济社会里，社会总产品的价值构成同社会总产品的最终使用构成是不相同的，产生这个差别的动力是社会经济不断扩大再生产，即不断发展的需要，使这个过程得以实现进行的机制便是社会总产品的分配和再分配。

如图 3-1 所示，经过初次分配之后，社会总产品相应地转化为补偿基金、消费基金和积累基金。剩余产品并非都转化为积累基金，有一部分转化为社会消费基金，用于扩大再生产和提高人民的物质文化生活水平。从最终使用来看，补偿基金并非全部用于补偿消耗掉的生产资料，因为在固定资产规模不断扩大的情况下，在全社会的固定资产折旧价值中，有一部分可以用于积累性的投资。消费基金也不会全部消费掉，有一部分会以储蓄的形式沉淀下来，用于新增投资。一般来说，积累基金都用于新增投资。可见，社会总产品经过初次分配和再分配之后，最终的使用在静态上形成了补偿性支出、消费性支出和积累性支出，在动态上形成了投资性支出和消费性支出。

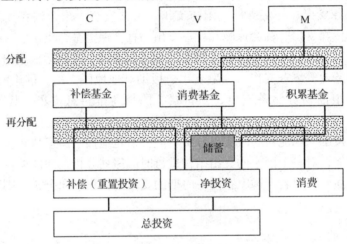

图 3-1　社会总产品的运动过程

3.1.3.2　具体分类

我国财政支出按最终用途分类，主要有基本建设支出、流动资金支出、企业挖潜改造资金、科技三项费用、地质勘探费、工业交通商业等部门的事业费、支援农村生产支出、农林水利气象等部门的事业费、文教科学卫生事业费、抚恤和社会福利救济费、国防费、行政管理费、价格补贴支出等。

3.1.4　其他分类方法

3.1.4.1　按支出方式分类

我国财政支出的基本方式包括财政无偿拨款和财政性贷款两种。

财政无偿拨款是财政部门按照年度支出预算和支出计划，及时、足额将财政资金无偿拨付给用款单位。该方式也是目前我国财政支出采用的主要形式，是政府实现其职能的前提和物质基础。财政性贷款是财政部门以信贷方式向用款单位有偿让渡财政资金的方式。该方式主要适用于从事经营活动的生产部门、单位。实行有偿贷款模式，一方面可使用款单位服从政府宏观经济调控的需要；另一方面，可以促使用款单位将用款数量与物质利益结合起来，加强资金核算和管理，提高财政资金使用效益。

一般来说，作为国家行政机关和国防等一般公共事务管理机关以及文教科卫等满足社会公共需要的部门，本身并不从事生产，因此，其收入来源有限，但该类部门又是社会和经济发展所必需的，这类非营利性部门的资金来源只能由财政无偿拨款解决。一些微利或无利的基础设施建设，如城市公共基础设施、公共事业等也需要由财政无偿拨款提供资金。但是，作为从事有偿经营，能够产生收入的部门，则可以采取有偿贷款的方式解决资金。

3.1.4.2 按支出级次分类

世界各国均按照国家政权机构的级次设置相应级次的财政支出，不同级次的财政部门具有不同支出范围。例如，美国作为联邦制国家，其政体结构由联邦政府、州政府和地方政府组成，相应地，其财政支出也由联邦财政支出、州财政支出和地方财政支出三个级次构成。

我国的政体结构由中央、省(自治区、直辖市)、市(自治州、地区行署)、县(不设区的县级市、自治县)和乡(镇)五级构成。与之对应的是，我国财政支出由中央支出、省级支出、市级支出、县级支出和乡级支出五级组成。其中，省级及省级以下财政支出统称为地方财政支出。

财政支出按支出级次分类，反映了中央和地方在财政资源配置中各自的地位和相互关系。从我国改革实践中不难看出，中央和地方的财政分配关系始终是财政体制核心问题，而该问题的焦点，又集中体现在中央和地方支出关系的处理上。因此，按支出级次对财政支出进行分类，不仅具有理论意义，而且具有重要的现实意义。

3.1.4.3 按支出产生效益的时间分类

根据财政支出所产生收益的时间可把财政支出分为经常性支出和资本性支出。这是现代公共经济学研究财政支出分类的一种主要方法。

(1) 经常性支出

经常性支出是维持公共部门正常运转或保障人们基本生活所必需的支出，主要包括人员经费、公用经费及社会保障支出。这种支出的特点是，它的消耗会使社会直接受益或当期受益。因此，经常性支出直接构成当期公共物品的成本。经常性支出的补偿方式为税收。

(2) 资本性支出

资本性支出是用于购买或生产使用年限在一年以上的耐久品所需的支出，其中有用于建筑厂房、购买机械设备、修建铁路和公路等生产性支出，也有用于建筑办公楼和购买汽车、复印机等办公用品等非生产性支出。这种支出的特点是，耗费的结果将形成一年以上的长期使用的固定资产。所以，资本性支出不能全部视为当期公共物品的成本，因为所形成的成果有一部分是当期受益，但更多的是在以后的较长时间内受益。资本性支出的补偿方式有两种：一是税收；二是国债。

3.1.5 国际分类方法

为了便于经济分析以及国际比较，有必要借鉴国际先进经验并结合中国的实际建立财政支出分类方法。

在国际上,从现有的分类方法来看,大体上可以归为两类:一类是用于理论和经验分析的理论分类;另一类是用于编制国家预算的统计分类。从理论分类来看,根据分析的目的不同,可按政府职能、支出目的、组织单位、支出利益等标准分类。例如,以财政支出的用途和去向为标准,财政支出可分为防务支出和民用支出两大类,前者包括国防、公安、司法等与防务有关的支出,后者包括除防务支出以外所有的其他各项支出。这种分类方法的目的在于分析一国财政支出的军事化程度或民用化程度。上面讲过的按经济性质分类,也是一种理论分类。

从统计分类来看,按照国际货币基金组织的分类方法,有职能分类法和经济分类法。按职能分类,财政支出包括一般公共服务支出、国防支出、教育支出、保健支出、社会保障和福利支出、住房和社区生活设施支出、其他社区和社会服务支出、经济服务支出以及无法归类的其他支出。按经济分类,财政支出包括经常性支出、资本性支出和净贷款。从2007年起,我国开始采用国际通行的按政府功能和按经济类型分类的方法。

3.2 财政支出规模分析

财政支出作为重要的资源配置组成部分,其支出规模占社会资源总量的比重是否适当,不仅直接影响政府职能的执行情况,更直接影响到社会资源配置的优化程度,关系到社会再生产能否持续高效进行。因此,研究财政支出规模问题是财政支出问题研究的首要任务。

3.2.1 衡量财政支出规模的指标

3.2.1.1 衡量财政活动规模的指标

衡量财政活动规模可以使用两个指标:一是财政收入占国民生产总值(GDP)比重;二是财政支出占GDP比重。在大多数国家的大多数财政年度中,财政收入的量与财政支出的量是不相等的,由于通常的情况是财政支出大于财政收入,所以财政支出占GDP的比重往往高于财政收入占GDP的比重。

财政收支与个人、企业收支的性质显然不同,但是,从会计学角度,这几类收支并无任何差异。会计学有一条基本原理:有支必有收,收支必相等。这就是说,对于任何收支主体来说,在任一时点上,收支必然相等。但是在各国财政收支中,情况却恰恰不同。很多国家财政收入总量与支出总量并不相等。其原因在于,有些国家只把税收和收费等经常性收入界定为财政收入;有些国家则把政府通过向境内外非政府部门发行债券所取得的债务收入也计入财政收入。当债务收入被列入财政收入范畴时,财政收支总量是相等的;而债务收入不计入财政收入时,财政支出是大于收入的,即出现所谓的财政赤字。世界上大多数国家所使用的收入概念为第一种。在1993年以前,我国曾使用第二种界定方式。

一般来说,采用第一种财政收入界定方式时,用财政支出占GDP比重作为衡量财政活动规模的指标更能反映实际情况。其原因在于:第一,财政收入仅仅表示财政可能使用和支配的规模,而财政支出无论采取哪种形式,均是对财政实际使用和支配GDP规模的真实表现。第二,财政收入反映了财政参与 GDP 分配的活动,而财政支出则反映出财政在 GDP 使用过程的活动。从社会再生产过程来看,财政支出通过它的规模和结构实现了资源配置,直接影响到社会再生产的规模和结构。第三,财政支出更能全面准确地反映财政的宏观经济调控能力,因为财政职能大都是通过财政支出执行的。

3.2.1.2 反映财政支出规模及其变化的指标

(1) 反映财政支出规模的指标

反映财政支出规模的指标有两个:一是财政支出总额,即财政支出规模的绝对量指标;二是财政支出比率,即财政支出占 GDP 的比重,是财政支出规模的相对量指标。一般来讲,使用绝对量指标比较财政支出规模时,需剔除通货膨胀因素对财政支出规模的影响。相对量指标在对一国财政支出与其他国家财政支出进行横向对比及对本国财政支出规模变化进行时间序列比较时,均有现实意义。

(2) 反映财政规模发展变化的指标

①财政支出增长率 财政支出增长率表示当年财政支出比上年同期财政支出增长的百分比,即所谓"同比"增长率。用公式表示为:

$$\Delta G(\%) = \frac{\Delta G}{G_{n-1}} = \frac{G_n - G_{n-1}}{G_{n-1}}$$

式中,ΔG 为当年财政支出与上年相比的增减额;G_n 为当年财政支出额;G_{n-1} 为上年度财政支出额。

②财政支出增长弹性系数 财政支出增长弹性系数是指财政支出增长率与 GDP 增长率之比。弹性系数大于 1,表明财政支出增长速度快于 GDP 增长速度。

$$E_g = \frac{\Delta G(\%)}{\Delta GDP(\%)}$$

式中,$\Delta G(\%)$ 为财政支出增长率;$\Delta GDP(\%)$ 为 GDP 增长率。该公式计算结果的意义是:如果弹性系数大于 1,说明财政支出增长幅度大于 GDP 增长幅度;反之,则说明,财政支出增长幅度小于 GDP 增长幅度;若等于 1,则说明二者保持同步增长。

③财政支出增长边际倾向 以 MGP 表示。该指标表明财政支出增长额与 GDP 增长额之间的关系,即 GDP 每增加一个单位的同时财政支出增加多少,或财政支出增长额占 GDP 增长额的比例。

$$MGP = \frac{\Delta G}{\Delta GDP}$$

3.2.2 财政支出规模变化的一般趋势

3.2.2.1 经济发达国家财政支出规模增长实证分析

根据表 3-1,1880 年,美国财政支出总额占 GDP 的比重仅为 8%,英国为 10%,法国、日本等国的该比重也基本都在 15% 以内。显然,在早期资本主义经济中,财政支出总额及其占 GDP 的比重都是比较小的。当时的资本主义国家由于奉行经济自由主张,对经济采取放任政策,对私人和企业的经营活动不加干预,国家的职能基本上仅限于维持社会秩序和保卫国家安全,在经济、文化、社会等方面鲜有作为,政府工作职能的局限性致使财政支出总体规模相对较小。随着资本主义矛盾的发展和激化,资本主义国家为了维持经

表 3-1　主要经济发达国家财政支出占 GDP 比重　　　　%

国家	1880 年	1929 年	1960 年	1985 年
美国	8	10	28	37
英国	10	24	32	48
法国	15	19	35	52
瑞典	6	8	31	65
日本	11	19	18	33

资料来源：陈共，《财政学》，2012。

济发展和克服日益频繁的经济危机，加强了对经济的干预。同时，为了防止社会动荡，不得不为公众提供基本的社会保障，由此导致财政支出日益膨胀。到 1929 年，美国、英国、法国等西方资本主义国家的财政支出相对规模均明显扩大，特别是法国和英国财政支出占 GDP 的比重分别达到了 19% 和 24%。此外，随着 GDP 增长、财政收入手段及来源增多以及增发公债作为弥补支出的手段成为可能，从财源方面支持了财政支出的不断增长。尤其从 20 世纪 50~80 年代，主要发达国家财政支出的绝对额急剧上升，财政支出比重均在 20% 以上，并且增速明显加快。

从近百余年的世界经济发展历程来看，一些经济发达国家的财政支出比重从 19 世纪 80 年代平均 10% 左右提高到 20 世纪 80 年代的平均 40% 左右，翻了两番。20 世纪初以来，世界各国财政支出比重均呈上升趋势，只是有些时期上升速度加快而有些时期上升速度减慢而已。这种财政支出规模的扩张趋势在各国实践中得以印证。

3.2.2.2　西方财政支出增长理论

对于资本主义国家财政支出规模不断扩张的趋势，引起了政治家和经济学家的广泛关注，经济学家们从各种角度寻找这种变化趋势的原因，形成了许多富有见地的实证理论解释。其中主要的研究成果如下：

(1) 瓦格纳法则

19 世纪 80 年代，德国经济学家阿道夫·瓦格纳(Adolf Wagner)考察了英国产业革命和当时的美、法、德、日等国的工业化状况后，认为一国工业化经济的发展与本国财政支出之间存在着一种函数关系：随着现代工业社会的发展，对社会进步的政治压力增大以及工商业经营方面出于社会考虑而要求增加政府支出，后人称之为瓦格纳法则(Wagner's Law)。事实上，瓦格纳法则的含义是随着国家职能范围扩大和经济发展水平提升，财政支出规模会不断扩大。但瓦格纳关于公共支出增长的含义究竟是指公共支出在 GDP 中的份额上升，还是指它的绝对增长，这一点在当时并不清楚。此后，美国著名经济学家马斯格雷夫(R. A. Musgrave)通过研究瓦格纳公共支出增长理论，认为瓦格纳法则指的是公共部门的相对增长。于是，瓦格纳法则就可以具体表述为：在工业化进程中，随着人均收入的提高，财政支出的相对规模也随之提高，如图 3-2 所示。

瓦格纳对 19 世纪的许多欧洲国家以及日本和美国的公共部门增长情况进行了深入考察。他认为，现代工业发展引起了社会进步的要求，社会进步必然导致国家活动增多。他把导致政府支出增长的因素分为政治因素和经济因素以及公共支出的需求收入弹性。所谓政治因素，是指随着经济的工业化，正在扩张的市场以及市场参与者之间的关系会更加复杂，日益复杂的市场关系引起了对商业法律和契约的需求，因此，需要建立一些司法组织来执行这些法律。这样，就需要把更多的财政资源用于提供治安和法律设施。所谓经济因素，是指随着工业化进程推动都市化进程，城市人口居住呈密集化趋势，由此将产生拥挤等外部性问题，为此，需要政府进行相应的管理与调节工作。此外，瓦格纳把对于教育、娱乐、文化、保健与福利服务的公共支出增长归因于需求的收入弹性，也就是说随着

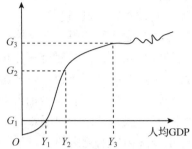

图 3-2　瓦格纳法则的分析

实际收入上升，政府在教育、文化等项目的公共支出增长将快于 GDP 的增长。

(2) 梯度渐进增长理论

皮科克(Peacock)与瓦埃斯曼(Wiseman)在瓦格纳分析的基础上，对 1890—1955 年间英国公共部门成长情况进行了研究，并得出导致公共支出增长的内在因素与外在因素。他们认为，外在因素是导致公共支出增长超过 GDP 增长速度的主要原因。他们对内在因素的分析是基于这样一种假设：政府喜欢多支出、公民不愿意多缴税。因而，当政府预算支出规模时，应该密切关注公民赋税承受能力的反应，公民所能容忍的税收水平是政府财政支出的约束条件。正常条件下，经济发展，收入水平上升，以不变税率所征得的税收也会上升。于是，政府支出上升会与 GDP 上升呈线性关系，这是内在因素作用的结果。但是，一旦发生了外部冲突，如战争，政府会被迫提高税率，而此时公众也会接受提高了的税率。这就是所谓的替代效应，即在危急时期，公共支出会替代私人支出，公共支出的比重上升。然而，当危急时期过去后，公共支出却并不会退回到先前的水平。一般情况是，一个国家在结束战争之后，总有大量的国债，财政支出规模会维持在较高水平，这是外在因素的作用结果。

(3) 财政支出增长发展模型

马斯格雷夫和罗斯托(W. W. Rostow)用经济发展阶段论阐释了公共支出增长的原因。他们认为：经济发展早期阶段，政府投资在社会总投资中占有较高比重，公共部门为经济发展提供社会基础设施，如道路、运输系统、环境卫生、法律、教育以及其他用于人力资本的投资等。这些投资，对处于经济社会发展早期阶段的国家进入"起飞"，以至进入发展的中期阶段是必不可少的。在经济发展中期，政府投资还应继续进行，但此时的政府投资只是对私人投资的补充。无论是在发展早期还是中期阶段，都存在市场失灵和市场缺陷，阻碍经济发展。为了弥补市场失灵和克服市场缺陷，就需要加强政府干预。马斯格雷夫认为，在整个经济发展进程中，GDP 中总投资的比重是上升的，但政府投资占 GDP 的比重，会趋于下降。罗斯托则认为，一旦经济达到成熟阶段，公共支出将从基础设施支出转向不断增加的对教育、保健与福利服务的支出，且这方面的支出增长将大大超过其他方面支出的增长，也会快于 GDP 的增长速度。

(4) 公共选择学派的支出增长理论

公共选择学派认为导致公共支出不断增长的原因主要有两个：一个是利益集团的影响；另一个是官僚行为的作用。①利益集团的影响主要是通过投票交易促使政府预算规模

扩张。美国经济学家奥尔森强调了利益集团的影响因素。按照公共选择理论，在多数规则下，利益集团通过"讨价还价"和"互投赞成票"使得有利于本集团的议案获得通过，而政府或执政党为了获得多数支持，就必须给利益集团以优惠，但执政党又不可能过分偏袒某一利益集团，这样必然有一定的利益"溢出"，这在无形中就扩大了政府的某些支出，因此，利益集团的存在和发展，加速了政府规模膨胀的进程。②官僚行为的作用主要是通过"官僚的内部效应"促使政府预算规模扩张。美国经济学家尼斯克南提出：负责提供公共服务的官僚机构，由于内部效应，以机构规模最大化为目标，导致财政支出规模不断扩大，这也被称为尼斯克南的"官僚行为增长论"。官僚机构通常从产出和投入两方面扩大预算规模：第一，千方百计让政府相信他们确定的产出水平是必要的；第二，利用低效率的生产技术来增加生产既定的产出量所必需的投入量。

从上述的理论研究成果中可以看到，财政支出增长似乎是市场经济国家经济发展中的一条规律。社会主义国家的支出比重在改革以前也呈现出扩张的趋势，改革时期之所以下降，是因为政府在摆脱包得过多、统得过死的局面。一旦经济体制迈上市场经济的运行轨道并达到一定阶段以后，上述下降趋势理应逆转，改革之初财政支出比重下降的趋势可能会在某一时期中止，转而趋于回升，达到适度水平则相对停滞。我国的经济发展实践很好地证明了这一财政支出规模变化特征。

3.2.3 财政支出的影响因素

从上述分析中可以看到，世界各国的财政支出不论是从绝对规模来看还是从相对比重来看，都呈现出随着人均收入提高而增长的趋势，而且也从各个角度阐明了形成这种增长趋势的原因。我们把这些导致财政支出规模扩张的因素大致归为三类。

3.2.3.1 经济因素

经济因素包括经济发展水平、经济体制选择、物价水平、征税能力以及政府的干预政策等。关于经济发展水平对财政支出规模的影响，马斯格雷夫和罗斯托的分析具体说明了经济在不同发展阶段对财政支出规模以及支出结构变化的影响，这些分析表明经济发展因素是影响财政支出规模的重要因素。经济体制的选择也会对财政支出规模产生影响，最为明显的例证便是我国经济体制改革前后的变化。政府的经济干预政策同样对财政支出规模产生影响，一般而言，这无疑是正确的。但应当指出的是，若政府的经济干预主要是通过管制而非通过财政的资源配置活动或收入的转移活动来进行，它对支出规模的影响并不明显。因为政府通过管制或各种规则对经济活动的干预，并未发生政府的资源再配置或收入再分配活动，即财政支出规模基本未变。显然，政府通过法律或行政的手段对经济活动的干预与通过财政等经济手段对经济活动的干预，具有不同的资源再配置效应和收入再分配效应。总体上讲，国家的经济发展水平越高，财政支出规模越大，发达国家财政支出规模大于发展中国家支出规模；经济管理体制越集权，财政支出规模越大；物价水平越高，名义财政支出规模就越大；政府的征税能力越强，财政支出规模就越大；如果政府减少干预且干预手段主要是管制而不是财政收支活动，财政支出规模就会相对缩小。

3.2.3.2 政治因素

政治因素包括政治局势是否稳定、政府职能范围、政体结构和行政效率以及政府的干预政策。如果一国政局不稳,出现内乱、战争等突发事件,财政支出规模必然会超常规扩张。美国在南北战争时期,政府支出首次突破十亿美元;在第一次世界大战时期的1919年,政府财政支出高达185亿美元;第二次世界大战的1944—1945年期间,联邦政府支出超过了1000亿美元。而随着二战结束,联邦政府支出在1947—1948年间降至360亿美元。政体结构和行政效率对财政支出规模的影响程度与国家的政治体制以及市场经济模式有非常密切的关联。一般来讲,倾向于集中的单一制国家,财政支出占GDP比重更高一些,倾向于分权制的联邦制国家则相对较低。如果一国的行政机构臃肿、人浮于事、相互扯皮、效率低下,必然导致经费开支增加。

3.2.3.3 社会因素

社会因素包括人口状况、医疗卫生、社会保障以及城镇化、文化背景等。对于人口基数庞大的发展中国家,人口所需的教育、医疗保健、交通、住房、治安等方面的需求就会增加,财政支出的压力增大;人口老龄化导致社会保障支出和其他社会福利性支出增加,这是使中等收入国家特别是高收入国家财政支出规模不断膨胀的主要原因。对于我国而言,尚未实现工业化却迎来了人口老龄化,农村剩余劳动力的增加迫切要求加快城镇化进程,国有企业改制过程中带来的大量职工下岗失业问题等,都会对财政支出提出新的要求,成为财政支出规模扩张的重要影响因素。

3.2.4 我国财政支出规模发展变化特征分析

3.2.4.1 我国改革开放后财政支出增长的基本特征

我国自1978年改革开放以来,社会经济体制发生了巨大变化,从改革开放前高度集中的计划经济体制转变到有计划的商品经济,继而走向社会主义市场经济。经济体制改革充分调动了生产要素的积极性,生产效率不断提高,GDP总额由1978年的3650亿元上升到2014年的636 139亿元,人均GDP从1978年的381元迅速提高到2014年的46 628.5元,增长了121倍。根据瓦格纳法则,随着经济增长和人均收入水平提升,财政支出占GDP的比重应不断提高。然而,中国这20多年的情况却是,财政支出总额不断提高;财政支出增长率虽有所波动,但总体上表现为先加速增长后增速减缓的态势;财政支出占GDP的比重呈现先下降再稳步上升的过程(表3-2、图3-3)。

表3-2 我国财政支出总额及支出增长率

年 份	支出总额(亿元)	增长率(%)	年 份	支出总额(亿元)	增长率(%)
1978	1122.09	33	2008	62 592.66	25.7
1980	1228.83	-4.1	2009	76 299.93	21.9
1985	2004.25	17.8	2010	89 874.16	17.8
1995	6823.72	17.8	2011	109 247.79	21.6
2000	15 886.5	20.5	2012	125 952.97	15.3
2005	33 930.28	19.1	2013	140 212.10	11.3
2006	40 422.73	19.1	2014	151 785.56	8.3
2007	49 781.35	23.2			

资料来源:1978—2013年数据来源于《中国财政年鉴(2014)》,2014年数据来源于《中国统计年鉴(2015)》。

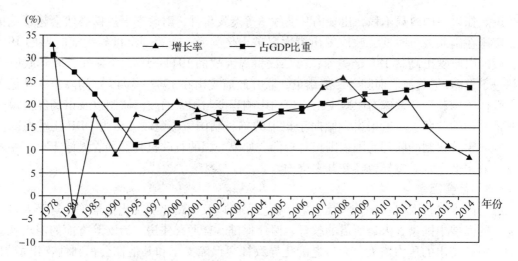

图 3-3 我国财政支出增长率及财政支出占 GDP 比重发展变化趋势

(资料来源：1978—2013 年数据来源于《中国财政年鉴(2014)》，2014 年数据来源于《中国统计年鉴(2015)》)

改革开放后，我国的财政支出绝对数除了 1980 年和 1981 年负增长外，其余年份都是增长的，而且增长速度较快。从年均增长速度来看，"六五"时期为 10.3%，"七五"时期为 9.0%，"八五"时期为 17.2%，"九五"时期为 18.4%，"十五"时期为 16.2%，"十一五"时期为 21.54%，"十二五"时期呈现增速减缓趋势，所以，财政支出增长率基本上是一条波折上升的曲线。然而，财政支出占 GDP 的比重却表现出另外一种情况。1995 年以前，由于财政支出增长速度慢于 GDP 增长速度，导致财政支出占 GDP 的比重不断下降，直到 1997 年才开始回升(图 3-3)。这是经济体制转轨时期的特征。从短期来看，在从计划经济体制转向社会主义市场经济体制的过程中，随着政府职能的转变，市场机制的资源配置作用不断加强，财政支出比率下降有其合理性。特别是 1990—1995 年，财政支出比率下降之所以最快，是因为这是我国市场化改革进程比较快的时期，在一定程度上符合建立社会主义市场经济体制的要求。从长期来看，我国处于经济发展过程中的财政支出比率过低，而且这种变化趋势不仅与其他国家的财政支出增长趋势相悖，也与理论研究成果的结论不符。1991—1998 年，我国财政支出占 GDP 的比重平均为 18.2%，同其他国家相比，比经济发达国家低 20%~30%，比其他发展中国家低 5%~10%。实际上，我国在该时期处在经济起飞阶段，需要大量的社会经济基础设施，政府公共投资应占据较大比重。然而，当时的情况是经济发展过程中存在着许多阻碍经济快速发展的"瓶颈"，如交通、能源、通信等设施滞后于经济发展的需要，中小学义务教育还需要"希望工程"来解决部分问题等，这些都说明财政支出规模与经济发展的需要不相称。

3.2.4.2 我国财政支出占 GDP 比重发展变化的原因分析

在实行经济体制的改革前，我国财政支出占 GDP 的比重较高，这是由当时的计划经济体制所决定的。计划经济体制下，个人收入较低，许多个人生活必需品都由国家低价甚至无偿提供。与此同时，国有企业利润乃至折旧基金几乎全部都要上缴中央财政。国家就像一个大家族的大家长一样，全权负责家庭一切事务。这一时期的我国财政是典型的"统收统支"体制。财政支出占 GDP 比重必然达到很高水平。随着经济体制改革的推进，特别是市场机制建立后，政府放权让利，居民收入水平快速提高，与此对应的是，财政收入增速放缓，许多项目支出，特别是预算内基本建设支出的部分项目或多或少有所缩减，有的甚至彻底取消了。因此，财政支出在该时期增长弹性和增长边际倾向明显下降。1978年，财政支出增长的弹性系数为2.5，1979年降至1.24，在1980年和1981年财政支出增长弹性系数均为负值，即财政支出绝对规模在这两年是减少的。1982—1995年间，绝大多数年份弹性系数均小于1，说明此段时期我国财政支出增长速度始终慢于GDP的增速。从财政支出增长的边际倾向上看，基本表现出与弹性系数相同的情形：1978年边际倾向值为0.66，即GDP每增加100元，财政支出可增加66元，随后边际倾向值一路下滑，在1985—1996年间，始终低于0.17，在最低的1987年，GDP每增加100元带来的财政支出增加额仅为3元。由于财政支出增长弹性和边际倾向的双下滑，财政支出占GDP的比重自然表现为下降趋势。然而，这种相对比重的下降趋势并不符合经济发展的一般规律，这是我国经济体制转型的产物。为了改变"大一统"计划体制下政府管得过宽、过紧的局面，改革初期政府重新调整了职能和分配格局，激发经济活力，推进经济体制转型；当经济体制迈入市场经济轨道，随着改革的逐步到位和GDP的增长，财政支出占GDP比重的下滑趋势理应逆转。如表3-3所示，从1997年开始，我国财政支出增长边际倾向和弹性系数以及由二者决定的财政支出占GDP比重开始回升，特别是1999年，边际倾向和弹性系数分

表3-3 我国1978—2014年财政支出增长边际倾向和弹性系数

年 份	财政支出增长边际倾向	财政支出增长弹性系数	年 份	财政支出增长边际倾向	财政支出增长弹性系数
1978	0.66	2.50	1997	0.17	1.50
1979	0.38	1.24	1998	0.29	2.44
1980	-0.11	-0.35	1999	0.45	3.54
1981	-0.26	-0.97	2000	0.28	1.92
1982	0.21	0.91	2001	0.29	1.80
1983	0.28	1.21	2002	0.29	1.71
1984	0.23	0.99	2003	0.17	0.91
1985	0.17	0.71	2004	0.16	0.88
1986	0.16	0.72	2005	0.22	1.22
1987	0.30	0.15	2006	0.21	1.13
1988	0.80	0.41	2007	0.19	1.01
1989	0.17	1.03	2008	0.27	1.42
1990	0.15	0.93	2009	0.51	2.56
1991	0.10	0.59	2010	0.23	1.01
1992	0.70	0.44	2011	0.27	1.21
1993	0.11	0.77	2012	0.17	0.75
1994	0.09	0.68	2013	0.45	2.01
1995	0.08	0.68	2014	0.24	1.12
1996	0.11	0.96			

资料来源：1978—2013年数据根据《中国财政年鉴(2014)》相关数据计算得出，2014年数据根据《中国统计年鉴(2015)》相关数据计算得出。

别达到45%和3.54。2003年后，由于转向稳健型财政政策，虽然在不断压缩财政赤字，但由于财政收入增长率提高，财政支出占GDP比重依然呈上升趋势。在2009年，由于骤然增加的9500亿财政赤字，使得财政支出弹性系数上升为2.56，边际倾向高达51%，导致财政支出占GDP比重上升幅度达到了21.9%。然而以我国目前的财政支出规模来看，依然落后于发达国家，还存在较大上升空间。

3.3 财政支出结构分析

简单地讲，财政支出结构是指各类财政支出额占财政支出总额的比重，也可以称为财政支出构成。从社会资源的配置角度来说，财政支出结构直接关系到政府动员社会资源的程度，进而决定了政府对市场经济运行的影响。不仅如此，一国财政支出结构的现状及其变化，表明了该国政府正在履行的职能重心以及变化趋势。因此，本节知识重点包括两个方面：第一，介绍西方关于财政支出结构发展变化的理论学说；第二，基于财政支出的不同分类标准，介绍我国财政支出结构的现状及其变迁。

3.3.1 财政支出结构发展变化学说

3.3.1.1 财政支出结构发展阶段论

马斯格雷夫和罗斯托在分析经济发展阶段与财政支出增长的关系时提出：不同的经济发展阶段会导致不同的财政支出结构。马斯格雷夫将全部财政支出划分为军用支出和民用支出，而民用支出按其经济性质又进一步划分为公共积累支出、公共消费支出和转移支出；同时把经济发展划分为三个阶段，即初级阶段、中级阶段和成熟阶段。

马斯格雷夫认为，在经济发展的初期，公共积累支出应占据较大比重。由于交通、水利设施等经济基础设施具有极大的外部经济性，是私人部门不愿涉足的领域，然而，这些基础设施建设不仅影响国民经济整体健康发展，还影响着私人部门生产性投资的效益。因此，政府必须加大经济基础设施的投资力度，创造良好的生产经营和投资环境，加速经济起飞。在经济发展的中期，私人部门的资本积累较为雄厚，各项经济基础设施建设也已基本完成，财政投资只是私人投资的补充。因此，公共积累支出的增长会暂时放慢，在社会总积累支出中的比重也会有所下降。到了经济发展成熟期，财政投资的增长率有可能回升。因为在这一时期，人均收入水平很高，人们对生活质量提出更高的要求，需要更新经济基础设施，加大社会基础设施和人力资本的投资。马斯格雷夫指出，转移支出的大小取决于经济发展各阶段政府的收入分配目标。如果政府旨在减少收入分配中的不公平，转移支出的绝对额会上升，但转移支出占国民生产总值（GNP）的比例不会有太大变化；如果政府的目标是确保人们的最低生活水平，转移支出占GNP的比例会随着GNP的增长而降低。罗斯托则认为，一旦经济发展进入成熟期，公共支出的主要目标是提供教育、卫生和福利等方面的社会基础设施。此时，用于社会保障和收入再分配方面的转移支出规模将会超过其他公共支出，而且占GNP的比重会有较大幅度的提高。

3.3.1.2 内生增长理论

内生增长理论对财政政策对经济增长的作用作出了新的解释。在现代经济增长理论中，新古典增长理论是最成熟也最具代表性的，该理论将经济增长解释为生产要素(特别是物质资本)的积累过程，如果投资超过重置的原有机器(或人口增长带来的人均资本下降)，人均产出就会增加，经济就会增长。但是，资本积累存在收益递减趋势，当投资减少到仅仅能够抵补折旧时，资本积累就会稳定，那么人均产出和经济增长将会停滞。尽管个别经济学家已经意识到，如果物质资本的载体在技术上更加先进，资本积累收益递减的趋势就会得以克服，就可以实现人均产出和经济的持续增长。然而，该理论还缺乏必要的模型论证，仍然是将技术进步视为经济增长的一种外生因素。从20世纪80年代开始，以罗默和卢卡斯为代表的一批经济学家针对新古典模型的缺陷提出了一种新的经济增长理论。该理论的基本思想是，劳动投入过程中包含着因正规教育、培训、在职学习等而形成的人力资本，在物质资本积累过程中包含着因研究与开发、发明、创新等活动而形成的技术进步，从而把技术进步等要素内生化，得到因技术进步的存在，要素收益会递增而长期增长率是正的结论。显然，这一理论的贡献在于将原来认为是促进经济增长的外在要素内在化，因此，人们称这一理论为内生增长理论。该理论对财政政策在经济增长中的作用也作出了全新的阐释。内生增长论认为，一国的长期增长是由一系列内生变量决定的，这些内生变量对政策(特别是财政政策)是敏感的，并受政策的影响。如果增长率是由内生因素决定的，那么，问题就是经济行为主体特别是政府如何能够影响增长率的大小，因而财政政策对经济增长、经济结构调整，特别是对长期经济增长和经济结构的调整具有重要的特殊作用。财政支出结构不是一成不变的。客观上说，它取决于一个国家所处的经济发展阶段，财政支出结构的发展变化带有一定规律性。但是从政府制定财政政策的角度看，则必须根据一定时期的发展战略和政策目标以及经济形势的发展变化，推动财政支出结构的调整和优化，而内生增长理论为调整和优化财政支出结构提供了重要思路。

3.3.2 我国财政支出结构的一般分析

财政支出结构状况既与一国经济体制和相应的政府职能有关，又受经济发展阶段的制约；我国财政支出结构的演变是与前者相适应的，而合理的财政支出结构最终还是要取决于经济发展阶段。

从某种程度上说，财政支出是政府活动的资金来源，也是政府活动的直接成本。因此，政府职能的大小及其侧重点，决定了财政支出的规模和结构。

新中国成立以后，经济管理体制和政府职能在20世纪70年代末发生了根本性变革。在计划经济时期，国家注重经济职能的实现，政府调动几乎全部资源，直接从事各种生产活动，推崇"生产性财政"，财政支出大量用于经济建设。在社会主义市场经济体制下，市场在资源的配置上起基础性作用，政府正在逐步减少资源配置的份额，财政用于经济建设方面的支出比例大大降低。伴随着政府职能的这种转变，财政支出结构发生了很大变化。如图3-4和图3-5所示，经济建设支出占财政支出总额的比重从改革前的平均60%左右下降到"九五"时期的不足40%；相反，社会文教费和行政管理费比重则大幅度提高，从40%左右上升到60%左右。

经济建设支出比重下降主要有两方面的原因：一是流动资金支出下降。从1983年7月开始，除了核工业部、航空航天工业部部属的少数国有企业外，其他国有企业的流动资

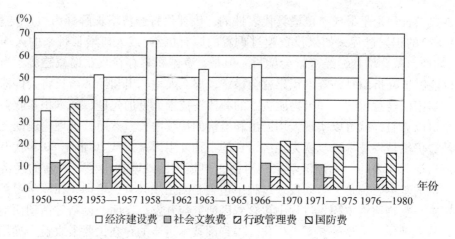

图 3-4 改革开放前我国财政支出职能结构(资料来源:《中国财政年鉴(2007)》)

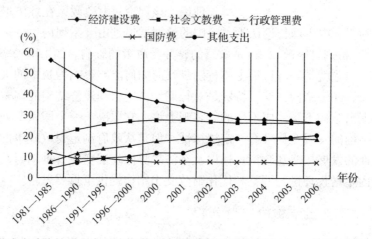

图 3-5 财政支出功能性质分类调整前我国财政支出职能结构(资料来源:《中国财政年鉴(2007)》)

金供应由拨款改为银行贷款,从而使流动资金支出占总财政支出的比重大幅度下降,从改革前的平均6.6%下降到目前的平均0.5%。二是基本建设支出下降。在经济体制改革过程中,投资主体的多元化以及投资主体的资金来源多元化,使得基本建设支出比重迅速下降,从改革前的平均36%急剧下降到1996—1998年的不到12%。这两项支出比重就下降了30个百分点。

在政府的经济管理职能减弱的同时,社会管理职能得到加强,社会管理支出比重必然提高。不过,在社会管理支出的增长中,有合理的成分,也有不合理的因素。

首先,社会文教费的增长是合理的。随着我们对"科学技术是第一生产力"认识的提高,政府不断加大对教育、科学等领域的投入。特别是1981—1985年的"六五"时期,文教科学卫生事业费支出比重增长速度很快,高达44%;1986—1995年该比重的增长率平均也达17%。

其次,行政管理费的增长不尽合理。随着社会经济发展,经济活动日趋复杂,公共事务也日益增多,行政管理支出的增加有其必然性。但是,自改革开放以来,我国的行政管理费增长速度过快,1981—1995 年行政管理费支出比重增长率平均高达 35%,成为我国财政支出中增长最快的项目。随着改革开放前期对过去遗留问题的逐步解决,再加上政府机构的改革,行政管理费支出的这种增长势头已得到控制,比如,1996—1998 年的行政管理费支出平均比重比 1990—1995 年平均比重仅提高了 5%,大大低于前期的增长速度。

2014 年,全国一般公共财政支出达 151 662 亿元,比上年增加 11 449 亿元,增长 8.2%。其中,中央本级支出 22 570 亿元,比上年增加 2098 亿元,增长 10.2%;地方财政支出 129 092 亿元,比上年增加 9351 亿元,增长 7.8%。在财政收支矛盾十分突出的情况下,财政部门认真落实积极的财政政策,着力优化财政支出结构,促进各项社会事业发展。2014 年 1~12 月累计教育支出 22 906 亿元,增长 4.1%;科学技术支出 5254 亿元,增长 3.4%;文化体育与传媒支出 2683 亿元,增长 5.5%;医疗卫生与计划生育支出 10 086 亿元,增长 9.8%;社会保障和就业支出 15 913 亿元,增长 9.8%;住房保障支出 4968 亿元,增长 10.9%;农林水支出 14 002 亿元,增长 4.9%;城乡社区支出 12 884 亿元,增长 15.4%;交通运输支出 10 371 亿元,增长 10.9%。根据图 3-6,2014 年财政支出分项目构成比重,占财政支出总额比重排名前三位的分别是:文教、科学、卫生支出占 27%,社会保障就业支出占 11%,农林水事务支出占 9.3%。目前的财政支出结构主要表现为政府事务管理支出偏高,基建投资支出增速略高,创新升级型与农业的支持偏弱的结构特征。

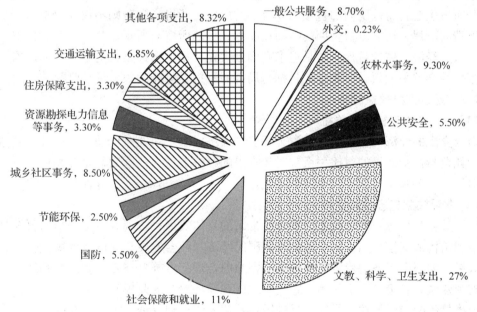

图 3-6　2014 年全国财政支出分项目构成比重(资料来源:《中国统计年鉴(2015)》)

3.4　财政支出的效益及评价

财政收支过程,就是政府集中资源并予以支配使用。由于资源是有限的,国家在集中资源时,首先必须考虑,将有限的资源集中由政府支配或交给微观经济主体支配,哪种方式更能促进经济的发展和社会财富的增加。由此就产生了财政效益评价问题。不言而喻，只有当社会经济资源集中在政府手中且能够发挥更大的效益时，政府占有资源才是对社会有益的。通常，财政支出的规模应适当、结构应合理，其根本目标就是要提高财政支出的效益。从这个意义上说，提高财政支出的使用效益是财政支出的关键问题。

3.4.1 财政支出效益的含义、特点及衡量方法

3.4.1.1 财政支出效益的含义

效益是人们在有目的的实践活动中形成的"所费"与"所得"的对比关系。所谓提高经济效益，就是"少花钱、多办事、办好事"。对于微观经济主体来说，提高经济效益，有着十分明确的把握标准，花一笔钱，赚回更多的钱，这项活动便是有效益的。

财政支出效益，是指政府为满足社会公共需要进行的财力分配与所取得的社会实际效益之间的比例关系，其基本内涵是政府资源分配的比例性和政府资源运用的有效性。通常所说的财政支出效益好，指的是财政支出产生的成果较多，或者取得一定的成果所耗用的财政资金较少。

从原则上说，财政支出效益与微观经济主体的支出效益是一致的。但是，政府在宏观调控中主体地位的特殊性以及支出项目性质的多样性，使得财政支出效益与微观经济主体支出效益又存在较大差别。首先，两者计算的所费与所得的范围差异较大。微观经济主体只需分析发生在自身范围内的直接的和有形的所费与所得；政府则不仅要分析直接的和有形的所费与所得，还需分析长期的、间接的和无形的所费与所得。其次，两者的选优标准不同。微观经济主体的目标一般是追求利润最大化，拒绝选择赔钱的方案；而政府追求的则是整个社会的最大效益，为达此目标，局部的亏损是可能的，也是必要的。

3.4.1.2 财政支出效益的特点

(1) 经济效益与社会效益统一

财政支出的经济效益是指财政资金耗费与经济成果之间的对比关系；而社会效益是财政资金耗费与社会效果的对比关系。财政支出的经济效益与社会效益是互相依存、互相制约的对立统一关系。

(2) 微观效益与宏观效益统一

微观效益是指每一笔财政支出项目所带来的具体效果；宏观效益则是指通过对财政支出总量和结构的安排与调整所产生的有关国民经济和社会发展全局以及人民整体、长远利益的效果，如国民经济的稳定均衡发展、资源的合理配置等。二者之间的关系表现为：第一，宏观效益具有主导决定作用，它是实现微观经济效益的前提条件，财政支出只有实现国民经济整体的宏观效益，个别项目的微观效益才能得到保证；第二，财政支出微观效益是实现宏观效益的现实途径；第三，财政支出的宏观效益与微观效益之间也存在着矛盾。正确处理二者之间矛盾的基本原则是微观效益服从于宏观效益。

(3) 直接效益与间接效益统一

在考察财政支出的效益时，既要考察其直接效益，也要考察间接效益。

3.4.1.3 财政支出效益的衡量方法

财政支出项目千差万别，衡量财政支出的效益需要多种方法，有一些支出项目，如水

电站投资之类，其效益是经济的、有形的，可以用货币计量。对于此类财政支出的效益，可以用成本—效益分析法进行分析。另有一些支出，如军事、政治项目之类，成本是易于计算的，但效益却不易衡量，而且通过此类支出所提供的商品或劳务，不可能以任何形式进入市场交换。分析此类财政支出的效益，一般采用最低费用选择法。还有一些项目，如公路、邮电之类，成本易于衡量，效益难以计算，但通过这些支出所提供的商品或劳务，可以部分或全部地进入市场交易。对于此类项目，可以通过设计某种公共劳务收费法或公共定价法来衡量和提高效益。

3.4.2 成本—效益分析法

3.4.2.1 含义

成本—效益分析法是指针对政府确定的建设目标，提出若干实现建设目标的方案，详列各种方案的全部预期成本和全部预期效益，通过分析比较，选择出最优的政府投资项目。

3.4.2.2 具体步骤

成本—效益分析法主要包括两个步骤：

第一步，政府确定备选项目和备选方案。政府首先根据国民经济的运行情况，选择若干个行动目标，并根据这些目标确定若干备选项目，然后组织专家对每一个备选项目制订备选方案。

第二步，政府进行方案和项目选择及决策的过程。首先，要详细计算每个备选方案的成本与效益，并计算成本与效益的净现值；其次，在各备选方案中为每一个备选项目选择一个最佳实施方案；再次，根据业已确定的财政支出总规模，在诸备选项目中选择一个最佳项目组合；最后，对此项目组合做机会成本分析，最终将支出项目确定下来。

3.4.2.3 关键性问题

(1) 成本和效益的确定

财政投资项目的社会效益及成本非常复杂，必须要进行全面深入的分析和衡量才能确保分析结果的准确性。一般来说，这些效益和成本大致可分为以下五大类：

① 实际成本与效益和金融成本与效益　实际成本是指项目建设所实际耗费的人力和物力，以及对社会、经济和人民生活造成的实际损失；实际效益是指项目建设所生产出的社会财富、社会发展及人民生活水平的提高。金融成本与效益，是指项目建设使得社会经济的某些方面受到影响，导致价格上升或下降，从而使某些单位或个人增加了收入或减少了收入。但甲方之得或失，恰为乙方之失或得，因此，整个社会的总成本与总效益的对比并无变化。所以，金融成本与效益又称虚假成本与效益。

② 直接成本与效益和间接成本与效益　直接成本包括为建设、管理和维护该项目而投入的人力、物力价值；直接效益则指该工程直接增加的商品量和劳务量。间接成本又称次级成本，指的是由于该项目建设而附带产生的人力、物力耗费，以及通过连锁效应而引起相关部门产生的人力和物力的耗费；间接效益亦称次级效益，主要包括与该项目相关联部门产量的增加以及得到的其他社会福利。

③ 有形成本与效益和无形成本与效益　有形成本与效益是指可以用市场价格计算的且

按惯例应记入会计账目的一切成本和效益;无形成本与效益则指的是不能由市场估价的,因而也不能入账的一切成本和效益。

④内部成本与效益和外部成本与效益　内部成本与效益包括一切在项目实施区域内所发生的成本与效益;外部成本与效益则包括一切在项目实施区域以外所发生的成本与效益。

⑤中间成本与效益和最终成本与效益　中间成本与效益是指在项目成为最终产品之前加入的其他经济活动所产生的一切成本与效益;最终成本与效益则指项目作为最终产品所产生的一切成本与效益。

(2) 项目净社会效益的计算

选择最优投资项目的根据是计算该项目的净社会效益。净社会效益等于效益减去成本后的余额。由于一般建设项目的建设周期都需要若干年。因此,若按年度计,建设项目的成本和效益都不是一个数额,而是由若干年的成本和效益所构成的"成本流"和"效益流"。在计算总成本和总效益时,不能对若干年的成本和效益进行简单加总。这就需要将今后若干年内发生的成本与效益折算成现值,方能加总。这里需要运用贴现手段,具体方法就是估计项目的未来效益和成本的现值,计算公式如下:

$$NSB = PV(B-C) = \sum_{t=0}^{H} \frac{B_t}{(1+r)} - \sum_{t=0}^{H} \frac{C_t}{(1+r)}$$

式中,NSB 为净社会效益;PV 为现值;B 为收益;C 为成本;r 为贴现率;t 为年限;H 为时间期界。根据上式计算出来的结果,可以对某一项目的投资可行性作出判断:如果 $NSB>0$,该项目可行;如果 $NSB=0$,计算内部收益率(净现值等于零的贴现率),如果内部收益率大于银行贷款利率,该项目可行;如果 $NSB<0$,该项目不可行。

(3) 适用范围

成本—效益分析法自20世纪问世以来,已在世界各国得到广泛的运用。但是,由于相当多的财政支出的成本与效益都难以准确衡量,有的甚至根本无法衡量,因而适用范围受到了局限。一般认为在政府的经济性支出上,运用这一分析方法可以获得较好的效果。

3.4.3　最低费用选择法

(1) 含义

最低费用选择法指不用货币单位来计量备选的财政支出项目的社会效益,只计算每项备选项目的有形成本,并以成本最低为择优标准的方法。

(2) 与成本—效益分析法的区别

无法运用成本—效益分析法的财政支出项目,可以运用最低费用选择法进行分析,此法与成本—效益分析法的主要区别是不用货币单位来计量备选的财政支出项目的社会效益,只计算每项备选项目的有形成本,并以成本最低为择优的标准。

(3) 步骤

运用最低费用选择法来确定财政支出项目,其步骤与成本—效益分析法大致相同,由于免去了计算支出效益与无形成本的麻烦,此法的分析内容要简单得多。

第一步,根据政府确定的建设目标,提出多种备选方案。

第二步，以货币为统一尺度，分别计算出诸备选方案的各种有形费用并予以加总。在计算费用的过程中，如果遇到需要多年安排支出的项目，也要用贴现法折算出"费用流"的现值，以保证备选方案的可比性。

第三步，按照费用的高低排出顺序，以供决策者选择。

(4) 适用范围

最低费用选择法适用于只有社会效益，其产品不能进入市场的支出项目，如军事、政治、文化、卫生等。

3.4.4 公共劳务收费法

公共劳务是指政府为行使职能而进行的各种工作，包括国防建设、行政工作、道路的建设与维护等。公共劳务收费法就是通过制定和调整公共劳务的价格或收费标准，来改进公共劳务的使用状况，使之达到提高财政支出效益的目的。

公共劳务收费法和成本—效益分析法以及最低费用选择法的区别在于，它是通过制定合理的价格与收费标准，来达到对公共劳务有效节约使用，而不是对财政支出备选方案的选择。

对公共劳务的定价政策一般有四种，分别是：免费、低价、平价和高价。免费和低价政策必须从全局和社会的利益出发，在全国范围内使用，如强制进行义务教育、强制注射疫苗等。平价政策可以用收取的费用弥补该项公共劳务的人力、物力耗费。一般适用于从全社会的利益来看，无需特别鼓励使用，又无需特别加以限制使用的公共劳务，如公路、公园、铁路、医疗等。高价政策适用于从全社会利益来看必须限制使用的公共劳务。

公共劳务收费法只适用于可以买卖的、适于采用定价收费方法管理的公共服务部门。还必须制定正确的价格政策，才能达到社会资源最佳分配的目的。

▲ **延伸阅读**

研究报告建议提升财政支出对经济增长的边际效应

新华社北京5月16日专电（记者王希）在4月经济数据密集发布之际，中国人民大学国家发展与战略研究院等部门日前联合发布月度报告，建议在市场内生动能充分启动之前，继续实施积极的财政政策，同时支出方向和方法可更加以供给侧结构性改革为导向。

报告分析说，1~4月，我国各项总量宏观经济指标持续改善，但增长基础并不稳固，市场内生动能还不充分，民间投资增速下滑，企业再库存行为较为薄弱。在新旧动能转换还需要时间的背景下，要稳定经济增长、保持良好的就业态势，需要在未来一段时间内维持积极的财政政策。

为提升财政支出对经济增长的边际效应，报告建议，在保证前期基础设施建设项目顺利推进的基础上，进一步加大各地对产能过剩产业分流职工的安置支出，抵销转岗等收入冲击对消费的影响。

同时，报告建议，加大财政对产业基金的支持，促进资金"从虚入实"。例如，加大政府财政出资结合民间资本构建各类产业基金，一方面扶持新技术和新业态来提升传统产业、发展新产业，促进结构调整，提升产品品质；另一方面通过帮助民间资本分担风险，提升民间投资的风险偏好，促进民间投资。

货币政策方面，报告分析认为，当前市场内生动能不足，信贷的快速收缩对于稳增长会产生一定损害，未来需要保持适度稳定的流动性供给，防止杠杆的反弹和累积，保证现有基建项目顺利开展。

（资料来源：新华网，2016）

▎本章小结

1. 财政支出是以政府为主体，以政府事权为依据进行的一种货币资金支出活动。财政支出是政府施政行为选择的反映，体现着政府的政策意图，代表着政府活动的方向和范围。

2. 财政支出按照性质不同可以分为购买性支出和转移性支出；按照最终用途分为积累性支出、消费性支出和补偿性支出；我国财政支出的基本方式包括财政无偿拨款和财政性贷款两种。按照级次划分，我国财政支出分为中央支出、省级支出、市级支出、县级支出和乡级支出五级；根据《2014年政府收支分类科目》，我国财政支出按照功能不同设置为25大类。

3. 反映财政支出规模的指标有两个：一个是财政支出总额；另一个是财政支出占GDP的比重。反映财政规模发展变化的指标包括：财政支出增长率、财政支出增长弹性、财政支出增长边际倾向。

4. 财政支出的影响因素包括经济因素、政治因素和社会因素。

5. 财政支出结构是指各类财政支出额占财政支出总额的比重。根据马斯格雷夫和罗斯托的理论，不同的经济发展阶段会导致不同的财政支出结构。内生增长论认为，财政支出结构不是一成不变的。客观上说，它取决于一个国家所处的经济发展阶段，财政支出结构的发展变化带有一定规律性。

6. 财政支出效益是指政府为满足社会公共需要进行的财力分配与所取得的社会实际效益之间的比例关系。效益评价方法包括成本—效益分析法、最低费用选择法和公共劳务收费法。

▎思考题

1. 财政支出的分类标准有哪些？
2. 按照经济性质不同可以将财政支出分为哪几类？该种分类的经济意义是什么？
3. 简述瓦格纳法则的内容。
4. 简述马斯格雷夫和罗斯托的财政支出增长理论。
5. 衡量财政支出规模及发展变化的指标。
6. 结合实际分析我国财政支出结构状况及变化特征。
7. 试述成本—效益分析法的步骤及计算注意事项。

第4章 消费性支出

本章提要

购买性支出可以分为消费性支出和投资性支出。在我国财政支出项目中，属于社会消费性支出的有行政管理支出、国防支出、文教科卫支出。本章将结合我国实际，着重对行政管理支出、国防支出及教育、科学技术和医疗卫生支出的性质、特征及我国各项消费性支出的规模和发展变化状况进行介绍和分析。

4.1 社会消费性支出概述

以财政支出是否与商品和服务相交换为标准，可将其分为购买性支出和转移性支出两类。购买性支出是指政府作为一般市场主体，按照等价交换的原则在市场上购买商品与劳务的支出。购买性支出可以分为消费性支出和投资性支出，虽然这二者同属于购买性支出，但两者之间存在着明显的差异。最大的区别在于前者是非生产的消耗性支出，它的使用并不形成任何资产。然而，两者又有共同之处，即在必要的限度内，它们都是社会再生产的正常运行所必需的。目前在国家财政支出项目中，属于社会消费性支出的主要有行政管理支出、国防支出、文教科学卫生支出。

4.1.1 社会消费性支出的属性

社会消费性支出与投资性支出同属于购买性支出，但就其本质来说，社会消费性支出满足的是纯社会公共需要，正是这种支出构成了财政这一经济现象存在的主要依据。社会消费性支出既然是社会的，它所提供的服务就可为全体公民共同享受，具有明显的突出的外部效应，因为有这一特点，满足社会共同需要的提供以及为此而支出的资金的筹措，就要遵循与一般的商品和服务有所不同的另外的一种原则。在财政支出安排上，首先保证这些支出项目必要的支出，是财政工作的基本职责。

社会消费性支出是国家执行政治职能和社会职能的保证，一国政府不仅要为公民提供国家防务和公共安全，保证国土和主权不受外来侵犯以及公民的人身安全不受威胁，还要通过法律、行政和社会管理处理和协调公民之间的相互关系，维系正常的社会关系以及商务关系。

此外，随着经济的不断增长，政府还必须保证各项社会事业的相应发展，实现经济社会的可持续发展，扩展社会发展空间，不断提高居民的生活质量。

4.1.2 社会消费性支出的项目

为了满足以上的这些社会公共需要，必然形成许多项目而且数量可观的财政支出。在国家财政支出项目中，属于社会消费性支出的有行政管理支出、国防支出、文教科学卫生支出等。

在不同国家的不同时期，社会消费性支出的规模也有所不同。如前所述，自由资本主义时期，强调市场的自由竞争，靠"看不见的手"调节经济，提倡"廉价政府"，因而当时的财政支出主要是社会消费性支出，而且支出规模较小，占 GDP 的比重较低。随着市场经济的不断发展，国家对经济的干预逐渐强化，也产生了一些新的政府政治职能和社会职能，相应地社会消费性支出项目不断增加，规模不断扩大。从世界各国的一般发展趋势来看，社会消费性支出的绝对规模呈现一种扩张的趋势，相对规模在一定发展阶段也是扩张趋势，达到一定规模则相对停滞。当然，由于不同国家国情上的差异，其中有些项目增长较快，相对规模在上升，而有些项目增长较慢，相对规模在下降。

4.2 行政管理与国防支出

4.2.1 行政管理支出和国防支出属性

行政管理支出和国防支出都属于政府的经常性支出。表面上看将行政管理支出和国防支出放在一起讨论，似乎有不妥之处，但如果从国家的产生以及国家的基本职能角度来认识问题，这种表面上的不协调就不存在了。国家的产生是以生产力的发展为物质前提的，但是导致国家产生的直接原因有两点：①国家是人类分裂为阶级的产物，是阶级统治的工具。政治统治到处都是以执行某种社会职能为基础的，为此就必须设立公安、司法、经济管理等各类行政机构，因而行政管理费就构成国家支出的基本内容之一。②国家一经建立，必须执行的另一项基本职能就是防御外敌侵犯，保卫国家安全，为此就需要建立军队和军事设施，因而国防费也是国家的基本支出。对内管理国家，对外巩固国防，是国家的基本职能，从而行政管理支出和国防支出是国家的两项基本支出。

行政管理支出和国防支出以及由这些费用支持的各种活动，是否对经济产生了积极影响，并不是三言两语便可说清楚的。对此，我们至少可从三个角度观察：①从直接的生产和消费社会财富角度来看，这两类支出纯属社会财富的"虚耗"，因为行政活动和国防活动是非生产性劳动，从而与生产性劳动相对立。就此而论，这两类支出越少越好。②从财富生产的社会条件看，国防保护了人民生产与生活的安全，行政活动维持了生产与生活的秩序，因而，用于这两类活动的费用又不是在"虚耗"社会财富。③从社会经济的循环周转来看，生产是产品的创造，消费则是产品的实现，若无消费，生产不仅是一种无内容的概念，而且也不能正常进行。行政活动和国防活动，正是全社会消费的一个组成部分。因此，当社会的消费需求不足以完全吸收掉周期的产出时，行政管理支出和国防支出的增加，具有增加消费并促进生产的作用；而当社会的消费需求超过同期产出时（供给不足），增加行政管理支出和国防支出，则具有通货膨胀的效应。

4.2.2 行政管理支出

4.2.2.1 性质

行政管理支出是指财政用于国家各级权力机关、行政管理机关以及外事机构行使其职能所需要的经费支出。性质上讲,行政管理支出是维持国家政权,保证国家各级职能部门正常运转所必需的费用,也是纳税人所必须承担的成本。因此,从国家和财政本身存在的意义上说,行政管理支出是十分必要的。然而,行政管理支出属于社会消费性支出,它对社会生产和财富创造没有直接贡献。因此,对这一类支出又必须加以约束,将其控制在合理的限度内。

4.2.2.2 特征

在社会经济环境中,政府既是生产者同时也是消费者。作为生产者,政府为社会公众提供公共物品,保障社会秩序和市场经济的正常运转,政府行为需要公用经费支撑;作为消费者,政府需要维持国家机器正常运转,保障政府实现生产者职能,需要私人经费支撑,故而会产生行政管理支出。

(1) 行政管理支出的属性是管理性支出

从行政管理支出的最终用途来看其主要是用于行政管理各部门的公务支出以及办公人员的人员经费。这两种支出渠道都是政府执行社会公共事务管理职能的集中体现。因此,行政管理支出是一种带有管理属性的经费开支。

(2) 行政管理支出是一种公共性支出

行政管理支出的资金来源是纳税人缴纳的各类税收,其费用来源渠道具有公共性;经费支出主要用于政府履行行政管理,为全体大众提供社会稳定保障,该经费无论收入还是支出都具有公共性。

(3) 行政管理支出具有刚性

行政管理支出需经过严格的预算,此后经相应法律程序审查方能进行开支,因此支出用途具有刚性。

(4) 行政管理支出是一种消耗性支出

行政管理支出的渠道具有非生产经营性,是一种典型的消费性支出。

4.2.2.3 行政管理支出范围界定

行政管理支出的范围取决于国家行政管理机构的结构及其职能。根据《2014年政府收支分类科目》,我国的行政管理支出,包括一般公共服务支出、公共安全支出和外交支出。具体支出项目列示如下:

①一般公共服务支出 人大事务、政协事务、政府办公厅相关机构事务、发展与改革事务、统计信息事务、财政事务、税收事务、审计事务、海关事务、人力资源事务、人口与计划生育事务、商贸事务、知识产权事务、工商行政管理事务、质量技术监督与检验检疫事务、民族事务、档案事务、群众团体事务、其他一般公共服务支出。

②公共安全支出 武装警察、公安、检察、法院、司法、缉私警察、其他公共安全支出。

③外交支出 外交管理事务、驻外机构、对外援助、国际组织、对外交流与合作。

此外，行政管理支出按其最终用途，可分为人员经费和公用经费两部分。前者包括工资、离退休人员经费、福利费等，后者包括公务费、修缮费和设备购置费等。

4.2.2.4　行政管理支出规模发展变化的一般规律

不同国家在不同经济时期，行政管理支出的规模也有所不同。自由资本主义时期，强调市场机制在经济调节过程中的主导作用，认为市场机制是"看不见的手"，能够实现资源优化配置，提倡"廉价政府"，因而当时的财政支出主要是行政管理支出，支出规模较小，占 GDP 的比重较低。行政管理既然是政府的一项基本职能，行政管理支出当然不可能从财政支出中完全消失，甚至它的绝对规模增长也带有必然性。首先，行政管理支出的增加显然是党政机关扩大的结果，原有机关的扩大和机关新设，都会使机关经费——人头费和行政业务费——办公费增加。随着社会经济的发展，经济活动日趋复杂，公共事务增多是必然趋势。

公安、司法、检察、安全支出是用于维持社会秩序的。社会经济活动日趋复杂，社会交往的规模日益增大，城市化进程不可抑制，可能难免导致犯罪和违法事件以及经济和社会纠纷增多。为了保证社会在法制的轨道上有秩序地运行，用于维持秩序的机关增加以及相应的经费增长也是不可避免的。

国际交往也会随经济发展和外事活动日渐频繁而增多起来。于是，驻外机构费用、迎来送往的支出也将呈不断增加的趋势。

综上所述，"公共支出不断增长"如果不是规律，至少是一个实践可以证明的事实。然而，行政管理支出占财政支出的比重却应是下降趋势，世界各国的历史经验表明一般都是如此。

4.2.2.5　我国行政管理费规模分析

新中国成立后，从"一五"到"四五"期间，我国行政管理支出占财政支出的比重基本呈现下降趋势，但自改革开放以来该比重非但没有继续下降或维持原有规模，而是出现相反的趋势：行政管理支出在各项支出中增长速度最快，占财政支出的比重持续上升（图4-1）。改革开放以来，我国行政管理支出的增长速度，大部分年份都超过了财政支出的增长速度，是增长最快的一个支出项目。行政管理支出占财政支出的比重逐年上升，由 1978 年的 4.4% 上升到了 1995 年的 12.8%，随后有所下降，到 2001 年降至 6.4%，但从 2001 年后又开始快速上升，到 2005 年该比重达到 14.3%；2007 年重新调整支出分类科目

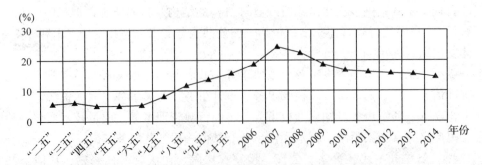

图4-1　我国行政管理支出占财政支出总额的比重（资料来源：《中国财政年鉴（2007—2015）》）

表 4-1 我国行政管理支出总额及其增长速度

时期	行政管理费总额（亿元）	同比增长（%）	时期	行政管理费总额（亿元）	同比增长（%）
"一五"	112.18	143.49	2006 年	7571.05	-15.25
"二五"	133.16	18.70	2007 年	12 215.68	61.35
"三五"	76.42	-42.61	2008 年	14 096.10	15.39
"四五"	134.27	75.70	2009 年	14 159.24	0.45
"五五"	196.71	46.50	2010 年	15 124.08	6.81
"六五"	280.06	42.37	2011 年	17 601.63	16.38
"七五"	587.41	109.74	2012 年	20 145.89	14.45
"八五"	1520.66	158.87	2013 年	21 897.67	8.70
"九五"	3355.90	120.69	2014 年	21 986.27	0.40
"十五"	8933.22	166.19			

资料来源：《中国财政年鉴(2007—2015)》。

后，按照新的统计口径计算，2008 年我国行政管理支出占财政支出总额的比重高达 22.6%。此后，随着政府近年来加大对"三公"经费的监督和管理，行政管理支出所占比重开始下降，2011 年为 16.11%，2014 年降至为 14.48%。与此同时，我国行政管理支出增长速度也表现出明显的阶段性变化特征（表 4-1）："一五"到"四五"期间，行政管理支出增速有所减缓，"七五"到"十五"期间保持高速增长，2006 年之后增速明显下滑。

由此可见，随着经济体制改革的不断深化，要求加快政治体制改革与之相适应。也就是说，我国需要进一步精简行政机构，压缩党政人员编制，加强行政管理费的管理和约束，提高行政经费的效率，这也是当前经济发展和经济改革的内在要求。

我国行政管理支出规模居高不下是由多种因素形成的，而且具有历史延续性。直接的影响因素主要有经济总体增长水平、财政收支规模、政府职能及其相应的机构设置和行政管理费本身的使用效率等，因而规范行政管理支出的规模以及加强管理必须从多方面着手。

一般来讲，经济增长水平和财政收支规模与行政管理支出规模呈正相关；政府职能范围及机构设置与行政管理支出规模呈正相关。我国人口众多，行政事务繁杂，在传统体制下，事无巨细，政府包揽过多，因此，在很长时期内政府机构和人员处于过度膨胀状态。市场经济改革就是要转变政府职能，削减政府机构。然而实际状况却并非如此，改革进程中，新设或增加了诸多与市场经济运行管理相关的机构，但之前已存在的很多不适应于新体制运行的机构却难以进行有效压缩，新旧叠加的结果，自然是行政支出的增加。改革开放以来，我国先后对行政机构进行了七次改革，但机构和人员增多的势头并未得到有效遏制，由于机构设置的上下对口，中央每新设一个机构，全国县以上就要设立 3000 多家机构，还有庞大的乡镇一级政府机构，各种仍然和政府机构尚未完全脱钩的事业单位、学会、协会和基金会等都是有增无减。此外，伴随机构增多的还有日益庞大的财政供养人口。根据有关资料显示，1978 年，中国财政供养人口数大约为 2000 万人，到 1997 年，已增至3675万人,增长了82.4%,相当于中国总人口同期增幅的三倍。1978年,每50个人需供养一名财政供养人口,而到了1997年,则需要30人供养一名财政供养人口。中国经济体制改革研究会副会长、北京改革和发展研究会会长陈剑提供的最新数据是,到2014年年底,中国财政实际供养人数远超过6400万。以官民比例来看,平均23.5个中国人就要供养1名公职人员。中国虽然还是发展中国家,但是官民供养比例已经跨入发达国家行列,然而我们的纳税人并没有享受到发达国家的公共服务,这同样是不争的事实。财政供养人员比例不断增长,一方面导致各级财政困境日益加深。按平均每人每年最少1万元工资标准计算,现有的财政供养人员一年就需要财政供给工资开支6400亿元,占国家总财力的比例很大。还要为财政供养人提供办公设施、住房、医疗保障、养老保险等,若将这些考虑进去,每增加一个人,一年至少需增强财政支出两万元以上,财政负担颇为沉重。另一方面财政供养人员不断增多,不仅加重了人口的负担,造成了财政资金的浪费,而且易于诱发部门间争夺权事,或者互相推诿、扯皮,导致政府行政效率低下、经济落后,官僚主义严重阻滞了体制改革和社会主义市场经济的健康发展。

我国行政管理支出过大,已经与经济发展水平不相适应。与西方发达国家相比,我国的行政管理支出所占比重过大。2007年,我国行政管理支出占财政总支出的24%,而美国同年这项支出只占到5%。我国投入到教育、社会保障、科技的费用占总收入25%,而美国占75%。

目前,中国的行政管理支出仍然在不断膨胀。党中央国务院必须切实加强行政管理支出的管理和约束,精简机构,压缩党政人员编制,提高行政经费的效率,改善当前的现状,这对我国大力发展市场经济和构建和谐社会具有重要的意义。

参照各国的经验,控制行政管理支出规模快速增长的可行办法是,对行政管理费支出的绝对规模或其占财政支出的比重规定一个具有法律效力的指标,并由国家立法机关和国家审计部门对之施行严格的审计监督。与此同时,财政部门本身必须对行政管理支出加强管理和监督,主要是适应行政机构改革,规范行政管理支出的供应范围,完善行政经费定额考核办法,坚持支出秩序,加强检查监督,走向法制化、规范化轨道。

4.2.3 国防支出

4.2.3.1 国防支出的内容和性质

国防支出是指一国政府为维护国家主权与保护领土完整所必需的费用支出,是一国政府执行对外政治职能的必然结果。国防支出属于社会消费性支出,是非生产性支出,表现为社会资源的净消耗,由于其服务于不同国家和不同时期的防务需要,因而具体内容经常变化。我国国防支出项目主要包括人员生活费、训练维持费和装备费,其构成基本上是各占1/3。其中,人员生活费用于军官、文职干部、士兵和聘用人员的工资津贴、住房保险、伙食被装等。训练维持费用于部队训练、院校教育、工程设施建设维护以及其他日常消耗性支出。装备费用于武器装备的研究、试验、采购、维修、运输和储存等。

4.2.3.2 国防支出的合理规模

国防支出属于纯粹的公共产品。从图4-2可知,在公共产品(国防支出)和私人产品之间必然形成某种选择。在社会生产可能性的约束之下,一个国家如果想要更多地获得国防支出等公共产品，就不得不减少在其他商品上的花费。社会无差异效用曲线表示了社会对公共产品和私人产品选择的结合点，这些点对社会来讲，总效用是一样的，但只有在它与社会生产可能性线的切点处，才能得到社会的认可，因而也是公共产品和私人产品之间的最佳组合。该点也是最佳、最适度国防支出规模点。

4.2.3.3 我国的国防支出规模分析

我国坚持走和平发展道路，统筹国内国际两个大局，妥善处理纷繁复杂的国际安全形势。

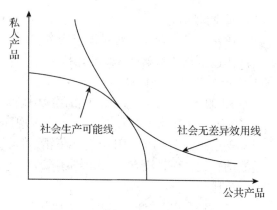

图4-2 国防支出的合理规模

依据发展与安全相统一的安全战略思想，对内努力构建社会主义和谐社会，对外积极推动建设和谐世界，谋求国家综合安全和世界持久和平。奉行防御性的国防政策，建立巩固的国防是国际现代化的一项战略任务，是维护国家安全统一和全面建设小康社会的保障。新时期新阶段我国的国防政策，主要包括以下内容：维护国家安全统一，保障国家发展利益；实现国防和军队建设全面协调可持续发展；加强以信息化为主要目标的军队质量建设，贯彻积极防御的军事战略方针；坚持自卫防御的核战略；营造有利于国家和平发展的安全环境。

保卫国土和国家主权不受侵犯，是政府的一项基本职能，国防费不会从财政支出项消失，因而保证国防支出是财政的一项基本职能。一国国防支出规模是同一个时期的国际形势和该国的国防政策直接相关的。

(1) 我国国防支出规模变化特征

改革开放30年来，我国坚持国防建设服从和服务于经济建设大局，坚持国防建设与经济建设协调发展，国防投入始终保持合理适度的规模。

我国国防支出，"六五""七五"时期曾一度趋减，"八五"时期有所回升，占财政支出的比重目前维持在5%左右。国防支出增幅及其占财政支出比重的波动，显然与国际局势密切相关。20世纪50年代，第二次世界大战虽已尘埃落定，战争的危险仍然存在，"热战"虽已停止，"冷战"则在紧锣密鼓地进行。处在这样紧张的国际环境中，各国自然都要做好准备，军费支出自然居高不下。60年代末期以后，虽然局部战争仍然存在，但战争的危险毕竟日趋减少，尤其是进入80年代以后，国际社会发起了几次规模较大的裁军活动，国际形势大趋缓和，因此，世界各国的军费支出大都相对减少。

1978—1987年，随着国家工作重点转移到经济建设上来，国防建设处于低投入和维持性状态。国防支出年平均增长3.5%，同期GDP按当年价格计算年平均增长14.1%，国家财政支出年平均增长10.4%，国防支出占GDP和国家财政支出的比重，分别从1978年的4.63%和15%下降到1987年的1.74%和9.27%。

1988—1997年，为弥补国防基础建设的不足和维护国家安全统一，我国在经济不断增长的基础上，逐步加大国防投入。国防费年平均增长14.5%，同期GDP按当年价格计算年平均增长20.7%，国家财政支出年平均增长15.1%，国防支出占GDP和国家财政支的比重继续下降。

1998—2007年，为维护国家安全和发展利益，适应中国特色军事变革的需要，我国在经济快速增长的基础上，继续保持国防支出的稳步增长。国防支出年平均增长15.9%，同期GDP按当年价格计算年平均增长12.5%，国家财政支出年平均增长18.4%。国防支出占GDP的比重虽有所上升，但占国家财政支出的比重总体上仍呈下降趋势。

2007—2013年，国防支出总额逐年增加，但由于财政支出和GDP增速较快，因而占财政支出总额和GDP的比重有所下滑。国防支出的增长及其占财政支出比重变化的特点是波动较大，而且没有一以贯之的增减变化趋势。我国国防支出增长及其占财政支出比重的变化比较缓慢。

（2）我国国防支出与其他国家比较

从国际上看，目前我国国防支出的规模无论是绝对数还是相对数都是较低的。与美国相比，2010年美国国防支出增速有所放缓，但国防支出仍然高居全球首位。2010年，美国国防支出增长2.8%，达到了6980亿美元。尽管增速放缓，美国国防支出仍然增加了196亿美元。我国在2010年的国防支出为5321亿元人民币，比上年度增长了7.5%。2011年较2010年又增长了9.3%，达到5829.62亿元，这一水平仍远远低于美国的支出规模。

根据表4-2，我国国防支出总额自"三五"之后呈现递增态势，从国防支出占GDP的比重来看，改革开放后，我国的这一比重基本低于2%，近年来更是下降到了1.3%左右的水平（图4-3）。与此同时，美国在2010年国防支出占GDP的比重为4.8%，俄罗斯为4%，英国为2.6%，法国占2.3%。2014年我国国防支出只占GDP的1.3%，与当前学界普遍认同的国防费用占GDP的2%左右的通行标准相比，依然处于比较低的水平。而世界主要大国的国防费用占GDP的比重基本上都是在2%~5%，美国基本上在4%左右，俄罗斯在4%~5%，其他主要大国都维持在2%以上。

显然，我国国防支出总体水平落后于发达国家。对于一个人口数量大、面积广阔的国家来讲，为如此规模的国土面积提供最基本的国防安全，必然需要一定规模的国防支出。以我国目前的总体国防费用支出水平，还有一定的上升调整空间。这既是维护主权领土完整的必要条件，也是经济社会发展的客观需求。

表4-2 我国国防支出总额　　　　　　　　　　　亿元

年　份	国防支出总额	年　份	国防支出总额
"一五"	314.79	2006	2979.38
"二五"	272.94	2007	3554.91
"三五"	226.04	2008	4178.76
"四五"	549.56	2009	4951.10
"五五"	750.10	2010	5333.37
"六五"	867.81	2011	6027.91
"七五"	893.74	2012	6691.92
"八五"	1170.15	2013	7410.62
"九五"	2321.40	2014	8289.54
"十五"	4751.27		

资料来源：《中国财政年鉴（2007—2015）》。

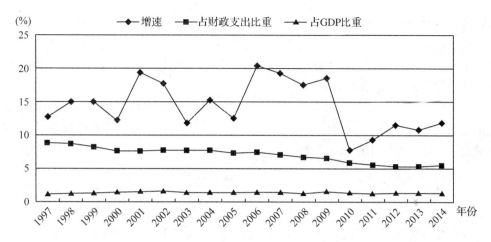

图 4-3 我国国防支出增速、占财政支出比重及其占 GDP 比重的变化

（资料来源：《中国财政年鉴(2007—2015)》）

4.3 文教科卫支出

文教科卫支出是财政支出中的重要组成部分，属于政府消费性支出的范畴。

4.3.1 文教科卫支出的性质

文教科卫支出是文化、教育、科学、卫生支出的简称。文教科学卫生诸项事业的发展在现代经济发展中发挥着越来越大的作用，当然这并不说明用于这方面的支出现在已经是生产性的了。根据马克思关于生产劳动和非生产劳动的科学划分，文教科卫支出仍应归入非生产性的范围。关于生产劳动和非生产劳动，马克思至少提出过两种划分标准。从一般的意义上说，凡从事物质资料的生产，创造物质财富的劳动，皆为生产劳动；除此之外的一切劳动，皆为非生产劳动。根据这一标准，投入文科卫领域的劳动属于非生产性劳动，因为它们并不直接创造物质财富，而且在从事这些劳动的过程中，劳动者还需消耗物质财富。与此相适应，用于文教科卫事业的支出属于非生产性支出。但是，对于生产劳动和非生产劳动，还可以有另一个观察角度。拿科学研究来说，如果企业购买科学研究的成果或索性直接安排一部分人从事科学研究，并且立即将研究的成果用于提高劳动者、劳动工具和劳动对象的素质或用于改进这三种生产要素的结合方式，那么，这种科学研究是生产性的。如果作为消费者的个人购买科研成果或自己从事科学研究，并且不对生产要素及其结合方式产生影响，那么，这种科学研究是非生产性的。对于文化教育和卫生事业，也可以做类似的分析。如果以此为标准，文教科卫支出，有相当的部分则属生产性的。

本教材沿用目前国内各种统计文件普遍采用的做法，将文教科卫支出归入非生产性范畴。但是需要强调三点：①将文教科卫支出归入非生产性范畴，只有某种静态的、相对的意义，用于这些事业的支出不能对当年的物质财富的生产做出明显的贡献；②从动态的、绝对的意义上说，文教科卫事业的发展将不断提高劳动者、劳动工具和劳动对象的素质并改善三者的结合方式，新的世纪已经进入知识经济时代，它们对物质财富生产的贡献将越来越大;③将文教科卫支出计入非生产性一类,其实际意义,只是要求社会在安排全部国民收入的用途时,应全面考虑生产的当前需要和未来发展的需要,让文教科卫支出占一个适当的比例,并且,随着劳动生产率的提高和 GDP 的增长,要让这一类支出的比例不断提高,甚至超过 GDP 的增长速度。

由于文化、教育、科学、卫生事业在现代社会经济发展中发挥着日益重要的作用,各国政府无不投入大量资金,而且支出规模越来越大。从我国财政支出结构的变化中也充分反映了文科卫支出数额不断增大的趋势

4.3.2 我国文教科卫支出的构成

文教科卫支出,是指国家财政用于文化、教育、科学技术和医疗卫生等事业单位的经费支出。文化教育科学卫生单位与企业单位有着本质的区别,同时在社会主义市场经济条件下,两者又有许多相似之处。事业单位的性质决定了具有典型社会公共需要性质的国有事业单位所需要的资金主要应由国家财政来供应,而对那些具有半社会公共需要性质的事业单位,国家应根据不同情况,采取部分经费供应或将其彻底推向市场,并对其进行企业化管理。

按支出的部门划分,它包括教育与文化传媒事业费支出、科学技术支出和医疗卫生支出。

按支出的用途划分,它包括人员经费支出和公用经费支出。它们分别用于文教科学卫生等单位的人员经费开支和公用经费开支。

4.3.3 教育支出

教育支出是政府用于教育事业的各项支出。

4.3.3.1 教育事业产品的性质

从经济性质看,教育事业产品首先是一种私人产品。受教育者能够获得更多的知识和技能,这为将来找到一份较好的职业,获得较高的收入,赢得较多的晋升机会奠定基础。

在实践中,各国政府却往往在提供教育事业产品方面发挥着主导作用,原因主要有以下三个方面:

(1) 教育具有正外部性

首先,经济理论和实践表明,技术进步是一国经济增长的重要源泉,而教育则是技术进步的基础。其次,教育使公民明辨是非且获得一技之长,这有助于减少犯罪。再则,教育能提高公民的文化素质,这有助于减少行政管理的成本等。

(2) 教育有助于缩小贫富差距

在学费昂贵的情况下,富人有较强的支付能力供其子女上学,穷人的子女即便天资聪颖也会被拒之外。政府提供教育服务,能够为所有社会成员提供均等的受教育机会,有助于实现社会公平。

(3) 教育资本市场的不完全

这在高等教育中表现得尤为明显。高等教育投资究竟能否获得回报与回报率有多高,事先是难以确定的,这就使得私人金融部门因担心无法得到偿还而不愿为教育融资,这

(续)

年份	财政性教育支出(亿元)	占财政支出比重(%)	占GDP的比重(%)
1999	2287.18	13.77	2.84
2000	2562.61	13.80	2.86
2001	3057.01	13.66	3.14
2002	3491.40	14.12	3.32
2003	3850.62	14.01	3.28
2004	4465.86	14.14	2.79
2005	5161.08	13.75	2.82
2006	6348.36	14.34	3.01
2007	7122.32	14.31	3.12
2008	9010.21	14.40	2.85
2009	10 437.54	13.68	3.33
2010	14 670.07	13.96	3.65
2011	18 586.70	15.10	3.93
2012	22 236.23	16.86	4.28
2013	24 488.22	15.27	4.16
2014	26 420.58	14.87	4.15

资料来源：《中国财政年鉴(2007—2015)》。

4.3.4 科学技术支出

4.3.4.1 科学研究的性质

(1) 科学研究具有外部性

科学研究具有外部性主要表现在科学研究具有强烈的溢出效应。在人类发展史上，经常会看到，一项针对某一领域或某种生产活动的科研成果，在使这一领域或生产活动发生变化的同时，也可能改变人们甚至整个社会的发展进程。比如，蒸汽机的发明，计算机的发明。在科学研究中，基础性科学研究的外部性通常是无法用货币来衡量的。因此，纯科学研究不能以市场方式生产和配置，而是要由政府来负责。

(2) 科学研究具有风险性

这种风险性主要表现在科研投入是否有成果及成果的应用方式具有不确定性。因此，以营利为目的的企业一般只愿意投资与自己生产有关的应用性开发研究，而不愿意介入科学研究尤其是纯科学研究。而科学研究特别是纯科学研究对整个科学技术的发展具有基础作用，是以提高社会整体利益为目标的研究，任何一个国家或社会，没有科学研究尤其是纯科学研究的突破，也就难有科学技术的真正提高。因此，必须由政府来出面支持这类研究，也只有政府才有能力支持这类研究。相应地，人文社会科学的研究也具有这种特点和需求。人文社会科学研究的目标是保证和提高社会的整体利益，即研究如何提高人们基本的人文素质，如何通过制定公共政策和进行制度设计，解决社会问题，促进社会发展。这其中，除了那些与企业经营生产有关的会赢得企业青睐而获得企业资金支持以外，公共性纯度较高的人文社会科学研究只能由政府进行支持。

样,那些资金不足的人就会被剥夺受教育的机会。为避免这种情况的发生,许多国家的政府都对高等教育提供一定的财政支持。

因此,我们认为教育事业产品是一种混合物品。义务教育和义务之外的高层次教育,不能由国家完全免费提供,可以向受教育者收费,也可以由私人举办。

4.3.3.2 教育支出的投入方式

(1) 定额补助

对所有学生进行的平等支出,而不去区分学生的智力状况如何,我国的九年义务教育就属于这种情况,每个适龄儿童和少年都能得到政府的资助。

(2) 对学校的经费补助

政府通过对学校的补助,使学校能相应降低向学生收费的标准,从而使更多的学生能够得到教育的机会。我国的普通高等学校教育,基本上是由政府提供一部分经费,学校再向学生收取一定的学杂费。

(3) 收入补助

通过福利性开支增加某些低收入家庭的收入水平,以相应提供其教育方面的消费。

4.3.3.3 我国教育支出状况

根据教育支出的特点,各国政府特别是发展中国家政府一般在提供教育服务方面发挥着主导作用。我国教育经费来源目前仍以政府投入为主,2014年国家财政性教育支出占财政支出的比重为14.87%,占GDP的比重为4.15%。除政府财政投入以外,目前已经形成了社会团体和公民个人办学、社会捐资和集资办学、收取学费和杂费及其他经费等多种形式、多元化的教育资金来源。

我国教育支出规模,无论从教育投入总量还是教育支出占GDP比重均表现为上升趋势。尽管教育支出在不断加大,但是相对于国民素质提高的需求和教育事业发展水平来讲,特别是和很多发达国家及一部分发展中国家相比,投入仍然存在一定差距。从政府教育支出占GDP的比重来看,我国政府教育支出占GDP的比重与大多数国家相比仍然处于较低水平。根据世界银行《2011年世界发展指标》的数据,2009年教育公共支出占GDP的比重,低收入国家为3.7%,中等收入国家为4.1%,高收入国家为5.1%,而我国在2012年才达到中等收入国家水平,2014年该比重上升到4.15%(表4-3),与高收入国家水平还有很大差距。如果按照在校学生人均教育经费来比较,差距会更大。

表4-3 我国财政性教育支出及其占GDP比重、占财政支出比重的变化情况

年 份	财政性教育支出(亿元)	占财政支出比重(%)	占GDP的比重(%)
1992	728.75	14.4	2.73
1993	867.76	13.88	2.51
1994	1174.74	15.26	2.52
1995	1411.52	15.07	2.46
1996	1671.70	15.27	2.50
1997	1862.54	14.70	2.55
1998	2032.45	14.50	2.64

(3) 科学技术研究的主体是多元的

在现代社会，多元的科学技术生产主体是以科学技术市场的需求为核心来进行生产和交易的。市场交易的基础是要对科研成果的市场价值进行评估。科学技术研究往往是投入巨大的活动，这一巨大的投入不仅是资金，还包括人力。人力投入是一种高智力的活动，是包括巨大价值的复杂劳动，但是在科技产品的交易中，市场只是以该科技成果直接预见的效用来进行估价的，而不会涉及这一技术开发中的人力、物力的多少。这就决定了企业不会投资于基础研究和人文社会科学研究，而且不会关注科研过程中的劳动价值含量。这种市场评价方式的存在，无法对科研人员的劳动进行公正评价，意味着市场缺乏对科学技术研究的有效激励机制，这对整个社会的科学技术进步是不利的。解决这一问题的办法是政府介入，即政府可以根据科研成果对社会贡献的大小，通过一定的方式提供一份不低于同类市场工作人员的基本报酬，从而保证整个社会科学研究事业的正常发展。

4.3.4.2 科学技术支出的概念及构成

科学技术支出即国家财政支出中用于科技活动的经费。在 2006 年之前，我国科技经费在预算科目上有科技三项费、科学事业费和科研基建费三个主要科目。2007 年改革后，科学技术支出分设九种，分别是：科学技术管理事务、基础研究、应用研究、技术研究与开发、科技条件与服务、社会科学、科学技术普及、科技交流与合作、其他科学技术支出。

4.3.4.3 我国科学技术支出情况

根据表 4-4 所示，1996—2014 年期间，我国财政用于科学技术研究的支出总额逐年上升，科技投入占财政支出的比重则呈现出先降后升的趋势。目前该比重大致保持在 3%~4% 之间的水平。科技支出占 GDP 的比重基本呈上升趋势，2014 年达到了 0.83%。总体上看，我国科学技术支出存在的主要问题是：科技投入总量占 GDP 比重低，投入量不足；研究资源分布不合理，即科技人才及经费主要分布在专业科研机构和学校，而企业分布则严重不足。这与美国等发达国家不同。需要指出的是，财政科技经费并不能全面反映政府科技投入的总体水平。事实上，政府对符合政策目标的高新技术企业或科技服务企业等所实行的税收优惠、财政补贴、财政贴息等都是政府科技投入的一部分。

表 4-4 我国财政用于科学技术的支出

年 份	科技支出(亿元)	占财政支出的比重(%)	占 GDP 的比重(%)
1996	348.6	4.39	0.51
1997	408.9	4.43	0.55
1998	438.6	4.06	0.56
1999	543.9	4.12	0.66
2000	575.6	3.62	0.64
2001	703.3	3.72	0.73
2002	816.2	3.70	0.75
2003	975.5	3.96	0.83
2004	1095.34	3.85	0.69

(续)

年　份	科技支出(亿元)	占财政支出的比重(%)	占GDP的比重(%)
2005	1334.91	3.93	0.73
2006	1688.5	4.18	0.80
2007	1783.04	3.58	0.80
2008	2129.21	3.40	0.82
2009	2744.52	3.60	0.95
2010	3250.18	3.62	0.79
2011	3828.02	3.50	0.79
2012	4452.63	3.54	0.83
2013	5084.3	3.63	0.86
2014	5314.45	3.50	0.83

资料来源：《中国财政年鉴(2007—2015)》。

4.3.5　医疗卫生支出

4.3.5.1　政府提供对公共卫生事业的理论依据

卫生事业实际上是由医疗和公共卫生两个部分组成，它们的经济性质是有所区别的。医疗服务固然可以由政府来提供，但也可以由私人部门提供，无论是政府提供的医疗服务还是私人部门的医疗服务，都是可以进入市场进行交换的。另外，医疗服务的利益完全是私人化的。因此可以认为，医疗服务可以不由政府提供。但是公共卫生服务则不同，公共卫生领域是具有很大外部效应的公共物品，包括安全饮用水、传染病防治等，它的利益是社会公众可以无差别享受到的，因此私人是不可能愿意提供该项服务的，它必须由政府出资提供。政府提供公共卫生的另一个重要理由是公平的收入分配。一个人获取劳动收入是以个人健康为前提的，卫生条件以至于疾病确实对健康和劳动能力有极大威胁。在市场规则下，疾病会使劳动者的收入减少甚至于丧失劳动能力，而贫困者又难以抵御疾病风险的侵袭，这样会陷入贫苦的循环。因此，世界银行提出政府要对公共卫生事业进行干预的三条理由：①减少贫困是在医疗卫生方面进行干预的最直接的理论基础；②许多与医疗卫生有关的服务是公共物品，其作用具有外部性；③疾病风险的不确定性和保险市场的缺陷是政府行为的第三个理论基础。

4.3.5.2　医疗卫生支出概念及构成

所谓医疗卫生支出就是财政用于医疗、卫生、保健服务方面的支出。主要包括医疗卫生管理事务、医疗服务、社区卫生服务、医疗保障、疾病预防控制卫生监督、妇幼保健、农村卫生、中医药、其他医疗卫生支出等十款。

4.3.5.3　我国医疗卫生支出情况

表4-5是我国自2000—2014年医疗卫生支出总额及其占财政支出和GDP总量的比重状况。可以看到我国的医疗支出总额保持逐年上升态势，医疗卫生支出占财政支出比重和占GDP比重也在稳步提升。到2014年，我国公共医疗卫生支出总额达到10 176亿元，占

表 4-5　我国公共医疗卫生支出情况

年份	医疗卫生支出(亿元)	占财政支出的比重(%)	占 GDP 的比重(%)
2000	709.52	4.47	0.72
2005	1552	4.58	0.85
2006	1779	4.40	0.84
2007	2582	5.19	1.00
2008	3594	5.74	1.20
2009	4685	6.18	1.40
2010	4804	5.30	1.20
2011	6430	5.35	1.30
2012	7199	5.72	1.40
2013	8280	5.91	1.41
2014	10 176	6.70	1.59

资料来源:《中国财政年鉴(2007—2015)》。

财政支出总量的 6.7%，占 GDP 的比重是 1.59%。

从国际上看，在公共卫生支出方面，中国在世界上属于最低一档。我国卫生费用总规模以及政府投入规模都是偏低的。从投入结构来看，也不尽合理，一是中央财政在卫生事业费中所占比重偏低，并且逐年下降；二是财政投入的卫生事业费中用于公共卫生的比重偏低。

总之，文化教育、科学、卫生事业虽然为社会公共需要，但他们并非完全意义上的社会公共需要。为了促进这些事业的发展，政府和私人部门理应共同出资。但是，政府还是要在这些事业发展中充分发挥更加积极的作用。

4.3.6　提高文教科卫支出效益的措施

(1)逐步规范财政资金供应范围

传统体制下，各项事业基本上由政府包办，在经济体制转换过程中，政府职能的转换和行政事业体制改革一时还不能完全到位：一方面，政府包揽过多的弊端还没有根本改变，形成财政不堪重负；另一方面，财力有限，使用分散，急需兴办的重点事业得不到有力的支持和发展。如前所述，在市场经济条件下财政是满足社会公共需要的，但这样的一个理论在具体实践操作上，还有许多复杂问题需要认真研究，并通过实践逐步规范。首先要做的事情，是对文教科学卫生事业进行合理的划分，明确哪类事业单位是应由财政基本保证的，哪类单位是应由财政给予部分补助的，哪类单位是要最终进入市场的，走企业化的道路。同时要制定相应的配套措施，比如对企业化的事业单位给予必要的政策支持等。

(2)改革和完善文教科学卫生事业单位的财务制度

经国务院批准，自 1997 年开始对事业单位实行新的财务制度。新的财务制度体系由三个层次组成，即事业单位财务规则、行业事业单位财务管理制度和事业单位内部财务管理具体规定。其中，事业单位财务规则是整个事业单位财务制度体系中最基本、最高层次的法规，是所有国有事业单位必须遵守的行为规范，依据事业单位财务规则制定行业事业单位财务管理制度和事业单位内部财务管理具体规定。

(3) 改革事业单位管理形式

传统的事业单位管理办法，是依据经费自给率的大小，划分为全额管理、差额管理和自收自支三种管理形式，同时规定"两个过渡"，即全额管理单位逐步向差额管理单位过渡，差额管理单位逐步向自收自支管理单位过渡。这种管理办法执行多年，在一定时期内对加强事业单位的管理曾发挥了积极作用，但随着经济体制改革的深化，它的弊端日益明显。主要是三种管理形式的划分不能如实反映客观实际，不够科学，不够合理。针对这种情况，新的管理形式改为"核定收支，定额或者定额补助，超支不补，结余留用"。根据该办法，财政部门将依据事业单位的特点、事业发展计划、财政收支状况、财政政策和财力可能，确定不同单位的定额或者定额补助标准；补助数额一经确定，一般不再调整，各单位的预算规模由各单位根据自己的资金来源、事业发展需要自行确定，自求平衡。

(4) 推行定额管理，改进资金分配办法

定额管理是事业单位财务管理的基础工作，它为合理分配资金提供科学的量化依据。过去经费分配一向采取"基数加增长法"，这种办法中，基数在分配中起决定作用，而且基数定终身，不考虑形势的发展变化，必然带来分配不公和效率损失。针对这种情况，新的分配办法是在定额管理的基础上，实行"零基预算法"，即打破原有的基数，经费分配从零开始，重新根据事业单位的性质、任务、收支情况、财政政策和财力可能等因素，对单位的支出进行量化分解和分析，通过制定科学的定额来确定经费的分配。

(5) 多种形式发展事业，多渠道筹集资金，实行收支统一管理

改革开放以来，文教科学卫生发展形式和经费来源渠道逐步打破了国家包办的格局。在发展形势方面，各地涌现了民办的学校、科研机构、文艺表演团体、医疗机构，以及与企业横向联合、与外商合资合作等各类发展形式。在经费来源方面，已初步形成政府拨款为主、多渠道集资的格局，社会集资、金融贷款、横向联合、捐赠和赞助以及引进外资等收入来源呈不断增长趋势。然而，在经费收支管理方面，过去财政部门只侧重于政府拨款及其支出的管理，忽视对单位自身组织的收支管理，缺乏健全的规章制度；而主管单位收入的部门，又不管单位财务和预算内拨款，于是形成预算内外资金管理和使用的脱节，滋长铺张浪费之风，损害资金使用效率。适应当前新形势的发展，现行管理制度规定，事业单位要将所有的全部收入，即包括预算内拨款、预算外收入以及其他各类收入统统纳入预算，统一管理，统一核算，实行收支统一管理，建立全面反映单位全部收支及财务活动的新型的单位财务管理体系。应当说，这是事业单位财务管理制度的一项创新和突破。

▲延伸阅读

全国到底有多少人在吃"财政饭"？

长期以来，中国政府的财政供养人员数据一直是社会公众关注的焦点，引发的争论也比较大。《经济参考报》2014年9月17日发布一篇标题为《四项经济改革亟须推进》的报道，详细介绍了对陈剑的专访内容。

在此之前，关于政府规模问题常见于公开资料的概念，包括：党政机关公务员、政府雇员和财政供养人员等。但到目前为止，由于中国政府并未系统地公布相关人数，这一数字因不同的统计标准而差别较大。

陈剑则是从纳税人负担的角度，用财政供养规模的方式来衡量中国政府规模大小，即需要由财政来支付个人收入以及办公费用的人员数量。他将中国财政供养人员分为三部分，一是党政群机关工作人员，主要供职于党委、人大、政府、政法机关、政协、民主党派及群众团体等机构；二是各类事业单位人员，供职于教育、科研、卫生等诸多领域；三是党政群机关和事业单位的离退休人员。

据财政部 2012 年出版的《2009 年地方财政统计资料》数据显示，到 2009 年年底，全国不包括中央的财政供养人口为 5392.6 万人，这些都是有公务员编制或者事业单位编制的体制内人员。此外，中国还存在大量的准财政供养人员，包括数十万个村委会和城市居委会的工作人员。这些人员本身不属于上述三种人员中的任何一种，但是在中国分布各地的居委会和村委会干部大多由财政发工资，参照事业单位管理。据陈剑介绍，中国准财政供养人数超过 1000 万人。

基于此种统计，陈剑称，到 2014 年年底，中国财政实际供养人数超过 6400 万，超过英国人口总量。

查阅以往资料可以发现，陈剑提供的财政供养人员数据基本居于此前预估的中间值。《凤凰周刊》在 2013 年的一篇报道曾称，中国的"吃公粮"人口仅截至 2009 年就已超过 5700 万，这个数字已经逼近英国的人口规模，并且还以每年超过 100 万人的速度递增。

还有一个说法是，除了党政群机关公务员外，党政群机关中的准公务员、事业单位人员、不列入预算自己收费供养的政府机构和执法人员、国有企业和国有商业银行中大量行政级别的公务员性质的官员、县乡村中大量由罚款和收费供养的非编制管理人员（大约 2000 万）以及由财政供养的行政和事业单位离退休人员，合计超过了 7000 万人。

陈剑认为，行政成本高，必然是赋税重，企业压力大，经济增长的动力减弱，这无疑也是影响经济持续增长的因素之一。因此，"在诸多降低行政成本中，减少政府层级，科学合理设置政府机构，可能是影响最大，也是最持久的举措"。

在此背景下，人们对中国政府的规模是否超出财政和国民的承受能力展开了讨论。其中一个统计标准是财政供养比，即财政供养人口与总人口的比值。据陈剑介绍，目前大约是 23 个纳税人养活一个财政供养人员。在改革开放初期，67 个纳税人养活一个财政供养人员；20 年前，这一比例为 40:1。当下，23:1 这一数字已经比肩发达国家。

除了人数太多且增长过快，中国财政供养规模的问题还在于高额的行政成本和管理费用。陈剑在采访中表示，中国政府层级多，人员多，行政成本自然就高，且"政府花钱少有节制"，这也一直为外界所诟病。而对于"养人太多"，本届政府也多次作出表态。2013 年 3 月 17 日，李克强作为新一届政府总理与媒体和公众见面，其中李克强就削减政府开支，进行约法三章：本届政府内，一是政府性的楼堂馆所一律不得新建；二是财政供养的人员只减不增；三是公费接待、公费出国、公费购车只减不增。两年后，李克强又称，简政力度还不够，"养的人太多"，而进一步提出加大简政力度。

对于降低行政成本的措施，陈剑表示，减少政府层级，科学合理设置政府机构，可能是影响最大，也是最持久的举措。

当下，中国政府有五个层级，即中央、省市区、地市、县市区、乡镇和街道。然而，由于行政层级较多，国家行政体制形成了头重、肚大、脚轻的怪状，中间层密集重叠臃肿，行政资源浪费，同时增加了运行成本，降低了行政运行效率，也抑制了各层级政府能动性的发挥。

同时，机构设置的调整也被视为解决措施进行。自改革开放以来，中央和国务院行政机构已经进行了七次以上的改革，四次都明确提出了精简机构和人员的目标。1998年是精简力度最大的一次，从中央到地方，历时4年，全国各级党政群机关共精简行政编制115万名，市县乡政府清退超编人员约43万人。

（资料来源：http://www.jiemian.com/article/383411.html）

本章小结

1. 以财政支出是否与商品和服务相交换为标准，可将全部财政支出分为购买性支出和转移性支出两类。购买性支出又可以分为消费性支出和投资性支出。目前在国家财政支出项目中，属于社会消费性支出的有行政管理支出、国防支出、文教科卫支出等。

2. 行政管理支出是指财政用于国家各级权力机关、行政管理机关以及外事机构行使其职能所需要的经费支出。从性质上讲，行政管理支出属于社会消费性支出。国防支出是指一国政府为维护国家主权与保护领土完整所必需的费用支出，是一国政府执行对外政治职能的必然结果。国防支出属于社会消费性支出，是非生产性支出，表现为社会资源的净消耗。

3. "公共支出不断增长"是一个实践可以证明的事实。然而，行政管理支出占财政支出的比重却应是下降趋势，世界各国的历史经验表明一般都是如此。

4. 文教科卫支出是指国家财政用于文化、教育、科学技术和医疗卫生等事业的经费支出。

思考题

1. 分析行政管理支出和国防支出的性质。
2. 分析我国行政管理支出规模居高不下的原因。
3. 试述教育支出的投入方式。

第 5 章 财政投资性支出

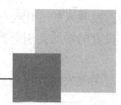

本章提要

  投资是经济增长的动力。社会总投资分为政府投资和非政府投资两部分。本章主要介绍投资与经济增长的关系，重点阐述财政投资的特点和范围，以及基础设施投资的提供方式。农业在我国有着特殊的地位和作用，针对农业的特殊性，全面认识政府对农业投入的重要意义，财政对农业投入的现状以及存在的问题，在此基础上，进一步掌握我国促进"三农"发展的财政投入措施。

5.1 财政投资的特点及选择范围

5.1.1 投资与经济增长

5.1.1.1 投资与经济增长的含义

  投资是资本的使用与配置，是经济主体为获得经济效益而垫付货币或其他资源于某项事业的经济活动，通过人类有目的的活动不断地循环周转，进而达到预期的目标。

  库兹涅茨对于"经济增长"的经典定义是：一个国家的经济增长，是指给居民提供种类繁多的经济产品能力的长期上升，这种不断上升的能力是建立在现今技术以及所需要的制度和思想意识之相应调整的基础上的。

5.1.1.2 投资与经济增长的关系

  投资与经济增长之间存在着互相促进、互相制约的辩证关系。一方面，投资是经济增长的主要动力之一；另一方面，经济增长又决定着投资行为。

  (1) 投资对经济增长的需求效应和供给效应

  投资对经济增长的贡献可以分为需求效应和供给效应。

  ①投资的需求效应 投资成为经济增长动力的重要原因是投资可以刺激需求。一项投资可以直接刺激生产资料需求的增长。根据经验数据测算，投资中的40%会转化为个人消费和社会消费，增加投资又是刺激消费需求增长的重要因素。

  ②投资的供给效应 投资项目建成后，又可以增加新的商品和服务的供给，从而推动经济结构和消费结构的升级。无论是哪个国家的经济，国民收入的增长都是由投资的生产性功能决定的。要使经济持续增长，必须不断追加投资。

  (2) 投资对经济增长的乘数效应

  凯恩斯学派较早地提出了投资与经济增长的关系，即投资乘数理论。所谓投资乘数，是指国民收入的变化与带来这种变化的投资支出变化的比率。在边际消费倾向一定的条件下，投资的增加会引起国民收入的增加，且国民收入的增加额会数倍于最初的政府支出数额。

国民收入的决定公式为

$$Y = C + I + G \tag{5.1}$$

式中，Y 为国民收入；C 为消费支出；I 为私人投资支出；G 为政府购买性支出。

其中：

$$C = a + cY_d \tag{5.2}$$

式中，a 为自发消费倾向，即使收入为 0 也要有的消费支出；c 为边际消费倾向，即可支配收入每增加一单位，消费增加几单位；Y_d 为可支配收入，即扣除税收 T 后的收入，计算公式为

$$Y_d = Y - T \tag{5.3}$$

把式(5.2)和式(5.3)代入式(5.1)可得

$$\begin{aligned} Y &= a + c(Y - T) + I + G \\ &= a + cY - cT + I + G \\ Y &= (a - cT + I + G)/(1 - c) \end{aligned} \tag{5.4}$$

求国民收入对投资的偏导数，即

$$\frac{\partial Y}{\partial I} = \frac{1}{1 - c} \tag{5.5}$$

投资乘数说明投资的变动对国内生产总值的影响程度。其中，投资与国内生产总值的绝对数量为投资增量的 $1/(1-c)$ 倍。投资乘数是正值，说明国民收入与投资变动方向保持相同。国民收入随投资的增加而增加，随投资的减少而减少。

假如：政府增加 100 亿元资金用于向私人部门购买商品或劳务，这 100 亿元资金就变成生产这些商品或劳务的厂商和劳动者的收入——利润、利息、地租或工资，假定厂商和劳动者的边际消费倾向是 0.8，即表明厂商和劳动者将其 100 亿元收入的 80% 即 80 亿元用于新的消费或投资。由于消费倾向不变，新的厂商和劳动者又会将 80 亿元的 80% 即 64 亿元用于下一轮的消费和投资。如此循环下去，在"乘数效应"的作用下，最后新创造的国民收入总量为：

$$\begin{aligned} 新增国民收入 &= 100\ 亿元 + 80\ 亿元 + 64\ 亿元 + \cdots \\ &= 100\ 亿元 \times [1 + 0.8 + 0.8^2 + 0.8^3 + \cdots] \\ &= 100\ 亿元 \times \frac{1}{1 - 0.8} \\ &= 500\ 亿元 \end{aligned}$$

上式表明，在边际消费倾向为 0.8 时，政府每增加 100 亿元的财政支出，就会新创造出 500 亿元的国民收入。反之，政府每减少 100 亿元的公共支出，在税收和其他因素保持不变的条件下，会导致国民收入减少 500 亿元。所以，公共支出的乘数就是公共支出变动引起的国民收入的变动量与公共支出变动量之间的比率。

公共支出具有的乘数效应表明，增加政府的公共支出可以扩大社会总需求，达到增加

国民收入的目的。

经验表明，在各国工业化进程中，经济结构的共同演变规律之一就是投资率不断提高、消费率相对下降。我国还处在工业化进程的中期阶段，同时又要推进城市化，自然对投资有更多的需求。改革开放以来，我国共经历了四次投资过热的时期，分别是1982—1985年、1988年、1993年左右和2003年至今。我国的投资率在20世纪80年代前期为34.1%，到80年代后期增加到36.8%，到90年代，平均水平达38.6%。2003年资本形成总额的增长导致GDP增长至少6.6%左右，也就是说资本形成额对经济增长的贡献度达到了72%。由此可见，我国经济增长对投资增长的依赖性比较强。[①]

5.1.2 财政投资的含义和特点

5.1.2.1 财政投资的含义

财政投资又称政府投资，是政府为了实现预期的社会效益和宏观经济效益，将一部分财政资金转化为公共部门的资产以满足社会公共需要的经济行为，是社会总投资的重要组成部分。财政投资包括生产性投资和非生产性投资。生产性投资按财政支出项目划分，包括基本建设支出、增拨流动资金、挖潜改造资金和科技三项费用以及支援农村生产支出。基本建设支出又可以分为生产性支出与非生产性支出两部分，生产性支出主要用于基础产业投资，非生产性支出主要用于国家党政机关、社会团体、文教、科学、卫生等部门的办公用房建设。

政府投资和非政府投资在社会总投资中的比重因不同的经济社会体制模式及经济发展的不同阶段而不同。在市场经济国家，政府投资所占的比重相对较小，私人投资所占比重相对较大。从经济发展水平的不同阶段看，在经济发达的国家，政府投资所占比重较小，私人投资所占比重较大；在经济欠发达和中等发达水平国家，政府投资所占比重较大，而私人投资所占比重较小。

财政投资对于私人投资具有导向性。通过直接投资或参股等形式投资于某些行业，可以引导私人资本的投资方向。

5.1.2.2 财政投资的特点

政府投资与非政府投资都是经济社会发展必不可少的。与企业和居民等非政府投资相比，政府财政投资具有下列特征：

(1) 财政投资目标以非营利性为主

私人投资的目标是追求利润最大化，而且他们的盈利是可以根据自身所能感受到的微观效益和微观成本计量的；政府投资追求的是社会总体效益，为纳税人的生产和生活创造外部条件。政府投资可以微利甚至不盈利。政府投资建成的项目，可以极大地提高国家的整体利益。从财政支出项目分类来看，我国财政资金主要投资于基础设施建设、挖潜改造和科技三项费用、支援农业生产支出等项目；从财政支出行业分类来看，主要集中于公益性行业和基础性行业。

---

① 于玲. 浅论投资与经济增长的关系. 山东纺织经济，2009。

(2) 财政投资具有长期性

企业或个人由于受自身资金积累规模和社会筹资的限制，并且要追求盈利，故通常主要从事周期短、见效快的短期性投资项目；而政府财力雄厚，而且资金来源多半是无偿的，可以投资于大型项目和长期项目，如机场、港口、水利设施等。实践证明，自然垄断的一些行业由政府提供，虽然在一定程度上损失了效率，但是在促进社会公平方面却发挥了重要作用。

(3) 财政资金来源渠道的多样化

私人投资主要来自企业自有资金以及各种借入资金。财政投资资金来自财政拨款，必要时通过发行国债来筹集资金。

5.1.3 财政投资的决策标准[①]

政府投资的决策标准既决定于财政支出的特点，同时也取决于政府要实现的政策目标。具体应考虑以下几个方面：

(1) 资本—产出比率最小化标准

政府在确定投资项目时，应当选择单位资本投入产出最大的投资项目。由于资源具有稀缺性，所以任何投资(不论是私人投资，还是政府投资)都应遵循这一标准。在投资过程中，遵循资本—产出率最小化标准，可以以有限的资源实现产出的最大化，达到预期的经济增长目标。

(2) 资本—劳动力最大化标准

政府投资应选择使边际人均投资额最大化的投资项目。资本—劳动比率越高，说明资本技术构成越高，劳动生产率越高，经济增长越快。因此，按照这一标准，政府投资应选择资本密集型项目。

(3) 就业创造标准

政府应当选择单位投资额能够动员最大数量劳动力的项目。这一标准，不仅要求政府在一定程度上扩大财政投资的规模(外延增加就业机会)，而且还要优先选择劳动力密集型的项目(内涵增加就业机会)。也就是说，政府在决定财政投资的支出时，要尽可能地估价这种投资支出可能产生的总就业机会。不仅要考虑财政投资支出的直接就业影响，还要考虑间接就业影响，即财政投资项目带动的其他投资项目所增加的就业机会。

5.1.4 资产项目类别划分与财政投资的选择范围

从国际经验来看，在不同国家及其经济发展的不同阶段，政府投资范围有较大的差别。工业化国家由于经济发达，市场机制完善，社会筹资能力强，政府投资主要定位在弥补市场缺陷，提供公共产品和服务，满足社会公共需要。与此同时，工业化国家的政府投资比重也相对较低。在发展中国家，政府部门作为一个投资者，比工业化国家发挥着更大的作用。因为发展中国家基础设施落后，基础设施建设需要比工业化国家更多的投资，而基础设施一般又建设周期长、耗资大、收益低，非政府部门往往无能力或即使有能力也不

[①] 陈共. 财政学. 北京：中国人民大学出版社，2004.

愿进行投资，因此，这方面只能由政府担当起投资主体的任务。此外，发展中国家大多处于经济起飞阶段，国民经济的一些重要领域和产业需要政府投资兴建或扶持，这也决定了发展中国家的政府投资职能更重一些，投资范围更宽一些。

5.1.4.1 社会投资项目的类别划分

在市场经济条件下，按照投资方向，可以把投资项目大致划分为以下三大类：

(1) 社会公益类项目投资

此类投资指不从事生产经营活动的国防、政府行政机关、司法部门等设施，科研、教育、文化、卫生等事业部门设施，环保和其他城市公用设施以及社会团体的投资项目。

(2) 经济基础类项目投资

此类投资指具有自然垄断性、投资额较大、建设周期长且收益较低的基础设施和基础工业、农业以及需要政府重点扶持的高新技术产业和部分支柱产业，包括能源、交通、邮电和通信业，以及水利、气象设施等。

(3) 竞争类项目投资

此类投资指对市场信号反应比较灵敏，主要追求经济效益的，具有一定竞争能力的一般性项目。这类项目通常投资较少、建设周期短、投资能够回收并能实现价值增值。主要包括制造业、建筑业、流通仓储业、服务业、金融保险业等。

以上三类投资项目的划分要依据经济发展变化和国情特色进行具体的分析。因为在一个国家或地区的经济发展的不同时期，各类项目的内容具有阶段性特征。比如铁路在有的国家已经是竞争性产业了，但在多数发展中国家仍然是基础设施。

5.1.4.2 政府财政投资的选择范围

(1) 政府财政投资范围的界定

根据公共财政理论，既要防止对资源的市场配置进行不必要的干预，又要把有限的资金集中用于必要的领域。基于此，在上述的三类社会投资项目中，政府财政投资支出应首先提供公益性项目的投资；部分地参与基础性项目的投资，与非政府投资共同完成基础设施的投资；对于竞争性项目，政府财政投资原则上不宜介入，但在国有经济成分比重大的国家或在经济调整时期也可以适当参与。其宗旨集中体现的是：政府财政投资将把社会公益性项目和部分经济基础类项目作为投资重点，这样既可以防止对资源的市场配置进行不必要的干预，又有利于财政把有限的资金集中用于必不可少的领域。

(2) 中央和地方政府财政投资范围的界定

从市场经济国家投资管理的经验来看，政府投资事权划分应遵循以下原则：一是受益原则。将各项事权项目受益的对象和范围大小作为各级政府履行职责的依据，凡以国家整体为服务对象，全体公民都能从中受益的公共性质的项目，如国防、外交、大江大河治理、跨地区的基础设施建设等，受益对象是全国各地居民，这类公共投资需求必须由中央政府来满足。大多数公共投资的受益范围仅限于某一区域，如城市供水供电、市内交通等公共设施的受益对象都具有典型的区域性。这些投资显然应当由地方政府来安排。二是兼顾效率与公平原则。由于各个地方政府受辖区内居民需求偏好的影响，难免会在某些决策方面与全国共同利益或其他地方利益发生偏差甚至冲突。某些看来属于地方性的公共需求，如广播电视通信设施、专业医疗卫生设备等，若完全由级次较低的地方政府提供，可能会达不到应有的规模效益，造成资源配置方面效益的损失。另外，一个地区的活动对其他地区也会产生影响，如大型基础设施、环境保护、教育发展等都会有不同程度的"效益外溢"现象，这就造成了投资边际成本与边际社会效益不对称，影响地方政府的投资积极性；反之，可能会产生损害其他地区利益的情况。这就要求在政府投资事权划分上要兼顾效率与公平原则。

根据上述原则，我国中央政府的投资范围主要是关系国计民生和国民经济全局的重大公益性和基础性项目，以及国家从整体利益需要和调整产业结构出发，认为有必要进行投资的特大型竞争性项目。包括涉及国家安全、国防、内政、外交、宏观调控、地区财力平衡、全国性及跨地区的基础设施建设与环境保护重点项目，大型国有企业兴建与控股监管、协调地区间经济和社会事业发展及其中央政府机关职能运转、中央直接管理的事业发展等支出项目。以保证国家法制、政令和市场的统一以及宏观调控的有效性。省级政府投资范围主要是本区域内的基础设施和公用设施项目，以及竞争性项目中符合国家产业政策和规模经济要求、技术先进、对地方经济发展有带动作用的支柱产业项目和高新技术开发项目。

5.2 基础设施投资支出

5.2.1 基础设施及基础设施投资的含义

基础设施是指为社会生产和居民生活提供公共服务的物质工程设施，是用于保证国家或地区社会经济活动正常进行的公共服务系统。社会基础设施主要包括：公共交通通信（公共汽车、电车、地铁、道路、桥梁、索道、停车场、邮政、电信），环境卫生（园林、绿化、垃圾清除、污水处理），公共安全（防洪、防震、消防），能源服务（电力、煤气、热力、自来水），日常公共服务（教育场所、文化场所、体育场所、娱乐场所、卫生保健、福利设施、房屋修缮、火葬场所）。基础设施是国民经济各项事业发展的基础。在现代社会中，经济越发展，对基础设施的要求越高；完善的基础设施对加速社会经济活动，促进其空间分布形态演变起着巨大的推动作用。建立完善的基础设施往往需较长时间和巨额投资。对新建、扩建项目，特别是远离城市的重大项目和基地建设，更需优先发展基础设施，以便项目建成后尽快发挥效益。

基础设施投资指能够为企业提供作为中间投入用于生产的基本需求，能够为消费者提供所需要的基本消费服务，能够为社区提供用于改善不利的外部环境的服务等基本设施建设的投资。

5.2.2 基础设施投资的特点

在社会经济活动中，基础设施与其他产业相比，具有以下特点：

(1) 固定成本大，变动成本小

基础设施具有一个共同特点即一次性投入的固定成本非常大，而运营时的变动成本小，在产量达到设计供应能力之前，由于边际成本低于平均成本，其生产的平均成本递减。这种成本结构使得市场不太可能在一个给定的地区支持超过一个供给者，从而使得唯一的服务供给者成为垄断者。例如，同一个城市不会有两条线路完全一样的地铁运营商，或同一个小区不会有两家供水公司竞争。这种由于成本递减而导致的垄断就是自然垄断。

(2) 巨额投资性和投资的不可分性

交通（如铁路、公路、机场、港口等）和城市基础设施必须一次性大规模投资，零星的投资往往无效。所谓投资的"不可分性"是指，由于"社会分摊资本"项目规模巨大，并且相互联系，互为依存条件，缺一不可，必须同时建成才能发挥作用，因而一开始就需要有最低限度的大量投资作为创始资本。这一特点决定了大型基础设施的提供必须有政府强有力的资金支持。

(3) 外部性和公益性

基础设施投资形成的建设项目具有明显的外部性和公益性，项目的社会效益往往明显优于其经济效益，由于基础设施的外部效益难以准确计算，因此，基础设施的使用并不能完全采用市场法则来定价，不能完全通过供求关系来调整服务价格，因此投资者很难得到全部投资回报。

(4) 投资形成的建设项目多属混合物品

基础设施投资形成的建设项目基础设施真正具有非排他性和非竞争性的纯公共物品并不多，大部分属于混合物品。它们虽然几乎都可以排他，但却都具有一定程度的非竞争性，其拥挤系数介于 0~1 之间。

正是由于以上特性，各国政府都在不同程度上采取不同方式对基础设施建设进行干预，公共投资就是其中的一种。特别是在发展中国家，由于经济基础薄弱，社会财富的积累率低，市场投资主体缺乏进行大规模投资的实力与承担较大风险的能力，难以投资基础产业，如果政府不能对基础设施进行投资，必将形成国内基础设施发展滞后，进而拖累其他经济部门的发展。

5.2.3　基础设施在社会经济发展中的作用

基础设施是支撑一国经济运行的基础部门，它决定着工业、农业、商业等直接生产活动的水平。一国的基础设施越发达，其国民经济发展的后劲越足，国民经济的运行就越有效，人民的生活就越便利，生活质量也越高。

基础设施的发展创造了许多就业岗位，更重要的是基础产业在国民经济产业链中居于"上游"环节，它所提供的产品与服务构成本部门与其他部门所必需的投入品，特别是管道供水、电网、煤气、电信、排水和铁路等公共设施提供的服务。这些产品和服务的价格构成了其他部门产品成本的组成部分，他们的价格变动会产生很强的连锁反应，进而引起整个产业的波动。因此，基础设施建设日益成为政府调控经济发展的重要手段。当经济不景气，私人部门的消费需求和投资需求都不强时，政府加大基础设施投资，有利于扩大内需，缓解就业压力，促进经济持续、稳定、协调发展。

对基础设施的消费也有助于公平收入分配。因为大部分基础设施的消费作为必需品的消费在收入中存在着边际递减的倾向，改善基础设施服务，可以在一定程度上提高低收入者的消费水平，进而提高其实际生活水平。

新中国成立后至改革开放前，由于政府重点发展基础工业，很少大规模投资基础产业，结果导致基础产业成为了阻碍经济稳定和增长的瓶颈。改革开放后，特别是在20世纪末，这种情况得到了逐步扭转，政府对基础产业的投资在绝对数上不断增长，但是占财政支出和GDP的比重具有波动性。1990—1997年财政用于基本建设的资金支出的比例一直呈下降趋势，1991年占财政支出的16.25%，到1997年下降为11.04%。从1998年起政府启动了拉动内需的积极财政政策，通过增发国债，加大农田水利、交通通信、环境保护、大江大河治理等基础设施建设力度，财政用于基本建设的资金支出的比例开始回升，到1999年达到16.05%，此后，又出现了下降趋势，到2005年下降至11.91%（表5-1）。

表5-1 我国财政基本建设支出及其占财政支出和GDP的比重

年 份	财政用于基本建设支出（亿元）	财政支出（亿元）	占财政支出的比重（%）	GDP（亿元）	占GDP的比重（%）
1990	547.39	3083.59	17.75	18 667.8	2.93
1991	559.62	3386.62	16.52	21 781.5	2.57
1992	555.90	3742.20	14.85	26 923.5	2.06
1993	591.93	4642.30	12.75	35 333.5	1.68
1994	639.72	5792.62	11.04	48 197.9	1.33
1995	789.22	6823.72	11.57	60 793.7	1.30
1996	907.44	7937.55	11.43	71 176.6	1.27
1997	1019.50	9233.56	11.04	78 973.0	1.29
1998	1387.74	10 798.18	12.85	84 402.3	1.64
1999	2116.57	13 187.67	16.05	89 677.1	2.36
2000	2094.89	15 886.50	13.19	99 214.6	2.11
2001	2510.64	18 902.58	13.28	109 655.2	2.29
2002	3142.98	22 053.15	14.25	120 332.7	2.61
2003	3429.30	24 649.95	13.91	135 822.8	2.52
2004	3437.50	28 486.89	12.07	159 878.3	2.15
2005	4041.34	33 930.28	11.91	183 084.8	2.21
2006	—	40 422.73	—	266 422.0	—
2007	—	49 781.35	—	316 030.34	—
2008	—	62 592.66	—	340 319.95	—
2009	—	76 299.93	—	399 759.54	—
2010	—	89 874.16	—	468 562.38	—
2011	—	109 247.79	—	518 214.75	—
2012	—	125 952.97	—	566 130.18	—
2013	—	140 212.10	—	588 018.8	—
2014	—	151 661.54	—	636 138.7	—

注：2007年开始，由于对财政支出结构了进行重大调整，此后各年财政用于基本建设支出的数据无法取得。
资料来源：《中国统计年鉴》。

5.2.4 基础设施投资的提供方式

从经济性质看，基础设施从总体上说可以归类为混合产品，可以由政府提供，也可以由市场提供，还可以采取混合提供方式。从我国的实践来看，基础设施投资的提供方式主要有以下几种形式：

(1) 政府筹资建设，或免费提供，或收取使用费

基础设施由政府独资建设是最基本的也是最传统的一种提供方式。该方式适用于关系国家安全的项目(如核电项目)、关系国际民生的重大项目(如长江三峡工程、南水北调工程等)以及一些必要的由政府垄断的基础设施(如城市的供水设施、供电设施等)。

在我国的基础设施提供中，多年来政府一直扮演投资主体的角色。投资项目由政府选定，项目建设由政府直接管理。政府筹资的有限性导致该种投资方式的局限性日益显现。我国加入WTO后，政府投资一统天下的格局被打破。投资主体开始多元化，私人企业和个人也可以参与。

(2) 私人出资、定期收费补偿成本并适当盈利，或地方主管部门筹资、定期收费补偿成本

比较典型的就是地方性的桥梁和公路的建设。如贷款修路、收费还贷。

(3) 政府与民间共同投资

对于具有一定外部效应、盈利率较低或风险较大的项目，政府可以采用投资参股、提供优惠贷款、提供贷款担保、低价提供土地使用权、部分补贴等方式与民间资本合作。政府发挥引导和示范作用。这种投资方式适合于高速公路、集装箱码头等基础设施的建设项目。建成后，可以由法人团体来经营运作。

(4) 政府投资，法人团体经营运作

道路、港口、小型机场等通常采用这种方式提供。

(5) BOT投资方式

BOT意为"建设—经营—转让"(build-operate-transfer)，是私营企业参与基础设施建设，向社会提供公共服务的一种方式。我国一般称其为"特许权"，是指政府部门就某个基础设施项目与私人企业(项目公司)签订特许权协议，授予签约方的私人企业来承担该基础设施项目的投资、融资、建设、经营与维护，在协议规定的特许期限内，这个私人企业向设施使用者收取适当的费用，由此来回收项目的投融资、建造、经营和维护成本并获取合理回报；政府部门则拥有对这一基础设施的监督权、调控权。协议期满，项目产权收归政府。这种投资方式的最大特点就是可以鼓励和吸引私人投资者尤其是外国投资者对发电厂、高速公路、能源开发等基础设施的投资，拓宽了基础设施的融资渠道。

我国发展BOT投资方式，是国家计划委员会(现国家发展和改革委员会)在制定"八五"期间吸收外资计划中最早提出来的。深圳沙角B电厂是我国首个采用BOT融资方式建设的项目，现已经正式移交中方。

(6) TOT方式

TOT意为"移交—经营—移交"(transfer-operate-transfer)，是国际上较为流行的一种项目融资方式，通常是指政府部门或国有企业将建设好的项目的一定期限的产权或经营权，有偿转让给投资人，由其进行运营管理；投资人在约定的期限内通过经营收回全部投资并得到合理的回报，双方合约期满之后，投资人再将该项目交还政府部门或原企业的一种融资方式。TOT运作模式具有很多优势，首先，可以减少政府的财政和管理负担，为新建基础设施筹集资金,加速基础设施建设。其次,可以引进国外或民间投资、先进技术、先进经营管理方式,提高基础设施的经营效益,使用户、消费者受益。最后,有利于盘活国有资本存量,避免 BOT 方式建设期的风险和复杂性。目前这种融资方式是基础设施建设中采用比较多的一种,普遍应用于公路建设中。

(7) ABS 方式

ABS(asset backed securitization)是以项目所属的资产为支撑的证券化融资方式,即以项目所拥有的资产为基础,以项目资产可以带来的预期收益为保证,通过在资本市场发行债券来募集资金的一种项目融资方式。已在许多国家的大型项目中采用。1998 年 4 月 13 日,我国第一个以获得国际融资为目的的 ABS 证券化融资方案率先在重庆市推行。广深珠高速公路是我国大陆第一条成功引进外资修建的高速公路。该项目于 1987 年 4 月部分开工建设,1994 年 1 月部分路段试通车,1997 年 7 月全线正式通车。为建设该项目,1996 年 8 月珠海市人民政府在开曼群岛注册了珠海高速公路有限公司,成功地根据美国证券法律 144A 规则发行了资产担保债券。该债券的承销商为摩根斯坦利公司。珠海高速公路有限公司以当地机动车管理费及外地过往机动车所缴纳的过路费作为担保,发行了总额为两亿美元的债券,所发行的债券通过内部信用升级的办法,将其分为两部分:其中一部分是年利率为 9.125% 的 10 年期优先级债券,发行量为 8500 万美元;另一部分为年利率为 11.5% 的 12 年期的次级债券,发行量为 11 500 万美元。该债券的发行收益被用于广州到珠海的高速公路建设,资金的筹集成本低于当时的银行贷款利率。

5.3 农业支出

5.3.1 财政对农业投入的重要意义

农业支出是政府为支持农业发展而投入的各项农业预算支出,包括农业科研推广、农业基础设施、农业公共服务等公共支出以及为支持和调控农业而发放的各种农业补贴。农业财政资金的使用一般是无偿的,直接由政府财政预算并拨付。农业财政资金在实现农业现代化,缩小城乡差距,促进国民经济快速增长和社会稳定方面具有重要意义。在"以工促农,以城带乡"的新的发展阶段,通过增加财政农业投资的方式提高我国农业的综合实力,依然是必须坚持的长期国策。

政府介入农业投资,源于农业的基础地位与农业自身的特点。

5.3.1.1 农业需要财政加以支持与保护

在工业化过程中,农业对一国经济的发展有产品贡献、要素贡献、市场贡献和外汇贡献四大作用。

(1) 提供产品贡献

农业为城乡居民提供以粮食为代表的多种多样的食品以保障劳动力的维持和再生产。食品的有效供给有助于抑制通货膨胀,为国民经济的发展创造良好的条件。另外,农业可以为工业和其他经济部门提供原料,在一定程度上决定着与之相关联的部门的经济增长。在工业化早期,工业通常是以农业原料加工业为主,所以工业的发展与农业的发展状况密切相关。据统计,现阶段我国每年国民经济增长速度大约 1/6 来源于农业。虽然对外贸易可以影响农业的产品贡献,食品、非农部门的原材料可以进口,但是出于政治、贸易条件、经济安全等因素的考虑,大多数国家还是倾向于保证农业在一定程度上的自给。

在我国,由于人口众多,吃饭问题始终是我国国民经济的头等大事。此外,我国人均耕地少,建设和发展还需要占用相当的耕地,如果粮食出现严重短缺,那么就会引起社会动荡,国家安全就会受到威胁。

虽然农业产值占国民生产总值的份额一般来说会随着实际人均GDP的增长而下降,可由于以农产品为原料进行生产的工业品的需求收入弹性一般大于原料本身的收入弹性,所以,如果考虑到食品加工、服装、制鞋、饮料工业、烟草工业的发展,农业相对重要性下降的速度就缓慢得多。

(2) 提供要素贡献

提供要素贡献是指农业部门的生产要素转移到非农产业部门,从而推动非农产业部门的发展。农业部门提供的生产要素是劳动力、资本和土地。农业部门的劳动贡献,是非农产业发展的重要条件。在现代经济发展初期,农业中存在着较多的剩余劳动力,非农产业部门的急剧扩张所需要的劳动力,可以从农业部门得到源源不断的补充,这使非农产业的发展得以顺利进行。1952年我国的农业就业份额为83.5%,到2004年下降到46.9%。大量农村剩余劳动力的转移促进了劳动力市场的竞争。另外,农业可以为工业化提供资本积累。我国在1952—1989年间,通过工农产品价格剪刀差,从农业转移经济利益10 778亿元。土地是农业生产必不可缺的基本生产资料,同时也是非农部门不可或缺的生产资料。除了利用荒地和位置、质量很差难以用于农业的土地外,非农部门的发展所需要的新增土地,只能来自于农业生产率的提高而提供的富余土地。当然,农业向非农部门提供富余土地,在完全的市场经济中,基本上是遵循市场供求规律自发地进行的,政府的调节仅具有辅助作用;在我国的社会主义市场经济中,则完全是通过政府的严格管制而进行的。

(3) 提供市场贡献

农业部门的发展需要消耗大量的农业生产资料和工业制品,如服装、家具、日用工业品、耐用消费品等和农药、化肥、种子、农膜、农用机械、电力及其他农业投入品。随着农村城镇化的发展,农业人口份额的下降会使农村市场的重要性降低,但农民收入水平的增加和消费水平的提高会推动农村消费市场的扩大,农业现代化的推进也会使农业对农药、化肥、农业机械等农用工业品的需求增加。

农民不仅是买者也是卖者。作为卖者,农民把粮食及其他农产品出售给非农产业部门的生产者和消费者,满足了非农产业的生产者和消费者对农产品的需求。农产品的市场流通量增加后,促进了农产品的市场体系的完善。

(4) 提供外汇贡献

工业化初期农业是主要的外汇来源。农产品的出口具有一定的比较优势:比较符合发展中国家的自然禀赋;技术相对不复杂;农产品质量差异较小。农产品贸易由于其创汇多,用汇少,外汇收入属于净贡献。在20世纪50~60年代,出口农产品是我国获取外汇的最主要的来源,即使是在现阶段,农产品出口换汇,也是不可忽视的项目。

5.3.1.2 农业具有不同于其他行业的特殊性

①农业的自然风险与市场风险相互交织,生产具有周期波动性。生长性、周期性、季

节性的特点,决定了农业增长要受动植物生长发育规律和自然环境的制约。这就使得农业必然且自始至终承担着自然风险,农业生产处于频繁的波动之中。同时,因为农业的再生产周期长,农户根据当前的市场状况进行决策,当产品进入市场时市场状况却可能反转。自然风险与市场风险共存的特点决定了农业必须被纳入政府的保护之下。

②农产品供给与需求的特殊性。农产品的需求经常保持相对的稳定性,弹性小,可替代性低;而产品提供又具有较大的波动性,如果发生自然灾害,就会出现农产品供给不足,进而影响人民的生活和生产活动,造成社会动荡。当市场出现供过于求时,就会出现"谷贱伤农"的现象。因此,为了稳定农业,促进整个社会经济的发展,政府必须对农业进行扶持,增加农业的投资。

③农业是直接经济效益小、社会效益大的部门,外部性较强。同其他产业相比,农业的技术进步慢,投资收益率低,随着经济的发展,农业生产要素逐步外流,导致农业的萎缩。农业部门为了取得与非农业相近的收入水平,必须要有比非农部门更高的投入水平。而仅依靠市场机制的作用,在资源配置上农业显然处于不利地位。只有在政府的扶持下,才能保证农业的净资金投入,稳固农业的基础地位。

④农业对基础设施的依赖性较强,而这些设施投资大,涉及面广,个人和单位通常不愿意负担,因而也需要政府的资金支持。

总之,鉴于农业的基础地位和农业自身的特点,世界各国都对农业给予应有的支持与保护,财政对农业的投资成为政府财政支出的重要组成部分。

5.3.2 财政对农业支出的内容

近年来,我国政府财政农业支出总量持续增加,但占财政总支出的比重依然较低,且增长较慢。表 5-2 是近年来我国农业财政支出情况。

财政对农业支出既包括国家农业项目投入的农业资金,也包括用于农业的各种补贴、事业费等支出。从目前我国财政统计的概念来说,农业财政资金包括:支援农林生产支出;

表 5-2 农业财政支出情况

年 份	农业财政支出 (亿元)	财政总支出 (亿元)	农业财政支出相对 上年的增长率(%)	农业财政支出占财政 总支出的比重(%)
2004	2357.9	28 486.9	34.4	8.3
2005	2450.3	33 930.3	3.9	7.2
2006	3173.0	40 422.7	29.5	7.9
2007	3404.7	49 781.4	7.3	6.8
2008	4544.0	62 592.7	33.5	7.3
2009	6720.4	76 299.9	47.9	8.8
2010	8129.6	89 874.2	21.0	9.1
2011	9937.6	109 247.8	22.2	9.1
2012	11 973.9	125 953.0	20.5	9.51
2013	13 349.6	140 212.1	11.5	9.52
2014	14 001.7	151 661.5	4.9	9.23

资料来源:《中国统计年鉴》。

农林水气等部门的事业费；农业综合开发支出；农业基本建设支出；农业科技三项费用；农村救济费；其他农业财政支出。

5.3.3 财政加大对农业投入的措施和力度

5.3.3.1 我国农业财政投资存在的主要问题

尽管目前国家对农业投入总量不断增加，使粮食产量大幅提升，农民人均纯收入不断增长，但从具体过程分析和效果来看，还存在一些问题。在新形势下，为实现工业化、农业现代化、城镇化和信息化同步发展，应进一步完善财政农业支出的相关政策。

(1) 财政用于农业的支出绝对数在不断增加，但是占财政支出的比重具有波动性，不稳定

1978年农业支出总额占财政支出的比例达13.43%，到了1997年，则下降到了8.30%。1998年政府实行积极的财政政策，加大了对农业投资的力度，使占财政支出的比例恢复到了10.69%，相对于1978年的13.43%，下降了2.74个百分点，以后又出现了下降趋势。2004年财政用于农业的支出占财政支出的比例为8.3%，2006年下降到6.8%。此后逐步回升，2013年达到9.47%。财政农业支出的变动受财政政策调整的影响较大，随着财政政策的扩张和紧缩而上下波动。

(2) 投资结构不尽合理，需要进一步优化

农业支出中用于农林气象事业费的部分占绝大比重，据统计，约占财政农业性投资总额的三分之一，而科技三项费用等直接提高农业劳动生产率的生产性支出占的比重不大。农业基本建设投资总量不足，农田水利设施老化严重。2002—2006年财政农业支出使用中，支援农业生产费及事业费年平均支出额占总支出的71.73%，农业基本建设支出占22.84%，农业科技三项费用仅占0.72%。

不仅如此，各级财政投入结构也不尽合理。从农业支出的结构和投入能力来看，目前农业投入的主体仍是中央和省级财政，地方财政特别是基层财政对农业投入显得"有心无力"。近年来，县乡(镇)两级财政是我国五级财政体系中最困难的两级财政。尤其是农村税费改革后，许多县乡财政更是捉襟见肘，特别是一些欠发达地区县乡级财政，运作十分困难，用于解决工作人员工资，维持吃饭财政的现状一时难以改变，地方农业建设资金高度依赖上级政府，实际投入支农的预算资金比例小。

(3) 财政支农资金的使用效率有待进一步提高

财政支农资金的管理部门多，有限的资金无法形成合力。资金在途时间长，监管手段落后，急需整合，加强管理，提高效率。以县(市)级为例，粗略统计，直接管理和分配支农资金的有发改委、财政、农办、农业、科技、水利、林业、国土、交通、民政等十多个农口部门和涉农单位，管理部门多必然造成统筹协调难。同时，由于"资"出多门，"条条"管理，农业支出使用分散，农业项目点多面广，单个项目投资额小。如一个需投资几十万元的项目只安排三五万元甚至一两万元，根本无法完成该项目建设，农业资金的整体效益得不到应有的发挥。

由于管理部门多，各部门之间存在职能交叉重叠的现象，部门之间没有一定绩效意识，致使同一类型支农项目存在多个部门重复立项、交叉投入的情况，如农田水利建设项目在农业开发和水利两个部门存在重复；水土保持项目在水利、林业两个部门均有安排，等等，给政府支农投资造成了极大的浪费，给资金和项目管理带来了很大的困难，资金使用效益大打折扣。

5.3.3.2　完善财政农业支出的主要对策

党的十七届三中全会明确提出，我国已经总体进入了"以工促农，以城带乡"的发展阶段。国家的经济实力、综合国力显著增强，可以拿出更多的财力支持农业和农村发展。因此，应抓住时机，采取有效措施，统筹城乡发展，推进社会主义新农村建设，努力形成城乡经济社会发展一体化新格局。

(1) 多渠道筹措资金，实现资金来源多元化

① 不断增加对农村公共产品和公共服务的投资总量。各级政府应认真贯彻《中华人民共和国农业法》中，"财政每年对农业总投入的增长幅度高于财政经常性收入的增长速度，至少不低于经常性财政收入的增长速度"的规定。继续在"多予、少取、放活"方面下工夫，不断增加对农业的投资总量，逐渐提高农业财政支出占财政总支出的比重。

② 加强对农民创业、土地流转及合作经济组织的政策支持。首先，加大财政转移支付力度。其次，要扩大农业信贷资金来源，金融政策要向农民创业、土地流转和合作经济组织倾斜。例如，将部分财政支农资金以利息补偿和风险补偿的形式，用于对农村金融机构在支农信贷经营中的亏损补贴，通过政府的政策优惠引导各类金融机构加强对"三农"的金融服务。对企业或私人开发荒滩荒地，除减免税外还应给予资金扶持，以提高其投资者的积极性。

③ 要发展农业投资基金，把社会闲散资金转化为农业生产建设资金，促进农业科技发展和农业产业升级。

④ 培育农业资本市场，扩大金融市场投资规模。

(2) 进一步明确各级财政对农业投资的职责范围①

应在明确事权的基础上，处理好各级政府在农业投入上的事权和财权的关系。根据农业生产建设与事业发展项目的收益范围大小、外部效应的有无，以及谁受益谁负担的原则，合理划分各级政府支农的支出范围。中央财政应主要承担全国范围或跨地区、地方无力承担或不适宜由地方承担的支出，如大江大河的治理，大型生态农业保护工程，带有全局性、方向性和重点农业科技开发及大型粮棉基地建设等；省级财政应主要承担全省性及跨地市水利工程建设，全省性农林水利事业发展项目，重点科技成果推广应用等；市地县财政应承担本地区域农业工程设施建设与养护，建设社会化服务体系及推广先进适用农业技术等。

(3) 合理确定财政支农的重点和方向

结合我国国情和农业发展状况，我国财政对农业投资重点包括以下几个方面：

① 增加农业科研投入及对农民的直接补贴　依据世界贸易组织规则，农业补贴要用足"黄箱政策"，加大"绿箱政策"的支持力度。应积极支持农业领域科研活动，促进农业科技成果转化，加快农业技术推广，启动现代农业产业技术体系建设，开展农村劳动力转移培训，实施科普惠农兴村计划，努力提高农民的科学文化素质，加大对农民直接补贴的力度。

② 增加农业基本建设投资，充分发挥政府投资的引导和示范作用　农业基本建设投资数

---

① 李放. 财政学. 北京：中国农业出版社，2009。

额大，基础设施又具有公共物品的性质，因此，政府投资应在农业基本建设中起主要作用。鉴于此，财政应增加投资大力支持农村小型农田水利建设，支持耕地开发和土地整理、整治、复垦，加快中型灌区节水配套改造，开展中低产田改造、高标准农田建设，加强重点商品粮棉油基地建设，促进粮食等优势特色农业主导产业发展等。

③增加对农业生态环境保护的投资　土壤的破坏会给人类带来灾难性的后果，因此，财政还应增加资金投入对生态环境进行保护，通过植树造林、退耕还林、退耕还牧、退耕还湖，改善农业生态环境，减少风、水、沙对土地的侵蚀。

④支持农业产业化经营，拓宽农民增收的渠道　要着力培育一批竞争力强、带动力强的龙头企业和企业集群示范基地，推广龙头企业、农业合作组织与农户有机结合的组织形式，让农民从产业化经营中得到实惠。

⑤运用财政资金支持农业保险和农村金融的发展　建立健全农业巨灾风险准备金制度；政府提供保费与经营管理费补贴，以促进农业保险的进一步发展。通过贷款贴息等支持政策，鼓励农村金融机构为农业发展提供资金支持。

(4) 建立健全财政监督机制

全方位、多视角来建立健全财政支农资金监管机制。一是落实项目建设责任制。要实行项目从申报至竣工专人负责的制度，并明确责任人的权利和职责。有关主管部门要组织和监督工程的招投标工作，并行使相应管理职能，加强项目建设过程的跟踪检查。二是严格执行财务会计制度。要认真执行财务制度，项目建设要配备财务核算机构和合格的财会人员。要做好会计核算资料的整理、保管及移接交工作，使支农资金的整个使用过程来路清、去向明，投资形成的资产账务全、管理严。三是财政、监察、审计等部门要开展经常性的监督检查，通过开展支农资金绩效评价、支农资金使用情况分析、项目的质量检查等，提高财政支农项目建设质量和资金使用效益。

(5) 提高财政支农资金的使用效率

涉农项目资金统一申报、统一下达、统一考核。此外，加大项目资金的整合力度。按照"政府主导、规划引导"的要求，以县为单位，以新农村建设为龙头，除扶贫、救灾、救济和中央明确要求直接补贴到农户手中涉农资金不允许整合外，省级其余投入到农村的各级财政资金，可以直接下达到县，只明确建设内容和建设数量，将选点权交由县级政府自主决定，验收时，只考核县级建设质量和项目建设点是否符合要求。

▲延伸阅读

积极推进重大交通基础设施项目建设

发改委发文称，2014年，国家发展改革委按照党中央、国务院统一部署，围绕稳增长、促改革、调结构、惠民生，创新工作方式，加大统筹协调力度，推动交通基础设施建设，发挥其产业链长、投资带动力强的特点，为定向调控、精准发力提供重要支撑。

一是全面推进综合交通运输体系建设。2014年，国家发展改革委共下达中央预算内投资340亿元用于交通基础设施建设，切实做好中西部铁路、农村公路、内河航道、中西部支线机场等项目投资安排，明确资金补助标准，及时下达投资计划，加强协调和监管工作。推出了2014—2015年全面实施的交通重大工程包，共涉及铁路、公路、水路、机场等交通重大工程203项。经有关方面共同努力，2014年全年新开工铁路项目66个，国家高速公路"断头路"项目20个，普通国道"瓶颈路段"项目21个，水路项目12个，支线机场项目9个。

二是着力推动铁路建设。按照国务院关于加快推进铁路建设、确保铁路投资稳定增长的要求，国家发展改革委牵头建立了铁路投融资改革和建设项目前期工作协商会议制度，召开协商会议、专题会议和联络员碰头会进行工作调度，协调解决工程方案、资金筹措、征地拆迁等重难点问题，会同有关部门建立项目审批"绿色通道"，协调将征地平衡方案的审核推后至建设阶段完成，大大缩短了审批时间。通过"零条件"受理、加密会议审议、加快审批速度等方式，切实推进项目前期工作，用较短的时间完成了新开工项目审批核准工作。同时，加强对社会投资铁路项目跟进督促，每月监测统计，动态掌握进度情况，加大协调力度，推进项目建设。到2014年年底，全面完成了铁路建设投资、项目新开工和投产新线等目标任务。

三是统筹协调北京新机场前期工作。按照系统谋划、统筹推进的原则，国家发展改革委充分发挥牵头负责的北京新机场建设领导小组协调作用，协调部门、地方、企业及军方，解决涉及军事设施迁建、工程建设、综合交通规划、临空经济发展、空域条件保障等重大问题。组织对项目可行性研究报告进行认真审核，完善北京新机场噪音影响防治措施，经报党中央、国务院批准，2014年12月26日，北京新机场正式开工建设。

在各方面共同努力下，我国综合交通网络发展迅速。一方面是规模再上新台阶。到2014年年底，总里程达到481万千米（不含民航航线和管道），接近"十二五"规划确定的490万千米目标。全国铁路运营里程达到11万千米。公路通车里程达到446万千米。沿海港口（含长江南京以下港口）2116个，沿海港口（含长江南京以下港口）深水泊位2052个，内河高等级航道1.27万千米。通航的民用运输机场202个。管道输油（气）里程11万千米。共有21个城市开通城市轨道交通线路，运营总里程超过2800千米。42个全国性综合交通枢纽城市的枢纽地位普遍得到巩固和加强。另一方面是结构日趋优化。横贯东西、纵贯南北的铁路干线和国家高速公路运输能力快速提升，2014年年底，高速铁路运营里程达到1.58万千米，位列世界第一，高速铁路服务范围覆盖28个省区市，实现网络化运营。高速公路运营里程达到11万千米，居世界第一。干线机场加快建设，中西部支线机场建设进一步加快，民航服务人群范围进一步扩大。同时，城际铁路建设加快推进，国省干线公路技术等级和农村公路通达水平不断提升，交通普遍服务能力显著提升，内河航道基础设施大幅改善，与周边国家地区基础设施互联互通稳步推进，初步形成了客运快速、货运高效的运输系统。

下一步，将会同有关部门，继续全力做好交通基础设施建设和交通领域改革各项工作。

一是力争全面完成"十二五"规划目标任务。全面梳理"十二五"规划《"十二五"规划纲要》和《"十二五"综合交通运输体系规划》未实施项目、区域规划内交通项目及其他现实需求迫切且条件相对成熟的项目，提前做好筹划和安排，加快项目前期工作，推动全面完成"十二五"规划目标任务，为"十三五"发展奠定坚实基础。

二是积极推进重大基础设施项目建设。重点抓好中西部铁路、城际铁路、国家高速公路"断头路"和普通国道"瓶颈路段"、内河高等级航道、新建干线机场等新开工重大项目相关工作，继续发挥我委牵头的协调机制作用，指导落实征地拆迁、资金到位、社会稳定等工作，协调解决重点难点问题。确保商丘至合肥至杭州铁路、郑州至万州铁路、石嘴山（蒙宁界）至中宁公路改扩建、香格里拉至丽江高速公路、江苏南京以下 12.5 深水航道二期工程等一批重大项目开工。

三是深化投融资体制改革。在管好用好政府投资的同时，创新投融资模式，进一步研究细化鼓励社会资本进入交通基础设施领域的支持政策和保障措施，积极吸引社会资本。用好铁路发展基金平台，扩大铁路建设资本金来源。积极推进综合交通枢纽土地立体综合开发，为社会资本进入交通基础设施领域创造良好环境。

（资料来源：http://finance.eastmoney.com/news/1355,20150212478153869.html）

▲ 本章小结

1. 投资是经济增长的主要动力，同时经济增长又决定着投资行为。政府投资是社会总投资的重要组成部分，是政府以财政资金进行的投资活动。政府部门对某些行业进行的直接投资或参股等，可以引导私人资本的投资方向。

2. 从国际经验来看，在不同国家及其经济发展的不同阶段，政府投资范围并非是一致的，甚至具有较大的差别。

3. 从市场经济国家投资管理的经验来看，政府投资事权划分应遵循受益原则以及统筹兼顾效率与公平原则。

4. 基础设施是支撑一国经济运行的基础部门，它决定着工业、农业、商业等直接生产活动的水平。从我国的实践来看，基础设施投资的提供方式主要有以下形式：①政府筹资建设，或免费提供，或收取使用费；②私人出资、定期收费补偿成本并适当盈利，或地方主管部门筹资、定期收费补偿成本；③政府与民间共同投资的提供方式；④政府投资，法人团体经营运作；⑤BOT 投资方式；⑥TOT 方式；⑦ABS 方式。

5. 农业是国民经济的基础，在我国有着特殊的地位和作用，因此，必须加强对农业的支持和保护。为此，应加大财政对农业投资的力度，规范各级政府对农业投资的职责范围，加强财政支农资金的管理和监督，提高农业资金的使用效率。

▲ 思考题

1. 政府财政投资的特点是什么？
2. 财政投资的决策标准有哪些？
3. 基础设施投资的提供方式有哪些？
4. 政府介入农业投入的重要意义有哪些？
5. 完善财政农业支出的措施有哪些？

第6章 转移性支出

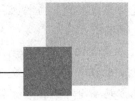

本章提要

本章介绍了转移性支出的概念、分类及转移性支出的经济效应;重点介绍了社会保障的概念、特点与职能,以及社会保障支出的基本内容和我国社会保障制度的改革及改革方向;进一步介绍了财政补贴的概念、分类,财政补贴支出的必要性和作用,以及我国现行的财政补贴与完善思路;阐述了税收支出的概念与分类、税式支出的具体形式和税收支出的控制。

6.1 社会保障支出

社会保障支出是现代政府最大的开支项目之一。政府提供社会保障的主要经济原因是商业保险市场的失灵。如果存在道德风险和逆向选择,保险市场就会失灵。道德风险是指投保人因购买了保险而不再尽可能地避免损失,从而造成保险公司的成本增加;逆向选择是指越有可能出险的人越有可能投保。鉴于道德风险和逆向选择的存在,私人保险为了避免风险和损失而不愿意提供保险。如果政府再不提供,大多数人的正常生活就得不到保障。社会保障制度伴随着近代大工业而产生的。工业生产迫使很多劳动者背井离乡来到城市,与此同时,家庭经济面临瓦解,家庭对其成员的经济保障作用也逐渐削弱。为了维持社会的稳定和经济的发展,客观上要求政府建立社会保障制度,以分摊社会风险、转嫁损失、补偿利益、调节均衡各种社会关系,保护社会成员最基本的生存权和发展权。

6.1.1 社会保障的概念、特点与职能

6.1.1.1 社会保障的概念

社会保障是指政府通过专款专用税筹措资金,向老年人、丧失劳动能力的人、失去工作机会的人、病人、收入未能达到应有水平的人等,给予货币或实物形式的帮助,以保障公民能维持最基本生活水平的活动。社会保障制度是伴随近代大工业而产生的,是西方国家为了弥补市场缺陷、克服市场风险而建立起来的一项重要财政制度。它是西方国家对人类文明的一大贡献,被誉为"19 世纪的一项伟大成果"。

6.1.1.2 社会保障的特点

社会保障作为一种经济保障形式,具有以下几个特点:

(1)强制性

所谓强制性,是指社会保险通过立法强制实施的,社会保障的内容和实施都是通过法律

进行的，凡属于法律规定范围内的成员都必须无条件地参加社会保险，按规定履行缴纳保险费的义务，并受到保险保障。我国《宪法》明确规定，中华人民共和国公民在年老、疾病或者丧失劳动能力的情况下，有从国家和社会获得物质帮助的权利。国家发展为公民享受这些权利所需要的社会保险、社会救济和医疗卫生事业。法律规定范围内的单位及职工，都必须参加社会保障，按规定缴纳保险费。

(2) 社会性

社会保障实施的主体是国家，目的是满足全体社会成员的基本生活需要，因此，社会保障的受益范围很广泛，保障辐射角度也是全方位的。从原则和道义上讲，任何一个社会成员都不应被排斥或遗漏在社会保障之外。

(3) 福利性

所谓福利性，是指社会保障不以营利为目的，实施社会保障完全是为了保障社会成员的基本生活。社会保障的主要目的是造福社会，而不是为获取利润。因此，社会保障决不能商业化，而且社会保障基金必须专款专用，不能挪用。

(4) 互济性

现实生活中，每个人面临的风险程度是不同的，导致每个人在社会保障中的权利与义务不完全对等。而社会保险是通过法律的形式向全社会有缴纳义务的单位和个人收取社会保费从而建立社会保障基金，并在全社会统一用于救助被保障对象，同时各项社会保险基金可以从统一基金中相互调节。实质是通过社会保障把个人风险分散给全社会，在这个意义上说，社会保障具有互济性。

(5) 公平性

公平分配是宏观经济政策的目标之一，社会保险作为一种分配形式具有明显的公平特征。一方面，社会保险中不能存在任何特殊阶层，同等条件下的公民所得到的保障是相同的；另一方面，在形成保险基金的过程中，高收入的社会成员比低收入的社会成员缴纳的保险费多；而在使用的过程中，一般都是根据实际需要进行调剂、不是完全按照缴纳保险费的多少给付保险金，个人享有的权利与承担的义务并不严格对等，从而体现出一定程度的社会公平。

6.1.1.3 社会保障的职能

(1) 保障基本生活

实现社会保障首先是保障公民最低的生活水平，即根据最低的生活水准来判断贫困者，然后给予适当救济，使其能维持必要的基本生活。这是社会稳定和经济发展的前提，也是社会保障最核心的功能。国家建立社会保障体系，保障公民的基本生活，免除劳动者的后顾之忧，不仅是经济发展和社会稳定的需要，也是人权保障的重要内容，是社会进步的体现。如今，社会保障已经成为国际公约和绝大多数国家法律明确规定的公民的一项基本权利。

(2) 维护社会稳定

19 世纪资本主义国家之所以要创建社会保障制度，其根本原因就是要以此巩固资本主义生产方式，缓和阶级矛盾，维护资产阶级政权的统治和社会稳定。所以说，社会保障是工人阶级长期斗争的结果。第二次世界大战后，社会主义在许多国家取得胜利，促使资本主义国家政府更加重视社会保障，不得不发展社会福利事业，其根本目的就是缓和阶级矛盾，维持资产阶级统治。我国是社会主义国家，社会主义国家的本质是解放、发展生产力、消灭剥削、消除两极分化，最终实现共同富裕。实行社会保障，有利于缩小社会贫富差距，增进社会整体福利，是社会主义国家实现共同富裕目标的一项重要手段，从而从根本上维护社会稳定。因此，世界各国都把社会保障视为社会震动的减震器和安全网，给予高度重视。

(3) 保持社会公平

社会保障通过其资金的筹集和给付，把一部分高收入的社会成员的收入转移到另一部分生活陷入困境的社会成员手中，达到促进社会公平的目标。在市场经济条件下，受竞争规律的支配，优胜劣汰在所难免，市场机制给予每个社会成员平等参与竞争的条件和机会，自动向效率倾斜，导致部分成员生活贫困。国家以社会保障的形式对弱者、失业者、贫困者等给予生存保护，实现国民收入的再分配，缩小贫富差距，从而实现社会公平的目标。

(4) 促进经济发展

首先，社会保障可以调节社会总需求，平抑经济波动。当经济衰退而失业率上升、人民生活水平下降时，失业保险和社会救济有助于提高社会购买力，拉动有效需求，促进经济复苏；当经济高涨而失业率下降时，社会保障支出相应缩减，从而使即期的社会总需求不致过度膨胀。而且政府可以通过调整社会保障费（税）率和待遇支付标准，主动调节社会总需求，减少经济波动。其次，社会保障基金的长期积累和投资运营有助于完善资本市场。最后，社会保障确保劳动者在丧失经济收入或劳动能力的情况下，能维持自身及其家庭成员的基本生活，保证劳动力再生产进程不致受阻或中断。同时，国家还可以通过生育、抚育子女和教育津贴等形式对劳动力再生产给予资助，以提高劳动力资源的整体素质。

(5) 增进国民福利

社会保障的最初含义是"救贫"和"防贫"，即保证所有社会成员至少都能享有最低的生活水平。随着经济的发展和社会的进步，社会保障的内容在不断扩充。现代社会保障不仅承担着"救贫"和"防贫"的责任，而且还要为全体社会成员提供更广泛的津贴、基础设施和公共服务，从而使人们尽可能充分地享受经济和社会发展成果，不断提高物质生活和精神生活的质量。

6.1.2 社会保障支出的内容

不论哪个国家，出于对保险市场的失灵和收入再分配的考虑，政府在提供社会保障和社会福利方面都起到重要的作用。但是，由于各国的国情不同，政府介入的程度各异，财政在这一领域的支出水平差距悬殊。

(1) 我国社会保障支出规模

总体来讲，虽然每年我国中央和地方都在努力加大社会保障支出的投入，但与世界上其他国家相比，我国的财政社会保障支出水平仍严重不足。表 6-1 反映的是 2000—2014 年社会保障支出变动的情况。

由表 6-1 可见，改革开放以来我国综合经济实力和国家财力都在不断增强，财政社保支出也在快速增加。从支出总量来说，财政社保支出数额在逐年提高。但从财政社保支出占财政支出的比重来看，总体上表现为 10% 左右，即财政社保支出与财政支出保持同比增长速度。财政社保支出占 GDP 的比重则稳中有升，逐年递增。但就财政社保支出比重和人均财政

表 6-1 2000—2014 年公共财政支出和财政社保支出情况

年 份	财政支出总额（亿元）	增速（%）	财政社保支出总额（亿元）	增速（%）	财政社保支出占财政支出比重(%)	国民生产总值（亿元）	财政社保支出占GDP的比重(%)
2000	15 886.50	20.5	1517.57	26.73	9.55	99 214.6	1.53
2001	18 902.58	19.0	1987.40	30.96	10.51	109 655.2	1.81
2002	22 053.15	16.7	2636.22	32.65	11.95	120 332.7	2.19
2003	24 649.95	11.8	2655.91	0.75	10.77	135 822.8	1.96
2004	28 486.89	15.6	3116.08	17.33	10.94	159 878.3	1.95
2005	33 930.28	19.1	3698.86	18.70	11.20	184 937.4	2.00
2006	40 422.73	19.1	4361.78	17.92	10.79	216 314.4	2.02
2007	49 781.35	23.2	5447.16	24.88	10.94	265 810.3	2.05
2008	62 592.66	25.7	6804.29	24.91	10.87	314 045.4	2.17
2009	76 299.93	21.9	7606.68	11.71	9.97	340 902.8	2.23
2010	89 874.16	17.8	9081.00	19.38	10.14	401 513.0	2.26
2011	109 247.79	21.6	11 109.40	22.34	10.17	473 104.0	2.35
2012	125 952.97	15.3	12 541.79	12.89	9.98	518 942.1	2.42
2013	140 212.10	11.3	14 490.54	15.54	10.33	566 130.2	2.56
2014	151 662	8.2	15 913	9.8	10.49	636 463	2.50

资料来源：历年《中国财政统计年鉴》。

社保支出水平上来说，我国目前依然处于较低保障水平。我国 2006 年的 GDP 是 216 314.4 亿元人民币，人均 GDP 已经超过 2000 美元，而国际人均 GDP 超过这一水平的国家，其社会保障支出占公共财政支出的比重都在 30% 以上。以 2001 年为例，德国的社会保障支出占财政支出的比重为 46.5%，法国为 38.7%，日本为 35%，英国为 39.5%，瑞典为 41.4%。而像巴西、马来西亚等发展中国家的财政社会保障支出水平在 20 世纪 90 年代就已经超过我国，如巴西为 36.7%，马来西亚为 13.4%，而我国仅为 11%。

(2) 我国社会保障支出结构

受城乡二元体制的影响，我国社会保障制度具有明显的城乡二元结构特征。据统计资料显示，占总人口 80% 左右的农村居民的社会保障支出仅占全国社会保障经费的 11%，而占人口 20% 左右的城镇居民却占有 89% 的社会保障经费。党的"十七大"提出要建立覆盖城乡居民的社会保障体系，而实现这一目标的关键在农村地区。近年来，随着财政收入的增加，以农村养老保险和新型农村医疗合作保险为代表的农村社会保障制度日趋完善，但加快建立统筹城乡居民的社会保障制度仍然任重道远，其主要原因是资金短缺，最典型的例子莫过于农村卫生事业的财政投入。根据卫生部卫生经济研究所的测算，1991—2000 年我国政府投入农村卫生事业的资金年均增长仅为 4.59%，远小于政府财政收入 16.8% 和国内生产总值 10% 的增长速度。因此，在增加财政社会保障投入总量的同时，要进一步调整支出结构，把农村社会保障投入放在首要位置。

根据新的分类方法，政府用于社会保障支出的项目主要有财政对社会保险基金的补助、行政事业单位离退休费、就业补助、城市居民最低生活保障和自然灾害生活补助。其中前两项是最大的开支，2007 年二者占国家财政总支出的比例分别为 2.5% 和 3.02%，而其他三项开支的比重都不到1%。同时就业补助于2003年超过了自然灾害生活补助的支出比重，2006年超过了城市居民最低生活保障的支出比重。

6.1.3 我国社会保障制度的改革

社会保障制度是指是指由法律规定了的、按照某种确定的规则实施的社会保障政策和措施体系。是国家为了帮助其公民克服面临的风险和不确定性因素，而面向所有公民提供基本生活保障的制度。从新中国成立到现在，我国的社会保障制度已经走过了60多个年头。我国已初步建立起了适应社会主义市场经济的社会保障网。我国的社会保障制度开始进入到统筹城乡发展与制度创新及完善的新阶段。以基本养老保险、基本医疗保险、失业保险和最低生活保障为核心的覆盖城乡居民的社会保障体系框架已经基本形成，并正快速发展和积极向前推进。

6.1.3.1 我国的社会保障制度

国际劳工组织于1952年制定的《社会保障(最低标准)公约》，规定了社会保障范围应当覆盖医疗、疾病、生育、老年、残疾、死亡、失业、工伤、家庭九个方面。归纳起来，我国的社会保障主要包括社会保险、社会救济、社会福利和社会优抚等内容，如图6-1所示。其中社会保险是社会保障制度的核心，社会救济是最低层次的社会保障，社会福利是社会保障的最高纲领，社会优抚起着安定特定阶层生活的功能。下面分别进行介绍。

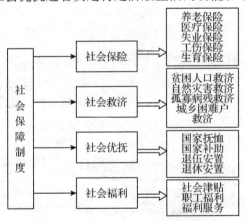

图6-1 我国社会保障制度体系

(1)社会保险

社会保险是一种为丧失劳动能力、暂时失去劳动岗位或因健康原因造成损失的人口提供收入或补偿的一种社会和经济制度。社会保险计划由政府举办，强制某一群体将其收入的一部分作为社会保险税(费)形成社会保险基金，在满足一定条件的情况下，被保险人可从基金获得固定的收入或损失的补偿，它是一种再分配制度，它的目标是保证物质及劳动力的再生产和社会的稳定。社会保险是社会保障体系的核心部分。社会保险以劳动者为保障对象，以劳动者的年老、失业、疾病、伤残、死亡等风险或特殊事件为保障内容，因此，它所承担的风险是各项社会保障制度中最多的。社会保险支出由社会保险的各个险种支出组成，包括养老保险、医疗保险、失业保险、工伤保险和生育保险。1990—2014年社会保险基金收支及累计结余情况、1994—2014年社会保险基本情况分别见表6-2和表6-3。

表 6-2 社会保险基金收支及累计结余 亿元

年 份	合 计	基本养老保险	失业保险	城镇基本医疗保险	工伤保险	生育保险
基金收入						
1990	186.8	178.8	7.2			
1995	1006.0	950.1	35.3	9.7	8.1	2.9
2000	2644.9	2278.5	160.4	170.0	24.8	11.2
2001	3101.9	2489.0	187.3	383.6	28.3	13.7
2002	4048.7	3171.5	213.4	607.8	32.0	21.8
2003	4882.9	3680.0	249.5	890.0	37.6	25.8
2004	5780.3	4258.4	290.8	1140.5	58.3	32.1
2005	6975.2	5093.3	340.3	1405.3	92.5	43.8
2006	8643.2	6309.8	402.4	1747.1	121.8	62.1
2007	10 812.3	7834.2	471.7	2257.2	165.6	83.6
2008	13 696.1	9740.2	585.1	3040.4	216.7	113.7
2009	16 115.6	11 490.8	580.4	3671.9	240.1	132.4
2010	19 276.1	13 872.9	649.8	4308.9	284.9	159.6
2011	25 153.3	18 004.8	923.1	5539.2	466.4	219.8
2012	30 738.8	21 830.2	1138.9	6938.7	526.7	304.2
2013	35 252.9	24 732.6	1288.9	8248.3	614.8	368.4
2014	39 828	27 620	1380	9503	695	446
基金支出						
1990	151.9	149.3	2.5			
1995	877.1	847.6	18.9	7.3	1.8	1.6
2000	2385.6	2115.5	123.4	124.5	13.8	8.3
2001	2748.0	2321.3	156.6	244.1	16.5	9.6
2002	3471.5	2842.9	182.6	409.4	19.9	12.8
2003	4016.4	3122.1	199.8	653.9	27.1	13.5
2004	4627.4	3502.1	211.3	862.2	33.3	18.8
2005	5400.8	4040.3	206.9	1078.7	47.5	27.4
2006	6477.4	4896.7	198.0	1276.7	68.5	37.5
2007	7887.8	5964.9	217.7	1561.8	87.9	55.6
2008	9925.1	7389.6	253.5	2083.6	126.9	71.5
2009	12 302.6	8894.4	366.8	2797.4	155.7	88.3
2010	15 018.9	10 755.3	423.3	3538.1	192.4	109.9
2011	18 652.9	13 363.2	432.8	4431.4	286.4	139.2
2012	23 331.3	16 711.5	450.6	5543.6	406.3	219.3
2013	27 916.3	16 711.5	531.6	6801.0	482.1	282.8
2014	33 003	23 326	615	7969	560	368
累计结余						
1990	117.3	97.9	19.5			
1995	516.8	429.8	68.4	3.1	12.7	2.7

(续)

年 份	合 计	基本养老保险	失业保险	城镇基本医疗保险	工伤保险	生育保险
2000	1327.5	947.1	195.9	109.8	57.9	16.8
2001	1622.8	1054.1	226.2	253.0	68.9	20.6
2002	2423.4	1608.0	253.8	450.7	81.1	29.7
2003	3313.8	2206.5	303.5	670.6	91.2	42.0
2004	4493.4	2975.0	385.8	957.9	118.6	55.9
2005	6073.7	4041.0	519.0	1278.1	163.5	72.1
2006	8255.9	5488.9	724.8	1752.4	192.9	96.9
2007	11 236.6	7391.4	979.1	2476.9	262.6	126.6
2008	15 225.6	9931.0	1310.1	3431.7	384.6	168.2
2009	19 006.5	12 526.1	1523.6	4275.9	468.8	212.1
2010	23 407.5	15 787.8	1749.8	5047.1	561.4	261.4
2011	30 233.1	20 727.8	2240.2	6180.0	742.6	342.5
2012	38 106.6	26 243.5	2929.5	7644.5	861.9	427.6
2013	45 588.1	31 274.8	3685.9	9116.5	996.2	514.7
2014	52 463	35 568.8	4450.9	10 650.5	1131.2	592.7

注：1. 2007 年及以后城镇基本医疗保险基金中包括城镇职工基本医疗保险和城镇居民基本医疗保险。
   2. 2010 年及以后基本养老保险基金中包括城镇职工基本养老保险和城乡居民基本养老保险。
   3. 工伤保险累计结余中不含储备金。
资料来源：历年《中国财政年鉴》。

表 6-3 1994—2014 年社会保险基本情况

| 年 份 | 失业保险 | | | 城镇基本医疗保险 | | 工伤保险 | | 生育保险 |
	年末参保职工人数（万人）	全年发放失业保险金人数（万人）	全年发放失业保险金（亿元）	年末参保人数（万人）	年末参保职工人数（万人）	年末参保人数（万人）	年末享受工伤待遇的人数（万人）	年末参加生育保险人数（万人）
1994	7967.8	196.5	5.1	400.3	400.3	1822.1	5.8	915.9
1995	8237.7	261.3	8.2	745.9	745.9	2614.8	7.1	1500.2
1996	8333.1	330.8	13.9	855.7	855.7	3102.6	10.1	2015.6
1997	7961.4	319.0	18.7	1762.0	1762.0	3507.8	12.5	2485.9
1998	7927.9	158.1	20.4	1877.6	1877.6	3781.3	15.3	2776.7
1999	9852.0	271.4	31.9	2065.3	2065.3	3912.9	15.1	2929.8
2000	10 408.4	329.7	56.2	3786.9	3786.9	4350.3	18.8	3001.6
2001	10 354.6	468.5	83.3	7285.9	7285.9	4345.3	18.7	3455.1
2002	10 181.6	657.0	116.8	9401.2	9401.2	4405.6	26.5	3488.2
2003	10 372.9	741.0	133.4	10 901.7	10 901.7	4574.8	32.9	3655.4
2004	10 583.9	753.5	137.5	12 403.6	12 403.6	6845.2	51.9	4383.8
2005	10 647.7	677.8	132.4	13 782.9	13 782.9	8478.0	65.1	5408.5
2006	11 186.6	598.1	125.8	15 731.8	15 731.8	10 268.5	77.8	6458.9
2007	11 644.6	538.5	129.4	22 311.1	18 020.0	12 173.3	96.0	7775.3

(续)

年份	失业保险			城镇基本医疗保险		工伤保险		生育保险
	年末参保职工人数（万人）	全年发放失业保险金人数（万人）	全年发放失业保险金（亿元）	年末参保人数（万人）	年末参保职工人数（万人）	年末参保人数（万人）	年末享受工伤待遇的人数（万人）	年末参加生育保险人数（万人）
2008	12 399.8	516.7	139.5	31 821.6	19 995.6	13 787.2	117.8	9254.1
2009	12 715.5	483.9	145.8	40 147.0	21 937.4	14 895.5	129.6	10 875.7
2010	13 375.6	431.6	140.4	43 262.9	23 734.7	16 160.7	147.5	12 335.9
2011	14 317.1	394.4	159.9	47 343.2	25 227.1	17 695.9	163.0	13 892.0
2012	15 224.7	390.1	181.3	53 641.3	26 485.6	19 010.1	190.5	15 428.7
2013	16 416.8	416.7	203.2	57 072.6	27 443.1	19 917.2	195.2	16 392.0
2014	17 043	422	359.5	59 747	28 296	20 639	198.2	17 039

注：1. 2007年及以后城镇基本医疗保险基金中包括城镇职工基本医疗保险和城镇居民基本医疗保险。
2. 2010年及以后基本养老保险基金中包括城镇职工基本养老保险和城乡居民基本养老保险。
资料来源：历年《中国财政年鉴》。

截至2014年年底，全国参加基本养老保险、城镇职工和城镇居民基本医疗保险、新型农村合作医疗保险、失业保险、工伤保险、生育保险的人数分别为8.42亿人、5.97亿人、8.14亿人（参与农村合作医疗保险的比率为91.5%）、1.70亿人、2.64亿人和1.70亿人。

①养老保险 养老保险是劳动者在达到法定退休年龄退休后，从政府和社会得到一定的经济补偿物质帮助和服务的一项社会保险制度。国有企业、集体企业、外商投资企业、私营企业和其他城镇企业及其职工，实行企业化管理的事业单位及其职工必须参加基本养老保险。目的是为劳动者解除养老后顾之忧、增强劳动者抵御老年风险的能力，同时弥补家庭养老的不足。

养老保险制度的筹资方式有三种模式：

一是现收现付式（后代养老），是以近期横向收付平衡原则为指导，用一个时期正在工作的一代人的缴费来支付已经退休的一代人的养老金。具体做法如图6-2所示：

图6-2 现收现付式及养老基金的运作

二是完全基金式（自我养老），是一种以远期纵向收付平衡原则为指导的筹资方式，其特征是建立个人账户，使退休金直接来源于社会成员本身的储蓄积累。具体做法如图6-3所示：

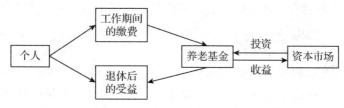

图6-3 完全基金式及养老基金的运作

三是部分基金式(自我养老和后代养老结合),是在通过现收式付制满足当前支付需要的前提下,留出一定的储备以适应未来的支出需求。是一种结合了近期横向收付平衡原则与远期纵向收付平衡原则的筹资方式。

我国的社会化养老保障制度起步较晚,1995年,劳动部(现人力资源和社会保障部)颁布的《基本养老保险覆盖计划》才将基本养老保险制度逐步扩大到各类企业、个体商户及其雇员、城镇私营企业主,有条件的地区可以扩大到自由职业者。

1997年7月国务院下发了《关于建立统一的企业职工基本养老保险制度的决定》,确立了我国社会养老保险制度就采用了社会统筹与个人账户制度相结合的社会养老保险制度。基本规定是:a. 各类企业单位缴费费率最高为企业工资总额的20%,职工个人缴费最高为工资总额的8%,运行模式是社会统筹账户和个人账户相结合,个人缴费工资的11%(个人的8%+企业的3%)为个人账户,企业缴费除去进入个人账户的,其余进入社会统筹账户。b. 参加基本养老保险的职工按月领取养老金必须达到法定退休年龄,并且已经办理退休手续;所在单位和个人依法参加了养老保险并履行了养老保险的缴费义务;个人缴费至少满15年。目前中国的企业职工法定退休年龄为:男职工60岁;从事管理和科研工作的女干部55岁,女职工50岁。基本养老金由基础养老金和个人账户养老金组成,职工达到法定退休年龄且个人缴费满15年的,基础养老金月标准为省(自治区、直辖市)或市(地)上年度职工月平均工资的20%。个人账户养老金由个人账户基金支付,月发放标准根据本人账户储存额除以120。个人账户基金用完后,由社会统筹基金支付。个人缴费不足15年,退休后一次性领取个人账户额。

2005年12月《国务院关于完善企业职工基本养老保险制度的决定》(国发〔2005〕38号)扩大基本养老保险覆盖范围,即城镇各类企业职工、个体工商户和灵活就业人员都要参加企业职工基本养老保险。城镇个体工商户和灵活就业人员参加基本养老保险的缴费基数为当地上年度在岗职工平均工资,缴费比例为20%,其中8%记入个人账户,退休后按企业职工基本养老金计发办法计发基本养老金。同时改革基本养老金计发办法。为与做实个人账户相衔接,从2006年1月1日起,个人账户的规模统一由本人缴费工资的11%调整为8%,全部为个人缴费形成,单位缴费不再划入个人账户。同时,进一步完善鼓励职工参保缴费的激励约束机制,相应调整基本养老金计发办法。该决定实施后到达退休年龄但缴费年限累计不满15年的人员,不发给基础养老金;个人账户储存额一次性支付给本人,终止基本养老保险关系。决定实施前已经离退休的人员,仍按国家原来的规定发给基本养老金,同时执行基本养老金调整办法。

2009年国务院颁布的《国务院关于开展新型农村社会养老保险试点的指导意见》(国发〔2009〕32号)中规定,在全国10%的县(市、区、旗)试行,以后逐步扩大试点区域,到2020年之前基本实现对农村适龄居民的全部覆盖。年满16周岁(不含在校学生)、未参加城镇职工基本养老保险的农村居民,在户籍地自愿参加新农保。新农保基金由个人缴费、集体补助和政府补贴构成。个人缴费标准设为每年100元、200元、300元、400元、500元五个档次,地方可以根据实际情况增设缴费档次。参保人自主选择档次缴费,多缴多得。有条件的村集体应当对参保人缴费给予补助。政府对符合领取条件的参保人全额支付新农保基础养老金,其中中央财政对中西部地区按中央确定的基础养老金标准给予全额补助，对东部地区给予50%的补助。国家为每个新农保参保人建立终身记录的养老保险个人账户。养老金待遇由基础养老金和个人账户养老金组成，支付终身。中央确定的基础养老金标准为每人每月55元。个人账户养老金的月计发标准为个人账户全部储存额除以139（与现行城镇职工基本养老保险个人账户养老金计发系数相同）。参保人死亡，个人账户中的资金余额，除政府补贴外，可以依法继承；政府补贴余额用于继续支付其他参保人的养老金。年满60周岁、未享受城镇职工基本养老保险待遇的农村有户籍的老年人，可以按月领取养老金。新农保制度实施时，已年满60周岁、未享受城镇职工基本养老保险待遇的，不用缴费，可以按月领取基础养老金，但其符合参保条件的子女应当参保缴费；距领取年龄不足15年的，应按年缴费，也允许补缴，累计缴费不超过15年；距领取年龄超过15年的，应按年缴费，累计缴费不少于15年。

2014年年末，全国参加基本养老保险人数为84 232万人，比上年年末增加2263万人。2014年年末全国参加城镇职工基本养老保险人数为34 124万人，比上年末增加1906万人。其中，参保职工25 531万人，参保离退休人员8593万人，分别比上年年末增加1354万人和552万人。年末参加城镇职工基本养老保险的农民工人数为5472万人，比上年末增加577万人。年末企业参加城镇职工基本养老保险人数为31 946万人，比上年末增加1896万人。

2014年年末企业退休人员基本养老金待遇提高，且全部按时足额发放。年末纳入社区管理的企业退休人员共6038万人，占企业退休人员总数的80.2%，比上年末提高1.1个百分点。

2014年全年城镇职工基本养老保险基金总收入25 310亿元，比上年增长11.6%，其中征缴收入20 434亿元，比上年增长9.7%。各级财政补贴基本养老保险基金3548亿元。全年基金总支出21 755亿元，比上年增长17.8%。年末城镇职工基本养老保险基金累计结存31 800亿元。

②医疗保险　医疗保险是指通过国家立法，按照强制性社会保险原则和方法筹集运用资金，保证人们公平地获得适当的医疗服务的一种制度。

我国20世纪50年代初建立的公费医疗和劳保医疗统称为职工社会医疗保险。它是国家社会保障制度的重要组成部分，也是社会保险的重要项目之一。

1988年，我国政府开始对机关事业单位的公费医疗制度和国有企业的劳保医疗制度进行改革。1998年，我国政府颁布了《关于建立城镇职工基本医疗保险制度的决定》，开始在全国建立城镇职工基本医疗保险制度。基本医疗保险制度实行社会统筹与个人账户相结合的原则，将社会保险和储蓄保险两种模式有机地结合起来，实现了"横向"社会共济保障和"纵向"个人自我保障的有机结合。这种医疗保险模式，符合我国国情，是具有中国特色的社会医疗保险制度。基本医疗保险基金原则上实行地市级统筹。基本医疗保险覆盖城镇所有用人单位及其职工；所有企业、国家行政机关、事业单位和其他单位及其职工必须履行缴纳基本医疗保险费的义务。用人单位的缴费比例为工资总额的6%左右，个人缴费比例为本人工资的2%。单位缴纳的基本医疗保险费一部分用于建立统筹基金，一部分划入个人账户；个人缴纳的基本医疗保险费计入个人账户。统筹基金和个人账户分别承担不同的医疗费用支付责任。统筹基金主要用于支付住院和部分慢性病门诊治疗的费用，统筹基金设有起付标准和最高支付限额;个人账户主要用于支付一般门诊费用。

根据国务院2009年3月下发通知实施的《医疗卫生体制改革近期重点方案(2009—2011年)》,我国目前的基本养老保险制度包含三大保险,即城镇职工基本医疗保险(简称城镇职工医保)、城镇居民基本医疗保险(简称城镇居民医保)和新型农村合作医疗(简称新农合)。它们的区别如下。

保险对象不同:城镇职工医保主要面向有工作单位或从事个体经济的在职职工和退休人员;城镇居民医保主要面对具有城镇户籍的没有工作的老年居民、低保人口、重度残疾人、学生儿童及其他城镇非从业人员;新农合面向具有农村户籍的广大农村居民。

缴费标准及来源不同:城镇职工医保由用人单位和职工个人缴纳,政府不予补贴;城镇居民医保缴费标准总体上低于职工医保,在个人缴费的基础上政府予以适当补贴;新农合缴费标准低于城镇居民医保,个人缴费、集体扶持和政府资助相结合。

待遇标准不同:总体来看,新农合待遇低于城镇居民医保,城镇居民医保低于城镇职工医保。

2003年1月,国务院转发了卫生部(现国家卫生和计划生育委员会)、财政部和农业部《关于建立新型农村合作医疗制度的意见》,建立新农合医疗制度。新农合制度是由政府组织、引导、支持,农民自愿参加,个人、集体和政府多方筹资,以大病统筹为主的农民医疗互助共济制度。从2003年起,各省(自治区、直辖市)选择部分县(市)先行试点,然后逐步推开。到2010年,实现在全国建立基本覆盖农村居民的新农合制度的目标,减轻农民因疾病带来的经济负担,提高农民健康水平。建立新农合制度要遵循自愿参加、多方筹资,以收定支、保障适度,先行试点、逐步推广的原则。

新农合制度实行个人缴费、集体扶持和政府资助相结合的筹资机制。农民个人每年的缴费标准不应低于10元,经济条件好的地区可相应提高缴费标准;有条件的乡村集体经济组织应对本地新型农村合作医疗制度给予适当扶持;地方财政每年对参加新型农村合作医疗农民的资助不低于人均10元,具体补助标准和分级负担比例由省级人民政府确定。经济较发达的东部地区,地方各级财政可适当增加投入。从2003年起,中央财政每年通过专项转移支付对中西部地区除市区以外的参加新型农村合作医疗的农民按人均10元安排补助资金。

为了配合新医改总体方案的实施,卫生部等五部委于2009年又下发了《关于巩固和发展新型农村合作医疗制度的意见》,上调了2009年和2010年的筹资水平,从2009年下半年开始,新农合补偿封顶线要达到当地农民人均纯收入的6倍以上。

2007年7月,国务院下发了《关于开展城镇居民基本医疗保险试点的指导意见》,决定从2007年在有条件的省份启动试点,当年在全国的88个城市展开试点,2008年扩大到229个城市,2010年在全国全面推开,逐步覆盖全体城镇非从业居民。将不属于城镇职工基本医疗保险制度覆盖范围的中小学阶段的学生(包括职业高中、中专、技校学生)、少年儿童和其他非从业城镇居民都纳入了城镇居民医保的参保范围。城镇居民医保以家庭缴费为主,政府给予适当补助。参保居民按规定缴纳基本医疗保险费,享受相应的医疗保险待遇,有条件的用人单位可以对职工家属参保缴费给予补助。

2014年年末全国参加城镇基本医疗保险人数为59 747万人,比2013年年末增加2674

万人。其中，参加职工基本医疗保险人数为 28 296 万人，比 2013 年年末增加 853 万人；参加城镇居民基本医疗保险人数为 31 451 万人，比 2013 年年末增加 1821 万人。在职工基本医疗保险参保人数中，参保职工 21 041 万人，参保退休人员 7255 万人，分别比 2013 年年末增加 540 万人和 313 万人。2014 年年末参加城镇基本医疗保险的农民工人数为 5229 万人，比 2013 年年末增加 211 万人。

2014 年全年城镇基本医疗保险基金总收入 9687 亿元，支出 8134 亿元，分别比 2013 年增长 17.4% 和 19.6%。2014 年年末城镇基本医疗统筹基金累计结存 6732 亿元（含城镇居民基本医疗保险基金累计结存 1195 亿元），个人账户积累 3913 亿元。

③失业保险　失业保险是国家通过立法强制实行的，由社会集中建立失业保险基金，对因中断就业而暂时失去生活来源的劳动者提供一定时期的基本生活保障和与再就业有关服务的一项社会保险制度。失业保险的特点是：对象特殊，失业保险的保障对象是有劳动能力和劳动意愿但无工作岗位的劳动者；享受待遇期限较短，最长不超过 24 个月；运行具有周期性，即随着经济运行的变化呈周期性变动。

我国在 20 世纪 50 年代曾实行过短暂的失业救济制度，后在计划经济体制下逐步被取消。从 1986 年开始，我国逐步建立失业保险制度，为职工失业后的基本生活提供保障。1999 年，国务院颁布了《失业保险条例》，城镇企业事业单位、城镇企业事业单位职工依照本条例的规定，缴纳失业保险费，城镇企业事业单位失业人员依照条例规定，享受失业保险待遇。城镇企业事业单位按照本单位工资总额的 2% 缴纳失业保险费，职工按照本人工资的 1% 缴纳失业保险费。城镇企业事业单位招用的农民合同制工人本人不缴纳失业保险费。失业人员失业前所在单位和本人按照规定，累计缴费时间满 1 年不足 5 年的，领取失业保险金的期限最长为 12 个月；累计缴费时间满 5 年不足 10 年的，领取失业保险金的期限最长为 18 个月；累计缴费时间 10 年以上的，领取失业保险金的期限最长为 24 个月。重新就业后，再次失业的，缴费时间重新计算，领取失业保险金的期限可以与前次失业应领取而尚未领取的失业保险金的期限合并计算，但是最长不得超过 24 个月。超过两年仍然没有重新就业的，可根据当地的具体规定转入社会救济。失业保险金的标准，按照低于当地最低工资标准、高于城市居民最低生活保障标准的水平，由省（自治区、直辖市）人民政府确定。

2011 年 7 月 1 日起实施的《中华人民共和国社会保险法》（以下简称《社会保险法》）是我国社会保障法建设中的一个里程碑。《社会保险法》将我国多年来被实践证明行之有效的失业保险制度通过立法程序以法律的形式固定下来，上升为国家意志，增强了失业保险的强制性、规范性和稳定性。

截至 2014 年年底，全国参加失业保险人数为 17 043 万人，比 2013 年年末增加 626 万人。其中，参加失业保险的农民工人数为 4071 万人，比 2013 年年末增加 331 万人。2014 年年末全国领取失业保险金人数为 207 万人，比 2013 年年末增加 10 万人。全年共为 78 万名劳动合同期满未续订或提前解除劳动合同的农民合同制工人支付了一次性生活补助。

2014 年全年失业保险基金收入 1380 亿元，比 2013 年增长 7.1%；支出 615 亿元，比 2013 年增长 15.6%。2013 年末失业保险基金累计结存 4451 亿元。

④工伤保险　工伤保险是指由用人单位缴纳工伤保险费，对劳动者因工作原因或在规

定的某些特殊情况下，遭受意外伤害或因职业病导致暂时或永久地丧失劳动能力以及死亡时，劳动者或其遗属依法获得工伤保险待遇的一项社会保险制度。工伤保险作为国家立法，始于19世纪后期的德国，而后澳大利亚、挪威、日本、美国等国家也相继颁布了关于工伤保险的法律。

1951年，我国颁布了《中华人民共和国劳动保险条例》，开始在企业内实施对职工因工负伤的治疗及补偿办法。1996年，颁布了《企业职工工伤保险试行办法》，初步确立了新型工伤保险制度的基本框架。近年来通过颁布《社会保险法》《社会保险基金先行支付暂行办法》和新《工伤保险条例》，已将工伤预防、工伤经济补偿和工伤康复三大工伤保险功能逐步纳入工伤保险制度体系之中。新《工伤保险条例》规定用人单位应当按时缴纳工伤保险费，国家根据不同行业的工伤风险程度确定行业的差别费率，并根据工伤保险费使用、工伤发生率等情况在每个行业内确定若干费率档次。风险较小的行业、中等风险的行业和风险较大的行业用人单位分别按职工工资总额的0.5%、1%、2%缴纳保费。职工个人不缴纳工伤保险费。工伤保险基金逐步实行省级统筹。

截至2014年年底，全国参加工伤保险人数为20 639万人，比2013年年末增加722万人。其中，参加工伤保险的农民工人数为7362万人，比2013年年末增加98万人。全年认定（视同）工伤114.7万人，比2013年减少3.7万人；全年评定伤残等级人数为55.8万人，比2013年增加4.6万人。全年享受工伤保险待遇人数为198万人，比2013年增加3万人。

全年工伤保险基金收入695亿元，支出560亿元，分别比2013年增长13.0%和16.3%。2014年年底工伤保险基金累计结存1129亿元（含储备金190亿元）。

⑤生育保险　生育保险是国家通过立法，在怀孕和分娩的妇女劳动者暂时中断劳动时，由国家和社会提供医疗服务、生育津贴和产假的一种社会保险制度，是国家或社会对生育的职工给予必要的经济补偿和医疗保健的社会保险制度。我国生育保险待遇主要包括两项：一是生育津贴，即女职工依法享受产假期间的生育津贴，按本企业上年度职工月平均工资计发，由生育保险基金支付；二是生育医疗待遇，即女职工生育的检查费、接生费、手术费、住院费和药费由生育保险基金支付。超出规定的医疗业务费和药费（含自费药品和营养药品的药费）由职工个人负担。女职工生育出院后，因生育引起疾病的医疗费，由生育保险基金支付；其他疾病的医疗费，按照医疗保险待遇的规定办理。女职工产假期满后，因病需要休息治疗的，按照有关病假待遇和医疗保险待遇规定办理。

我国生育保险实行两种制度并存：第一种是由女职工所在单位负担生育女职工的产假工资和生育医疗费；第二种是根据《企业职工生育保险试行办法》规定，参加生育保险社会统筹的用人单位，应向当地社会保险经办机构缴纳生育保险费。最高不得超过工资总额的1%，职工个人不缴费。

2014年年末全国参加生育保险人数为17 039万人，比2013年年末增加647万人。全年共有613万人次享受了生育保险待遇，比上年增加91万人次。

全年生育保险基金收入446亿元，支出368亿元，分别比2013年增长21.1%和30.2%。2014年年末生育保险基金累计结存593亿元。

⑥住房公积金　住房公积金，是指国家机关、国有企业、城镇集体企业、外商投资企

业、城镇私营企业及其他城镇企业、事业单位、民办非企业单位、社会团体（以下统称单位）及其在职职工缴存的长期住房储金。职工个人缴存的住房公积金和职工所在单位为职工缴存的住房公积金，属于职工个人所有。住房公积金的管理实行住房公积金管理委员会决策、住房公积金管理中心运作、银行专户存储、财政监督的原则。

(2) 社会救济

所谓社会救济是指国家通过国民收入的再分配，对因自然灾害或其他经济原因、社会原因而无法维持最低生活水平的社会成员给予帮助，以保障其最低生活水平的制度。是国家和社会为保证每个公民享有基本生活权利，而对贫困者提供的物质帮助。主要包括自然社会救济、灾害救济、失业救济、孤寡病残救济和城乡困难户救济等。包括提供必要的生活资助、福利设施，急需的生产资料、劳务、技术、信息服务等。救济的特点：一是经费全部由政府从财政资金中解决；二是享受社会救助待遇的接受人需要接受一定形式的经济状况调查，符合救济条件的个人或家庭才能接受救济。

目前我国的社会救济主要包括三部分：一是城乡困难户救济，即政府向城镇居民中无生活来源的孤老残幼和收入不能维持基本生活的贫困户以及农村中主要劳动力病残或死亡的家庭提供必要的帮助；二是农村"五保户"救济，即政府向农村的"五保户"（即保吃、穿、住、医、葬）提供的资助；三是灾民救济，即政府向遭受严重自然灾害而陷入生活困境的城乡居民提供的资助。

20世纪50年代，我国建立了针对城乡贫困居民的社会救济制度。1993年开始对城市社会救济制度进行改革，尝试建立最低生活保障制度。为了妥善解决城市贫困人口的生活困难问题，国务院决定在全国建立城市居民最低生活保障制度，并于1997年9月2日下发了《关于在全国建立城市居民最低生活保障制度的通知》（国发〔1997〕29号）。城市居民最低生活保障制度的保障对象是家庭人均收入低于当地最低生活保障标准的、持有非农业户口的城市居民，主要对象是以下三类人员：无生活来源、无劳动能力、无法定赡养人或抚养人的居民；领取失业救济金期间或失业救济期满仍未重新就业，家庭人均收入低于最低生活保障标准的居民；在职人员和下岗人员在领取工资、基本生活费后以及退休人员领取退休金后，其家庭人均收入仍低于最低生活保障标准的居民。家庭成员收入是确定城市低保对象的关键。到1999年，我国所有城市和有建制镇的县城均实行了最低生活保障制度。

为了切实解决农村贫困人口的生活困难，国务院于2007年颁布了《关于在全国建立农村最低生活保障制度的通知》（国发〔2007〕19号），决定从2007年起在全国建立农村最低生活保障制度。对象是家庭年人均纯收入低于当地最低生活保障标准的农村居民，主要是因病残、年老体弱、丧失劳动能力以及生存条件恶劣等原因造成生活常年困难的农村居民。目标是通过在全国范围建立农村最低生活保障制度，将符合条件的农村贫困人口全部纳入保障范围，稳定、持久、有效地解决全国农村贫困人口的温饱问题。建立农村最低生活保障制度，实行地方人民政府负责制，按属地进行管理。农村最低生活保障标准由县级以上地方人民政府按照能够维持当地农村居民全年基本生活所必需的吃饭、穿衣、用水、用电等费用确定，并报上一级地方人民政府备案后公布执行。农村最低生活保障资金的筹集以地方为主，地方各级人民政府要将农村最低生活保障资金列入财政预算，省级人民政

表 6-4　2007—2014 年社会救助情况　　　　　　　　　　　　万人

年份	城市居民最低生活保障人数	农村居民最低生活保障人数	农村集中供养五保人数	农村分散供养五保人数	传统救济人数
2007	2272.1	3566.3	138.0	393.3	75.0
2008	2334.8	4305.5	155.6	393.0	72.2
2009	2345.6	4760.0	171.8	381.6	62.2
2010	2310.5	5214.0	177.4	378.9	59.5
2011	2276.8	5305.7	184.5	366.5	68.7
2012	2143.5	2143.5	185.3	360.3	79.6
2013	2143.5	5388.0	183.5	353.8	73.0
2014	1877.0	5207.2	174.3	354.8	74.5

资料来源：历年《中国财政年鉴》。

府要加大投入。中央财政对财政困难地区给予适当补助。2007—2014 年社会救助情况如表 6-4 所列。

（3）社会优抚

社会优抚是针对军人及其家属所建立的社会保障制度，是指国家和社会对军人及其家属所提供的各种优待、抚恤、养老、就业安置等待遇和服务的保障制度。保障对象主要包括中国人民解放军现役军人和武警官兵、革命伤残军人、复员退伍军人、革命烈士家属、因公牺牲军人家属、病故军人家属、现役军人家属等。

社会优抚的特点：一是优抚对象具有特定性。优抚的对象是为革命事业和保卫国家安全做出牺牲和贡献的特殊社会群体，由国家对他们的牺牲和贡献给予补偿和褒扬。二是优抚保障的标准较高。由于优抚具有补偿和褒扬性质，因此，优抚待遇高于一般的社会保障标准，优抚对象能够优先优惠地享受国家和社会提供的各种优待、抚恤、服务和政策扶持。三是优抚优待的资金主要由国家财政支出。优抚工作是政府的一项重要行为，优抚优待的资金就要由国家财政投入，还有一部分由社会承担，只有在医疗保险和合作医疗方面由个人缴纳一部分费用。四是优抚内容具有综合性的特点。

社会优抚与社会保险、社会救助和社会福利不同，它是特别针对某一特殊身份的人所设立的，内容涉及社会保险、社会救助和社会福利等，包括抚恤、优待、养老、就业安置等多方面的内容，是一种综合性的项目。为保障优抚安置对象的权益，国家陆续颁布了《革命烈士褒扬条例》《军人抚恤优待条例》和《城镇退役士兵安置条例》等法规。

（4）社会福利

社会福利是指政府出资为那些生活困难的老人、孤儿和残疾人等特殊困难群体提供生活保障而建立的制度。为保障特殊困难群体的生活权益，国家先后颁布了《中华人民共和国老年人权益保障法》《中华人民共和国残疾人保障法》和《农村五保供养工作条例》等法律法规。

社会福利一般包括现金援助和直接服务。现金援助通过社会保险、社会救助和收入补贴等形式实现；直接服务通过兴办各类社会福利机构和设施实现，主要内容有医疗卫生服务、文化教育服务、劳动就业服务、住宅服务、孤老残幼服务、残疾康复服务、犯罪矫治及感化服务、心理卫生服务、公共福利服务等。服务对象包括老年人、残疾人、妇女、儿童、青少年、军人及其家属、贫困者，以及其他需要帮助的社会成员和家庭等。服务形式有人力、物力、财力的帮助，包括国家、集体、个人兴办的社会福利事业的收养，社区服务，家庭服务，个案服务，群体服务等。

6.1.3.2 我国社会保障制度的改革发展历程

改革开放以来，我国社会保障事业得到了突飞猛进的发展。社会保障制度框架基本形成。在城镇，我国已经基本建立了养老、医疗、失业、工伤和生育保险五项社会保险制度，并且已经全面实施了最低生活保障制度；在农村，我国正在全面推进最低生活保障制度，努力探索养老保险制度，不断加快新型合作医疗改革试点的步伐。中国社会保险覆盖范围不断扩大，筹资渠道逐步拓宽，基金支撑能力显著增强，享受社会保障待遇的人数迅速增加。五项社会保险的参保人数年均增幅达到7%，五项社会保险基金收入年均增幅达到20%左右。我国社会保障制度的改革和发展历程大概可以分为以下四个阶段：

(1) 1978—1991年恢复性改革阶段

中国养老保障制度建立于1951年，主要覆盖城镇企业职工。根据当时的《中华人民共和国劳动保险条例》，社会保险经办机构按职工工资总额的3%提取劳动保险基金，并在全国范围内调剂使用。1955年，国家建立了机关、事业单位工作人员的养老保险制度。1958年，国家根据当时的实际情况，将企业和机关事业单位的两个养老保险制度在适当放宽养老条件和提高待遇标准的基础上做了统一规定，并一直沿用到1978年。1978年被《关于工人退休、退职的暂行办法》和《关于安置老弱病残干部的暂行办法》所取代。这个历史阶段的社会保险的特点是，所有的个人福利与生老病死都由企业负担。从这个意义上讲，这个阶段的保险是"企业保险"，而不是"社会保险"。这种保险制度既为社会主义建设作出了巨大的贡献，但同时也存在着比较严重的问题，它显然不能适应改革开放的形势和经济转型的需要。总的看来，1978年以前"传统社会保障制度"既是国际共产主义运动的一个合理延续，也是中国特殊历史条件下特殊经济体制的产物，是计划经济体制下不可避免的、具有保障支持作用的"子制度"，它为新中国的工业化发展立下了汗马功劳。

1966年开始的十年"文化大革命"对当时的社会保障制度造成了严重冲击。1978年召开的中共十一届三中全会扭转了我国社会经济的混乱局面，为社会保障制度改革提供了宽松的政治、社会条件。自1978年中国进行经济体制改革以后，政府针对养老保险制度存在的弊端进行了一系列改革，主要是实行了养老保险费用社会统筹，建立劳动合同制工人养老保险制度，养老保险基金实行国家、企业和个人三方负担，引入个人缴纳养老保险费机制，探索建立国家基本养老保险、企业补充养老保险和个人储蓄性养老保险多层次的养老保险体系。

总之，1978年以前我国社会保障制度的典型特征是"企业保险"，而1978—1991年这一阶段主要是维持、巩固和完善这种制度模式，因此，这一阶段的主要目的还是解决历史遗留问题和恢复被"文化大革命"破坏的养老保障制度。与此同时，这一阶段的一些改革措施也积极促进了"企业保险"向"社会保险"的转变。例如，从1984年开始，中国开始尝试养老保险费用的社会统筹，其目的是"还原"社会养老保险的基本职能，并在江苏省泰州市、广东省东莞市、湖北省江门市、辽宁省黑山县等地开始试行退休人员的退休费社会统筹。在统筹方面，自1986年起首先实现了全国县、市一级的养老保险费社会统筹，进而又推进省一级的统筹工作。至1994年全国先后有北京、天津、上海、吉林、河北、山西、青海、江西、湖南、福建、宁夏、陕西、四川13个省（自治区、直辖市）实现了省级统筹，包括：铁道、煤炭、水利、电力、邮电、交通等在内的11个行业实行了养老保险的系统统筹。

(2) 1991—2000年探索性改革阶段

1991—2000年这10年是中国社会保障制度的探索性改革阶段，也是我国社会保障制度框架形成的重要时期。在这个时期，中国社会保障制度的形成主要由以下四个重要法规文件构成：

第一，1991年6月，国务院发布《关于企业职工养老保险制度改革的决定》，开始尝试性的社会养老保险结构的改革实践。在养老保险的筹资方面，确定社会养老保险费用由国家、企业和职工三方共同筹资。在制度结构上，确定探索建立国家基本养老保险、企业补充养老保险和个人储蓄性养老保险相结合的多层次养老保险体系。

第二，1993年中共中央十四届三中全会通过的《中共中央关于建立社会主义市场经济体制若干问题的决定》正式决定实行社会统筹和个人账户相结合的社会保险制度，其中一个最重大的突破是关于个人账户的设置；"社会统筹和个人账户相结合"实际上就是社会统筹和积累制的结合。另一个突破是要求建立统一的社会保障管理机构，社会保障行政管理和社会保险基金经营要分开，社会保障管理机构主要是行使行政管理职能；社会保险基金经办机构，在保证基金正常支付和安全性、流动性的前提下，可依法把社会保险基金主要用于购买国家债券，确保社会保险基金的保值增值。

第三，1995年3月，国务院发布的《关于深化企业职工养老保险制度改革的通知》具体确定"社会统筹与个人账户相结合"的实施方案，确定"统账结合"是中国城镇企业职工基本养老保险制度改革的方向。提出到20世纪末，基本建立适应社会主义市场经济体制要求，适用于城镇各类企业职工和个体劳动者，资本来源多渠道，保障方式多层次，社会统筹与个人账户相结合、权利与义务相对应，管理服务社会化的养老保险体系。

第四，1997年7月，国务院颁布《关于建立统一的企业职工基本养老保险制度的决定》，为解决养老保险制度多种方案并存的破碎局面，采取了以下措施：①在养老保险费的筹集方面，按职工工资的11%建立养老保险个人账户，其中个人缴费最终上升到8%，企业缴费划入的部分最终降低到3%；②在企业缴费的控制方面，企业缴费（含划入个人账户部分）的费率不得超过工资总额的20%；③养老金的构成由基础养老金和个人账户两部分组成；④将11个行业统筹划归地方社会保险机构管理，至1997年年末，11个参加行业统筹的在职职工人数为1400万人，占国有企业职工总数的15.8%，离退休人员360万人，占参加统筹企业离退休人数的13.2%；⑤为了加速养老保险制度改革，国务院还决定在行业统筹移交地方统一管理的同时，加大推进省级养老保险统筹的力度，确立了基本养老保险基金省级调剂金制度的推进计划。确定到2000年，在省（自治区、直辖市）范围内，要基本实现统一企业缴纳基本养老保险费比例，统一管理和调度使用基本养老保险基金，对社会保险经办机构实行省级垂直管理。

(3) 2000—2006年"做实"试点阶段

在"社会统筹和个人账户相结合"的制度模型下，由于改革前退休的"老人"，以及改革前参加工作、改革后才退休的"中人"缺乏积累，造成统筹账户存在巨大支付缺口，各地社保部门均调用个人账户资金用于当期支付，个人账户有名无实，长年"空转"。挪用个人账户造成的新债，加之远未偿还的"隐性负债"旧债，一起将偿付责任推向了未来。个人账户的长期空转不仅严重打击了个人缴费的积极性，而且背离了统账结合的改革方向。

2000年，国务院决定选择辽宁省进行完善城镇社会保障体系试点，颁布了《关于印发完善城镇社会保障体系试点方案的通知》，决定从2001年7月开始在辽宁省进行完善城镇社会保障体系试点工作。试点的内容主要有两个方面：第一，将个人账户的规模从11%降到8%；第二，逐渐将个人账户由个人全部"做实"，到2003年11月底，全省参加企业基本社会养老保险人数687万人，累计征收做实个人账户资金83.6亿元，个人账户计清率为99.9%。辽宁试点的核心内容是将一直"空账"运行的个人账户"做实"，实行真正的"半积累制"。辽宁试点的其他内容还包括：完善城镇企业职工的基本养老保险；解决下岗职工的安置、结束旧的劳动关系，完成再就业中心向失业保险并轨工作的历史使命；实施城镇居民最低生活保障；推进城镇企业职工的基本医疗保险；探索社会保障筹资的途径和管理方法；推进社会保险的社会化管理。目标是建立独立于企业、事业单位之外，资金来源多元化、保障制度规范化、管理服务社会化的社会保障体系。

2003年，党中央、国务院决定，在黑龙江和吉林两省进行扩大完善城镇社会保障体系试点工作，提出在总结辽宁省试点经验的基础上，通过两省的试点，为完善我国城镇社会保障体系进一步积累经验。2005年12月，国务院发布《关于完善企业职工基本养老保险制度的决定》，从2006年起又将试点改革扩大到除东三省之外的八省（自治区、直辖市），包括天津、上海、山东、山西、湖北、湖南、河南和新疆。

(4) 2006年至今"全覆盖"改革阶段

2006年中共十六届六中全会从构建社会主义和谐社会的战略高度，明确提出到2020年建立覆盖全民的社会保障体系。2007年中共十七大报告再次提出加快建立覆盖城乡居民的社会保障体系。这标志着中国社会保障制度建设进入了一个新的历史阶段。到2020年，中国政府要在一个十几亿人口的大国做到全民保障。这不仅是中国人民的福音，也是对世界养老保障制度的一个重大贡献。同时，这个任务也是十分艰巨的，需要更多的智慧和付出更多的努力。

2007年年底，《中华人民共和国社会保险法（草案）》（以下简称《社会保险法》）提交全国人大常委会审议，草案确定了"广覆盖、保基本、多层次、可持续的方针"，明确了我国社会保险制度的基本框架，对社会保险的覆盖范围、社会保险费征收、社会保险待遇的享受、社会保险基金的管理和运营、社会保险经办机构的职责、社会保险监督以及法律责任等方面作了规定。《社会保险法》的出台有助于推动中国社会保障事业的法制化，增强社会保障制度的权威性和稳定性。

目前，我国社保改革面临的主要问题有：虽然多层次的社会保障制度已经初步建立，但是各个层次之间缺乏有机的联系；虽然统账结合的制度模式已经确定，但是长期的空账运转使得半积累制未落到实处；虽然扩大覆盖面的工作取得新进展，但是防止"碎片化"和建立统一的社保制度仍需努力。在发展和改革社保制度过程中，需要注意经济政策和社会福利政策的关系，防止出现"拉美化"；还需要注意统账结合与部分积累制的关系，要用科学发展观统领社保改革。

6.1.3.3 我国社会保障制度的改革目标和方向

我国社会保障制度改革的基本目标是：①全方位的保障功能，即根据人的生命周期的不同阶段的不同保障需要设定保障对象；②全社会的保障范围，即指将社会每个成员都纳入保障体系；③社会保障基金（税）专款专用，并与经济发展保持动态平衡。要以社会保障税的形式统一征收保障基金，并将其纳入财政预算，明确专门机构，专款专用。

我国社会保障制度改革的方向是：

(1) 确定合理的财政社会保障支出规模，加大社会保障支出力度

许多学者都得出一致的结论，即应加大财政对社会保障支出的力度，但财政保障支出合理性水平的测定却一直是关键的瓶颈问题。如何测定以及结果如何定位都需要后来者前赴后继地探索与求解。只有这样，才能保证财政资金的科学位用，才能适应社会主义市场经济的发展。

(2) 调整公共财政支出结构，完善公共财政体制

"十二五"规划提出要建立覆盖城乡的社会保障体系、实现基础金养老的全国统筹、城乡社会救助全覆盖等目标，就必然要求公共财政向农村倾斜，向社会弱势群体倾斜，通过财政支持政策，调整财政支出结构，突出重点，注重民生，从存量和增量支出两方面给予倾斜支持，才能尽快达到统筹城乡、缩小差距、实现基本公共服务均等化的发展目标。

(3) 加快有关制度改革，提高社会保障支出效益

①明晰中央与地方政府的责任　中央与地方政府同时担负着完善社保资金管理和使用的责任。具体来讲，中央政府应提供具有全国性公共产品特征的保障项目与物品，而地方政府则应提供具有较强的地方特征的社会保障产品，如城市居民最低生活保障、社会救济和社会福利保障项目。

②建立社会保障管理体系　关键是要在各级政府内部建立协作分工的行政管理体系。实行责任到部门、责任到人的具体实施规则。这样既可以提高各个部门和单位的工作积极性，又能体现效率与公平。

③适时开征社会保障税，完善社会保障筹资体系　开征社会保障税是我国社会保险基金征缴的发展方向，应该积极探索开征社会保障税的方案，在合适的时机推出适合我国国情的社会保障税制。目前，社会保险基金征缴适宜采取税与费相结合的方式，个人账户为缴费，统筹基金为征税。

6.2　财政补贴支出

6.2.1　财政补贴的概念与分类

财政补贴支出和社会保障支出均属于转移性支出，二者具有很多相似之处。都是政府将一部分税收无偿转移给受益者，使受益者收入增加，经济状况得以改善。但是，同样一笔钱，用于财政补贴还是用于社会保障，效果并不一样。贫困者拿到政府的补贴就要消费，便会引起需求扩大，物价上涨。正因为如此，用于社会保障的转移支出对市场价格的影响是间接和不确定的。而财政补贴总是与相对价格的变动联系在一起，或者是补贴引起价格变动，或者是价格变动导致财政补贴。因为存在这种联系，很多人就把财政补贴称为价格补贴。因为与相对价格结构有直接关联，财政补贴便产生改变资源配置结构、供给结构与需求结构的影响，而社会保障支出则很少产生这种影响。

6.2.1.1 财政补贴的概念

根据上述分析，我们可以把财政补贴定义为：财政补贴是一种影响相对价格结构，从而可以改变资源配置结构、供给结构和需求结构的政府无偿支出。

6.2.1.2 财政补贴的分类

财政补贴普遍存在于世界各过的财政支出中，由于各国的社会制度、经济发展水平各异，其财政补贴构成的内容也呈现出多样性。其中，最重要、最常见的是分类有以下几种：

(1) 物价补贴

物价补贴是指国家为了弥补因价格体制或政策原因，造成人民生活水平降低或企业利润减少而支付的补贴。我国的财政补贴中，一半以上是物价补贴。当市场价格过低，农民增产不增收时，政府为保护农户利益，按保护价收购粮食，实行的就是农产品物价补贴。实行补贴后，农产品的相对价格提高了，供给持续增加，就能够保证粮食安全。同理，政府推出经济适用房政策，对低收入者给予住房补贴，那么房价相对下降，需求增加，刺激了房地产市场的发展，便能够拉动经济更快增长。

按照财政统计年鉴的口径，我国政策性补贴大致包括粮棉油价格补贴、平抑物价等补贴、肉食品价格补贴和其他价格补贴，具体如表6-5所列。

表6-5 1978—2006年我国的政策性补贴支出

年份	财政支出总额（亿元）	政策性补贴支出（亿元）					政策性补贴占财政支出比重（%）
		小计	粮棉油价格补贴	平抑物价等补贴	肉食品价格补贴	其他价格补贴	
1978	1122.09	11.14	11.14				0.99
1979	1281.79	79.2	54.85			24.35	6.18
1980	1228.83	117.71	102.8			14.91	9.58
1981	1138.41	159.41	142.22			17.19	14.00
1982	1229.98	172.22	156.19			16.03	14.00
1983	1409.52	197.37	182.13			15.24	14.00
1984	1701.02	218.34	201.67			16.67	12.84
1985	2004.25	261.79	198.66		33.52	29.61	13.06
1986	2204.91	257.48	169.37		42.24	45.87	11.68
1987	2262.18	294.6	195.43		42.74	56.43	13.02
1988	2491.21	316.82	204.03		40.4	72.39	12.72
1989	2823.78	373.55	262.52		41.29	69.74	13.23
1990	3083.59	380.8	267.61		41.78	71.41	12.35

(续)

年 份	财政支出总额（亿元）	政策性补贴支出（亿元）					政策性补贴占财政支出比重（%）
		小 计	粮棉油价格补贴	平抑物价等补贴	肉食品价格补贴	其他价格补贴	
1991	3386.62	373.77	267.03		42.46	64.28	11.04
1992	3742.2	321.64	224.35		38.54	58.75	8.59
1993	4642.3	299.3	224.75		29.86	44.69	6.45
1994	5792.62	314.47	202.03	41.25	25.41	45.78	5.43
1995	6823.72	364.89	228.91	50.17	24.17	61.64	5.35
1996	7937.55	453.91	311.39	53.38	27.46	61.68	5.72
1997	9233.56	551.96	413.67	43.2	28.25	66.84	5.98
1998	10 798.18	712.12	565.04	28.1	26.09	92.89	6.59
1999	13 187.67	697.64	492.29	14.25	20.55	170.55	5.29
2000	15 886.5	1042.28	758.74	17.71	19.39	246.44	6.56
2001	18 902.58	741.51	605.44	16.74	4.55	114.78	3.92
2002	22 053.15	645.07	535.24	5.32	1.6	102.91	2.93
2003	24 649.95	617.28	550.15	5.15	1.28	60.7	2.50
2004	28 486.89	795.8	660.41	5.22	1.28	128.89	2.79
2005	33 930.28	998.47	577.91	4.69	0.93	414.94	2.94
2006	40 422.73	1387.52	768.67	8.48	0.94	609.43	3.43

资料来源：历年《中国财政年鉴》。

(2) 企业亏损补贴

企业亏损补贴是指国家对一些因客观原因造成亏损的国有企业给予的补贴，以维持企业的生产经营。在市场经济下，企业处于平等竞争的地位，通过市场机制，实现优胜劣汰，政府原则上不干预企业经营。但在我国实行市场经济的初期，国家对一些有关国计民生的特殊领域或行业必须控制其价格或经营范围，导致企业销售收入不足形成亏损，因而国家财政需要给予一定的政策性补贴。这方面的补贴有粮食企业亏损补贴、煤炭企业亏损补贴、有色金属企业亏损补贴、农垦企业亏损补贴等。

(3) 出口补贴

出口补贴是指国家财政直接或间接给予出口商品生产者和出口商补贴，从而降低出口价格，增强出口产品的竞争力。其主要形式有直接的现金补贴、出口退税、减免出口关税和出口信贷。由于WTO反对政府对外贸出口给予直接的财政补贴（主要是对外贸单位的直接现金补贴），我国在外贸制度改革过程中，逐渐地取消了对出口的直接财政补贴。但WTO不反对对出口给予一定的间接支持，所以对外贸出口的补贴主要是间接财政补贴。

(4) 财政贴息

财政贴息是政府为支持特定领域或区域发展，根据国家宏观经济形势和政策目标对承贷企业的银行贷款利息给予的补贴。其实质等于财政代替企业向银行支付利息。财政贴息主要有两种方式：一是财政将贴息资金直接拨付给受益企业。二是财政将贴息资金拨付给贷款银行，由贷款银行以政策性优惠利率向企业提供贷款，受益企业按照实际发生的利率计算和确认利息费用。

(5) 税收支出

税收支出是指国家财政对于某些纳税人或课税对象给予的减免税。税收支出只减少财政收入，并不列为支出，是一种隐蔽的财政补贴支出。税收支出的实质是政府为实现既定政策目标，增强对某些经济行为的宏观调控，以减少收入为代价的间接支出，属于财政补贴性支出。其形式主要有税收扣除、税额减免、优惠退税、优惠税率、盈亏相抵、税收抵免、税收饶让、税收递延和加速折旧等。改革开放以来，随着我国税制的建立和完善，国家对税收优惠的运用越来越普遍，国家以税收优惠的形式提供的补贴数额急剧增加。税收优惠政策对扶持、鼓励纳税人的经济活动，减轻纳税人的负担以及调节经济等方面都起到了重要作用。

财政补贴根据不同的分类依据，还可以进行各种不同的分类。按补贴的形式，分为现金补贴和实物补贴；按补贴的经济性质分为生产性补贴和生活性补贴；按补贴的环节分为生产环节补贴、流通环节补贴和消费环节补贴；按补贴的对象分为企业补贴和个人补贴；按补贴的透明度分为明补和暗补。

我国在加入 WTO 以后，参考 WTO 的《补贴与反补贴措施协议》将补贴分为以下三类：

(1) 禁止性补贴(红箱补贴)

禁止性补贴是指成员方不得授予或维持的补贴。禁止性补贴有两种：出口补贴和进口替代补贴。

① 出口补贴　是指在法律上或事实上根据出口业绩而提供的补贴。为便于执行，协议附录明确列出了出口补贴清单，其中包括：政府按出口实绩对企业或产业实行直接补贴；外汇留成制度或其他类似的出口奖励措施；政府提供或授权的使出口商品在国内享有更优惠的交通运输费用；政府或其代理机构直接或间接地通过计划方式对出口产品的生产提供该生产所需的进口或国产产品或服务，同时这些条件比该国出口商通过商业上通用的从世界市场取得的条件更优惠；对出口直接税，或工业、商业企业已支付或应支付的社会福利费的全部或部分豁费、退税或缓缴优惠；以直接税为基础而计的，与出口或出口实绩直接相关的特殊税收减让；出口退税超过已征收的金额；在前阶段累计间接税方面，给予用于出口产品生产的商品或服务的税收豁免、退税或缓缴，其优惠程度超过了给予国内消费的同类产品的生产中使用的商品或服务；进料加工时，退还的进口税超过原材料、零配件等在进口时已交纳的进口税额；由政府(或政府控制的特殊机构)优惠提供的出口信贷担保或保险项目；政府(或由政府控制的特殊机构)提供的出口信贷，其利率低于对使用该项基金实际应付的水平；其他构成出口补贴的公共支付。

② 进口替代补贴　是指政府给予国产产品替代进口产品的国内使用者或替代产品的生产者的补贴。补贴的形式是给予进口替代产业和企业以优惠贷款、优先提供商品或服务、外汇留成和使用条件优惠、减免或抵扣应纳税额等。进口替代补贴减少了进口及外汇支出，发展了国内产业，在客观上阻碍了外国产品进入本国市场。

禁止性财政补贴一旦被证实存在，无须证明其是否对其他成员方造成损害或损害威胁，都必须取消，否则会招致其他成员实施的经 WTO 争端解决机构授权的反补贴措施或征收反补贴税。

(2) 可起诉补贴(黄箱补贴)

可起诉的补贴是指对国际贸易造成一定程度的不利影响，可被诉诸 WTO 争端解决机制，或通过征收反补贴税而予以抵销的补贴。根据《补贴与反补贴措施协议》规定，补贴必须以其他成员方的利益造成下列任何一项不利影响才能采取反补贴措施：一是损害另一成员方的国内产业；二是使其他成员根据 1994 关贸总协定直接或间接产生的利益归于无效或受到损害，特别是根据 1994 关贸总协定第二条项下的约束性关税减让而产生的利益；三是严重影响其他成员方的利益。

对于可起诉补贴，提出起诉的成员方需证明该补贴对其利益产生的不良影响。否则，该补贴被认为是允许使用的。

(3) 不可起诉补贴(绿箱补贴)

不可起诉的补贴是指不具有专向型的补贴，或虽具有专向性的补贴但符合《补贴与反补贴措施协议》中的一切条件的补贴：如对企业或高等院校、科研机构在与企业合同基础上进行研究的资助；在成员方的领土范围内根据地区发展总体规划并且非专向性对落后地区提供的资助；改造现有设备，使之适应由法律所提出的新环境要求而提供的资助。对于这类补贴，WTO 成员方不得提出申诉或采取反补贴措施。

6.2.2 财政补贴的必要性和作用

6.2.2.1 财政补贴的必要性

(1) 财政补贴可以改变需求结构

财政补贴在各国都是被当做一种重要的调节经济手段，之所以有这种作用，是因为它可以改变相对价格结构，首先是可以改变需求结构。

人们的需求客观上有一个结构，决定这个结构的因素主要有两个：一是人们所需要的商品和服务的种类；二是各种商品和服务的价格。一般说来，商品和服务的价格越低，需求越大；商品和服务的价格越高，需求越小。居民对消费品的需求以及企业对投入品的需求莫不如此。既然价格的高低可以影响需求结构，那么能够影响价格水平的财政补贴便有影响需求结构的作用。

(2) 财政补贴可以改变供给结构

财政补贴是通过改变企业购进的产品价格(供给价格或销售价格加补贴)，从而改变企业盈利水平实现的。众所周知，在我国的供给结构中，农产品的供给曾有过若干次反复。探究原因不难发现，农产品供给状况改善的时候，总是政府向农业部门提供补贴或增加农业部门补贴的时候。提高农产品价格补贴，使从事农业生产有利可图，农产品供给自然增加，而农产品的增加对改善我国的供给结构有着举足轻重的作用。在我国的煤炭生产上，同样也看到补贴可以调整供给的作用。前些年因为通货膨胀的影响，煤炭部门的生产处于十分不利的地位。政府增加了对煤炭部门的补贴，当年的煤炭生产便有了转机。

(3) 财政补贴将外部效应内在化

对科学研究的补贴是矫正外部效应的一个典型例证。一般说来，由私人部门承担应用科学研究和高新技术开发更有效率，然而任何一项有突破性的应用科学研究和高新技术开发成果都会对许多领域产生影响，比如电子科研与开发的投入很多，成功率却很低，而且从事研究、开发的机构和个人不可能获得全部的收益,而财政给予补贴,可以降低研究与开发成本,缓解风险,实际是将外部效应内在化,从而推进科研与开发的开展。

6.2.2.2 财政补贴的作用

财政补贴是国家财政通过对分配的干预,调节国民经济和社会生活的一种手段,目的是支持生产发展,调节供求关系,稳定市场物价,维护生产经营者或消费者的利益。财政补贴在一定时期内适当运用有益于协调政治、经济和社会中出现的利益矛盾,起到稳定物价、保护生产经营者和消费者的利益、维护社会安定、促进有计划商品经济发展的积极作用。具体而言,财政补贴的作用如下:

(1) 可以有效地贯彻国家的经济政策

财政补贴的对象可以是企业,也可以是城乡居民,但不论补贴对象是谁,最终目的是顺利实施国家的方针政策。比如,对公共交通以及供水、供电和供气等国有企业或事业单位给予适当补贴,是为了平抑物价,减轻居民负担,提高服务质量;当粮食丰收了,按保护价格收购,是为了保证粮食供给,维护农民利益,等等。

(2) 平抑物价水平,保证居民生活水准

在企业生产成本或收购价格上升时,政府给予财政补贴,有助于缓解企业产成品价格的压力,实现物价水平的稳定。在商品价格快速上升时,给予居民补贴,能够保证居民实际收入不下降,保证居民的生活水准。无论是控制物价上涨,还是保证居民收入不下降,归根结底都将有助于实现社会经济的平稳运行,避免过度波动。

(3) 财政补贴可以以少量的财政资金带动社会资金,扩充财政资金

财政资金毕竟是有限的,一些事业必须由财政出资来办,但一些事业可以由财政来办也可以由民间出资来办。民间不太热衷的事业,财政给予补贴,只要财政花费少量的资金就可以将民间资金调动起来,发挥所谓"四两拨千斤"的作用。特别是经济低迷时期,这种作用就更为显著。

(4) 加大技术改造力度,推动产业升级

产业结构优化过程中,财政补贴支出扮演着十分重要的角色。以我国实施的积极财政政策为例,各级政府对民品技术改造项目进行财政贴息,带动了更多的银行配套贷款,调动了企业进行技术改造的信心和积极性,实施了一大批技术改造、高科技产业化和装备的国产化项目,启动了一批对产业结构调整有重大影响的项目,安排了一批可大量替代进口、扩大出口的项目,有力地推动了大中型国有企业技术改造和产业结构的升级。

(5) 可以消除"排挤效应"

比如,我国实施积极的财政政策,政府采取增加公共工程支出的措施,在货币供应量不变的条件下,公共工程支出的增加会直接增加对货币的需求量,从而拉高市场利率水平,利率的提高会加大私人部门的融资成本,从而导致私人投资的萎缩,这就是所谓的挤出效应。如果对私人部门给予补贴,就可以降低私人部门的融资成本,消除这种排挤效应,增强民间投资的意愿,加快民间投资的恢复和增长。

(6) 可以使社会经济得以稳定

在我国的财政补贴中,社会经济稳定往往是首要的目的。如对于企业的亏损补贴,在很大程度上是在产业调整过程中,稳定被调整的产业的收入并诱导其进行更积极的调整;

对居民支付的各类价格补贴,是用于弥补居民因调价所带来的收入损失,基本的功能也是保持社会与经济的稳定;值得一提的是,在 2003 年的 SARS 危机中,为了稳定市场,中央和地方政府对交道业、餐饮业、旅店业等受严重冲击的行业给予了相应的补贴和优惠政策,从效果来看,这些措施对保持中国经济的持续发展有非常重要的意义。

6.2.3 我国现行的财政补贴政策与完善思路

我国从 1953 年起实行财政补贴政策。20 世纪 50~60 年代,财政补贴的范围小、数量少,国家财政能及时调整补贴政策,使补贴与当时的财政承受能力基本相适应。1978 年后财政补贴增长速度加快,呈飞跃式发展。1979 年财政补贴总额为 79.20 亿元,1989 年则上升到 972.43 亿元,后者是前者的 12 倍之多。11 年间财政补贴的增长速度远远超过同期财政收支的增长速度,使财政背上沉重包袱。自 1990 年以后,我国经济体制改革在取得显著成果的同时,财政补贴亦呈下降趋势,一定程度上缓解了财政困境。但从 1994 年以后,由于退货膨胀和新税制等原因,财政补贴总额有所回升。

通过财政补贴,政府将从社会获得的一部分无偿收入,又将其无偿地转给某些企业或居民使用,对不同企业和居民的物质利益进行有效调节。运用得好,能发挥积极作用,促进经济发展;运用不当,则使国家背上沉重财政负担。目前我国财政补贴不规范,财政补贴数额大、项目繁杂,补贴效果异化,加大了社会不公。

6.2.3.1 我国财政补贴存在的问题

(1) 财政补贴规模大、项目杂

总体来看,财政补贴支出在我国经济快速发展以及政府公共服务范围扩大的情况下有其必要性和合理性。但是不可忽视的是改革开放以来为了适应经济改革,财政补贴大多数具有明显的制度性特征。目前,从生产环节到消费环节都有补贴,不仅名目繁多,而且范围广,形式多样。财政补贴有"三多",即种类多、数量多、环节多。截至目前,我国财政补贴多达 160 多种,涉及生产、流通和消费的所有环节,包括直接补贴与间接补贴、明补与暗补、实物与货币补贴,形成补贴无所不在的格局。财政补贴项目过多、数额过大,势必影响国家财政收支平衡,给财政造成不必要的负担。补贴范围过宽,弱化了市场在资源配置中的作用,干扰了市场经济的有效运行。另外,补贴具有较强制性,一旦实施,往往由于既得利益者的影响和政府有关部门的顾虑而不易取消,并且其数额还会水涨船高。

(2) 财政补贴综合效应下降

从财政补贴的效应角度来看,部分补贴政策的积极效应正逐步减弱,消极的效应逐渐增强。我国财政补贴支出很多是通过物价补贴形式。这种补贴形式在计划经济体制下,对于稳定物价、保障居民生活水平发挥了重要作用。在个人分配以计划体制为基础、城镇居民工资水平普遍较低的情况下,国家为了补偿城镇居民的收入损失,通过价格补贴的形式提高居民的实际购买力,保障了绝大多数城镇居民的生活水平。然而,随着我国居民收入分配差距不断扩大,这种价格补贴具备了非"排他性"。因为很多无需补贴的消费者也是因为这项政策而获益,而且富裕的消费者因为购买力强还成为价格补贴最大的获益者。因此,这种普遍价格补贴,对于高收入者更有利,低收入者往往处于不利地位。这样就造成了社会资源极大浪费,补贴支出社会效益不高,违背了财政补贴增进整体社会福利的目的。再如，对农用生产资料生产企业给予补贴，同时又不控制其产品的市场价格，导致大量补贴流入中间渠道商手中，农民被迫购买高价生产资料。然后政府给农民以补贴，这又诱发了农用生产资料价格的攀升，财政补贴反而促成了一种恶性涨价循环。

6.2.3.2 我国民生领域的主要财政补贴

近年来，公共财政逐渐向民生财政发展，最为突出的是政府在政策、方针和资金投入方面向民生领域大力倾斜，财政补贴也不例外，越发体现其民生理念。政府对于价格补贴、住房补贴、家电下乡补贴和"三农"补贴力度不断增强，规模不断扩大。农村居民可按照产品的销售价格享受国家财政13%的补贴，以激活农民的购买能力，扩大农村消费，促进内需和外需协调发展。截至2012年2月底，全国累计销售家电下乡产品2.3亿台，实现销售额5378.5亿元，发放补贴626.2亿元。

"三农"支出是指财政对农业、农村和农民投入的总和。近年来，中央把"三农"工作作为各项工作的重中之重，出台了一系列重大的强农惠农政策。我国目前属于补贴性质的"三农"资金，主要包括农村"五保"资金、农村低保资金、减灾备灾资金、粮食补贴资金、农资补贴资金、良种补贴资金等，大体上分为困难性救助和发展性导向两种资金。前者如农村低保救助资金，目的是保证困难村民的基本生活。后者如良种补贴资金，目的是引导农民采用优质良种而放弃劣质或者一般性质的种子，从而提高农作物产量，保证国家粮食安全，同时扶植国家农业科技产业的发展。2011年，中央财政对"三农"的实际投入突破1万亿元大关，达到10 408.6亿元，同比增长21.3%。其中，粮食直补、农资综合补贴、良种补贴和农机具购置补贴这四项，资金达1406亿元，比2004年的145亿元增长了近9倍。

6.2.3.3 进一步完善财政补贴制度的思路

在建立社会主义市场经济的过程中，应从发挥市场资源配置的基础性作用、加强国家宏观调控出发，通过经济体制的深化改革，建立适应市场经济体制要求的新型财政补贴制度。针对我国现行补贴制度中存在的诸多问题，根据市场经济应该遵循的基本原则，改革财政补贴的基本思路是：在总量上，减少补贴项目，压缩补贴规模；在结构上，规范补贴方式，调整分配格局。具体来讲今后应从以下四个方面进行完善。

(1) 合理确定财政补贴的项目，取消不符合WTO规则的补贴

我国财政补贴项目过于泛滥，造成了沉重的财政负担，也影响了市场机制的运行。对于补贴项目应进行周期性的审核，保留合理的项目，如对带有公共产品性质的、市场竞争力比较弱的社会公益事业，基础产业和农业补贴要予以保留；及时取消一些过时的补贴项目，比如不符合WTO规则的补贴，即取消针对出口的各种财政补贴；取消我国曾存在的采用税收手段支持国产产品替代进口产品的补贴；取消对农产品价格补贴，建立粮棉生产贷款贴息基金和价格风险基金、农产品储备基金等。

(2) 充分利用WTO的优惠待遇，合理利用可诉补贴

可诉补贴，指那些虽被禁止，又能自动免于质疑的补贴。评判其是否合理，就看该项补贴是否使起诉的成员国利益受损，如果利益受损，就是不合理的；反之，如果利益不受损，就是合理的。可诉补贴基于互惠互利，只要贸易双方两相情愿，心照不宣，世贸组织就不予过问。有操作性的可诉补贴有：政府对某项产品实行不超过从价总额5%的补贴；

对某项产业实行小额补贴以弥补经营性亏损；为解决某个大企业长期发展，避免产生严重社会问题而提供一次性补贴；对一些规模有限、影响相对较小的企业可以直接免除政府债务等。我国必须把握好补贴尤其是科技补贴的范围和度，充分运用科技补贴，以求促进科技事业的长足发展。可以借鉴的经验有：加大企业所得税扣除比例，加大对企业技术改造贷款的贴息力度，由政府出资对部分项目进行前期开发等。

(3) 用足用好不可诉补贴

①用足用好财政补贴，加强环境保护　环境保护问题是当今全人类共同面临的挑战性问题，关系到人类的生存和发展，因此环境问题受到世界各国政府的高度重视。我国当前在经济发展突飞猛进的大好形势下，运用财政补贴政策保护环境和修复被破坏的环境，引导企业、居民保护环境，已成当务之急。

②增加对落后地区的补贴　由于目前我国地区间的人均收入差距已经达到不可诉补贴中对落后地区的补贴标准，即人均国民生产总值不超过全国平均国民生产总值的85%等条件，我国可以对西部落后地区的产业和企业进行补贴，以促进西部地区的经济发展。

③利用财政补贴促进中小企业的加速发展　中小企业在其创业、发展过程中，普遍具有较高的风险。尽管中小企业的市场前景看好、预期收益不菲，但出于对风险的考虑，许多投资者不愿意对中小企业进行投资贷款。这种状况下，政府应采取一定的补贴措施，引导中小企业的投资倾向和扩大投资规模。对创业阶段属国家鼓励的中小企业投资入股者，政府可以按股金的一定比例配发财政补贴，地方政府可以对获得国家科技型中小企业技术创新基金的项目按规定配以资金补助，参照国家创新基金项目金额发放一定比例的补助。

(4) 调整现行一些效率不高的补贴，以提高财政补贴支出效益

①取消工业企业亏损补贴　工业企业的政策性亏损补贴基本上都是由于产品价格受国家控制，销售收入不足以抵补生产成本造成的，目前绝大多数工业产品的价格都已放开，所以今后除少数仍须由国家直接控制价格的重要产品和劳务外，其他工业企业的亏损补贴都应取消。

②改变农业补贴方式，调整粮食补贴政策　我国当前的粮食补贴政策属于可诉补贴，但现行的补贴政策既扭曲资源配置，又造成收入分配不同，效率不高，应取消"三挂钩"补贴、农产品加价款补贴、地方粮油加价款补贴等，采取粮食直补、良种补贴、农机具购置补贴等。探索对种粮收益综合补贴制度和投资参股、专项贴息制度，加强国家储备和实行最低保护价等。

③提高财政补贴支出效益　必须从制度创新入手，在建立社会主义市场经济体制的过程中，从维护市场配置资源的基础性作用，加强国家宏观调控出发，通过进一步深化改革，建立适应市场经济体制要求的新则财政补贴制度。针对现行补贴制度中存在的诸多问题，根据市场经济应遵循的基本原则，改革财政补贴制度的基本思路是：在总量上，减少财政补贴项目，压缩财政补贴规模；在结构上，规范补贴方式，调整分配格用。

④改革公用事业补贴　社会公用事业大多属于非竞争性行业，举办公用事业既要坚持保本微利原则，又要加强政府对收费和使用的监督，不允许其依靠垄断地位谋求商业性利润和将所收费用用于维持公用事业外的开支。对于少数难以靠收费维持收支平衡的公用事业，如环境保护、城市公共交通等，财政可适当地以招标的方式来提供补贴。

6.3 税收支出

6.3.1 税收支出的概念与分类

6.3.1.1 税收支出的概念

税收支出这一概念源于美国。1967年美国财政部税收政策助理、哈佛大学教授萨里在一次讲话中首次使用了该词。1968年美国财政部将税收支出运用于财政预算分析,公布了美国的第一个税收支出预算。1973年,萨里在其所著的《税收改革之途径》一书中正式使用"税收支出"一词。从此,税收支出作为一种新的财政理论正式出现。1979年萨里和另一学者桑利在研究美国所得税税收结构时指出:美国的所得税税收制度包含两部分内容:一部分为实施正规税收结构所必需的条款,包括征税对象、税率等,以便有效取得税收收入;另一部分则为减免税优惠等一些偏离正常税收结构的特殊条款,是政府出于引导、扶持某些经济活动和刺激投资意愿而制定的税收优惠措施,从而放弃了一些税收收入,与正规税收结构相矛盾的特殊减免条款项目构成了"税收支出体系"。

从西方国家对税收支出概念的研究来看,不同的国家对此有着不同的表述。如美国的定义是,与现行税法的基本结构背离而通过税收制度实现的支出计划;德国的定义是,由于与主要税收准则概念的特殊偏离而减少的收入;经济合作与发展组织(OECD)财政事务委员会专题报告的定义是,为了实现一定的经济和社会目标,通过税收制度发生的政府支出。尽管上述对于税收支出的具体表述不尽一致,但其中依然存在着大家共同认可的部分,即把税收支出定义为:税收支出是以特殊的法律条款规定的,给予特定类型的活动或纳税人以各种税收优惠待遇而形成的收入损失或放弃的收入。可见,税收支出是政府的一种间接性支出,属于财政补贴性支出。

6.3.1.2 税收支出的分类

税收支出均具有财政补贴性质,从其发挥的作用看可以分为照顾性税收支出和刺激性税收支出。

(1) 照顾性税收支出

照顾性税收支出主要是针对纳税人由于客观原因在生产经营上发生临时困难而无力纳税所采取的照顾性措施。例如,国有企业由于受到扭曲的价格等因素的干扰,造成政策性亏损,或纳税人由于自然灾害造成暂时性的财务困难,政府除了用预算手段直接给予财政补贴外,还可以采取税收支出的办法,减少或免除这类纳税人的纳税义务。由此可见,这类税收支出明显带有财政补贴性质,目的在于扶持国家希望发展的亏损或微利企业以及外贸企业,以求国民经济各部门的发展保持基本平衡。但是,需要特别注意的是,在采取这种财政补贴性质的税收支出时,必须严格区分经营性亏损和政策性亏损,要尽可能地避免用税收支出的手段去支持因主观经营管理不善所造成的财务困难。

(2) 刺激性税收支出

刺激性税收支出主要是指用来改善资源配置、提高经济效率的特殊减免规定,主要目的在于正确引导产业结构、产品结构、进出口结构以及市场供求,促进纳税人开发新产品、新技术以及积极安排劳动就业等。这类税收支出是税收优惠政策的主要方面，税收的调节经济的杠杆作用也主要表现于此。刺激性税收支出又可分为两类：一是针对特定纳税人的税收支出；二是针对特定课税对象的税收支出。前者主要是享受税收支出的特定纳税人，不论其经营业务的性质如何，都可以依法得到优惠照顾，如我国对伤残人创办的集体企业以及所有的合资、合作经营企业，在开办初期给予减免税照顾；而后者则主要是从行业产品的性质来考虑，无论经营者是什么性质的纳税人，都可以享受优惠待遇，如我国对农、牧、渔业等用盐可减征盐税等。

6.3.2 税收支出的主要形式

尽管各国对税收支出已规定出明确的定义，但在实践中，真正把税收支出项目与正规的税制结构截然区别开来并非易事。许多国家一般把直接支出作为区分标准：如果能用直接支出替代的减免项目就列为税收支出，否则，就不能算作税收支出。例如，根据所得税制的构成原则，本不属于课税范围的一些扣除和减免项目，诸如个人生活费用的扣除，为取得所得而支出的成本扣除等，就不能列入税收支出的范围。税收支出项目的具体确定虽然困难重重，但还是有一定规律可循。就刺激经济活动和调节社会生活的税收支出而言，其一般形式大致有税收豁免、纳税扣除、税收抵免、优惠税率、延期纳税、盈亏相抵等。

(1) 税收豁免

税收豁免是指一定期间内免除某些纳税人纳税项目的应纳税款。豁免期间、豁免纳税人、豁免项目依据当时的社会经济形势确定。税收豁免有部分豁免与全部豁免之分。部分豁免就是免收纳税人或纳税项目的部分应纳税款；全部豁免则是免收全部应纳税款。这在我国的税收实践中称为"减免税"。最常见的税收豁免有两类，即关税与货物税的税收豁免和所得税的税收豁免。对关税与货物税进行税收豁免，可以降低产品价格，从而降低企业生产成本，增加居民对产品的消费；对所得税进行税收豁免，一方面可以刺激投资、发展经济，另一方面可以促进某些政府社会职能的实现，稳定社会秩序，例如，对企业从治理污染中取得的所得不计入应税所得中，以激发企业治理污染的积极性；此外，还可以促进社会政策的顺利实施，以稳定社会正常生活秩序，诸如对慈善机构、宗教团体等的收入不予课税。

(2) 纳税扣除

纳税扣除是指准许纳税人把一些合乎规定的特殊开支，按一定比例或全部从应税所得中扣除，以减轻其税负。在累进税制下，纳税人的税收负担随着其应税所得额的提高而呈递增态势，即当纳税人的应税所得额有一定的增加量时，累进税率就可能把它推到一个较高的纳税档次。纳税扣除的结果是降低了纳税人的应税所得额，从而使其以较低的税率纳税。一般说来，纳税扣除有直接扣除和加成扣除两种。直接扣除是指允许纳税人将其某些合乎规定的费用做全部的或部分的扣除；加成扣除是指允许纳税人某些规定项目的费用可以超支，以增加费用的方式来减少应税所得。

(3) 税收抵免

税收抵免是指允许纳税人从其某种合乎奖励规定的支出中，以一定比率从其应纳税额中扣除，以减轻其税负。在西方国家，税收抵免的最主要的有两种形式，即投资抵免和国外税收抵免。投资抵免是指允许纳税人将一定比例的设备购置费从其当年应纳公司所得税税额中扣除。这相当于政府对私人投资的补助。故投资抵免也被称为"投资津贴"。投资抵免税的目的在于刺激民间投资，促进资本形成，增加经济增长的潜力。国外税收抵免是指允许纳税人用其在非本国已纳税款抵免其在本国的纳税义务。其目的在于避免对跨国纳税人进行国际重复征税，消除国际间接资本、劳务和技术流动的障碍，妥善处理有关国家间的税收利益分配关系。现实的税收抵免大多是"有限额的抵免"，即各国政府通常都规定一个"抵免限额"，超过该限额的不予抵免，这样做是为了避免抵免限额大于应纳税额过多进而加大政府的损失。

税收抵免与税收扣除的不同之处在于，前者是在计算出应纳税额后，从中减去一定数额，后者则是从应税收入中减去一定金额。由于税收抵免可以减轻纳税人的税收负担，增加其税后所得，它通常作为一种政府的政策工具在实践中加以应用，以实现政府的某些政策目标。

(4) 优惠税率

优惠税率是指对特定的纳税人或纳税项目采用的低于一般税率的税率征税，优惠税率适用的范围可视实际需要加以调整。适用优惠税率的期限可长可短。一般说来，长期优惠税率的鼓励程度大于短期优惠税率，尤其是那些投资额大但获利较迟的企业，可从长期优惠税率中得到较大好处。

(5) 延期纳税

延期纳税亦称税负延迟缴纳，是指允许纳税人将其应纳税款延迟缴纳或者分期缴纳。这种方式一般适用于各种税，尤其适用于税额较大的税收。延期纳税实质上相当于纳税人得到一笔无息贷款，能在一定程度上帮助纳税人解除财务上的困难。对于政府而言，实行延期纳税相当于推后收税，其损失仅仅是一定量的利息。

(6) 盈亏相抵

盈亏相抵是指允许纳税人以某一个年度内的亏损，抵销以后年度的盈余，以减少其以后年度应纳税款，或是冲减以前年度的盈余，申请退还以前年度已纳的部分税款。一般而言，盈亏相抵都有一定的时间限制，且只适用于企业所得税，比如，英国联邦所得税规定：公司当年的净经营亏损，可以从过去三年的盈余中扣除，不足部分可结转到今后七年的盈余中抵补，可见，公司某一年的亏损可以从前三年后七年的盈余中得到补偿。我国税法则规定，企业某一纳税年度发生的亏损可以用下一年度的所得弥补，下一年度的所得不足以弥补的，可以逐年延续弥补，但最长不得超过五年。

(7) 加速折旧

加速折旧是指政府为鼓励特定行业或部门的投资，允许纳税人在固定资产投入使用初期提取较多的折旧，以提前收回投资。由于累计折旧不能超过固定资产的可折旧成本，前期提取较多的折旧必然导致后期所在提取的折旧额相应减少。又由于折旧是企业的一项费用，它与企业应税所得的大小以及与企业的所得税负的大小成反比，所以加速折旧从量上并不能减轻纳税人的税负，其效果是使企业的纳税时间向后推延。对于纳税人而言，尽管其总税负未变，但推迟纳税相当于从政府手中得到一笔无息贷款。对政府而言，在一定时期内，虽然来自这方面的总税收收入不变，但税收收入前少后多，政府损失了一部分收入的"时间价值",因此,这种方式同延期纳税方式一样,都是税收支出的特殊形式。

(8) 退税

退税是指国家按规定对纳税人已纳税款的退还。作为税收支出形式的退税是指优惠退税,即国家为鼓励纳税人从事或扩大某种经济活动而给予的税款退还,它有两种形式:出口退税和再投资退税。出口退税是指国家为鼓励出口,使出口产品以不含税的价格进入国际市场而给予纳税人的税款退还,如退还进口税、退还已纳的国内销售税、消费税、增值税等;再投资退税是指国家为鼓励投资者将获得的利润进行再投资,全部或部分退还其投资部分已缴纳的税款。

(9) 准备金制度

准备金制度是指政府为了使企业将来发生的某些费用或投资有资金来源,在计算企业应纳税所得时,允许企业按照一定的标准将一定量的应税所得作为准备金处理,从应税所得总额中扣除,不必纳税。准备金的种类有投资准备金、技术开发准备金、出口损失准备金、价格变动准备金等。

6.3.3 税收支出的控制

要想保证税收支出作用适当发挥,必须将这种特殊形式的财政支出与直接财政支出一样纳入预算统一管理,正如美国国会在1974年预算法案中所指出的那样,一个不包括税收支出的预算控制过程是一个根本无法控制的预算。世界各国税收支出进行预算管理的做法虽然不尽相同。但仍可以归纳为三种类型,即非制度化的临时监督与控制、重点项目的预算控制和全面的预算管理。

(1) 非制度化的临时监督与控制

非制度化的临时监督与控制是指政府在执行某既定的社会经济政策过程中,当决定运用税收支出解决这一特殊问题时,才对放弃的税收收入进行估价。它没有形成统一的、系统的制度。经济合作与发展组织中的许多国家采用该方法。

(2) 重点项目的预算控制

重点项目的预算控制是指政府只对那些比较重要的税收支出项目规定编制定期报表,纳入国家预算程序,但并不建立独立的税收支出体系。其理由在于:对于一项特定的税收减免,有时很难区分它是属于税收支出,还是属于正规的税收结构。在实践中,连续完整地估价税收支出的成本不大可能;即使是在税收支出统一账户之内,对于一些税收支出项目的归类也有争议。基于以上内容,一些国家只就重要的税收减免项目编制定期报表进行预算分析与控制,而避免建立统一的税收支出账户所可能产生的麻烦。意大利、葡萄牙等少数几个国家采用该方法。

(3) 全面的预算管理

全面的预算管理是指国家严格规定统一的税收支出账户,建立规范的税收支出预算,具体地讲,是对全部税收支出项目,按年编制报表,连同主要的税收支出成本估价,附加年度报告。在美国和加拿大,税收支出预算构成整个国家预算分析的一部分内容。编制统一的税收账户,建立规范的税收支出预算,其理由在于:首先,税收支出是政府贯彻其各项政策的手段之一,应和对直接支出一样,赋予同样的估价的控制程序;其次,有了统一的税收支出账户，政府就能以相同的方法来衡量直接支出与间接支出的成本，比较两者在实现政府不同的政策目标中的效率高低，权衡利弊，选择最优者；最后，建立统一的税收支出账户，可以避免轻易地用直接支出取代税收支出的做法，以利于政府财政支出范围和规模的控制。美国、加拿大、澳大利亚、奥地利、法国和西班牙等国家采用该方法。

为了实现我国税收支出的预算控制，我们目前亟待完成的工作是研究分析现行税收法规，对各种税收优惠项目进行归类，形成与预算支出项目的对照关系：①对现行税法条款进行梳理和分析，将可能减少税收收入的法令条款开列出来；②确定出正规的税制结构，进而确定税收支出的范围和内容；③对被认定为税收支出的各种减免项目进行归类，建立税收支出的控制体系。

▲ 延伸阅读

国务院办公厅印发《深化医药卫生体制改革 2014 年工作总结和 2015 年重点工作任务》

2015 年 5 月，国务院办公厅印发《深化医药卫生体制改革 2014 年工作总结和 2015 年重点工作任务》（以下简称《工作总结和任务》），全面总结了 2014 年深化医改取得的积极进展和成效，分析了医改面临的形势和挑战，在此基础上提出了 2015 年重点工作任务。

《工作总结和任务》指出，2014 年各地各有关部门加强组织领导，加大规划引导和投入力度，强化体制机制改革，注重宣传引导，以公立医院改革为重点，以群众反映的突出问题为导向，深入推进社会办医、全民医保体系建设、巩固完善基本药物制度和基层医疗卫生机构运行新机制、规范药品流通秩序等重点工作，各项改革任务有效推进，取得积极进展。2015 年深化医改要全面落实"十二五"医改规划，继续坚持"保基本、强基层、建机制"的总体要求，推进医疗、医保、医药三医联动，不断提高医疗卫生服务水平，加快健全基本医疗卫生制度，打造健康中国。

《工作总结和任务》共提出 7 个方面 27 项重点工作任务：

一是全面深化公立医院改革。破除以药补医机制，推动建立科学补偿机制，进一步理顺医疗服务价格，深化编制人事制度改革，建立符合医疗卫生行业特点的薪酬制度，优化医疗卫生资源结构布局，加快建立完善现代医院管理制度和加强绩效考核评估等。

二是健全全民医保体系。完善筹资机制和管理服务，全面实施城乡居民大病保险制度，健全重特大疾病保障机制，深化医保支付制度改革，大力发展商业健康保险。

三是大力发展社会办医。进一步完善社会办医政策，加强监督管理，规范服务行为。

四是健全药品供应保障机制。落实公立医院药品集中采购办法，深化药品生产流通领域改革，积极推进药品价格改革，保障药品供应配送，完善创新药和医疗器械评审制度等。

五是完善分级诊疗体系。提升基层服务能力和加快建立基层首诊、双向转诊制度。

六是深化基层医疗卫生机构综合改革。调动基层积极性，加强乡村医生队伍建设，加快促进基本公共卫生服务均等化。

七是统筹推进各项配套改革。推进卫生信息化建设，加强卫生人才队伍建设，健全医药卫生监管体制等有关工作。

《工作总结和任务》明确了各项改革任务的负责部门，对部分重点工作任务提出了时间进度要求。强调各地、各有关部门要加强对医改的组织领导，加强医改监测和评估，确保年度医改重点工作任务顺利推进。

（资料来源：新华网，2015）

中央财政拨付 2015 年农业三项补贴 1434 亿元

据财政部网站消息，财政部、农业部下发通知，拨付 2015 年农资综合补贴、种粮农民直接补贴和农作物良种补贴三项资金 1434 亿元，助力 2015 年农业生产，通知同时就调整完善农业补贴政策作出部署。

通知明确，这次调整完善农业补贴政策，国家对农民的总体支持力度不降低，但对不同粮食种植规模和经营方式农户的补贴有所调整，重点向粮食适度规模经营主体倾斜，以不同方式鼓励不同形式的适度规模化经营。财政部、农业部要求各省（自治区、直辖市、计划单列市）从中央财政拨付的农资综合补贴资金中调整安排 20% 的资金，加上种粮大户试点资金和补贴增量资金，统筹用于支持粮食适度规模经营，重点向种粮大户、家庭农场、农民专业合作社、农业社会化服务组织等新型经营主体倾斜。两部委将于近期印发指导意见，指导各地做好调整完善农业补贴政策工作。

通知要求，各地按照政策要求和管理规定，加快补贴资金分配拨付进度，及时把直接补贴给农民的资金尽快兑付到农民手中。因地制宜地采取农业信贷担保、贴息、现金直补、重大农业技术推广补助等有效方式，支持新型经营主体解决粮食适度规模经营中融资难、融资贵问题，提高粮食生产集约化、社会化水平，转变粮食生产发展方式。

2015 年，两部委还将选择安徽、山东、四川、湖南和浙江五省的部分市县开展农业三项补贴改革试点，将农业三项补贴合并为农业支持保护补贴。

（资料来源：新华网，2015）

本章小结

1. 社会保障是指政府通过专款专用税筹措资金，向老年人、丧失劳动能力的人、失去工作机会的人、病人、收入未能达到应有水平的人等，给予货币或实物形式的帮助，以保障公民能维持最基本生活水平的活动。主要包括社会保险、社会救助、社会优抚、社会福利。

社会保险是一种为丧失劳动能力、暂时失去劳动岗位或因健康原因造成损失的人口提供收入或补偿的一种社会和经济制度。社会保险是社会保障体系的核心部分，包括养老、医疗、失业、工伤、生育保险。社会救助是指国家通过国民收入的再分配，对因自然灾害或其他经济原因、社会原因而无法维持最低生活水平的社会成员给予帮助，以保障其最低生活水平的制度。社会优抚是针对军人及其家属所建立的社会保障制度，是指国家和社会对军人及其家属所提供的各种优待、抚恤、养老、就业安置等待遇和服务的保障制度。社会福利是指政府出资为那些生活困难的老人、孤儿和残疾人等特殊困难群体提供生活保障而建立的制度。

2. 财政补贴是一种影响相对价格结构，从而可以改变资源配置结构、供给结构和需求结构的政府无偿支出。财政补贴按政策目的可分为价格补贴、企业亏损补贴、出口补贴、财政贴息、税收支出等。

3. 税收支出是以特殊的法律条款规定的，给予特定类型的豁免或纳税人以各种税收优惠待遇而形成的收入损失或放弃的收入。税收支出的主要形式有税收豁免、纳税扣除、税收抵免、优惠税率、延期纳税、盈亏相抵、优惠退税、加速折旧和特定准备金。

思考题

1. 试分析转移性支出对经济的影响。
2. 什么是社会保障支出？社会保障支出包括哪些内容？
3. 如何对财政补贴进行分类？财政补贴对社会经济活动有什么影响？
4. 税收支出有哪些类型？税收支出的形式有哪些？

第 7 章　财政收入规模与构成分析

本章提要

本章介绍了财政收入的含义、财政收入的原则,以及财政收入的形式,理解为什么税收是市场经济国家主要的财政收入形式;重点阐述了财政收入规模发展变化的一般趋势,财政收入的衡量指标,以及影响财政收入规模的各种因素;最后介绍了财政收入结构的含义,并重点阐述财政收入结构内容和我国财政收入的构成。

7.1　财政收入的含义、原则与分类

7.1.1　财政收入的含义

财政收入亦称政府收入或公共收入,是国家通过财政各环节集中起来的各种财政资金的总称。它是国家凭借政治权力和经济权力,通过一定的渠道和形式占有一部分社会总产品所获得的由国家集中掌握的货币资金,简单地讲,就是指政府为履行其职能而筹措的一切资金的总和。

从上述的定义中,可以概括财政收入的四个要素:主体、目的、形式和依据。具体而言,财政收入的主体是政府,财政收入的目的是满足政府财政支出的需要,财政收入的结果表现为政府对社会财富的占有,财政收入的依据是政府的权力。

财政收入问题是现代财政理论与实践的重要组成部分。国家各级财政部门利用价值形式参与社会产品或国民收入的分配,把分散在各地区、各部门、各单位劳动者为社会劳动创造的纯收入集中起来,形成国家财政收入。在通常情况下,财政收入随着经济的增长而增长,也随着经济的下降而下降。组织财政收入,筹集财政资金,使之与经济发展相适应,从而为社会经济发展提供财力保障,是财政工作的重要内容。财政收入对巩固国家政权、促进经济和社会发展、提高人民物质文化生活水平,具有重要的意义。

7.1.2　财政收入的原则

组织财政收入的过程,实质上是以国家为主体参与社会产品或国民收入分配和再分配的过程,直接涉及国家与各产业、各经济成分、各企业单位和个人等各方面的物质利益关系。同时,也是体现分配政策的过程。在筹集的整个过程中,政府不能滥取无度,也不能因噎废食,而应该遵守一定的客观原则。财政收入原则是人们对于财政收入与经济发展关

系规律的总结。财政收入原则对政府筹集财政收入、制定财政收入政策起着指导性的作用，不同的财政收入原则也体现了政府不同的理财思想。

(1) 发展经济、广开财源原则

组织财政收入，筹集财政资金，首先要遵循发展经济、广开财源的原则。从马克思理论来说，财政与经济的哲学辩证关系表现为经济决定财政，财政影响经济。经济与财政的关系是根与叶、源与流的关系，根深才能叶茂，源远才能流长。财政作为重要的分配范畴，要以国家为主体参与社会产品或国民收入分配，首先要有可供分配的社会产品或国民收入，而可供分配的社会产品或国民收入，则取决于社会经济的发展。生产决定分配，经济决定财政，这就要求在组织财政收入过程中，首先必须遵循发展经济、广开财源的原则。实践证明，只有经济发展了，才能广开财源，增加国家财政收入。因此，组织财政收入，必须以经济的发展为出发点和归宿点。当前我国财政工作的一个重要方面，就是要促进社会主义市场经济的发展，通过深化改革，优化资源配置，促进生产经营单位转换经营机制，加强企业经营管理，加强经济核算，提高经济效益，以此广开财源，增加国家财政收入。

(2) 兼顾国家、集体和个人物质利益的原则

组织财政收入，筹集财政资金，必然涉及各方面的物质利益关系，特别是国家、集体和个人之间的物质利益关系。在既定的国民经济发展水平下，组织财政收入或分摊公共品成分必须充分考虑各利益相关主体的利益。要想正确处理好各方面的物质利益，必须兼顾国家、集体和个人物质利益的原则，只顾一头，将会影响财政收入的合理取得。首先，要保证国家利益。这是因为，国家利益是社会产品或国民收入分配中劳动者为社会劳动部分的体现，主要用于巩固国家政权和社会主义经济建设，代表广大劳动人民的根本利益，同时也是实现集体利益和个人利益的根本保证。其次，要兼顾集体利益。集体利益，包括企事业单位和社会团体利益，是劳动者的局部利益。财政在正确处理各方面的分配关系时，为了促进集体经济发展和社会各项事业的发展，在保证国家全局利益的前提下，要尽可能兼顾到集体的利益。最后，要兼顾个人利益。个人利益是劳动者个人的切身利益，也是国家利益和企业利益的归宿。国家从劳动者那里取得收入时，既要考虑不同收入者的负担能力，把握适度的"度"，又要在经济建设持续发展的同时，使个人收入不断增加，个人的物质文化生活水平不断得到提高。

(3) 区别对待、合理负担原则

我国地域辽阔，人口众多，由于历史的原因，经济发展很不平衡。因此，我国组织财政收入，不仅要为实现国家职能筹集所需要的资金，而且还要根据党和国家对不同地区和各个产业、各个企业的不同方针政策，实行区别对待、合理负担的原则。区别对待，是指国家按照特定时期政治经济发展的客观要求，对不同性质的缴纳者采取不同的收入负担政策、负担形式和负担办法，以此来对不同地区、不同经济成分、不同产业和部门、不同经营环节以及不同产品项目鼓励或限制。由于不同时期内经济、政治任务不同，区别对待的具体内容必须因时制宜。合理负担，是指除了按照负担能力合理负担外，对国家需要扶持和鼓励的地区、产业和企业在负担上给予政策优惠，以促进这些地区经济、产业和企业的发展。

7.1.3 财政收入的分类

财政收入的分类就是按照财政收入的内在性质和相互联系，对其进行科学、系统的划分和归并。财政收入分类的目的是了解财政收入的来源结构，即财政收入来自于社会经济的哪些方面，又是通过什么形式集中起来的，也就是要了解财政收入的来源渠道。以便把握和分析财政收入结构与现实社会政治经济结构的适应性，并以此为基础制定和设计相应的财政政策和制度，正确处理组织财政收入过程中的各种利益分配关系。同时，为了实现政府财政收入管理的法制化、规范化，发挥政府财政的职能作用，必须从不同角度，按照财政收入的内在关系进行分类。财政收入的分类方法主要有以下几种。

7.1.3.1 按财政收入形式分类

财政收入作为一个集合概念，涵盖多种具体的收入形式。财政收入的形式是指政府取得财政收入的具体方式。这种分类是我国当前财政收入的主要分类方式，它是以财政收入的形成依据为标准来划分的。主要可分为税收收入和非税收入两大类，而非税收入具体又可分为国有资产收入、债务收入和其他收入。按财政收入形式分类可用于分析财政收入规模的变化趋势。

(1) 税收收入

税收是国家或政府为了实现其职能，凭借政治权力，按照法律规定的标准和程序，无偿地、强制地取得财政收入的一种形式。它具有强制性、无偿性、固定性的特征，是国家取得财政收入的重要形式。同时，税收在取得财政收入的过程中，还能起到调节经济运行、资源配置和收入分配的重要作用。目前，世界上绝大多数国家的税收收入都占财政收入的90%左右，税收已成为国家组织财政收入的最基本、最主要的形式。

我国现行的税种，包括增值税、消费税、营业税、企业所得税、个人所得税、资源税、固定资产投资方向调节税、城市维护建设税、房产税、印花税、城镇土地使用税、土地增值税、车船税、船舶吨税、车辆购置税、关税、耕地占用税、契税、烟叶税、其他税收收入。

(2) 国有资产收入

国有资产收入是指国家凭借其所拥有的资产产权取得的财政收入，主要是指国有资产管理部门以国有资产所有者代表的身份，以上缴利润、租金、股息、红利和权益转让等形式所取得的国有资本经营收入和以资产占用费、租金、使用费等形式取得国有资源性资产的收入。它与税收等其他收入形式相比，收入变化波动较大。新中国成立后到改革开放前，国有资产收益主要是国有企业上缴的利润，称为企业收入。它是财政收入的主要来源，占财政收入的份额大体等同于各项税收。改革开放以来，该项收入的分配制度和形式发生了很大的变化，其在财政收入总额中所占的比重大幅下降。目前，国有资产收入主要包括：从国有企业取得的国有资本投资收益；从国有资产产权转让取得的产权转让收入；从国有资源性资产有偿使用取得的国有资源有偿使用收入。

(3) 债务收入

债务收入是政府以信用方式从国内外取得的有偿性收入。债务收入既包括在国内外发行的各种债券，也包括向国内经济组织、外国政府和国际组织的借款收入。这种收入是一种非经常性的财政收入,凭借的是国家的公共信用,其发行也必须遵循信用原则——有借有还。政府的债务收入同私人债务一样具有偿还性,到期不仅要还本还要付息;政府在获得债务收入的同时,又形成一种预期的财政支出,这点与税收的无偿性不同;政府举债还具有认购的自愿性,是否购买以及购买多少完全由认购者自己决定,不具有强制性,这点与税收的强制课征不同。

债务收入的具体形式包括:债券、财政向国家银行借款收入、其他国内借款收入、向国外政府借款收入、向国际组织借款收入和其他国外借款收入等。

(4) 其他收入

其他收入是指除税收收入、国有资产收入和债务收入等形式以外的一些杂项收入。其他收入在财政收入中所占比重较小,但包括的具体项目较多。主要有规费收入、使用费收入、罚没收入、捐赠收入、专项收入和公产收入等。

① 规费收入　规费是政府行政部门为个人或企业提供某种特定服务或实施行政管理所收取的手续费和工本费。规费通常包括行政规费和司法规费两种。行政规费,如护照费、商标登记费、商品检验费等;司法规费,如民事诉讼费、刑事诉讼费、遗产管理登记费、继承登记费和结婚登记费等。

② 使用费收入　使用费是政府部门向特定公共设施或公共服务的使用或受益者按照一定的标准收取的费用。使用费的种类也很多,如交通设施收费、城市公共事业收费、教育事业收费、医疗事业收费、文化事业收费、体育事业收费、环保收费等。

③ 罚没收入　指工商、税收、海关、公安、司法等国家机关和经济管理部门按规定依法查处违法行为的罚款和罚没收入,以及依法追回的赃款和赃物变价款收入。主要包括交通罚款、刑事罚款、法庭罚款、法院裁定罚款及其他罚没收入等。

④ 捐赠收入　是指在政府为某些特定支出项目融资的情况下,政府得到的来自国内外个人或组织的捐赠。如政府得到的专门用于向遭受自然灾害地区的居民或其他生活陷入困难之中的人们提供救济的特别基金的捐赠,战争期间政府得到的来自国内外组织或个人的物力、财力支持,以及和平时期厂商、个人对某些公共设施的捐助等。

⑤ 专项收入　是指具有特定来源,按照特定目的建立,并规定有专门用途的收入。主要有环保部门征收的各种排污费收入、城建部门征收的城市水资源费收入、税务部门征收的教育费附加收入等。

⑥ 公产收入　是指国有山林等公产的产品收入,政府部门主管的公房和其他公产的租赁收入,以及公产的变价收入等。

另外,一些学者将通货膨胀税也列入其他收入之中。通货膨胀税是指政府为了弥补其提供的物品和劳务的费用而扩大货币供给,从而造成物价的普遍上涨。为了弥补政府支出,政府可以通过增加投放流通领域的货币量,或者是通过向中央银行借款或透支的办法扩大货币供给,其结果都将导致物价水平的普遍上涨,这必然使人们手中持有货币的实际购买力下降,从而使政府部门所能支配的资源即财政收入增加。这种政府引致的通货膨胀实质上是将私人部门占有的一部分社会资源转移到公共部门,只不过它采取了一种较为隐蔽的形式而已,被人称为"通货膨胀税"。

7.1.3.2　按财政收入来源分类

财政收入的来源按部门划分,有来自农业、工业、交通运输业、商业服务等部门的收入。这些部门又分别归入第一产业、第二产业和第三产业。第一产业包括农业、林业、牧业、渔业等，第二产业包括工业和建筑业，第三产业包括除上述一、二产业以外的其他各业。

(1) 第一产业与财政收入

农业是国民经济的基础。在我国这样一个发展中大国，农业的地位尤其显得重要。与其他产业相比，农业具有天然的弱质性特征，而且自然条件的变化对农业生产过程与结果也具有非常重要的影响。我国自2006年开始，在全国范围内取消了农业税，但这并不意味着农业将不再是财政收入的一个来源。如果全面看待农业与财政收入的关系，还应注意到另外几个方面：第一，与农业直接有关的农村非农产业仍然在向财政提供相应的收入；第二，广义地讲，由于农业是国民经济的基础，农业的状况会直接影响到其他产业的发展，进而间接影响着财政收入的其他来源；第三，由于"价格剪刀差"的存在，农业还会以间接的形式为国家的财政收入作出贡献。

(2) 第二产业与财政收入

作为第二产业中的工业和建筑业，它是国民经济的主导，是创造和实现国民收入的主要部门，也是我国财政收入的主要来源。工业产值在国民生产总值中所占比重最大，工业部门的劳动生产率比农业高得多，所以工业部门提供的财政收入在整个财政收入中所占比重较高，工业发展状况对财政收入影响极大。1985年以前，工业部门提供的财政收入一直占60%以上，随着工商税制的全面改革和产业结构的调整，工业部门提供的财政收入占总收入比重有所下降，但仍达40%左右，仍然是财政收入的主要来源。

(3) 第三产业与财政收入

以商业、服务业为代表的第三产业在现代经济中呈现出相当快的增长态势。在发达国家，第三产业对GDP的贡献已达到60%以上。虽然由于我国经济发展水平从整体上说还比较低，第三产业也不够发达，但近年来其成长速度令人乐观。在"十五"期间，随着我国产业结构的进一步变化，第三产业税收年均增长17.8%，到2005年第三产业的税收占全部税收的比重已达到了40.7%。在"十一五"和"十二五"期间，我国的第三产业得到了更快速的发展，第三产业对财政收入的贡献越来越大。毫无疑问，加快发展第三产业，是保证我国未来财政收入稳定增长的希望所在。

7.1.3.3 按财政收入管理方式分类

由于我国仍处于经济体制转轨时期，财政收入项目经常有所变动，特别是收费项目繁多，管理方式不一，财政统计也不够规范，于是形成收取依据、使用权归属和管理方式不同的多种收入。为了对财政收入进行科学和准确的统计和分析，目前仍有必要将全部税收收入和非税收收入按管理方式的不同区分为预算内和预算外两大类。

目前我国财政统计中的财政收入属于预算内收入，其特征是统一纳入国家预算，按国家预算立法程序实行规范管理，由各级政府统筹安排使用。预算内收入主要是税收和部门收费。预算外收入是指国家机关、事业单位和社会团体为履行或代行政府职能，依据国家法律、法规和具有法律效力的规章而收取、提取和安排使用而未统计在财政收入之内的各种财政性资金。预算外资金收入是收费形式的收入，在资金性质上明确属于财政资金，但没有纳入预算内收入统计，由收费部门安排使用，实行"收支两条线"管理。显然，按财政收入管理方式的分类，显示财政性资金的不同管理方式，有利于观测全部财政性资金的规模和构成，有利于规范管理和合理使用，有利于提高财政性资金效益。

7.1.3.4 按财政收入价值构成分类

财政收入是社会总价值的一部分，按照马克思的产品价值理论，社会总产品的价值可以表示为 C+V+M，其中 C 为生产资料价值的补偿部分，V 为活劳动的价值补偿部分，而 M 为剩余产品的价值，财政收入可以来源于三个部分中的任何一个部分。

(1) C 与财政收入

C 是补偿生产资料消耗的价值部分，包括固定资产的折旧和流动资产耗费的价值。从生产运行的角度看，补偿价值必须能够随着生产过程的不断地提取，而又不断地重新投入，以保证生产过程的连续性。C 不能被用于新的分配。在市场经济条件下，企业是一个独立的经营实体，要做到自负盈亏，自我积累，自我发展。在这种前提下，折旧基金的管理权限应该属于企业，而不是属于政府。因此，C 部分不能成为财政收入的来源。

(2) V 与财政收入

V 是新创造的价值中归劳动者支配的部分。西方国家普遍实行高工资制度和个人所得税为主体税种的税收制度，所以西方国家的财政收入主要来自 V；而在我国，V 虽构成财政收入的一部分，但它在全部财政收入中所占的比重较小。随着我国经济体制改革的逐步深化，经济的进一步发展和居民收入水平的不断提高，居民个人就其收入缴纳税收情况会越来越普遍。从发展趋势看，财政收入中来自 V 的部分会不断增长，在财政收入中的贡献会越来越大。这也是实现社会公平，促进社会稳定发展所必需的。

(3) M 与财政收入

政府将剩余产品价值 M 作为财政收入的来源，既不会妨碍劳动力的再生产，也不会损及生产资料消耗的补偿及企业简单再生产，也不会损及生产资料消耗的补偿及企业简单再生产的进行。当然，这并非意味着政府可以将其全部作为财政收入集中起来。剩余产品价值 M 的数量取决于经济规模以及物耗、折旧、工资等因素。

7.1.3.5 按财政收入行政归属分类

按财政收入的行政归属，可以将其划分为中央财政收入和地方财政收入。这种分类方式有助于分析和研究财政收入的纵向结构及其发展变化规律，了解中央政府和地方政府的财政地位，协调中央与地方的财政关系，调动各级地方政府的积极性，保证各级政府职能的正常发挥。

中央财政收入，是指根据预算法律规定和财政管理体制要求，由中央政府筹集和使用的财政收入。而地方财政收入，是指根据预算法律规定和财政管理体制的要求，由地方政府筹集并使用的财政收入。财政体制的变迁带来了中央与地方政府财政关系的变化。首先，实行分税制改革后，加大了中央财政收入占全国财政收入的比重。从 1993 年的 22.0% 提高到 1994 年的 55.7%，此后，这一比重基本维持在 50% 以上。但是在 2004 年以后，中央与地方财政所占比例发生变化，中央与地方财政收入存在着此消彼长的关系，中央财政所占比重逐渐下降，地方政府财政收入逐渐上升，这反映了双方财权与事权的调整与变化(表 7-1)。

表 7-1 中央和地方财政收入及比重

年份	财政收入(亿元)			比重(%)	
	全国	中央	地方	中央	地方
1993	4348.95	957.51	3391.44	22.0	78.0
1994	5218.10	2906.50	2311.60	55.7	44.3
1995	6242.20	3256.62	2985.58	52.2	47.8
1996	7407.99	3661.07	3746.92	49.4	50.6
1997	8651.14	4226.92	4424.22	48.9	51.1
1998	9875.95	4892.00	4983.95	49.5	50.5
1999	11 444.08	5849.21	5594.87	51.1	48.9
2000	13 395.23	6989.17	6406.06	52.2	47.8
2001	16 386.04	8582.74	7803.30	52.4	47.6
2002	18 903.64	10 388.64	8515.00	55.0	45.0
2003	21 715.25	11 865.27	9849.98	54.6	45.4
2004	26 396.47	14 903.10	11 893.37	54.9	45.1
2005	31 649.29	16 548.53	15 100.76	52.3	47.7
2006	39 373.20	20 456.62	18 916.58	52.8	47.2
2007	51 321.8	27 749.2	23 572.6	54.1	45.9
2008	61 330.4	32 680.6	28 649.8	53.3	46.7
2009	68 518.3	35 915.7	32 602.6	52.4	47.6
2010	83 101.5	42 488.5	40 613.0	51.1	48.9
2011	103 874.4	51 327.3	52 547.1	49.4	50.6
2012	117 253.5	56 175.2	61 078.3	47.9	52.1
2013	129 209.6	60 198.5	69 011.2	46.6	53.4
2014	140 370.0	64 429.8	75 940.2	45.9	54.1

注：中央、地方财政收入均为本级收入。本表数据不包括国内外债务收入。
资料来源：《中国统计年鉴 2015》。

7.2 财政收入规模分析

财政收入规模是指政府从社会总产品中所集中的经济资源总量，在现代社会它表现为一定数量的货币资金。财政收入规模是衡量一国政府财力的重要指标，在很大程度上反映了政府为社会提供公共产品和服务的能力。通常用财政收入总额、财政收入总额占国民收入或国民生产总值的比重来表示。财政收入规模，从政府的意愿及满足财政支出的角度来看，似乎越多越好，但财政收入受国民收入等因素的制约，在国民收入一定的情况下，财政收入过多，会减少企业和个人占有社会产品的份额，从而在一定程度上影响企业生产的积极性和人们生活水平的提高；财政收入过少，又满足不了政府实现其职能的需要，因此，必须保持适度的财政收入规模。

7.2.1 财政收入规模的衡量指标

有实力的财政是市场经济国家实现可持续发展和稳定的一个必备条件。这对我国来说，同样是重要的，因为我国的经济正处于以市场为基础的体制发展完善的时期。有实力的财政的一个重要方面在于有充足的财力，能形成相应的财力规模。一般来看，一个国家的财政实力主要表现为其财政收入规模的大小。

财政收入规模是指财政收入的总水平。衡量一个国家财政收入规模的常用指标有绝对量指标和相对量指标，此外，还有其他指标。

7.2.1.1 财政收入的绝对指标

绝对指标即财政收入总额，一般是政府在一定时期内通过税收等收入形式所获得的财政收入的总量，反映了一个国家或地区在一定时期内的经济发展水平和财力集中程度，体现了政府运用各种财政收入手段参与收入分配、调控经济运行以及配置资源的范围和力度。如1978 年我国财政收入为 1132.26 亿元，1994 年为 5218.10 亿元，2014 年为 140 370.0亿元等，都是对财政收入绝对数量的描述。如果把同一国家不同时期财政收入绝对量联系起来考察分析，还可以看出财政收入规模随着经济发展、经济体制改革以及政府职能变化而增减变化的情况和趋势。据统计，我国财政收入总额1950 年为 65.19 亿元，2014 年为 140 370.0 亿元，59 年间增长了 2153.24 倍，说明我国财政收入的绝对规模呈现出随经济发展而不断增长的趋势。具体见表 7-2。

表 7-2　1978—2014 年我国财政收入增长率和占 GDP 的比重

年 份	GDP(亿元)	财政收入(亿元)	财政收入增长率(%)	财政收入占 GDP 比重(%)
1978	3645.20	1132.26	29.5	31.1
1979	4062.60	1146.38	1.2	28.2
1980	4545.60	1159.93	1.2	25.5
1981	4891.60	1175.79	1.4	24.0
1982	5323.40	1212.33	3.1	22.8
1983	5962.70	1366.95	12.8	22.9
1984	7208.10	1642.86	20.2	22.8
1985	9016.00	2004.82	22.0	22.2
1986	10 275.20	2122.01	5.8	20.7
1987	12 058.60	2199.35	3.6	18.2
1988	15 042.80	2357.24	7.2	15.7
1989	16 992.30	2664.90	13.1	15.7
1990	18 667.80	2937.10	10.2	15.7
1991	21 781.50	3149.48	7.2	14.5
1992	26 923.50	3483.37	10.6	12.9
1993	35 333.90	4348.95	24.8	12.3
1994	48 197.90	5218.10	20.0	10.8
1995	60 793.70	6242.20	19.6	10.3
1996	71 176.60	7407.99	18.7	10.4
1997	78 973.00	8651.14	16.8	11.0
1998	84 402.30	9875.95	14.2	11.7
1999	89 677.10	11 444.08	15.9	12.8
2000	99 214.60	13 395.23	17.0	13.5

(续)

年份	GDP(亿元)	财政收入(亿元)	财政收入增长率(%)	财政收入占GDP比重(%)
2001	109 655.20	16 386.04	22.3	14.9
2002	120 332.70	18 903.64	15.4	15.7
2003	135 822.80	21 715.25	14.9	16.0
2004	159 878.30	26 396.47	21.6	16.5
2005	184 937.4	31 649.29	19.9	17.1
2006	216 314.4	39 373.20	24.3	18.2
2007	265 810.3	51 321.78	30.4	19.3
2008	314 045.4	61 330.4	19.5	19.5
2009	340 902.8	68 518.3	11.7	20.1
2010	401 513.0	83 101.5	21.3	20.7
2011	473 104.0	103 874.4	25.0	22.0
2012	518 942.1	117 253.5	12.9	22.6
2013	568 845.2	129 209.6	10.2	22.7
2014	636 138.7	140 370.0	8.6	22.1

资料来源：《中国财政年鉴2014》《中国统计年鉴2015》。

7.2.1.2 财政收入的相对指标

相对指标即财政收入占GDP的比重，反映了在GDP中政府以财政收入方式集中和使用的份额，揭示了政府与微观经济主体之间占有和支配社会资源的关系。该比重越高，表明政府集中分配的力度越强，政府占有的社会资源越多，微观经济主体可支配的资源相对较少；反之，该比重越低，表明政府集中分配的力度越弱，政府占有的社会资源越少，微观经济主体可支配的资源相对较多。各国通常采取相对指标来衡量财政收入规模。我国1978—2014年财政收入的相对值见表7-2。

目前，一般用财政收入占GDP的比重，而不用财政收入占国民收入的比重来反映财政收入规模，其原因在于：第一，从统计角度来说，我国核算体系已由物质产品平衡表体系(System of Materal Product Balance，MPS)转向国民账户体系(System of National Accounts，SNA)，在SNA体系中，主要用财政收入占GDP的比重来反映财政收入的规模。第二，GDP反映整个国民经济的最终生产成果，传统的国民收入指标只反映五大物质生产部门的净产值，而财政收入来源于整个国民经济(包括整个物质生产部门和非物质生产部门)，所以财政收入占GDP的比重比财政收入占国民收入的比重更科学、更合理。第三，从财政收入规模的国际比较来看，通常使用的都是财政收入占GDP的比重。

7.2.1.3 财政收入的其他指标

由于财政收入与GDP间的密切关系，在实际分析中，还可能会运用其他指标做进一步的分析。如政府边际收入率和政府收入弹性。所谓政府边际收入率是指新增政府财政收入占新增GDP的比例，反映的是政府集中财政收入的强度。而政府收入弹性是指政府财政收入增长率与GDP增长率间的比例关系，反映的是财政收入与GDP之间的相互关系。

7.2.2 财政收入规模的影响因素

衡量财政收入绝对规模和相对规模的指标，即财政收入总量规模与财政收入占GDP

(或国民收入)的比重,能从总体上反映财政收入的增长变化趋势,但不能解释财政收入增长变化的原因,所以还要对影响财政收入的因素进行分析,进而提出促进财政与经济协调发展的对策和途径。

7.2.2.1 经济因素

(1) 经济发展水平

经济发展水平是国家财政收入的决定性因素。经济发展水平提高了,社会产品增多,财政选择的空间更大,财政收入自然水涨船高,即所谓将"蛋糕"做大。如果用 GDP 来表示经济发展水平,那么它与财政收入间存在一种长期的正相关关系,经济发展过程中的兴衰波动带动着财政收入的波动。在计量经济学上,它们之间可以表示为线性关系:

$$Y = a + b \cdot GDP$$

式中,Y 为财政收入,意味着 GDP 每增长 1 个百分点,将带来财政收入 b 个百分点的增长;a 为常数项。

经济发展水平高,社会产品丰富,其净值——GNP 和 GDP 就多,一般而言,则该国的财政收入总额较大,占国民生产总值的比重也较高。从世界各国的现实状况来看,发达国家的财政收入规模大多高于发展中国家,而在发展中国家中,中等收入国家财政收入规模大多高于低收入国家,绝对额是如此,相对比重亦是如此(表 7-3)。再从几个发达国家历史发展的纵向比较来看,英、法、美三国 1880 年全部财政收入只占国民生产总值的 10% 左右,到 20 世纪 80 年代已上升为 20%~40%,上述资料证明了一个我们曾反复强调的财政原理:经济决定财政,没有经济不发达而财源丰裕的。

表 7-3 各国中央政府财政收入占 GNP 的比重(1992)

国 别	人均 GNP(美元)	中央政府财政收入占 GNP 的比重(%)
低收入国家	390	
其中:尼泊尔	170	9.6
印度	310	14.4
巴基斯坦	420	16.7
中等收入国家	2490	
其中:菲律宾	770	17.4
泰国	1840	18.1
伊朗	2200	17.9
高收入国家	22 160	
其中:英国	17 790	37.5
法国	22 260	40.9
德国	23 030	30.3
瑞典	27 010	44.6

资料来源:《1994 年世界发展报告》。

(2) 生产技术水平

生产技术水平也是影响财政收入规模的重要因素,但生产技术水平是内含于经济发展水平之中的,因为一定的经济发展水平总是与一定的生产技术水平相适应,较高的经济发展水平往往是以较高的生产技术水平为支柱。因此,技术进步对财政收入的影响更为直接：19世纪初一些发达国家经济增长因素中，技术进步所占的比重为5.2%，到20世纪中叶占40%，1970年占60%以上。在我国，技术进步对财政收入的影响大于其他要素对整个经济的影响。据粗略测算，技术进步对财政收入增长的贡献是其他要素的2.5倍。

(3) 价格水平

财政收入在现代社会主要表现为一定量的货币收入，它是在一定的价格体系下形成的，又是按一定时点的现价计算的，所以价格变动以及价格变动引起的国民收入再分配必然影响财政收入的规模。

在现代纸币制度条件下，一般不存在价格总水平下跌的趋势。随着价格总水平的上升，财政收入若同比例增长，则表现为财政收入的"虚增"，即名义增长而实际并无增长。从理论上讲，价格总水平变动对财政收入的影响可能出现几种不同的情况：①财政收入增长率高于价格上涨率，实际财政收入和名义财政收入都增长；②价格上升率高于财政收入增长率，名义财政收入增长，实际财政收入负增长；③财政收入增长率与价格上升率大体一致，名义财政收入增长，而实际财政收入不变。价格结构变动，即产品比价变动也会影响财政收入。因为产品比价变动会引起国民收入在企业、部门和个人各经济主体之间的再分配，导致财源分布结构发生变化，相关企业、部门和个人上缴的税利就会有增有减，而增减的综合结果就是对财政收入的最终影响。

7.2.2.2 政治因素

(1) 政府职能范围

政府取得财政收入是为了满足国家实现其职能的需要，显然政府的职能范围越大，政府需要筹集的财政收入规模也就越大，所以政府的职能范围是决定一国财政收入规模的直接因素，这一点可以从西方国家财政收入规模的发展变化中得到反映。在资本主义发展的早期，国家对经济实行自由放任的政策，由"看不见得手"通过市场机制进行自发调节，政府的活动被限制在较小的范围内，职能范围十分有限，政府的职责主要是防治外来侵略和维护国内法律秩序，在这种情况下，财政收入规模也很小。当时，西方国家的财政收入一般都不到GDP的10%。随着工业化和城市化的发展，社会要求政府提供社会福利和社会保障的呼声日益高涨。到19世纪的后期，西方国家政府担负的社会福利职能越来越大，相应地，各国政府的财政收支规模也不断地攀升。目前，西方国家的财政收入占GDP的比重一般都在30%以上，有的甚至高达50%，其中财政收入的40%~50%是用于社会福利和社会保障方面的开支。

(2) 分配政策制度

如果说经济增长决定了财政赖以存在的物质基础，并对财政收入规模形成了根本性约束，那么政府参与社会产品分配的政策则进一步确定了财政收入的水平。因此，在经济发展水平一定的条件下，财政收入规模还取决于两个因素：一是国民收入分配政策，它决定剩余产品价值占社会总产品价值的比例，进而决定财政分配对象的大小；二是财政分配政策，它决定剩余产品价值中财政所占的比例，从而决定财政收入规模的大小。

一国的国民收入分配政策和制度主要包括工资制度、税收制度、国有企业利润分配政策和制度等。国民收入分配政策决定整个社会的经济资源在国家、企业和个人之间的分割比例，是影响财政收入规模的最直接因素。分配制度改革会影响到国家与企业、中央与地方之间的利益分配。

一国政府在收入分配中越是追求公平，政府进行收入再分配的力度就越大，政府要求掌握的财力就会越大。在国民收入或者社会总产品既定的情况下，政府再分配的力度越大，财政收入规模就越大。一般来说，分配制度与政治体制的集权和分权关系有直接的联系。例如，像瑞典、芬兰、挪威这样的北欧国家，财政收入规模之所以很高，是由于政治体制倾向于集权，由政府包办的社会福利范围非常大；而美国的财政收入规模相对较低，这与美国为联邦国家、政治体制上倾向于分权是有密切关系的。

7.2.2.3 文化因素

社会文化因素是影响财政收入规模最复杂的一个因素。一个社会的文化传统、价值观念及其内含于人们思想中的行为准则，决定着人们的行为习惯。尤其决定着人们对私人产品和公共产品的需求偏好，决定着整个社会对公共经济与私人经济的选择，进而影响着财政收支规模的选择。

(1) 文化具有代代相传的继承性

不同的国家乃至同一国家的不同区域，往往具有不同的文化传统，体现着各自的文化特点。更主要的是，从历史性角度看，不同的文化传统和特点在不断地传承着，影响着经济社会的方方面面。各国不同的文化，决定了各国居民的价值观念和行为习惯各不相同。具体到对公共产品和私人产品的出资消费方面，不同文化素质的人群，其消费需求偏好不同。这种不同的消费需求偏好，又会导致其对公共产品和私人产品选择的差异性，直接影响着政府按照社会公共需要兴办的公共经济规模，影响着处理私人经济与公共经济关系的财政收入分配规模。

(2) 文化具有发展性

文化的创新与发展，既可以通过渐变的方式来实现，有时也会以文化突变来实现跨越式发展。当社会居民的文化传统、价值观念和行为准则发生变化的时候，体现在人们对私人产品和公共产品选择行为上的变化，必然影响到社会公共需要内容的变化，进而影响到社会成员对政府应该承担的公共职责的重新认识，影响到政府为履行公共职责而进行的财政收入分配规模。

社会经济发展中的财政收入规模的变化，是上述各种因素综合影响的结果。其中，从财政收入规模的长期变化趋势来看，经济因素具有决定意义。

7.2.3 我国财政收入增长变化趋势

财政收入规模的变化是有规律可循的，在正常的环境下，财政收入的绝对规模会随着财源的扩大而保持上升的势头。以我国为例，有学者将我国财政收入的发展分为三个阶段：

(1) 1978—1995 年，财政收入规模相对下降阶段

我国财政收入随着经济的不断增长而增长，总体上看增长势头良好。就财政收入绝对量的增长来看，增长速度虽然各年有波折，但整体增速不是很慢。就财政收入相对量即财政收入相对于 GDP 的增长来看，1995 年以前呈现不断下降的趋势：1978 年财政收入占 GDP 比重高达 31.1%，经济体制改革后，这一比重逐年下降，到 1995 年下降到 10.3%

(表7-2、图7-1),为最低点。由于我国财政收入规模下降幅度过大,不仅削弱了国家对社会经济的宏观调控能力,而且也影响到了政府机构的正常运转,使政府面对许多本应该由其担负的公共职责,却因为财政收入规模过小而在财力上呈现为力不从心状态。

(2)1996—2005年,财政收入规模的止跌回升阶段

我国财政收入从绝对规模来看,由1996年的7407.99亿元上升到2005年的31 649.29亿元。从财政收入占GDP的比重来看,该指标于1996年开始回升,1996年回升为10.4%,到2005年达到17.1%,2010年达到20.7%(表7-2、图7-1),这在发展中国家中属于中等偏低水平,并且明显低于经济合作与发展组织国家平均水平(贾康,2010)。

(3)2006年以来,财政收入规模高速增长阶段

从财政收入绝对规模来看,财政收入呈现快速增长趋势,2006年财政收入绝对规模为39 373.20亿元,2014年上升到140 370.0亿元。从财政收入占GDP的比重来看,由2006年的18.2%上升到2014年的22.1%(表7-2、图7-1)。2014年财政收入既延续了自1995年以来的强劲上升势头,又带有一定的超常规增长特征。

也有学者将我国财政收入规模变化的阶段详细划分为水平徘徊阶段、缓慢增长阶段、大幅增长阶段和高速增长阶段四个阶段。我国财政收入相对数之所以经历先降后升的变化过程,是与我国社会经济改革以及经济发展密切相关的。降的过程反映出我国打破旧的计划经济体制所付出的代价,升的过程显示出我国逐步建立社会主义市场经济体制所取得的成果。

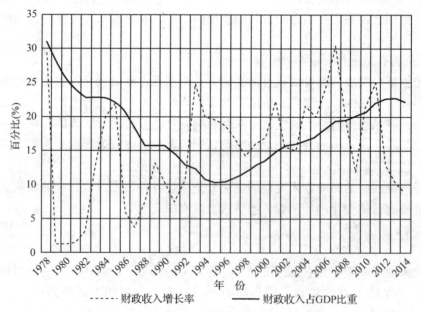

图7-1 1978—2014年我国财政收入增长率和占GDP的比重
(资料来源:《中国财政年鉴2014》《中国统计年鉴2015》)

7.3 财政收入结构分析

7.3.1 财政收入结构含义

财政收入结构是指财政收入的项目组成及各项收入在财政收入总体中的比重，它包括财政收入的价值构成、所有制构成和部门构成等。它反映了通过国家预算集中财政资金的不同来源、规模和所采取的不同形式，以及各类财政收入占财政总收入的比重和增加财政收入的途径；同时，也反映了一定时期内政府财政收入的来源和财政收入政策调节所使用的手段和力度。一定时期的财政收入结构既是经济结构的集中反映，又对经济结构的形成、发展产生深刻影响。

研究财政收入结构，目的在于揭示财政收入结构与经济结构之间的内在联系及其规律性，使它们保持恰当的比例关系；便于有的放矢地加强财政收入的宏观调节，兼顾利益的分配；为科学编制和执行政府财政收入预算，有效地筹集财政资金和发挥财政收入政策调控经济的职能作用服务。同时，也为正确处理政府、经济组织、个人之间的财政分配关系，促进经济发展，开辟和培养财源，建立科学合理的财政收入结构，保证财政收入取之合理、取之有道提供理论依据。

7.3.2 财政收入结构类型

通常财政收入结构一般包括财政收入的形式结构、所有制结构、价值结构、产业结构、区域结构等。

7.3.2.1 财政收入的形式结构

财政收入形式是指政府取得财政收入的具体方式，即来自社会再生产各环节、国民经济各部门、各具体单位和个人的财政收入通过什么方式上交国家财政。世界各国取得财政收入的主要形式一般都是税收，它是一个国家的政府最稳定而又负担较轻的形式。其他非税收的形式，则视各国的政治制度、经济结构和财政制度的不同而有所区别。

在现代市场经济条件下，一般国家的财政收入结构以税收为主，基本占比在90%以上，是政府收入中最重要的收入来源。在我国过去计划经济体制下，企业上缴利润和税收是财政收入的重要组成部分，两者基本平起平坐，在1983年和1984年两步"利改税"之后，税收在财政收入中的重要地位才慢慢显现，所占比例逐步提高，直至1994年的财税体制改革后，税收才最终在财政收入中占据主导地位。

7.3.2.2 财政收入的产业结构

国民经济按产业可分为第一产业、第二产业和第三产业。第一产业包括农业、牧业、林业、渔业等。第二产业包括工业和建筑业。第三产业包括除上述第一、第二产业以外的其他各业。一个国家或地区的产业结构在很大程度上决定了其税收结构，而税收作为财政收入的主体部分，自然影响和决定着财政收入的结构。通过研究产业的税收贡献率，可以反映不同行业经济资源的利用价值，揭示税收政策对不同行业的影响程度，同时还可以反映不同行业的税收征管水平。

从三次产业的构成来分析，由于不同产业的税收收入贡献率不同，产业结构的状况决定着税源分布结构，进而影响财政收入的大小。一般而言，三次产业中第一产业的贡献率最低，第二和第三产业的税收贡献率相当。改革开放以来，随着产业结构的调整，我国三次产业对税收收入的贡献各不相同。在"十五"期间，第二产业的税收贡献最大，贡献税收占比达59%；第三产业次之，为40.9%，说明当时我国仍然是一个制造业为主的国家。到"十二五"期间，在国家一系列政策支持下，我国第三产业异军突起，占GDP比重逐年增加，成为经济发展的新引擎。国家统计局数据显示，2013年，我国第三产业增加值占GDP比重首次超越第二产业，达46.9%，2014年进一步提升至48.1%。2015年上半年，第三产业增加值继续领跑，以高于第二产业5.8个百分点、占GDP比重49.5%的佳绩，稳稳支撑起经济增长的"半壁江山"。在领跑经济增长的同时，第三产业成为税收贡献的主力军，2014年，第三产业贡献税收占比达53.5%。互联网和相关服务、软件和信息技术服务业税收分别增长24%和23.7%。

7.3.2.3 财政收入的价值结构

财政收入的价值构成是指C、V、M构成。财政收入是货币形态的社会产品价值，而社会产品的价值是由C、V、M三部分组成。分析财政收入的价值构成，就是考察C、V、M三部分中，哪部分向财政提供收入的比重大，以便根据不同价值构成的不同性质和特点，制定相应的财政政策，寻求增加财政收入的途径。

C是用来补偿生产过程中消耗掉的生产资料的价值，属于补偿基金。只要社会再生产连续不断地进行，C就需要不断地补偿，否则简单再生产不能进行。当进行扩大再生产时，C还应得到新的追加和补充。补偿基金不是财政收入的主要来源。

V是国民收入中以工资形式支付给生产领域的劳动者必要劳动的价值，即新创造价值中归劳动者个人支配使用的部分。从我国实际情况看，直接来自V的财政收入包括对个人征收的各种税、规费收入、罚没收入和居民购买公债等。间接来自V的收入是：高税率商品价格转嫁部分。我国来自V的收入不断提高，但其还不是主要收入来源。

M是剩余价值，即社会产品价值扣除补偿生产的价值C和维持劳动力再生产的价值V后的价值。M是社会产品价值中最终归社会支配的部分，它是财政收入的基本源泉，是社会进行扩大再生产和满足社会公共需要的物质基础。只有M多了，财政收入的增长才有坚实的基础。增加M是增加财政收入的根本途径。正如马克思所指出："富的程度不是由产品的绝对量来计量的，而是由剩余产品的相对量来计量。"否则，如果片面强调产值而忽视经济效益，往往发生社会总产品价值增长，而财政收入非同步增长甚至下降。我国经济工作已经转移到以提高经济效益为中心的轨道，M是且必须是作为增加财政收入的根本途径。

7.3.2.4 财政收入的所有制结构

财政收入的所有制结构是指来自不同经济成分的财政收入所占的比重。分析财政收入所有制结构，在于说明不同经济性质的经济组织结构对财政收入规模和结构的影响及变化趋势，从而采取有效措施，增加财政收入，并合理分配收入负担。我国的所有制结构主要是国有经济和非国有经济，非国有经济主要包括个体经济、私营经济、外资经济等。

由于不同所有制经济与国家具有不同的分配关系，国家相应地采取不同的形式参与不同所有制企业的产品分配。受经济发展水平的制约，不同的历史时期所有制结构有差异，其结构比例变化也对财政收入的结构和规模有影响。当前,我国社会主义市场经济的一个重要特征是坚持和完善以公有制为主体,多种所有制经济共同发展的基本经济制度。国有经济和国有企业在国民经济中具有十分重要的地位,主要表现在国有资产在社会总资产中占据优势,国有经济控制着国家经济命脉,对经济发展起主导作用。与此相适应,国有经济一直也是我国财政收入的主要来源。尽管近年来国有经济在国民经济中的比重有所下降,但并没有改变国有经济在上缴财政收入中的重要地位。随着社会主义市场经济的不断发展,非国有经济发展迅速,来自非国有经济成分的财政收入及其比重呈逐步上升趋势。

7.3.2.5 财政收入的区域结构

从财政收入区域结构来看,在其他条件不变的前提下,财政收入与区域经济发展水平呈正相关;反之,促进区域经济协调发展的政策也能带来财政收入的增长。研究分析财政收入的区域结构可以更清楚地判断国家在不同区域所采取政策的效果、各地对全国财政收入的共享及未来政策改进的方向。当然,在市场经济条件下,地方政府在财政方面可能会展开竞争,而且这种竞争有可能驱使财政收入结构向相同方向收敛,但同时也有可能进一步拉大省际的差距。各个区域对全国财政收入的贡献率如何呢?通过测算我国东部、中部、西部和东中西部间的财政收入基尼系数对总体区域间财政收入差异的贡献率,发现东中西部之间的财政收入差异对总体差异的贡献率最大,2003—2012年基本维持在67%左右,但是呈现出下降趋势,说明东中西部间财政收入差异对总体差异的贡献率越来越小。其次是东部,它对区域间总体财政收入差异的贡献率为21%左右,而中部和西部的贡献率尽管在逐年增加,但直到2012年两者的贡献率相加不到7%。

7.3.3 我国财政收入结构

如上所述,财政收入结构有多种划分形式,本教材以财政收入的形式结构即税收收入与非税收入为例,分析我国财政收入的结构。按新的《政府收支分类科目(2011)》"收入分类科目"中列出的类级科目有税收收入、社会保险基金收入、非税收入、贷款转贷回收本金收入、债务收入。其中,社会保险基金收入并没有纳入一般预算,而是另外编制社会保险基金预算,因而一般预算的经常性收入只有税收和非税收入两种形式。税收是一般预算经常收入的主要形式,非税收入是辅助形式,但非税收入是税收不能替代的,具有本身的特殊性质和特殊作用。在收入分类科目"简目"中列有七项非税收入:政府性基金收入、专项收入、行政事业性收费收入、罚没收入、国有资本经营收入、国有资源(资产)有偿使用收入、其他收入,其中,政府性基金收入是另编预算,并没有纳入一般预算。

总的来说,自1978年改革以来,我国税收收入和非税收入规模呈以下特征:

①在绝对规模方面,我国的税收收入和非税收入规模自1978年以来持续攀升。1978年,我国的税收收入仅为519.28亿元,到2014年为119 175.31亿元,是1978年的229倍之多。而我国非税收入在1978年时为960.09亿元,到2014年约为21 194.72亿元,是1978年的22倍(表7-4)。

②在相对规模方面,自1978年以来,我国税收收入在财政收入中的比重整体上呈现上升趋势,而非税收入在财政收入中的比重逐渐呈下降趋势。税收收入相对非税收入的重要性增强,税收收入成为财政收入的主体(表7-4)。

表 7-4　1978—2014 年我国财政税收收入和非税收入规模比较　　　　亿元

年 份	税收收入	非税收入	税收收入:非税收入
1978	519.28	960.09	1:1.85
1980	571.7	1165.63	1:2.04
1985	2040.79	1494.06	1:0.73
1990	2821.86	2823.88	1:1.00
1995	6038.04	2830.66	1:0.47
2000	12 581.51	4640.10	1:0.37
2001	15 301.28	5384.66	1:0.35
2002	17 636.45	5746.19	1:0.33
2003	20 017.31	6264.73	1:0.31
2004	24 165.68	6929.97	1:0.29
2005	28 778.54	8414.88	1:0.29
2006	34 804.35	10 363.73	1:0.30
2007	45 621.97	12 520.13	1:0.27
2008	54 223.79	13 723.82	1:0.25
2009	59 521.59	15 411.36	1:0.26
2010	73 210.79	15 685.14	1:0.21
2011	89 738.39	14 136.04	1:0.16
2012	100 614.28	16 639.24	1:0.17
2013	110 530.70	18 678.94	1:0.17
2014	119 175.31	21 194.72	1:0.18

注：2007 年以后的非税收入数据由"公共财政非税收入"和"预算外收入"两项合计。
资料来源：根据《中国统计年鉴 2015》《中国财政年鉴 2014》相关数据整理。

◢ 延伸阅读

河北县级财政收入"双提升"之路

在经济发展新常态、转方式调结构、雾霾综合治理的新形势下，经济增速放缓，公共服务领域支出刚性增长，县级财政增收难度进一步加大。为加快县域经济发展，河北省从 2013 年起实施了以县级财政收入规模和质量"双提升"为主要目标的财政收入提升工程，并制定资金奖励办法，激发县级抓发展、促增收的积极性，取得良好实效，带动了全省经济健康、快速发展。

在 2013—2017 年的五年中，省级安排一定规模的财政资金，根据各县（市）当年财政收入数据测算奖励资金，通过"以奖代补"方式，调动县级在发展经济、培植财源方面的积极性。力争到 2017 年，全省县级财政实力明显增强，基本消除公共财政预算收入 2 亿元以下的县，培育 30~50 个公共财政预算收入超 10 亿元和 5 个超 30 亿元强县；税收收入所占比重不断提高，县级公共财政预算收入中税收收入所占比重逐年提高，达到全国平均水平，县域经济对财政税收贡献率明显增强。

县级财政收入提升目标确定后，资金奖励办法随后制定下发。河北省财政厅市县财政处处长张拥军介绍说:"获得奖励的县(市)必须符合以下条件:公共财政预算收入增长率高于全省公共财政预算收入平均增幅;税收收入占公共财政预算收入的比重超过年度规定标准,例如,2013年要高于60%,2014—2017年每年提高5个百分点。"

对符合上述条件的县(市),河北省财政厅从三个方面予以奖励:一是收入跃2亿元台阶奖。2013—2017年,当年县级公共财政预算收入跃过2亿元台阶的县(市),一次性给予1000万元上台阶奖励资金。二是收入增长奖。按各县公共财政预算收入增长率和增收额测算分配奖励资金。三是收入质量奖。按各县税收收入占比测算分配奖励资金。对存在以各种形式虚增财政收入行为的县(市),一经查出,取消享受奖励资格,扣回奖励资金。

提升工程实施两年多来,已取得了阶段性成效。据统计,2012—2014年,全省135个县(市)财政总收入分别为1621.5亿元、1672.5亿元、1744.6亿元,年均增速7.6%;公共财政预算收入分别为755.7亿元、854.7亿元、945.1亿元,年均增速15.9%,高于全省平均增速3.8个百分点;2014年税收收入占一般公共预算收入的比重达到75%,比上年提高2.2个百分点,实现收入规模和收入质量双提升。

(资料来源:《中国财政》,2015)

本章小结

1. 财政收入是国家通过财政各环节集中起来的各种财政资金的总称。掌握财政收入的含义,要从动态和静态的角度以及从广义和狭义的角度来理解。

2. 财政收入既是一种资金集合,同时也是一个过程,在这一过程中,它将对资源配置、公平收入分配、稳定与发展经济发生作用。因此,在组织财政收入的过程中,既要遵循现代的公平和效率原则,同时也要注意发展经济、广开财源,兼顾国家、集体和个人利益,区别对待和合理负担。

3. 财政收入的分类源于研究目的的不一致。一般而言,现实中主要存在按照收入形式分类、按照收入来源分类、按照管理方式分类、按照价值构成分类、按照行政归属分类等几种分类方法。

4. 衡量一个国家财政收入规模的常用指标有绝对量指标和相对量指标。一般情况下,主要用相对指标即财政收入占GDP的比重来表示财政收入规模。财政收入规模受各种因素的影响和制约,以总量为例,它的影响因素主要有经济、政治和社会文化等。

5. 主要从财政收入的形式结构、财政收入的所有制结构、财政收入的价值结构、财政收入的产业结构和财政收入的区域结构来分析财政收入的结构。本章主要考察了财政收入的形式结构。在我国,各项税收收入是财政收入的主要来源。

思考题

1. 如何理解财政收入的含义?
2. 我国经济发展中应坚持怎样的财政收入原则?
3. 分析制约财政收入规模的主要因素,并结合现实分析为什么经济发展水平和技术进步对财政收入规模起决定作用?
4. 分析我国自改革开放以来分配体制和分配格局变化对财政收入增长趋势的影响。
5. 试从财政收入结构的角度探讨提高中国财政收入水平的途径。

第 8 章 税收原理

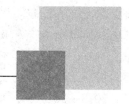

本章提要

本章主要介绍了税收的定义，重点分析了税收的基本属性；介绍了纳税人、征税对象、税率等税收术语，同时介绍了税收的分类，重点分析了税收的公平原则和效率原则并对原则的具体内容进行了论述；剖析了税收负担，阐述了税负转嫁的方式及税负转嫁的条件，进一步地分析了我国的税负转嫁。

8.1 税收概述

8.1.1 税收的定义和基本属性

税收是一个历史的经济范畴。社会生产力的发展，剩余产品的出现是税收产生的经济条件；私有制的出现，国家的建立是其产生的政治条件或社会条件。原始社会末期开始出现财政税收的萌芽。随着人类社会经济的不断发展，税收的地位和作用越来越重要。在日常经济生活中，人们也经常会遇到一些税收问题，看到一些税收现象，国民经济每个部门甚至每个公民都直接或间接地与税收发生联系。那么，究竟什么是税收呢？所谓税收就是国家为了满足社会公共需要，实现其职能，凭借政治权力，按照法律的规定，强制、无偿地参与社会产品分配而取得财政收入的一种特定分配形式。税收的概念包含了以下几层含义。

(1) 税收分配的目的是满足社会的公共需要

执行公共事务，满足社会公共需要是国家的主要职能，包括提供和平安定的社会环境、保持良好的社会秩序、兴建公共工程、举办公共事业等。这些均是社会生产和人民生活所不可缺少的外部条件。税收分配的目的正是满足这些社会公共需要。当然，随着国家职能的扩大，又赋予了税收促进资源的有效配置、调节收入分配、稳定经济等职能，但为满足社会公共需要而取得财政收入仍然是税收分配的基本目的。

(2) 税收分配的依据是国家的政治权力

税收不同于一般的分配形式。它是一种特殊的分配形式。其特殊性在于税收是凭借国家政治权力，而不是凭借财产权力实现的分配。国家征税不受所有权的限制，对不同所有者普遍适用。具体来说，国家是通过制定法律征税的。法律是国家意志的体现。税收事项均为立法事项。由于课税权只是一种抽象的权力，要想将其具体化而付诸实施，必须要按立法程序制定法律。国家通过制定法律征税，纳税人则依照法律纳税，不依法纳税就会受到法律制裁。国家机器(如警察、法庭、监狱等)的存在,保证了法律的实施。总之,税收就是国家在国家机器的保证下,通过法律体现国家意志,强制地取得财政收入,从而参与社会产品的分配。

(3) 税收分配的对象是社会产品,但主要是社会产品中的剩余产品的价值

在一定时期内全社会劳动者所生产的社会总产品价值中,有相当一部分是生产过程中消耗掉的生产资料价值 C,经过企业财务初次分配,回到再生产过程中,因而不是税收分配的对象;社会产品价值中用于补偿劳动消耗的部分 V,是个人消费基金的最主要部分,税收参与分配;而社会产品价值中的剩余产品价值部分 M,是税收分配的主要对象。这不仅是因为 M 在分配中比 C 和 V 具有较大的灵活性,而且因为这部分产品价值是社会总产品中具有最重要意义的部分。国家为维持其正常的活动,必须通过税收占有一部分剩余产品。因此,剩余产品的价值是国家税收分配的主要对象。

(4) 税收分配的主体是国家

税收是由国家或者说是政府征收的。税收与国家有本质的联系,税收作为财政收入的一种形式,其掌握者和运用者只能是国家。只有国家或政府(包括中央政府和地方政府)才具有征税权,其他任何组织或机构均无征税权。

(5) 税收体现特定的分配关系

国家征税的过程就是把一部分生产者创造的社会产品和国民收入强制地转变为国家所有的过程。这一过程会引起一部分社会产品和国民收入在不同社会成员之间的转移,导致社会分配关系的变化。这些分配关系主要包括:①国家与企业之间的分配关系,这是核心部分,不仅可以通过大量的流转税表现出来,还可通过所得税表现出来;②国家和个人之间的分配关系,主要是通过所得税和一些财产税表现出来;③国家和国家之间的分配关系,主要通过跨国所得税表现出来;④由于税收的分配而形成的企业和企业之间、企业和个人之间、个人和个人之间的分配关系,是由上述税收分配活动引起的连锁反应。所以,税种、税目、税率等要素的设计和调整必须兼顾国家、企业和劳动者个人三者的经济利益关系,既要保证国家必要的财政收入,又要保证使企业的发展具有一定的财力基础,还要使劳动者个人的收入得到法律的保护和合理调节。

8.1.2 税收的"三性"

税收是财政分配的手段之一。然而,同其他财政收入方式相比,税收又具有自己的特点。一般认为,税收有强制性、无偿性、固定性三个基本特征。

(1) 强制性

税收的强制性是指国家征税是凭借国家政治权力,通过颁布法律、法令进行的,是一种强制的课征。税法是国家法律的一个重要组成部分,任何人必须遵守税法,依法纳税,否则就要受到法律制裁。税收的强制性源于国家的政治权利,从征税主体——国家来说,这种分配是神圣不可侵犯的,从纳税主体——纳税人来看,纳税是一种义务,他必须绝对服从国家的这种分配。但这种强制性并非国家的暴政,征纳双方都被纳入国家的法律体系之中,是一种强制性与义务性、法制性的结合。

(2) 无偿性

税收的无偿性是指国家征税以后,税款即成为国家所有,不再直接归还给纳税人,也

不向纳税人支付任何代价或报酬。然而国家征税并不是最终的目的,国家取得的税款最终转化为财政支出用于各种公共物品,满足社会公共需要。纳税人总会或多或少从中获得利益,尽管其所获利益与所纳税款价值上不一定相等。所以税收的无偿性并不是绝对的,而是一种无偿性与非直接、非等量的偿还性的结合。

(3)固定性

税收的固定性指国家征税前,税法就预先规定了征税的对象以及统一的比例或数额,税法所规定的这些征收标准,国家和纳税人双方都必须遵守。纳税人只要取得了税法规定的收入,发生了应该纳税的行为,或者拥有了应该纳税的财产等,就必须按照预定的标准如数纳税,不得不纳、少纳或迟纳;同样,征税机关也只能按照这个预定的标准征税,不能随意更改,不得多征,不得随意减免税或改变纳税时间、地点等。

税收的固定性实际上是指税法的确定性,不能把固定性误解为永远固定不变。税收制度和政策会随社会生产关系的变化而改革、发展,不可能一成不变;但改革和发展的结果体现在税法中,要在一定时期内保持相对稳定,不能朝令夕改。

税收的上述三个特征是衡量一种财政收入是否为税的标准。若一种财政收入同时具备了这三个特征,即无论其是否以税的形式出现,均具有税的性质;反之,即使称其为税,也不具有税的性质。

8.1.3 税收与其他财政收入的区别

(1)税收与国家信用的区别

国家信用是以国家为主体进行的一种信用活动。国家以发行债券等方式,从国内外货币持有者手中借入货币资金,包括发行公债、专项债券、向银行透资或借款等。与税收的"三性"相比,国家信用的特点是坚持自愿原则,有借有还,按期支付利息。

(2)税收与国有企业上缴利润的区别

国有企业上缴利润指的是国有企业利用国家拨付的生产资料进行生产经营,获取利润后,国家可以凭借对生产资料的所有权从该国有企业中提取收益的一种分配形式。税收与国有企业上缴利润虽然都是国家参与企业收入分配的形式,却有明显的区别。前者以国家公共权力为依托,以国家法律为后盾,具有强制性、固定性,在适用范围上适用于不同的所有制经济成分;后者在目前实行现代企业制度的条件下,基本不具有强制性,而且是根据企业经营的实际状况来实行,有偿性和灵活性比较明显,在适用范围上只适用于国有企业,而不适用于其他所有制成分的企业。

(3)税收与行政事业性收费的区别

行政事业性收费是政府机关为单位和居民个人提供某种特定服务,或是批准使用国家的某些权利等而收取的报酬或经济补偿。目前有行政规费和事业收费、国有资源和财产使用权转让费等几类,也属于国家财政收入的一种形式。但行政事业性收费与税收是有区别的。税收是无偿的、固定的,一般由税务部门集中征收,国家统筹使用;而行政事业性收费的基本特征是有偿的,与政府提供服务的内容和数量相关,具有一定的灵活性,而且收费使用一般是专款专用。

(4)税收与罚没收入的区别

罚没收入是执法单位针对违章、违规行为实施的经济处罚,是财政收入的一种特殊形式。与税收相比,罚没收入具有更明显的强制性和无偿性,而且对象明确,且一般为一次性收取,不像税收具有固定性。

(5) 税收与捐助的区别

捐助是当事人为了社会公益事业自愿、无偿的捐助,不具有强制性;而税收则是依据国家法律规定强制征收的。

8.1.4 税收分类

税收分类的方法很多,每一种分类方法都可以说明某一方面的问题,都有一定的意义。在不同国家、不同社会制度下,税收分类的目的和方法不完全相同。常见的方法有以下几种:

(1) 按征税对象分类

按照征税对象,税种可分为流转税类、所得税类、资源税类、财产税类和行为税类。流转税类是以商品或劳务流转额为征税对象的税种,目前我国的增值税、消费税、营业税和关税均属于流转税类;所得税类是以所得额为征税对象的税种,如目前我国的企业所得税、和个人所得税;资源税类是以自然资源和某些社会资源为征税对象的税种,目前我国的资源税、耕地占用税等均属于资源税类;财产税类是以各种财产为征税对象的税种,目前我国的房产税、契税等均属于财产税类;行为税类是以特定经济行为为征收对象的税种,目前我国的土地增值税、城镇土地使用税、印花税、筵席税等均属于行为税类。

(2) 按计税依据分类

按照计税依据,税种可分为从价税和从量税。从价税是以征税对象的价格为依据,按一定比例计征的税种,如增值税、营业税、关税等;从量税是以征税对象的数量(重量、面积、件数等)为依据,规定固定税额计征的税种,如资源税、车船税、城镇土地使用税等。

(3) 按税收收入的归属权分类

按照税收收入的归属,税种可分为中央税、地方税、中央和地方共享税。在我国,收入划归中央政府的税种是中央税,收入划归地方政府的税种是地方税,收入由中央和地方共享的税种则属于中央和地方共享税。我国的地方税立法权限不划归地方,还是集中在中央政府。

(4) 按税负能否转嫁分类

按照税负能否转嫁,税种可分为直接税和间接税。直接税是由纳税人直接负担、不易转嫁的税种,如所得税、财产税等;间接税是纳税人能将税负转嫁给他人负担的税种,主要是对商品征收的各种税,如消费税、增值税等。这是西方国家普遍实行的税收分类方法。

(5) 按税收缴纳形式分类

按照税收缴纳形式,税种可分为实物税和货币税。实物税是以实物形式缴纳的税种,货币税是以货币形式缴纳的税种。税收最早是以实物形式缴纳的,随着商品货币经济的发展,货币缴纳形式的税也出现了,并且成为主要的缴纳形式。

(6) 按税金与价格的关系分类

按照税金与价格的关系,税种可分为价内税和价外税。价内税是指税金作为价格的组成部分的税种，价外税是指税金作为价格之外的附加的税种。在我国，消费税、营业税属于价内税，增值税属于价外税。

8.2 税收原则

税收原则又称税收政策原则或税制原则，它是制定税收政策、设计税收制度的指导思想，也是评价税收政策、鉴别税制优劣的准绳。它通常以简洁明了的术语，高度抽象地概括税收政策、制度制定者的思想意志；以全面系统的原则体系，综合反映社会对税收政策制度的多方面要求。税收原则一旦确定，就成为一定时期国家制定、修改和贯彻执行税收法令制度的准绳。税收原则是在具体的社会经济条件下，从税收实践中总结概括出来的，并随着社会政治、经济的发展而变化发展。

从现代经济学理论来看，税收原则可以归纳为三个主要方面：一是公平原则，税收应由社会成员合理分担，并有助于缩小贫富差距；二是效率原则，税收应能促进资源的有效配置，并力求提高税收行政的管理效率；三是稳定原则，税收应能促进经济的稳定以及生产力的不断发展。

8.2.1 税收应以公平为本

在现代经济学看来，任何经济活动的目标，都是追求公平与效率以及二者的最佳结合，税收也是如此。公平合理是税收的基本原则和税制建设的目标。从古至今，各国税收的实践表明，税收公平与否往往是检验税制和税收政策优劣的标准。一般税收公平包括普遍征税和平等征税两个方面。所谓普遍征税，通常指征税遍及税收管辖权之内的所有法人和自然人。换言之，所有有纳税能力的人都应毫无例外地纳税。这一税收公平准则最初是针对特权阶级如皇室、贵族在税收上享有的不合理豁免权确立的，后来演化为对所有人一视同仁、排除各类区别对待措施等更为全面的公平税收思想。当然，征税的普遍性也不是绝对的。国家出于政治、经济、国际交往等方面的考虑，给予某些特殊的纳税人以免税照顾并不违背这一原则；相反，只能被认为是对这一原则的灵活运用。如对外交使节的税收豁免待遇几乎是一种国际惯例。所谓平等征税，通常指国家征税的比例或数额与纳税人的负担能力相称。具体有两个方面的含义：一是纳税能力相同的人同等纳税，即所谓"横向公平"；二是纳税能力不同的人不同等纳税，即所谓"纵向公平"。上面提到的纳税能力，一般是以所得为代表，所以"横向公平"的含义就是对所得相同的人同等课税，"纵向公平"的含义就是对所得不同的人不同等课税。简言之，就是所得多者多征，所得少者少征，无所得者不征。这里的征多征少，往往通过累进税、差别比例税、减征免征、加成征收等实现。

税收公平不仅是一个财政问题，而且是一个社会问题和经济问题。因为税收作为国家参与和干预国民收入分配和再分配的手段，与社会经济生活各个领域密切相关，对社会生活和经济运行发挥着巨大的影响。因而对税收公平的判断还必须从社会经济角度进行考察。不同社会和不同国家的社会公平观和经济观是不同的。税收公平是以该社会的社会公平观和经济公平观为基础和前提的。在任何社会和国家内部，税收政策必须及时协调税收公平与社会经济公平之间可能出现的矛盾。例如，当经济活动所决定的分配已经公平的时候，税收分配就应以不干扰这一分配格局为公平；当经济活动所决定的分配被证明是不公平的，则公平的税收就应以矫正这一分配格局为目标。有时会出现这样的情况，从财政税收的角度看是公平的，但从社会和经济的角度看却是不公平的，这时就必须要通过调整税制以适应经济和社会公平的要求。

8.2.2 征税必须考虑效率的要求

征税不仅应是公平的，而且应是有效率的。税收效率原则的含义是多方面的。从资源配置方面看，税收要有利于资源的有效率配置，使社会中的可用资源能获取最大效益；从经济机制方面看，税收要有利于经济机制的有效运行，不仅使微观经济效益提高，宏观经济也要稳定增长；从税务管理方面看，税务行政要讲求效率，税收制度须简便，征纳双方的费用要节省，等等。也就是说，税收效率原则就是要求政府征税应有利于资源的有效配置和经济机制的有效运行，并提高税务行政的管理效率。

税收作为一种重要的再分配工具，可以在促进资源配置合理化、刺激经济增长等方面发挥作用，但也可能扭曲资源配置格局，阻碍经济发展。如果税收发挥的是前一种作用，就是有效率的；如果税收发挥的作用是后一种，则是无效率的。税收是否有效率必须结合经济运行本身的效率考察。如果经济运行本身已经是高效率的，税收活动就应以不干扰经济运行为有效率，即保持税收中性；如果经济运行是低效率甚至无效率的，税收效率则体现在它对经济运转的影响和干预上。在市场经济国家，总存在市场失灵问题；在计划经济国家，也会有计划失误和生产积极性不高的情况。所以，税收干预总是有发挥作用的空间。就我国的情况来说，随着经济体制改革的深入，税收的经济杠杆作用越来越受到重视，它在调节生产、流通和消费等方面的功能日益强化，并在实践中促进了经济效率的提高。党的十八届三中全会作出的《中共中央关于全面深化改革若干重大问题的决定》已经明确指出，充分运用税收等经济手段调节宏观和微观经济，是我国经济体制改革的重要内容，说明我国政府把提高税收效率置于十分重要的地位。

8.2.3 税收的具体原则

8.2.3.1 公平类税收原则

税收是在市场对个人收入分配已经决定的前提下，对个人收入进行的再分配。从市场分配的缺陷考虑，税收对收入的再分配应依据公平原则和公平目标，为市场经济主体创造平等的竞争环境，按受益原则征税，依据能力原则负担。简单地说，公平类税收原则可以概括为竞争原则、受益原则和能力原则。

(1) 竞争原则

税收的竞争原则是着眼于收入分配的前提条件，通过税收为市场经济的行为主体——企业和个人创造竞争环境，鼓励平等竞争。也就是说，在市场已经为行为主体提供了平等竞争的环境下，税收应不干预经济活动。在因为市场失灵而无法为行为主体提供公平竞争的情况下，税收应为行为主体的平等竞争创造条件。例如，由于企业资源条件差异、行业垄断、个人的遗产继承等原因而导致不平等竞争，形成收入和财富的差别，税收就应对形成不平等竞争和收入、财富差别的条件进行调节，促进平等竞争。

（2）受益原则

税收的受益原则是根据市场经济的等价交换原则，把个人向政府缴纳的税收看做是个人分享政府提供的公共产品所支付的价格。因此，个人的税收负担应根据个人分享公共产品的受益程度的大小来确定，征税和受益应是对等的。对因政府提供公共产品而受益多的人，应承担较多的纳税义务；反之，则应承担较少的纳税义务。受益原则作为政府征税的依据，解释税收存在的原因时有它的理论意义。可由于公共产品受益的非排他性特点，使公共产品受益边界无法确定，所以受益原则作为一般原则无法在实践中推行。但是在特定情况下，以税代费，按受益标准征税也是可行的。这主要是对于部分由政府提供的准公共产品而言，如果受益边界较为清晰，消费的竞争性较强，按受益程度大小确定的纳税额可以提高分配效率。

（3）能力原则

税收的能力原则是以个人纳税能力为依据进行征税，即以个人收入和财富作为衡量能力的标准，按照个人纳税能力的大小征收税款，使负担能力较强的人承担较多的纳税义务，负担能力较弱的人承担较少的纳税义务，通过税收调节个人收入和财富分配结果，实现均等收入的公平目标。能力原则包括普遍征税和能力负担两个方面。依据普遍征税原则，市场经济中的行为主体，凡是具有纳税能力的都必须纳税，消除税收上的一切特权。它体现了税收法律面前人人平等的思想。依据能力负担原则，凡是具有同等负担能力的纳税人应同等纳税，以体现税收的横向公平；凡是具有不同负担能力的纳税人应区别对待，以体现税收的纵向公平。

8.2.3.2 效率类税收原则

效率类税收原则可以分为税收的经济效率原则和税收的行政效率原则两个方面。

（1）税收的经济效率原则

税收的经济效率原则旨在考察税收对社会资源配置和经济机制运行的影响状况。而检验税收经济效率的标准，在于税收的额外负担最小化和额外收益最大化。

经济学一般用帕累托效率来解释经济效率。将帕累托效率应用于税收，税收的征收活动也同样存在"得者的所得"和"失者的所失"的比较问题。税收在将社会资源从纳税人手中转移到政府部门的过程中，势必会对经济发生影响。若这种影响仅限于征税数额本身，就为税收的正常负担；若除这种正常负担之外，经济活动因此受到干扰和阻碍，社会利益因此而受到削弱，便产生了税收的额外负担；若除正常负担之外，经济活动因此得到促进或社会利益因此而得到提高，便产生了税收的额外收益。

税收的额外负担可区分为两类。一类是资源配置方面的额外负担。政府征税既可以减少私人部门支出，又可以增加政府部门支出。若因征税而导致的私人经济利益损失大于因征税而增加的社会经济利益，即发生税收在资源配置方面的额外负担。另一类是经济运行机制方面的额外负担。税收作为一种强制和无偿的国家占有，总会对纳税人的经济行为产生影响。若因征税对市场经济的运行产生了不良影响，干扰了私人消费和生产的正常或最佳决策，同时相对价格和个人行为方式随之变更，即发生税收在经济机制运行方面的额外负担。而不论哪一类的额外负担，都说明经济处于无效率或低效率的状态。降低税收额外负担的根本途径,在于尽可能保持税收对市场机制运行的"中性"。所谓税收中性,简单地说,是指在征税过程中,不应或尽量减少对纳税人带来应纳税款之外的超额负担。税收的额外收益可以用税收的经济调节作用来解释。政府征税一方面可以取得财政收入;另一方面也可将政府的意图体现在税收制度和政策中,达到稳定经济的目的。增加税收额外收益的主要途径是要重视税收的经济杠杆作用,区别各种不同情况,适时采用灵活、有效的调整措施,使经济保持在充分就业和物价稳定的水平上。

(2)税收的行政效率原则

税收的行政效率原则旨在考察税务行政管理方面的效率状况。而检验税收本身效率的标准在于税收成本占税收收入的比重,即是否以最小的税收成本取得了最大的税收收入。所谓税收成本,是指在税收征纳过程中所发生的各类费用支出。它有狭义和广义之分。狭义的税收成本也称为税收征收费用,专指税务机关为征税而花费的行政管理费用。广义的税收成本除税务机关征税的行政管理费用外,还包括纳税人按照税法规定在纳税的过程中所支付的费用,即税收奉行费用。税收征收费用相对来说比较容易计算,即使此数字不明确也可估价解决;而税收奉行费用则相对不易计算,特别是纳税人所花费的时间、心理方面的代价更无法用金钱来计算,没有精确的指标加以衡量,故也有人将其称为"税收隐蔽费用"。所以,各国政府对其税收本身效率的考察,基本上是以税收征收费用占全部税收收入的比重为主要依据的。比重越低,说明税收成本越小,以较小的税收成本换取了较多的税收收入。

降低税收成本占税收收入的比重,提高税收本身效率的途径主要是运用先进、科学的方法进行税务管理,防止税务人员贪污舞弊,以节约征收费用;简化税制,使纳税人易于理解掌握,并给纳税人以方便,以压低奉行费用;尽可能将纳税人所花费的奉行费用转化为税务机关所支出的征收费用,以减少纳税人负担或费用分布的不公,进而达到压缩税收成本的目的。

8.2.3.3 稳定类税收原则

税收促进经济稳定的原则可以分为税收自动稳定机制和税收政策抉择两种方式。

(1)税收自动稳定机制

税收自动稳定机制是税收制度本身所具有的稳定经济的方式,是税收制度对经济的一种自动反应能力。根据税收的自动稳定机制,在经济增长、国民生产总值上升时,个人收入和企业利润水平上升,税收相应增加;反之,在经济衰退、国民生产总值下降时,个人收入和企业利润水平下降,税收相应减少。税收自动稳定机制的主要优点是它的自动反应能力,避免了在政策决策时所遇到的时滞因素对政策的不利影响,使作用目标明确,作用效果较快。但是自动稳定机制仅仅缓解了经济周期波动的变动幅度,而无法消除经济周期波动。

(2)税收政策抉择

税收政策抉择也称相机抉择,它是政府根据经济形势的变化所作出的税收政策变动及其选择。税收政策抉择的税收稳定政策的任务,就在于消除税收自动稳定机制所无法消除的经济波动。它包括两个方面,即扩张性的税收政策和紧缩性的税收政策。在经济萎缩时期,政府一般要实行扩张性的税收政策,即减少政府税收,增加个人可支配的收入,从而刺激私人消费支出增加，社会总需求扩大，结果使国民生产总值上升到充分就业水平；在经济发生通货膨胀时期，政府一般要执行紧缩性的税收政策，即增加政府税收，减少个人可支配的收入，从而促使私人消费支出下降，社会总需求减少，降低国民生产总值水平。

8.2.4 税收公平与效率的两难选择

税收的公平与效率是密切相关的。从总体上讲，税收的公平与效率是互相促进、互为条件的统一体。首先，效率是公平的前提。如果税收活动阻碍了经济的发展，尽管是公平的，也是没有意义的。因为税收作为一种分配手段是以丰裕的社会产品为基础的，而没有效率的公平便成为了无本之木。所以，真正的公平必须融合效率的要求，必须是有效率的公平。其次，公平是效率的必要条件。尽管公平必须以效率为前提，但失去了公平的税收也不会是高效率的。因为税收不公平必然会挫伤企业和个人的积极性，甚至还会引致社会矛盾，从而使社会生产缺少动力和活力，自然也就无效率可言。因此，真正的税收效率必须体现公平的要求，至少必须是大体公平的。当然，税收的公平与效率的统一并不是绝对的。就某一具体的税种来说，两者会有矛盾和冲突。例如，商品课税可以通过各类奖励政策或限制政策促进合理配置资源和发展生产，一般认为是有效率的。但由于它背离了量能纳税原则，有时会造成纳税人的苦乐不均，通常又被认为是不公平的；所得课税具有负担合理、课征公平的优点，但它距离经济运转过程较远，很难直接调节生产和流通，又有效率不高的缺点。正因为如此，在税制建设和征收管理上才有公平与效率难以兼顾的说法。只有同时兼顾公平与效率两个方面的税制才是最好的税制，这是无需证明的。但就具体的税种来说，往往不是低效率、高公平，就是高效率、低公平。高效率、高公平的最优结合是少有的。就某一具体的税收政策来说，往往不是以效率为主导，就是以公平为核心，两者并重不一定是理想状态。因此对税收公平与效率的研究必须跳出具体税种或某项税收政策的圈子，而要从整个税制或税收总政策来思考。前文讨论的公平和效率的内容主要也就是从这个意义上讲的。仅就某一税种来说，可能是以公平或效率为主的，但作为税种集合的税制，通过各税种的互相补充，完全有可能组成一个公平与效率兼备的税制。不过，有些国家从本国国情出发或为了实现特定的政治经济目标，在建设本国税制时，实行以公平或效率某一方面作为侧重点的税收政策，从而形成效率型税制或公平型税制。这样的税制往往更具实践价值。如发展中国家实行效率型税制比实行兼顾型税制更能促进本国经济腾飞，发达国家实行公平型税制更有益于社会稳定。总之，把税制的设计同本国的具体情况和长远发展战略结合起来，显然是对公平与效率两者更深层次和更高层次的兼顾。

8.3 税收负担

8.3.1 税收负担的含义

税收负担简称"税负"，是指纳税人承担纳税义务所承受的经济负担。它是就政府征税和纳税人缴税所形成的征纳关系而言的，并不考虑税款使用给纳税人带来的福利收益。从绝对额考察税负，它是指纳税人应支付给国家的税款额；从相对额考察税负，它是指税收负担率，即纳税人的应纳税额与其计税依据价值的比率。

税收负担是税收政策的核心。任何一项税收政策都是通过税收负担的具体落实来贯彻实施的,因此,制定税收政策首先应该考虑税收负担定在什么水平上比较合理。一般来说,税收负担水平的确定既要考虑政府的财政需要,又要考虑纳税人的实际负担能力。税收负担的轻重是通过税收制度的某些构成要素,如税率、计税依据、减免税等综合体现的。因此,政府在制定税收制度、明确税制要素时就应该贯彻国家需要与实际可能相结合的原则。

从宏观经济学角度考察,税收负担不仅指纳税人支付给国家的税款,还应包括由于政府征税而给社会经济造成的损害,即税收的超额负担,也包括政府征税发生的税务行政费用和纳税人缴税发生的税收奉行费用。

总之,税负作为纳税人的经济负担,实质上是从数量方面反映了国民收入分配中政府与纳税人之间的利益关系。

8.3.2 税收负担的分类

8.3.2.1 按层次划分

按层次划分,税收负担分为宏观税负和微观税负。

(1) 宏观税负

宏观税负又称总体税负,指一定时期内国家参与国民生产总值分配过程中,以税收形式所集中的价值总量。它表现为一定时期内一国的税收收入总额。

衡量一国宏观税负的国际公认指标有两个:一是税收收入总额占国民生产总值的比率(T/GNP),即国民生产总值税负率;二是税收收入总额占国内生产总值的比率(T/GDP),即国内生产总值税负率。用公式表示为:

国民生产总值税负率 = 税收收入总额(T)/同期国民生产总值(GNP)×100%

国内生产总值税负率 = 税收收入总额(T)/同期国内生产总值(GDP)×100%

以上两个指标的应用,后者比前者更广泛。

(2) 微观税负

微观税负又称个体税负,是指某个纳税人(法人或自然人)的负税程度。它反映税收负担的结构分布和各种纳税人的税收负担状况。

衡量微观税负的指标有:

① 企业税收总负担率 是指一定时期内,企业实际缴纳的各种税收总额与同期企业各项收入总额或盈利的比率。它全面反映国家以税收形式参与企业收入分配的总规模,也可以用来比较同类型企业之间的税负总水平。

企业税收总负担率 = 企业实际缴纳的税收总额/同期企业收入(盈利)总额×100%

② 企业所得税负担率 指企业缴纳的所得税总额与同期企业利润总额的比率。

企业所得税负担率 = 企业缴纳的所得税总额/同期企业利润总额×100%

③ 个人税收负担率 指一定时期内个人实际缴纳的各种税款占同期个人收入总额的比率,反映的是个人直接的税收负担。

个人税收负担率 = 个人实际缴纳的税收总额/同期个人收入总额×100%

8.3.2.2 按纳税人负税的现象与实质划分

按纳税人负税的现象与实质划分,税收负担分为名义税负与实际税负。

(1) 名义税负

名义税负是指纳税人按照税法规定应该缴纳的税款额与其所得或收益的比率，是比较纳税人或课税对象所承担的税负水平的平均指标。它可根据需要分为单个纳税人的负担率、同类型纳税人的负担率、某个税种的负担率以及某个地区乃至全社会的平均负担率等。

(2) 实际税负

实际税负是指纳税人实际缴纳的税款额与其所得或收益的比率，反映纳税人实际所负担的税负水平。

名义税负和实际税负从不同角度反映了纳税人的税负状况。前者反映纳税人的税负承受能力，后者反映纳税人实际承担的税负水平。同一纳税人的实际税负与名义税负常常存在差异，究其原因，一是受税制因素影响。如税收政策中规定了减免税优惠，使实际税负低于名义税负，或是规定了税收附加、加成征收等，使实际税负高于名义税负。二是受一些非税制因素的影响。如通货膨胀、避税、逃税等，因此使实际税负低于名义税负。

8.3.2.3 按税款是否转嫁划分

按税款是否转嫁划分，税收负担分为直接税负与间接税负。

(1) 直接税负

直接税负指纳税人向政府缴纳的税款不能转嫁给他人，由纳税人直接负担。在此情况下，纳税人与负税人是相同的。

(2) 间接税负

间接税负指纳税人将其缴纳的税款部分或全部通过各种方式或途径最终转嫁给他人负担。在此情况下，纳税人与负税人是不同的，纳税人只是起了缴纳税款的作用，实际税收负担由负税人承担。对负税人来说，其承担的税负就是转嫁而来的间接税负。

8.3.3 税收负担的影响因素

一个国家的税收负担受多种因素的影响，各种因素对不同国家税收负担的影响程度也不相同。归纳起来，税收负担主要受以下因素的影响。

8.3.3.1 生产力发展水平

生产力发展水平是税收的源泉，也是影响税收负担的最主要因素，通常以人均国民生产总值或人均国民收入表示。人均国民收入越高，表明税收的负担能力越强，这也符合税收的量能负担原则。实证分析表明，人均国民收入高的国家，其税收负担水平通常比人均国民收入低的国家要高，两者呈正相关。当前，发达国家的税收占 GDP 的比重平均在 30% 以上，而发展中国家平均在 20% 以下。

8.3.3.2 政府职能范围

税收是国家实现其职能的物质保证。政府的职能范围不同，对税收的需要量就不同。政府职能范围广，则需要的税收量大，税收负担也就较重；反之，政府职能范围窄，则需要的税收量小，税收负担也相应较低。政府职能范围的大小既受经济体制因素的影响，也有政府政策取向、经济发展方面的原因。

就经济体制方面来考察，实行传统经济体制的社会主义国家，政府充当全社会的总管理者和总经营者，政府的职能除包括一般性的社会管理职能外，还包括组织经济建设的职能，因而政府的职能范围相对较大。而对实行市场经济体制的国家而言，政府的职能主要是限于一般的社会管理，而不直接从事生产建设，政府行使职能的范围相对较小。因此，仅从经济体制差异导致的政府职能范围不同来看，前者的税负水平相对较高。

政府的政策取向也会影响税负水平。政治制度相同的国家由于政策取向及经济状况不同，国家的职能范围也有所不同，因此税收负担也就不同。例如同为发达的资本主义国家，2007年税收总收入占GDP的比重美国为28.3%，而瑞典为48.3%，瑞典与美国相差20个百分点。究其原因，与瑞典等北欧国家政府奉行高福利的国家政策有关。由于社会福利支出相对较高，要求以较高的财政收入为保证，导致税收收入较多，宏观税负较重。

政府职能范围的大小还会受社会经济发展水平的影响。随着经济的发展，政府职能在内涵上不断丰富，在外延上不断拓宽，这必然要求征收更多的税收以满足日益增加的、为履行国家各项职能所需的财政支出需要，从而会提高税负水平。

8.3.3.3 财政收入手段选择

税收是政府取得财政收入的重要来源，但政府取得财政收入并非仅仅通过税收，当政府的财政收入一定，而财政收入的取得途径不同时，税收负担亦发生相应变化。如果其他手段取得的收入较多，税收负担水平就会相对较低。如实行传统计划经济体制的社会主义国家，由于将国家社会管理者和国有资产管理者的身份混为一谈，一度曾导致"非税论"的盛行，从而导致税制结构简单，税收数量减少，税收负担也随之降低。而在资本主义国家，来自公营企业的利润相对而言在财政收入中的地位微不足道，因此税收收入在财政收入中的比重相对较高，税负水平也较高。

8.3.3.4 税收制度本身的因素

(1) 税种的设置影响税负水平

在不同的国家及一国不同的发展阶段，由于社会经济状况不同、政府宏观管理水平各异，因而税收的覆盖面宽窄不一，税种的设置各不相同，不同税收制度下税收的相对数量也不同，税负水平也因此有高有低。

(2) 税收优惠政策影响税负水平

出于鼓励投资、吸引外资、优化产业结构、缩小地区差距等方面的考虑，各国政府均实行若干税收优惠政策，如减免税、优惠税率、税收扣除、加速折旧等，从而减少政府实际征收的税收数量，降低税负水平。

8.3.3.5 其他因素

(1) 政府的主观意图

例如，有的国家或地区面积狭小，资源贫乏，政府为了吸引投资、繁荣经济，往往实行低税政策，使该国或地区成为"避税港"。

(2) 税收征管水平

由于税收征管水平不同，税收流失程度也不同。当税收征管水平较低时，税收流失严重，政府实际取得的税收收入减少，税负水平因此较低；反之，当税收征管水平较高时，税收流失减少，税收收入的课征数量更接近于税收制度的规定，税负水平则较高。

8.3.4 合理的税收负担水平的确定

确定合理的税收负担水平是一国税收制度设计所需要解决的中心问题。从宏观上判断一国的税收负担水平是否合理,主要有两个标准:一是经济发展标准;二是政府职能标准。

8.3.4.1 经济发展标准

税收负担影响纳税人的收入水平,进而影响经济主体生产、劳动的积极性以及投资和消费水平。因此,一般来说,税收负担水平过高,是不利于经济增长或发展的。对此,从斯密、萨伊到现代供给学派理论,都对轻税政策与促进经济发展的关系做了较为深入的分析。美国"供给学派"的代表人物阿瑟·拉弗(Arthur B. Laffer)提出的"拉弗曲线"则较为形象地说明了经济发展、税收收入和税率之间的内在联系(图8-1)。

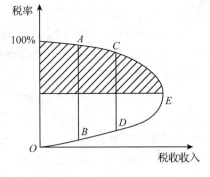

图 8-1 拉弗曲线

图8-1表明,当税率为0时,政府税收为0;当税率为100%时,由于人们将停止生产,因此政府税收也为0。在图8-1中,A点代表一个很高的税率和很低的产出,B点代表一个很低的税率和很高的产出,然而两者为政府提供同等的税收。若税率从A点下降到C点,产出、税收均增加;若税率从B点上升到D点,税收将增加,但产出可能减少;C点与D点也提供同等的税收。E点代表的税率是与生产相结合能提供最大税收的税率。在E点上,如果政府再降低税率,产出将增加,但税收将下降;如果提高税率,产出和税收都会下降。

税率从0~100%,税收总额从0回归到0。"拉弗曲线"必然有一个转折点。在此点之下,即在一定的税率之下,政府的税收随税率的升高而增加,一旦税率的增加越过了这一转折点,政府税收将随税率的进一步提高而减少。该税率以上的区域被称为税收禁区。所以,税率高并不等于实际税收就高。税率太高,结果是任何经济活动都不发生,政府反而征不上税来。

"拉弗曲线"能使我们更直观地认识税收与经济的内在联系,并说明最优税率应是既能使政府获得实现其职能的预期收入,又能使经济实现预期产出(常用GDP表示)的税率。它对说明税率与税收收入和经济增长之间的关系有着重要意义:

①说明高税率不一定会促进经济增长,取得高数额的财政收入;而获得高财政收入也不一定需要高税率。因为高税率会削弱经济主体的活力,导致经济的停滞或下降,高税率还往往带来过多的减免和优惠。

②说明取得同样多的财政(或税收)收入可以采用两种不同的税率(一个高,一个低)。

③税率和税收收入及经济增长之间的最优组合虽然在实践中是少见的,但曲线从理论上证明是可能的:即表现在图中税收收入的最大点,它是税制设计的理想模式,也就是最佳税率。

当然,轻税并不意味着税负越低越好。因为由税收收入支持的公共支出,尤其是基础设施建设、教育、社会管理等,有的直接构成经济增长的要素,有的为经济正常发展创造外部条件，对促进经济发展的作用是巨大的。若一国税负水平过低，必然降低政府的投资和管理能力，从而妨碍经济长期、稳定增长。

8.3.4.2 政府职能标准

筹集财政资金、满足政府需要，是税收的基本功能。政府的职能范围不同，对税收收入的需要量也不一样。所以，一国总体税负水平的高低，还要视政府职能范围的大小而定。

从各国的实践看，随着社会经济的发展，政府的职能范围会有所扩大，公共支出需要也不断增加，而税收作为筹集财政资金的主要手段，也相应呈现了一种日益增长的趋势。尤其对于发展中国家，由于政府面临着经济建设、社会管理、宏观调控等艰巨任务，税负水平随着经济增长而逐步提高是必然的。但在经济发展达到一定程度后，税负水平也会出现相对稳定的状态。

综合以上两种标准，从理论上看，在进行税收制度设计、确定合理税负时，就实现一定的税收收入目标而言，应选择较低水平的税率，以免影响经济的活力。如图8-1中，曲线上点C和点D对应横轴上相同的税收收入额，但在纵轴上，点C对应的税率大大高于点D对应的税率，结果应以点D对应的税率为优；就实现税收收入最大化而言，应选择税收边际收入增长为0的税率，如图8-1中曲线上E点所对应的税率。

8.4 税负转嫁与税负归宿

8.4.1 税负转嫁与税负归宿的含义

税负转嫁是指纳税人将其所缴纳的税款通过各种途径转移给他人负担的过程，即在商品交换过程中，纳税人通过提高商品销售价格或压低商品购进价格等办法，将缴纳的税款转嫁给他人负担的过程。税负转嫁是一种比较复杂的经济现象，在一定的经济条件下，纳税人的税收负担有可能全部转嫁出去，有可能部分转嫁出去，也有可能全部都无法转嫁出去。同时，税负转嫁的过程可能一次结束，也可能多次结束。

税负归宿是指随着税负转嫁过程的结束所产生的税负的最终落脚点。只要税收的转嫁过程结束，税负总要落到最终负税人身上，不再转嫁，这便是税负归宿。当税负全部转嫁出去时，纳税人就不是负税人，或者仅仅是形式上的负税人，而真正的负税人是经过转嫁而最终承担税负的他人。当税负部分转嫁出去时，纳税人就只是部分负税人，而非全部负税人。只有当税负全部不能转嫁出去时，纳税人与负税人才是同一主体。

8.4.2 税负转嫁的方式

税负转嫁有前转、后转、消转、税收资本化等方式。

8.4.2.1 前转

前转又称顺转，即纳税人将其所纳税款，按照商品流转方向，在进行商品交易时，采用提价的方式，将税款向前转嫁给商品购买者或消费者负担。前转的办法是纳税人将其所缴纳的税款加入商品价格内，在销售商品时转嫁给购买者。如果加价的额度等于税款，商品销售后即实现了完全的转嫁；如果加价的额度大于税款，商品销售后不仅税负转嫁，纳税人还可以得到额外的利润,称为超额转嫁;如果加价的额度小于税款,商品销售后纳税人本身仍要负担一部分税款,称为不完全转嫁。前转是税负转嫁的最主要方式。税负向前转嫁时不止发生一次,而是连续几次向前转嫁。例如,对卷烟征收的消费税,烟厂向国家缴纳后,加价经批发商和零售商,辗转给消费者,最后由消费者负担税款,称为辗转转嫁。一般说来,商品课税大都会有前转或辗转转嫁的现象。

8.4.2.2 后转

后转又称逆转,是指纳税人采用压低商品进价的方式,将其所要负担的税款向后转嫁给货物的供应者,或税款已前转之后,又向后转嫁给前阶段应纳税之人。前者如批发商纳税之后,因商品价格上涨会引起购买量的大的变化,因而不能转嫁给零售商,于是就向后转嫁给供货厂家负担;后者如批发商所纳税款,本已转嫁给零售商,但后来因商品价格昂贵而需求减少,零售商不能前转给消费者,于是零售商又向后转嫁给批发商或厂家负担。后转的办法是纳税人无法将其所纳税款向前转嫁,而改为向后转嫁给批发商,或进一步转嫁给厂商。例如,对汽车销售商的课税,若无法提高售价,只好压低进价,将税款全部或部分转给汽车制造商。后转也有可能不止发生一次,因此也有辗转转嫁的情况。

8.4.2.3 消转

消转又称转化或扩散转移,是纳税人通过改进生产技术,提高劳动生产率以及经营管理水平以降低生产成本,自行消化税负的经济现象,这实际上是纳税人自己负担税款的一种特殊形式。消转是一种特别的经济现象。纳税人缴纳税款后,并不将税负前转或后转,而是将税负在国民收入的增加部分中自行消化,所以没有特定的负税人。也就是说,课税商品在生产流通中获得的利益足以抵销税负而有余,不用提高商品的价格,即可保持原有的利润水平,所课之税因此已无形消化了。就税负转嫁理论而言,消转并不是实际意义上的转嫁,而只能说是一种税负的转化。这种转化与转嫁是不同的。税负转嫁是纳税人将其税负转嫁给最后的负税人,而税负转化时,纳税人即税负归宿所在。

8.4.2.4 税收资本化

税收资本化又称资本还原,指纳税人在购买课税商品时,将今后若干年应纳的税款,在所购商品价格中预先扣除,然后从事经济交易,扣除款恰好等于税收的还原价值。税收资本化发生于土地、房屋、公债券、股票等买卖交易中,买者由于是以低价从卖者手中买入,因此,预先就转嫁了今后若干年应纳的税款,今后若干年虽由买者(纳税人)按期纳税,但这税款实际已由卖者(负担人)负担。税收资本化是将今后若干年应纳的税款预先做一次性转嫁,而一般税收转嫁则是于每次经济交易时将税款即时转嫁。

8.4.3 税负转嫁的条件

税负转嫁是一个复杂的经济问题。它是指纳税人将其所缴纳的税款通过各种途径转移给他人负担的过程,即在商品交换过程中,纳税人通过提高商品销售价格或压低商品购进价格等办法,将缴纳的税款转嫁给他人负担。由此可知,税负转嫁的基本条件是商品价格由供求关系决定的自由浮动。在价格可以自由浮动的前提下,税负转嫁的程度受诸多因素的影响。其主要影响因素如下。

8.4.3.1 商品供求弹性的大小

税负转嫁存在于商品交易之中,通过价格的变动而实现。在市场定价方式下,商品税通过影响商品价格变动而引起税负转嫁,但商品税转嫁多少则取决于商品的供给和需求弹性。因此,纳税人在纳税后,其税负能否转嫁以及如何转嫁(前转或后转),基本上决定于商品需求和商品供给的相对弹性。一般说来,税负往往向没有弹性或弹性小的方向转嫁。

图 8-2 列示了商品供求弹性和税负转嫁之间关系的四种极端情况。在图 8-2A 中,P_0 和 Q_0 分别为税前供求均衡价格和均衡数量,在供应曲线 S 具有完全弹性的情况下,征税结果使商品价格由 P_0 上升至 P_1,需求数量由 Q_0 下降到 Q_1,税负通过提高商品价格完全转嫁给消费者负担。在图 8-2B 中,在供应曲线 S 完全无弹性的情况下,征税结果使商品价格由 P_0 下降到 P_1,税负通过降低商品价格完全转嫁给生产者负担,从而减少生产者收入。在图 8-2C中,在需求曲线 D 具有完全弹性的情况下,征税结果不影响商品价格,而减少生产者收入,使供应数量由 Q_0 下降至 Q_1,税收完全由生产者负担。在图 8-2D 中,在需求曲线 D 完全无弹性的情况下,征税结果使商品价格由 P_0 上升到 P_1,税负通过提高商品价格完全转嫁给消费者负担。

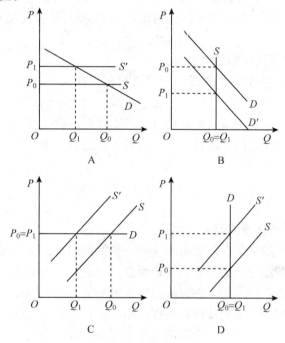

图 8-2　商品供求弹性和税负转嫁之间的关系

从上述四种极端情况分析,不难得出这样的结论:①需求弹性同税负转嫁呈反向运动,需求弹性越大,税负越趋向由生产者负担;需求弹性越小,税负越趋向由消费者负担。②供给弹性同税负转嫁也呈反向运动,供给弹性越大,税负越趋向由消费者负担;供给弹性越小,税负越趋向由生产者负担。③税负转嫁最终取决于供求之间的弹性关系。在需求弹性大于供给弹性的情况下,即 $E_d/E_s>1$,税负更多地趋向由生产者负担;在供给弹性大于需求弹性的情况下,即 $E_d/E_s<1$,税负更多地趋向由消费者负担。

8.4.3.2　课税范围的大小

课税范围的大小对税负转嫁也有影响。一般课税范围广的税种,转嫁比较容易;而课税范围较窄的税种,转嫁就比较困难。因为税基越窄,需求越具有弹性,越有替代效应,买者选择的余地越大。如果纳税者将某种商品的税负前转,则价格上升。同时,由于存在着无税或低税的替代产品,则买者转而购买替代产品,而对此种商品的需求大大减少,结果该税负难以转嫁。相反,课税范围宽广的税种,由于替代效应小,需求弹性也小,结果税负容易转嫁。

8.4.3.3 课税对象的性质

税负能否转嫁及转嫁程度的大小,还要受到课税对象性质的影响。税负转嫁的最主要形式是变动商品的价格。因此,以商品为课税对象以及与商品价格关系密切的消费税、关税等比较容易转嫁;而与商品及商品价格关系不密切或距离较远的所得课税往往难以转嫁。如对个人财产和劳务所得课征的税收一般只能降低个人的消费水平,无法转嫁出去;对各类企业课征的企业所得税尽管存在转嫁渠道,如提高本企业商品售价,降低或延迟增长员工的工资或提高劳动强度,以及降低股息和红利等,但这些渠道并不畅通,或者会受到企业员工和股东的强烈反对,或者受制于社会供求关系变化情况,都难以实现税负转嫁。

8.4.3.4 生产者谋求利润目标的高低

企业经营都以谋求尽可能多的利润为活动目标。税负转嫁显然也是为这一目标服务的。但是,在某些特定环境下,二者也会发生矛盾。如为了全部转嫁税负必须把商品售价提高到一定水平。而售价提高就会影响销量,进而影响经营总利润。此时,经营者必须比较税负转嫁所得与商品销量减少的损失。若后者大于前者,则经营者宁愿负担一部分税款以保证商品销量。

8.4.4 我国的税负转嫁

8.4.4.1 我国存在税负转嫁的经济条件

如上所述,税负转嫁是和商品经济相伴的一种经济现象,是通过价格升降来实现的税负转移。价值规律是商品经济的基本规律,而价值规律的内涵就是商品价值由社会必要劳动时间决定,商品价格受供求关系的影响围绕价值上下波动。因此,不论什么社会经济制度,只要是商品经济形式、价值规律在发挥作用,就存在税负转嫁。市场经济体制下普遍存在税负转嫁现象。当然,不同社会经济制度下税负转嫁的实现条件是不同的。我国过去实行计划经济体制以及相应的计划价格体制,在这种经济体制下,税负转嫁的主观条件和客观条件都不存在。改革开放后,我国逐步转向社会主义市场经济体制,经济生活的各个方面发生了巨大的变化,企业不仅存在税负转嫁的动机,而且也具备了充分的税负转嫁的条件。这是因为:

①企业是市场经济条件下自主经营、自负盈亏的经济实体,在竞争中求生存和发展,有了自身的独立的经济利益。在物质利益驱动下,市场主体利用税负转嫁机制减轻税负以获取更大的利益的动机强化了。

②税负转嫁是以价格的自由浮动为基本条件的,而我国价格的市场化为税负转嫁提供了充分条件。

③我国税制以商品课税为主体,也为税负转嫁提供了更为广阔的空间。

只要存在税负转嫁现象，就会对社会生活产生广泛的影响，而且可能发挥不同的效应。因此，对税负转嫁问题不能回避和忽视，应当正视并认真对待，自觉地加以掌握和运用，利用它的积极作用，限制或防止它的消极作用。税负转嫁在我国是由经济体制转换带来的新问题，也是我国税收理论和实践正在探索的一个新课题。

8.4.4.2 有关税负转嫁的政策性问题

(1) 税负转嫁的意义

我国税制是以商品课税为主体的，而税负转嫁又主要发生在商品课税领域，因而深入研究税负转嫁的机理，有着特别重要的实践意义和理论意义。税负转嫁是税负的再分配，也就是物质利益的再分配，消费者会因税负转嫁而增加负担，商品的生产者和经营者会因税负转嫁而改变在竞争中的地位。例如，对价格放开的生活必需品课以重税，由于需求弹性小，即使物价上涨，消费者也不能不购买，纳税人很容易把税负转嫁给消费者，增加消费者负担；对供不应求的商品加税，既可以限制消费，又不会妨碍生产的增长；对供过于求的商品加税，由于价格难以上涨，税负不易转嫁，可以限制生产，但不利于鼓励消费，等等。

(2) 税负转嫁与制定税收政策及设计税收制度有密切关系

假如原定的税收政策和税收制度是合理的，既有利于资源优化配置，又符合公平原则，但税负转嫁可能改变预定税负分配格局，抵销税收的经济调节作用或导致税负的不公平。所以在制定税收政策、设计税收制度时，必须充分考虑各类商品的供求状况和价格趋势，并合理选择税种、税率以及课征范围。

(3) 税负转嫁会强化纳税人逃税的动机，应强化税收征管工作

当税负转嫁不易实现时，纳税人极有可能转向逃税来取代税负转嫁，破坏税收的严肃性，削弱纳税人依法纳税的自觉性。所以，税务机关在防止任意转嫁税负的同时，还必须采取经济手段、法律手段和行政手段，加强税收征管工作。

(4) 自然垄断行业的税负转嫁处于优势，应加强对这些行业的价格管理

垄断分为自然垄断和人为垄断两大类。国家通过支持和鼓励竞争，可以消除或限制人为垄断，但对自然垄断则不能完全靠市场竞争来消除。由于自然垄断具有规模越大、效益越高的特征，在市场经济条件下，若国家不进行适当干预，自然垄断行业(如电力、天然气、煤气、供水、通信和运输等行业)就会通过减产提价来获得超额利润。对于自然垄断行业，不少市场经济国家也都曾实行国有和公营，或对私有企业实施不同程度的国家干预。在市场经济条件下，自然垄断行业既要引入一定的市场调节机制，又不能像一般竞争行业那样主要靠市场调节。所以，对这些行业在遵循供求规律的前提下，政府有必要在价格方面实施一定程度的干预和控制，只有这样，才能有效地控制该类企业为减轻税收负担而进行不正当的税负转嫁。

(5) 提高所得课税比重，缩小税收转嫁的范围和空间

我国税负中商品税的比重偏大，而所得税的比重偏低。从税制改革的方向来看，提高所得税的比重，既有利于强化税收的调节作用，也有利于缩小税收转嫁的范围和空间，缓解税收转嫁的负面效应。

(6) 实行价外税有利于增强商品课税税负归宿的透明度

价内税与价外税的征纳税额是一样的，只是价格形式有所不同。价内税的税收是作为

价格的组成部分，表现为含税价格；价外税的税收是作为价格的附加，价格与税收分离，表现为不含税价格。从现实生活来看，消费者购买商品的时候，价内税的税款是与价格同时支付，而价外税的税款是单独支付。所以，价内税是价税合一，淡化了税负最终归宿的透明度，混淆了纳税人与负税人的区别，同时也会使价格信号失真，模糊价格与税收的不同功能。实行价外税，是将税款和价格分开，使纳税人与实际负税人分离，有利于增强税负最终归宿的透明度，有利于培养公民的纳税意识，也有利于更好地发挥税收和价格这两个经济杠杆调节经济的作用。总结新中国成立以来我国对商品课税的经验，借鉴世界上一些国家采用价外税的成功作法，为了避免引起大的波动，使企业和消费者逐步习惯，可先同步公布按含税价征税和按不含税价征税的两种税率，逐步过渡到完全以不含税价征税。

▲延伸阅读

俄罗斯酝酿恢复征收"无子女税"以鼓励生育

俄罗斯近年来在酝酿恢复苏联时期实行的"无子女税"。1941年11月，由斯大林直接下令对单身者和人口少的家庭征税，以期改善国家人口状况。无子女的人被迫把月工资收入的6%上缴国家。每月工资不足91卢布的人可以享受某些税收优惠；月工资不到70卢布的人不用交税。在当时，苏联是世界上唯一一个对不生孩子征税的国家。

如果"无子女税"得以实施，俄罗斯目前给第二胎发的25万卢布(1美元约合29卢布)补贴将由不愿生孩子的人负担。俄罗斯现在有2100万单身男性。俄罗斯卫生部长认为，尽管生孩子是个人的事情，但从统计指标看，人口状况同国家政策有很大关系。

俄罗斯国家杜马妇女家庭儿童事务委员会主席叶卡捷娜·拉霍娃虽赞成恢复这种制度，但认为年龄定在49岁以下太过分了，40岁左右就可以了。当然，有健康原因的人应该除外。如果有能力生孩子，却不愿生，就要纳税，理由是不能让这些不愿要孩子的人退休后，由别人的孩子来赡养他们。

与此同时，国家杜马劳动和社会政策委员会主席安德烈·伊萨耶夫认为这种征税在当时就因为干涉了公民的个人生活而招致了社会的严重批评，他主张鼓励生育该做的不是对无子女收税，而是减轻有孩子家庭的生活负担。

(资料来源：http://news.hexun.com/2011-02-19/127424631.html)

世界各国的税收负担情况及最佳税收负担率

当今，世界各国的税收负担率水平差异很大。以国内生产总值税负率衡量，世界各国税收负担率水平大体上可以划分为高税负国家(或地区)、中等税负国家(或地区)和低税负国家(或地区)三类。

高税负国家(或地区)，一般是指税收总额占国内生产总值的比重为30%以上的国家。大多数经济发达国家一般都属于此类。又可以具体分为三个级次：一是最高税负国家，其税收总额占国内生产总值的比重在50%左右，包括瑞典、丹麦、芬兰、比利时、法国、荷兰、卢森堡等；二是次高税负国家，其税收总额占国内生产总值的比重在35%~45%，包括奥地利、加拿大、德国、希腊、爱尔兰、意大利、新西兰、挪威、葡萄牙、英国等；三是一般高税负国家,其税收总额占国内生产总值的比重为30%左右,包括美国、澳大利亚、日本、瑞士等。

中等税负国家(或地区),一般是指税收总额占国内生产总值的比重在20%~30%的国家。世界上大多数发展中国家均属于此类,如肯尼亚、南非、突尼斯、扎伊尔、埃及、巴西、印度、墨西哥、巴基斯坦、哥伦比亚、马耳他等。

低税负国家(或地区),一般是指税收总额占其国内(地区)生产总值的比重在20%以下的国家和地区。低税负国家(或地区)的具体情况又分为以下三种:第一种属于实行低税模式的避税港,如巴哈马、百慕大、中国香港及中国澳门等,以中国香港为例,税收总额占地区生产总值的比重只有10%左右,其税收主要由四种税(利得税、薪俸税、利息税和物业税)构成。避税港多是小国,有的还是小岛或"飞地",它们之中过去不少曾沦为发达国家的殖民地。第二种属于经济欠发达国家,国内生产总值不高,税源小,财政收支比较紧张。第三种属于以非税收入为主的资源国,国内生产总值不高,税源小,财政收比较紧张,特别是石油输出国,如阿联酋、科威特、伊朗、巴林等。如阿联酋财政收入的100%、科威特财政收入的95%、伊朗财政收入的60%来自于石油的开采与销售。世界银行的一份调查资料也显示,一国的税收负担率与该国的人均GDP水平成正相关:人均GDP在260美元以下的低收入国家,最佳的税收负担率应为13%左右;人均GDP在750美元左右的偏低收入的国家,最佳税收负担率应为20%左右;人均GDP在2000美元以上的中等收入国家,最佳税收负担率应为23%左右;人均GDP在10 000美元以上高收入国家,最佳的税收负担率应为30%左右。

(资料来源:http://doc.mbalib.com/view/739e222cdb9b01b6863e7955ad6f3d50.html)

本章小结

1. 税收既是一个历史范畴,又是一个经济范畴。它是指国家为了满足社会公共需要,实现其职能,凭借政治权力,按照法律的规定,强制、无偿地参与社会产品分配而取得财政收入的一种特定分配形式。强制性、无偿性和固定性是税收区别于其他财政收入的基本特征。

2. 纳税人、征税对象、税率是税收的三个主要术语。税收有多种分类方法,每一种分类方法都可以说明某一方面的问题,都有一定的意义。

3. 税收原则是制定税收政策、设计税收制度的指导思想,也是评价税收政策、鉴别税制优劣的准绳。它可以归纳为三个主要方面:一是公平原则,税收应由社会成员合理分担,并有助于缩小贫富差距;二是效率原则,税收应能促进资源的有效配置,并力求提高税收行政的管理效率;三是稳定原则,税收应能促进经济的稳定以及生产力的不断发展。

4. 税收负担是指纳税人承担纳税义务所承受的经济负担。它是税收政策的核心。从绝对额考察,税收负担是指纳税人应支付给国家的税款额;从相对额考察,税收负担是指税收负担率,即纳税人的应纳税额与其计税依据价值的比率。税收负担有多种分类方法。美国"供给学派"的代表人物阿瑟·拉弗(Arthur B. Laffer)提出来的"拉弗曲线"较为形象地说明了经济发展、税收收入和税率之间的内在联系。

5. 税负转嫁是指纳税人将其所缴纳的税款通过各种途径转移给他人负担的过程,它有前转、后转、消转、辗转转嫁和税负资本化等多种方式。其转嫁的基本条件是商品价格由供求关系决定的自由浮动。在价格可以自由浮动的前提下,税负转嫁的程度要受商品的供求弹性、课税范围的大小、课税对象性质、企业追求利润目标等因素影响。

思考题

1. 什么是税收？税收的基本特征有哪些？
2. 什么是税率？税率有哪些主要形式？
3. 起征点和免征额有何区别？
4. 简述税收的分类。
5. 如何理解税收的各原则？
6. 什么是税收负担？它有哪些分类方法？
7. 试说明"拉弗曲线"及其原理。
8. 什么是税负转嫁？税负转嫁有哪些方式？影响税负转嫁的因素有哪些？

第9章 税收的经济效应

本章提要

税收作为国家对社会产品的强制性分配,在实现其资源配置、收入分配和经济稳定的职能过程中,对所有经济行为主体和国民经济运行具有很大的影响。因此,只有透彻理解税收的经济效应,才能制定科学的税收政策,优化税制结构,选择合理有效的优惠措施。本章重点讨论税收经济效应的作用机制、税收对劳动供给、居民储蓄、投资、收入分配及其经济发展的影响。

9.1 税收经济效应的作用机制

税收的经济效应是指纳税人因国家课税而在其经济选择或经济行为方面作出的反应,从另一个角度说,是指国家课税对消费者的选择乃至生产者的决策的影响,也就是通常所说的税收的调节作用。税收的经济效应主要体现在两个方面:第一,税收将支出能力从纳税人手中转移到政府手中,发生了资源的转移;第二,税收会扭曲消费者对物品的选择或生产者对要素的选择,从而给纳税群体造成额外负担。税收的经济效应有多种表现形态,其中最基本的是收入效应和替代效应。其他效应都与这两种效应存在直接或间接的关系。

在市场经济条件下,企业的生产决策管理的目标为税后利润最大化,市场经济均以价格作为市场信号传导机制,而政府税收行为通过影响市场主体的利益分配和市场价格,从这一市场机制影响到生产决策与消费决策两个方面。

9.1.1 收入效应

税收的收入效应是指征税或增税将纳税人的一部分收入转移到政府手中,使纳税人的支出能力下降,从而降低商品购买量和消费水平。收入效应本身不会导致经济无效率,只是表明资源从纳税人手中转移到政府手中。

(1) 征税对生产行为的收入效应

税收对生产行为的收入效应,是指政府对商品、所得或者财产课税使市场的供求数量较征税前有所下降,即造成企业实际收入或可支配收入的减少。政府征税会一方面使得企业平均生产成本上升,边际收益减少,企业最终产出水平必定会下降;另一方面征税实质是国家参与国民收入的分配行为,是企业无偿地向国家单方面的利益转移,从而也减少了企业的可支配资源,从而也会导致企业最终产出的减少。

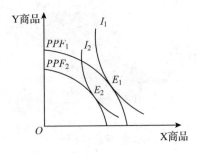

图 9-1 税收对生产的收入效应

如图 9-1 所示,在征税前,生产可能性曲线 PPF_1 反映了可能生产出来的产品 X 和 Y 的组合,个人消费的无差异曲线为 I_1,与生产可能性曲线相交于 E_1 点,在这一点上,生产者的利润达到了最大化。由于征税(所得税),企业可利用资源减少,生产可能性曲线由 PPF_1 内移到 PPF_2,从而使得企业的生产可能性曲线 PPF_2 只能与无差异曲线 I_2 相交于 E_2,产品的生产数量下降。

(2)税收对消费的收入效应

税收对消费的收入效应,表现为政府对商品课税之后,会使纳税人实际购买能力下降,降低对商品的消费量的需求。税收对消费的收入效应大小由平均税率决定,平均税率越高,消费水平损失越大,收入效应越明显。

9.1.2 替代效应

税收的替代效应是指政府对不同的商品实行征税或不征税、重税或轻税的区别对待时,会影响商品的相对价格,使纳税人减少征税或重税商品的购买量,而增加无税或轻税商品的购买量,即以某种消费或活动方式取代另一种消费或活动方式。正因为替代效应干预了这两种商品的选择,所以它会导致经济无效率。

(1)税收对生产行为的替代效应

征税对企业的生产行为还会产生替代效应。政府有选择性地对某些商品征税,或者对不同产品实施有差异的税率,会使课税商品的成本和价格发生变化,从而导致企业相应的减少课税商品的产量或者放弃生产,而把更多的资源转移到非税商品的生产上。

如图 9-2 所示,生产可能性曲线为 PPF,征税前 PPF 与消费者的无差异曲线 I_1 相切于 E_1 点,切线为 PP,此时,生产者与消费者都达到了效用最大化。当政府对商品 X 开征税收以后,商品 Y 和商品 X 之间的相对价格发生了变化,QQ 线代表了这一点。在新的价格比率条件下,无差异曲线 I_2 与生产可能性曲线相切于 E_2 点。这时可以看到,消费者的无差异曲线发生了左移,I_1 与 I_2 之间的差额便是征税带来的额外负担,对企业来讲,也产生了偏向于以 Y 产品的生产替代 X 产品生产的影响结果。

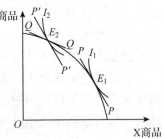

图 9-2 税收对生产的替代效应

(2)税收对消费行为的替代效应

税收对消费的替代效应,则表现为政府对商品课税之后,会使课税商品价格相对上涨,这意味着纳税人消费同一课税商品得到的效用不变,代价增大,于是纳税人对消费该商品的偏好降低,以其他无税或轻税商品来代替它。

(3)税收对消费行为的影响

在分析税收对消费行为的影响时,假定商品税的课征为两个商品(X 和 Y)的简单模式。假定张三的收入为 I,并且只花在两种商品上:食物和衣服。食物的价格为 P_f,衣服的价格为 P_c。在图 9-3 中,横轴表示张三消费的食物的数量,纵轴表示衣服的消费量。张

三最初的预算线为 RS，其斜率为 $-P_f/P_c$，横轴截距为 I/P_f。通过选择商品组合 E_1，张三使自身的效应最大化，因而获得了无差异曲线 U_1 相关的效应水平。

假如政府按税率 t_f 对食物课税，这时张三面对的食物价格就变为 $(1+t_f)P_f$，他的预算线随之变为直线 RT，其斜率为 $-(1+t_f)\cdot P_f/P_c$，横轴截距为 $I/[(1+t_f)\cdot P_f]$。在收入预算线发生变化的情况下，张三重新进行自己的最优消费决策。此时，他的优先选择将是与预算线 RT 相切的无差异曲线 U_2 上的 E_2 点。

在图 9-3 中，画一条平行于原预算线 RS 的直线 $R'S'$，使之与无差异曲线 U_2 相切于 E'，就可以分解得到收入效应和替代效应。其中，预算线由 RS 向内平移至 $R'S'$，反映了商品课税使张三的实际购买力下降。在食物和衣服的相对价格保持不变的情况下（变现为预算线斜率不变），张三的最优选择由原先的商品组合 E_1 变动为商品组合 E'，这一变动反映的是食物课税所带来的收入效应。在剔除实际购买力的变动后，张三的最优选择是在保持

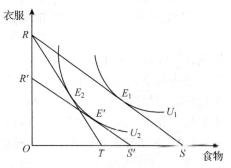

图 9-3　税收的收入效应与替代效应

效用水平 U_2 的情况下，有商品组合 E' 变为商品组合 E_2，这一变化反映的是食物课税所带来的替代效应。

进一步的分析表明，收入效应仅仅说明资源从纳税人转移给政府，不会产生超额负担，不会损害经济效率。而替代效应则不同，当商品课税于食物而不课税衣服时，张三可能通过增加衣服的消费量来替代食物。然而，张三在税前也许并不喜欢买那么多的衣服，这样就会带来效用损失。由于替代效应所产生的效用损失无法用税收及其收益来弥补，因而构成税收的超额负担。在极端的情形下，纳税人可能承受损失，而政府也并未获得任何收益。一个典型的例子是 18 世纪英国政府开征的"窗户税"，纳税人为了逃避该税，纷纷用砖将窗户砌死。其结果是，居民住得不舒服，政府又征不到税，这便是税收的超额负担。

9.2　税收的经济影响

9.2.1　税收的个人劳动供给效应

现代经济学认为，个人福利水平的提高不仅表现在人们通过劳动而获得的物质收入，而且还包括人们通过闲暇所获得的精神享受。因此，研究税收对劳动供给的影响，主要是分析税收如何干扰个人在工作与闲暇之间的决策，并使人们在满意的闲暇基础上提供最大的劳动供给，而非简单地使人们的劳动供给最大化。影响劳动供给的主要税种是个人所得税，因此主要讨论所得税的劳动供给效应。

9.2.1.1　在严格的限制条件下所得税对劳动供给的影响

劳动供给理论实质上是基本的价格理论的应用，即假定劳动力在其预算限制下，试图使其满足程度最大化。

(1) 税收对劳动供给的替代效应和收入效应

税收对劳动供给的替代效应，指的是政府征税会使闲暇和劳动的相对价格发生变化，闲暇相对于劳动的价格降低，引起个人以闲暇替代劳动。它表明的是"纯粹的"价格变化效应。税收对劳动供给的收入效应，指的是政府征税会直接减少个人的可支配收入，从而促进其为维持既定的效用水平而减少闲暇增加工作时间。以上两种效应或许相互抵销，或许收入效应超过替代效应，或许后者占优势。

(2) 定额税、比例税、累进税的效应比较

就税制而言，一般来讲，定额税不影响劳动者的边际收入，从而不影响其对劳动和闲暇的经济评价，因此，只有收入效应而不产生替代效应。在相同所得的情况下，比例税率能比累进税率更多地激励劳动者劳动供给的增加，换言之，比例税率更具有收入效应。因为比例税率和平均税率相等，税后边际收益相等。而累进税率的边际税率大于平均税率，税后边际收益递减，所以累进所得税的替代效应更显著。

9.2.1.2 在放宽限制条件下所得税对劳动供给的影响

放宽一些限制条件，在比较现实的情况下研究税收对劳动供给的影响。

(1) 个人收入由多种收入构成情况下的所得税比较

现实的情况是，个人除了劳动收入外，还有一些非劳动收入来源，如租金收入或资本所得、福利收入等。一般说来，闲暇是正常品，非劳动所得的存在，会鼓励个人供给较少的劳动。所以，为了增加劳动供给，政府不仅要对劳动所得征税，同时，也要对资本所得等非劳动收入征税。

(2) 工资率变动和工作时间变动的所得税效应

劳动者的劳动时数随工资率的提高而逐渐增加。反之，当工资率下降时，劳动者就减少工作时数。

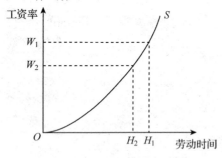

图 9-4 税收对劳动供给的替代效应

现假定政府对劳动者的工资收入征税 W_1W_2，劳动者在征税前可支配的收入为 W_1，劳动时数为 H_1。征税后，劳动者可支配的收入降至 W_2，随着劳动边际收益的减少，劳动者的劳动时数由原来的 H_1 减至 H_2，这表明政府征税促使劳动者减少劳动供给而增加闲暇选择，这时税收对劳动供给产生替代效应（图 9-4）。

但是如果劳动者的劳动供给在一定收入水平下与工资同向变化，即在开始阶段，工资水平提高后，劳动供给倾向增加。但工资水平上升到一定限度后，劳动者对工资收入的需求不那么迫切了，工资水平即使上升，劳动供给也不再增加，而趋向于减少，此时劳动供给曲线 S 先是递增，然后是一条向后弯曲的线。

劳动者在征税前的可支配收入为 W_1，劳动时数为 H_1。政府征税 W_1W_2 后，劳动者的可支配收入由原来的 W_1 下降至 W_2。随着劳动者税后可支配收入的减少，劳动者的劳动供给倾向于增加，劳动时数由原来的 H_1 增加到 H_2。这时税收对劳动者的劳动供给产生了收入效应（图 9-5）。因为政府征税直接减少了劳动者可支配收入，劳动者为维持以往的收入或消费水平而倾向于更勤奋地工作,从而减少其闲暇方面的享受。也就是说,政府征税会使劳动供给增加。

概括税收对劳动供给的影响,主要取决于劳动供给曲线的形状:当劳动者的劳动供给曲线上扬时,课税会使其减少劳动供给,增加闲暇;当劳动供给曲线向后弯曲时,课税会使其增加劳动供给,减少闲暇。

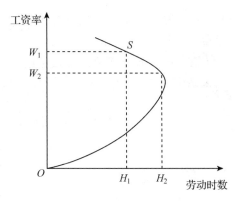

图 9-5　税收对劳动供给的收入效应

由于纯粹的理论演绎很难判定税收对劳动供给的确切影响,西方税收学者在对纳税人问卷调查的基础上对课税与劳动供给变化的相关程度进行了实证分析,得出了基本一致的结论:美国的巴洛·布雷泽、摩根和加拿大的查特吉、罗宾逊等人认为课税对劳动供给的不利影响是轻微的,某种程度上能够提高劳动供给;英国的布雷克、凯恩·瓦茨和布朗等人认为劳动供给曲线是向后弯曲的,课税会使劳动者更加努力地工作,劳动供给增加。

9.2.2　税收对居民储蓄的影响

储蓄在社会经济中的作用,主要表现在对投资的数量有很大的限制作用。储蓄是影响投资量的一个重要因素。一般而言,一国的储蓄总量包括公共部门储蓄和私人部门储蓄。私人部门储蓄包括公司储蓄和家庭储蓄。私人部门储蓄对投资的影响很大。税收对私人部门储蓄的影响也可以分为收入效应和替代效应。替代效应是指各种税收对储蓄报酬率的影响。因政府课税降低了纳税人的实际收入,造成纳税人以消费代替储蓄,税收对私人储蓄就发生了替代效应。在征税后,储蓄的收益下降了,这也意味着不鼓励人们储蓄。替代效应是由边际税率决定的,因此,考虑替代效应时,主要考虑边际税率的影响。一般来讲,由于替代效应的作用,征税会使人们减少储蓄量,增加现期消费量。收入效应是指征税以后,人们的收入减少了,由于收入水平下降,人们在做消费决策时,现期的消费量要下降,今后的消费量也要减少。这样,消费下降,相对来说,储蓄就增加了。决定储蓄的因素主要是个人可支配收入和税后利息率,若因征税压低了纳税人的可支配收入,进而促使其减少消费,为维持既定的储蓄水平而增加储蓄,税收对私人储蓄就发生了收入效应。

若想了解税收对私人部门储蓄的影响,需要考察私人部门消费的确定和税收对私人部门消费的影响。我们主要讨论税收对家庭储蓄的影响。对于一个家庭,储蓄是把家庭收入转移到未来某时期进行使用,以使未来得到满足的活动。从储蓄和消费的关系来说,它是一种未来的消费。税收对居民储蓄的影响,主要是通过个人所得税、消费税等税种影响居民的储蓄倾向及全社会的储蓄率。

9.2.2.1　所得税对居民储蓄的影响

个人所得税对家庭储蓄行为的影响,是通过对个人可支配收入和税后收益率的影响来实现的。在这里,我们以简单的生命周期模型为基础,分析税收对生命周期动机的储蓄效应。假定一个人的一生分为两个时期,第一时期为工作期,个人在这一时期得到的收入为

Y，消费为 C_1；第二时期为退休期，在该时期，个人用第一时期的储蓄来维持消费，并假定第一时期的储蓄在第二时期全部消费掉，储蓄的利息率为 r，则第二时期的消费 C_2 等于个人在第一时期的储蓄加上这笔储蓄所带来的收益，即 $S_1(1+r)$。由此，个人一生的预算约束条件式为：

$$Y = C_1 + S_1$$

由 $C_2 = S_1(1+r)$ 得 $S_1 = C_2(1+r)$，则：

$$Y = C_1 + S_1 = C_1 + C_2/(1+r)$$

式中，$C_2/(1+r)$ 为第二时期消费 C_2 在第一时期的现值，$1/(1+r)$ 为现值系数，也是第二时期消费的价格。个人在第一时期和第二时期消费的关系可从图9-6看出。

在图9-6中，AB 表示个人的税前预算线，其斜率为 $(1+r)$，它表示个人在第一时期放弃1元的消费可换来第二时期 $(1+r)$ 元的消费，OA 表示个人第一时期工作的全部收入用于第一时期消费的消费量，OB 表示个人第一时期收入全部用于第二时期消费的消费量。无差异曲线与 AB 相切于 E_0，E_0 点表示第一时期和第二时期的消费效用达到最大时的均衡点。

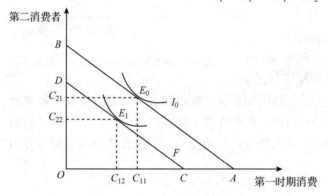

图9-6 税收对家庭储蓄的收入效应

现假定政府征收税率为 t 的比例所得税——一个人取得收入后征收一道所得税，在收入进行储蓄后再征一道所得税。征税后，个人在消费—储蓄方面的变化可以从两个阶段来考察：

第一阶段，对个人在第一时期的工资收入按 t 的比例征收所得税，直接减了个人的可支配收入，但不影响利息率水平，所以，不改变第一时期和第二时期消费的相对价格关系。在图9-6中，预算约束线从 AB 移至 CD 而不改变其斜率，新的预算约束线与较低的无差异曲线 I_1 在 E_1 点相切，决定了第一时期的消费从 C_{11} 减少到 C_{12}，第二时期的消费也从 C_{21} 降到 C_{22}。这种变动反映的是所得税对储蓄的收入效应，由于个人可支配收入的减少，个人消费和储蓄同时下降。

但是这种效应在理论上并不能得到充分证实。这里是假定个人对消费时间的偏好在税后不变，无差异曲线平行下移。但是，税后个人的可支配收入减少后，个人对消费时间的选择可能会发生变化，出现两种不同的选择：或是为了保持当期消费水平而减少储蓄，或是为了保证未来的消费水平不下降而增加储蓄，减少当期消费，如图9-7所示。

在图9-7中，如果税后无差异曲线下移至 I_1，与预算约束线相切于 E_1，则本期消费不变，仍保持在 C_{11}，而未来消费则下降为 C_{22}，意味着储蓄减少。如果税后无差异曲线上移至 I_2，则与预算约束线相切于 E_2，所决定的本期消费减少至 C_{13}，意味着个人更多地考虑保证未来的一定消费水平而增加储蓄。在这里，表明了征税引起个人可支配收入减少后，储蓄如何变化的关键在于个人对消费—储蓄的偏好。

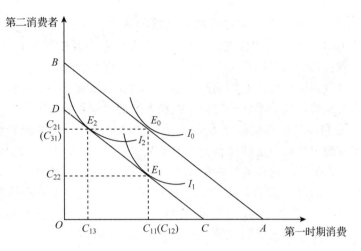

图 9-7 征税后，个人消费—储蓄偏好变化所产生的效应

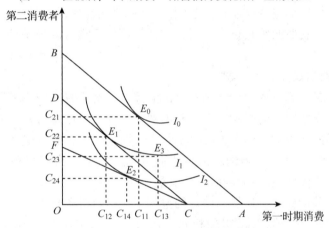

图 9-8 征税后，个人消费—储蓄偏好变化所产生的效应

第二阶段，政府对利息所得征税。对利息的征税可以纳入一般所得税的税基中开征，也可以单独设置税种征税。征税后的效应可以从两个方面来看：首先，对利息征税后，纳税人未来税后收入来源减少，必然影响纳税人对第一时期消费或第二时期消费的需求，总的效用水平降低，产生税收的收入效应。其次，对利息课税后，储蓄的名义利率水平仍为 r，但实际利率水平降为 $r(1-t)$，实际利率水平变化后，第二时期消费的现值系数变为 $1/[1+r(1-t)]$，这意味着第一时期消费和第二时期消费的相对价格发生变化，第二时期消费价格因征税而上升，第一时期消费的价格相对下降。第二时期消费价格上升后，会降低储蓄对纳税人的吸引力，人们更倾向于增加现在的消费，即增加当前消费在总支出中的比重，从而降低储蓄，产生税后的替代效应。税收这两个方面的效应可以用图 9-8 来说明。

征税后，第二时期消费的价格上升，使预算约束线的斜率发生变化，从 CD 向内旋转为 CF，新的预算约束斜率为 $1+r(1-t)$。征税后，纳税人可支配收入减少，总的效用水平下降。假定纳税人原有的消费—储蓄偏好不变，无差异曲线从 I_1 平行下移至 I_2，与新的预算约束线相切于 E_2，决定税后第一时期消费为 C_{14}，第二时期消费为 C_{24}。按消费与储蓄关系，储蓄等于第一时期收入与第一时期消费之差，则图中所反映的是第一时期消费从

C_{12}增加至C_{14},第一时期消费的增加意味着储蓄的减少,税前储蓄为$C_{12}C$,税后储蓄为$C_{14}C$,$C_{14}C$小于$C_{12}C$,利息所得税的开征减少了储蓄,减少额相当于$C_{12}C_{14}$的距离。其中替代效应和收入效应的分析与税收对劳动供给的替代效应和收入效应相同。这个结论并不是一般的规律。税收对储蓄行为的影响并不确定,减少或增加储蓄,取决于无差异曲线的曲率,即纳税人对消费—储蓄偏好的选择。纳税人消费—储蓄偏好不同,无差异曲线曲率不同,所以E_2点也可能是在原均衡点E_1的左边。如果是这样,则意味着纳税人为保证任一既定的未来消费被迫维持一定的储蓄而大大地减少前期消费,甚至增加储蓄。

由此看来,个人消费—储蓄偏好在税收产生效应过程中起很大作用。而个人消费—储蓄偏好在不同的收入家庭之间有很大不同,所以税收对不同收入家庭的储蓄的效应也不同。一般而言,高收入家庭的边际储蓄倾向相对较高。所以,利息所得税的征收,对高收入家庭的储蓄抑制作用要高于低收入家庭。此外,我们在这里分析的假定是比例所得税,在累进税制情况下,税收的收入效应取决于平均税率,替代效应取决于边际税率,税收的累进程度越高,对家庭储蓄的抑制作用越大。所以,降低税收的累进程度有利于动员家庭储蓄。但是,从总的税收政策目标来考虑,这样做不利于收入的公平分配,决策时还须进行全面权衡。

9.2.2.2 消费税对居民储蓄的影响

消费税的税基是家庭收入中用于消费支出的部分,对于收入中不用于消费的部分则不征税。所以,就对家庭储蓄的影响而言,对消费支出的征税比所得税更有利于家庭储蓄的增长。因为所得税的课税对象是个人的全部收入,而不论这种收入是否用于支出,因而它具有明显的重复征税的性质。当纳税人取得收入后,缴纳一次所得税,在取得储蓄利息后,又征一次税。而消费税就不存在这个问题,它只是在收入用于支出时方征税,对储蓄利息不征税。在这种情况下,显然,储蓄的报酬率比所得税条件下要高。假设所得税实行比例税率,税率为t,消费税与所得税相同,且当年收入不支出,全部用于储蓄,则两种税制下纳税人的税后收入分别为:

$$Y_1 = Y(1-t) + Y(1-t)r(1-t) = Y(1-t)[1+r(1-t)]$$
$$Y_2 = Y(1+r)(1-t)$$

Y_1为所得税制下的税后收入,Y_2为消费支出税下的税后收入。由于$(1-t)<1$,显然$1+r(1-t)<1+r$,所以,$Y_1<Y_2$。

假定某纳税人有收入1000元,当年不支出,全部储蓄。所得税和消费支出税的税率均为50%,利率10%。在征收所得税的情况下,应纳500元税款,税后收入作为储蓄,一年后利息50元,再按50%税率对利息征税,税款25元,两部分税款总计525元。在消费税的情况下,第一年不支出,无须纳税,1000元全部储蓄,一年后利息100元,不用征税,待1100元全部用于支出时征税,税款为550元。两种不同的税制相比较,所得税制下,储蓄的实际报酬率为$r(1-t)=10\%\times50\%=5\%$(或25/500=5%);而消费税制度下,储蓄的报酬率即为年利率10%,较高的报酬率有利于刺激储蓄。因此,在同等税率的条件下,消费税比所得税更能鼓励储蓄。此外,由于所得税在取得收入时即负有纳税义务,而消费税是在收入用于支出时要求纳税人承担纳税义务。所以,消费税与所得税相比较还有递延纳税的特点,在一定的税率条件下,消费税的税款价值低于所得税,纳税人由此节省税款。表面上，所得税税款为525元，消费支出税税款为550元，消费税大于所得税，但由于纳税义务发生的时间不同，消费税实际上推迟了500元税款的缴纳时间，使纳税人节省了一部分税款。在本例中，假定社会的年贴现率即为10%，总的所得税税款的现值为523元[500+25/(1+10%)]，而消费税税款的现值仅为500元[550/(1+10%)]。很显然，在这样的利率条件下，对纳税人的储蓄行为产生很大的诱导作用。特别是在通货膨胀时期，消费税递延纳税的特征所带给纳税人的好处更明显。当然，如果利率低于5%，消费税递延支付的价值要低于所得税。

即使是消费税的税率较高，它仍有可能比所得税更有利于储蓄，其原因就在于：①消费税是对消费支出征收的，所以，它主要影响的是消费而不是储蓄，特别是对高收入阶层的高消费用消费税的办法进行限制，是有利于鼓励储蓄的。②消费税作为一种间接税，具有累退的性质。所以，对于储蓄倾向高的人来说，税收负担的累退为把收入用于储蓄的人所带来的好处要大于将收入用于支出，或者根本没有储蓄的人。因此，消费税鼓励储蓄的这一特征不会改变。当然，消费税的累退性质与公平的原则要求是相违背的。在消费税的制度设计中，要避免这一点，就需要对家庭的基本消费水平给予税收宽免，仅对规定的基本消费额以上部分征收消费税。

9.2.2.3 税收对储蓄效应的综合评价

税收在一定程度上可以影响储蓄行为，但总的来说，对税收的这一作用不可高估。

(1) 影响储蓄的最根本因素在于收入，而不是税收

无论如何，储蓄总是等于收入减去消费后的余额。从理论的发展来看，解释家庭储蓄的理论有凯恩斯的绝对假说、杜森贝利的相对收入假说、弗里德曼的永久性收入假说以及卡尔多的阶级储蓄假说。无论是哪一种理论，都是把收入视为决定储蓄行为的主要因素。按照凯恩斯的绝对收入假说，家庭储蓄直接依存于家庭现行的可支配收入，而当前可支配收入的储蓄倾向与收入的增长是一致的。杜森贝利的相对收入假说的核心是：个人的储蓄不仅取决于个人当前的收入水平，而且还依赖于以前的收入水平和消费习惯。弗里德曼则认为，收入包括永久性收入和暂时性收入两部分，暂时性收入的储蓄倾向大大高于永久性收入。卡尔多提出阶级储蓄假说的前提是把收入区分为工人的劳动收入和资本家的财产收入，工人劳动收入的储蓄倾向远低于资本家。所以，无论税收对储蓄的影响有多大，收入永远是决定储蓄行为的最主要的因素。

(2) 储蓄与人们对未来收入和未来需要的不确定性有密切联系

人们对未来预期不同，税收对储蓄的作用也不同。从人们进行储蓄的动机来看，有的是为了未来特定目标而进行储蓄，如退休、受教育等，而有的是为了不测事件而进行的储蓄。如果没有未来的不确定性，人们也许不会储蓄，正是对未来的收入和需求存在不确定性，人们才需要储蓄。如为了退休后的生活或失业而进行的储蓄。人们储蓄的目的是保障，这时如果对储蓄利息征税，会提高这种保障的价格，就会促使人们在当前减少消费，增加储蓄，以获取对未来的一定保障。但如果人们预期未来的收入会提高，而没有什么不确定性，或者这种不确定性已得到确定的保障，如政府已经建立了完善的社会保障机制，人们已通过缴费或缴纳社会保险税的方式得到了保障，开征利息所得税，他们就会减少储蓄，增加当前消费。

(3) 家庭储蓄只是社会储蓄的一个部分，对于经济社会，最重要的变量是社会储蓄

如果政府在对私人储蓄征税的同时，增加政府税收收入，那么，即使私人储蓄下降，社会储蓄也可以上升或保持不变。所以，在评价一项税收政策对家庭储蓄的影响时，要综合考虑社会储蓄总量的变动。

(4) 税收的收入效应和替代效应对储蓄的作用方向是不一致的

孤立地分析税收对储蓄产生的影响是很困难的。影响个人储蓄的可能因素很多。但不同税收的累进程度是决定其收入效应的重要因素。累进程度较大的税收要比累进程度较小的税收给社会富裕成员带来更重的负担。由于富人用于储蓄的收入占全部收入的比重比穷人大，因而累进程度较大的税，给储蓄所带来的负担较重。

近年来，我国家庭储蓄增长速度很快，但是税收对储蓄的影响并不明显，这说明人们对储蓄的态度还取决于税收以外的诸多因素，如居民未来消费的预期、其他投资渠道等，因此，应该适当地运用税收杠杆促进储蓄向投资转化。

9.2.3 税收对投资的影响

私人投资是相对于政府投资而言的，即企业投资和个人投资。这类投资的基本特征是以投资利益最大化为目标，它与政府投资的目标有着原则性的区别。税收对投资决策有着广泛的影响。理论上，纳税人都遵循追求利润最大化的假设。为了实现利润最大化，纳税人会一直投资到其边际收益等于边际成本为止。因此，纳税人的投资行为实际上主要是由两个方面的因素决定的：一个是投资收益，一个是投资成本。从税收对投资的收入效应和替代效应入手，研究税收如何通过影响投资的边际收益率和投资成本发挥作用，对实体经济投资产生影响。

9.2.3.1 税收对投资的效应分析

毫无疑问，对企业的投资收益课税将会降低纳税人的投资收益率，并会使投资收益和投资成本发生变动，从而对投资行为产生两种基本的效应，即收入效应和替代效应。

收入效应是指对投资收益课税时，由于投资收入下降，促使纳税人为维持以往的收益水平而被迫牺牲当前的消费额度来保障一定的投资规模增加投资。

替代效应是指政府对投资收益征税，使投资收益率下降，改变了投资和消费的相对价格，此时纳税人投资的边际效用下降，消费的边际效用上升，因此降低了纳税人对投资的偏好，纳税人因此将选择更多的消费来替代投资。因此，对投资课税最终使企业增加还是减少投资，取决于总效应。

(1) 收入效应大于替代效应

如图 9-9，征税前预算线 AB 与无差异曲线 I_1 交于 E_1，该点代表满足纳税人效用最大化的消费与投资组合为 (X_1, Y_1)。若纳税人因政府课税而倾向于增加投资，预算线 AB 将会内旋至 $A'B$，与无差异曲线 I_2 交于点 E_2，产生了新的消费与投资的组合 (X_2, Y_2)。此时有 $X_2 < X_1$，$Y_2 > Y_1$，消费减少，投资增加。

(2) 替代效应大于收入效应

如图 9-10，征税前预算线 AB 与无差异曲线交于 E_1，此时消费与投资组合为 (X_1, Y_1)，若纳税人因征税而倾向于减少投资，预算线则内旋至 AB'，与无差异曲线 I_2 相交于

E_2，形成新的消费与投资组合(X_2, Y_2)，其中，$X_1 < X_2$，$Y_1 > Y_2$，投资减少，消费增加。

总体上看，对投资课税会可能抑制投资的增长，也可能刺激投资的增长，它是收入效应和替代效应相互作用的结果。总的来讲，征税无疑是增加了资本使用者的成本，会产生抑制投资的预期。

9.2.3.2 税收影响企业投资的因素分析

投资是经济增长的主要动力，各国政府一般都致力于扩大私人投资，并且利用税收政策来鼓励私人投资。在这方面，公司所得税是直接影响资本成本的重要因素。在其他条件不变的情况下，任何旨在提高资本成本的税收措施都会抑制投资的增长，而任何旨在使资本成本下降的税收优惠措施都会刺激投资意愿。影响私人投资的税收因素可以细分如下：

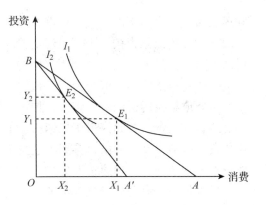

图 9-9 收入效应大于替代效应

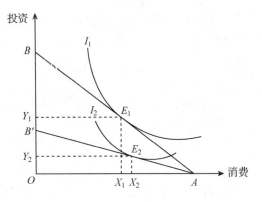

图 9-10 替代效应大于收入效应

(1) 税率

公司所得税税率的高低会直接影响投资者税后利润的多少，因此，从理论上讲，在其他条件相同的情况下，无税对投资的刺激效果是最理想的。但实际上除少数避税以外，世界上大多数国家和地区都对投资行为征税。因此，问题的关键不在于是否征税，而在于征多少税。理想的目标是，设计合理的税负水平，尽量减少企业所得税对投资决策的影响。

(2) 对费用扣除范围和标准的规定

税法一般对企业生产费用的扣除范围和标准有一定的限制，使得生产费用的实际发生额和允许税前扣除额之间存在差异。税收制度对企业生产费用扣除范围和标准的规定，直接关系到应税所得额和投资收益的大小。如果列支过宽，比如可以据实列支，虽然可能刺激投资，但容易造成政府的税收流失和垄断企业的产生。但如果界定范围太窄，许多费用都不能获得列支，那么必然给企业的资本补偿造成一定的困难，企业税收负担较重，且新投资和置换投资都受到阻碍。

(3) 对折旧和投资抵免的规定

按照乔根森(Jorgenson，1963)的新古典模型，加速折旧和税收抵免可以引致资本成本的变化，是投资的有效诱因。当企业的投资收益率大于企业的资本使用成本时，企业才会进行投资。加速折旧制度和投资抵免制度之所以能够成为刺激企业的投资需求的两大税收制度，就是因为它们降低了资本的使用成本，从而增加了企业可以拥有的资本存量，刺激投资。

固定资产折旧是指固定资产逐年损耗价值的补偿。一般来讲，折旧可以分为真实折旧和税折旧。真实折旧一般是根据企业对固定资产有形损耗和无形损耗的实际损耗计提的折旧，税收折旧则指按照国家税法的规定按照一定的年限和规定的折旧方法计提的折旧。税法所规定的折旧方法与会计所产生的差异将进行必要的纳税调整，其可以得到的税前补偿金大小将直接影响投资行为。若税收折旧小于实际折旧，则允许在税前扣除的折旧金额小，企业应纳税所得额就比较大，加重了纳税人的所得税负担，不利于企业的资金营运能力的改善和投资。若允许采用加速折旧的方法，当税收折旧大于实际折旧时，就相当于企业的资本提前得到了补偿，得到了递延纳税和资金的时间价值的好处。特别是在经济出现通货膨胀的条件下，加速折旧更加能够保护企业的利益，减少通胀给企业带来的损失。

投资抵免是对企业符合规定的投资予以一定比例的抵免额，冲减企业应纳税所得额。这一政策减少了企业购置资产的有效价格，与此同时也降低了企业的边际成本，所以可以刺激企业的投资行为。

可以看出，对企业的投资收益课税使得企业生产成本增加，而加速折旧和投资抵免政策又使得资本投资的使用成本降低，并且成为影响企业投资资本要素组合和投资总额的有效杠杆。

(4) 减税免税

减税免税规定可以提高了投资者的收益水平，促进了企业投资的增长。

9.2.4 税收对个人收入分配的影响

收入分配是否公平是现代社会普遍关注的一个社会问题，税收作为一种调整收入分配的有力工具，已经越来越受到关注。因为政府通过征税，不仅可以对高收入者课以高税，抑制高收入者的收入，而且还可以通过转移支付提高低收入者的收入，改善收入分配状况。

(1) 累进所得税是调整高收入者收入分配的有力工具

个人间的收入分配主要是指一定时期内货币收入在各收入阶层之间的分配。在各种收入来源既定的情况下，个人间收入分配的结果，在很大程度上取决于所得税制状况。因为个人所得税具有两大特点：一是直接对纳税人的货币收入征收；二是实行累进税率制度。因此，个人所得税对个人间的收入分配，特别是对高收入者的收入分配有巨大影响。

在19世纪后半叶，德国社会政策学派的代表人物阿道夫·瓦格纳在其《财政学》中提出了应根据纳税能力大小征税，使纳税人的税收负担和其纳税能力相一致的思想，从而奠定了累进税制的理论基础。他给平等原则赋予了新的含义，即所得税制应该具有累进性，而累进性的所得税正是校正收入分配不公的有力工具。现代西方经济学进一步发展了税收公平原则，认为个人所得税应与每个纳税人的经济状况相适应，并且使每个纳税人之间的税收负担水平保持均衡。在对税收公平分成横向公平和纵向公平的基础上，认为横向公平主要解决税负的普遍性问题，而纵向公平强调了收入分配的结果公平。为解释纵向公平，现代西方财政学家们又发展了古典经济学家穆勒的均等牺牲概念。均等牺牲概念认为，如果纳税人因纳税而产生的福利损失或牺牲是均等的，则纳税人就得到了公平对待。庇古把均等牺牲说发展成为最小牺牲说，并认为最小牺牲原则是税收的最高原则。庇古给最小牺牲原则下的定义是："为了获得最小的总牺牲，各项赋税应该如此分配，使纳税的货币边际效用,对一切纳税人都是相等的。如果甲纳税人所付的最后一个便士税款的效用,小于乙纳税人所付的最后一个便士税款的效用,则把对乙纳税人的一部分课税额转到甲纳税人的肩上,能得到总牺牲的减少。所以,符合最小总牺牲原则的税收在纳税人之间的分配,是使所有纳税的社会成员的边际牺牲——而非总牺牲——均等"。现代西方财税界提出了等比例牺牲和等边际牺牲等概念用以说明均等牺牲。均等牺牲要求税制具有累进性,故所得税用累进税率有利于收入分配公平。

(2) 税收支出是增加低收入者收入的有力措施

所谓税收支出是指以特殊的法律条款规定的,给予特定类型的活动或纳税人以各种税收优惠待遇而形成的收入损失或放弃的税收收入。通过税收支出,对该纳税人的所得全部或部分免税,减少他的纳税义务,增加其可利用或可支出的收入,这在一定程度上会增加低收入者的收入,改变了收入分配不公的程度。税收支持的途径包括:①直接对低收入者的许多纳税项目给予税收优惠照顾,包括医疗费用扣除、失业福利扣除、老年人和残疾人所得扣除、儿童抚养费扣除、社会保险扣除等;②对有助于间接增加低收入阶层收入的行为给予税收优惠照顾,如对向慈善机构、公益事业捐款的高收入者或雇主给予税收优惠,以鼓励他们慷慨解囊。但是在运用税收支出时,必须谨慎从事,否则有可能使收入分配更加不公平。

(3) 遗产税与赠与税是削弱财富过度集中的一项策略

财产分配包括两个方面:一是从流量角度考察的当期财富的分配,即收入的分配;二是从存量角度考察的累积财富的分配,即财产的分配。前者主要通过个人所得税及其相关制度对收入分配产生影响,后者则要通过财产税对财产分配产生影响。财产税是以一定财产价值为征税对象的税种,一般包括对财产所有者所拥有的全部财产课征一般财产税,对选定某类或某几类财产分别征收的特种财产税以及对转让的财产征收的财产转让税。从公平财富分配的角度来看,财产转让税,包括遗产税和赠与税,是防止财富过度集中的最有利工具,对缓和分配不公、补充个人所得税的不足有重大意义。遗产税是对财产所有者死亡时遗留的财产净值征税,以对继承权进行一定的限制。因为一个人终生积累的财富虽然有限,但若世代相承,财产数额就会不断增大,就会导致少数人越来越富,多数人越来越穷,所以要加以必要的限制。赠与税是对财产所有者生前赠与的财产征税,一般是与遗产税并行开征的。否则,光有遗产税没有赠与税,财产所有者在生前将其财产都无偿赠予继承人,遗产税就形同虚设,无税可征。对遗产税和赠与税适用统一的高额累进税率,其调节收入的功能就大为增强。

(4) 社会保险税是转移支付的主要资金来源渠道

社会保险税是以纳税人的工资和薪金所得作为征税对象的一种税收,它是实施社会保障制度的主要资金来源。所谓社会保障制度,是指劳动者或全体社会成员在年老、疾病或丧失劳动能力以及其他生活困难时,从国家、社会或有关部门获得收入补助的一种制度。尽管社会保障是政府很多再分配计划的一种,但它已成为最大的一项计划。可是转移支付的资金来源,不是依靠一般税收筹集的,而是依赖社会保险税。社会保险税收入入库后,按照不同的保障类别分别纳入各专项基金,专款专用,不能用作一般经费开支。所以,社会保险税是一种指定用途税,亦称"专税专用"。可见,社会保险税的重要性在于,它为社会保障制度的实施提供了稳固的资金来源基础。从这个意义上说,社会保险税是税收公平分配的有力工具。

(5)所得税指数化是减轻通货膨胀的收入分配扭曲效应的一种方法

各国在经济增长过程中,普遍经受着通货膨胀的压力。通货膨胀使个人所得税产生"档次爬升"现象,特别是加重了低收入阶层的税收负担。而且通货膨胀伴随着对纳税人的利息支出做全面扣除,使个人所得税的征收更加有利于债务人,而有损于债权人,从而更加严重地损害了低收入阶层的利益。经济发达国家自20世纪70年代中期以来纷纷采取了所得税指数化措施。所谓税收指数化是指按照每年消费物价指数的涨落,自动确定应纳税所得额的使用税率和纳税扣除额,以便剔除通货膨胀的名义所得增减的影响。个人所得税的指数化主要包括免税额和纳税档次的指数化调整。一方面将免税额向上调整,以避免因通货膨胀使其实际价值贬损;另一方面对纳税档次的指数化调整,以防止通货膨胀将纳税人推入更高的税率档次。

另外,由弗里德曼等经济学家在20世纪60年代提出的"负所得税思想",是一种利用税收机制实现收入再分配的理论假设,是一项对低于一定收入水平者自动提供支付,从而给低收入者提供最低生活保障的计划。本质上,它不是一种税收,而是政府实现转移支付的一种措施。

9.3 税收与经济发展

9.3.1 税收对宏观经济的作用机制

税收的宏观经济效应是指政府通过税收政策及其手段对经济增长和经济稳定的影响。税收的宏观经济效应主要包括税收的经济增长效应和周期稳定效应。税收之所以具有这样的效应,主要是因为它的乘数效应,即税收乘数。

税收乘数是指因政府增加(或减少)税收而引起的国民生产总值或国民收入减少(或增加)的倍数。由于税收是对个人、企业收入的扣除,税收高低会影响企业、个人收入水平及投资,进而影响国民收入。税收变动与国民收入呈反方向变化。即税收增加,国民收入减少;税收减少,则国民收入增加。因此,税收乘数为负值。若以 K_T 表示税收乘数,MPC(Marginal Propensity of Consume)表示边际消费倾向,则税收乘数表示为:

$$K_T = -\frac{MPC}{1-MPC}$$

税收乘数是一个负数,这表明税收与国民收入之间是一种反向运动关系。当政府增加税收时,国民收入则成倍减少;当政府减少税收时,国民收入则成倍增加。

税收乘数的大小由边际消费倾向 MPC 决定。从税收乘数公式看,边际消费倾向越大,则税收乘数的绝对值越大,对国民收入的倍数影响也越大。假设政府增税100亿元,若边际消费倾向为0.8,则税收乘数为 $K_T = -0.8/(1-0.8) = -4$,意味着国民收入将减少400亿元;若边际消费倾向为0.6,则税收乘数为 $K_T = -0.6/(1-0.6) = -1.5$,意味着国民收入将减少150亿元。假如政府变增税为减税而其他条件不变,则国民收入将会增加,增长量与减税时国民收入减少量相同。

如果考虑到增税和减税对纳税人消费偏好的不同影响，可以发现增税带来的国民收入减少往往大于减税带来的国民收入增加。原因是：当增税时，纳税人可支配收入下降或者实际收入降低，此时，边际消费倾向上升，而边际储蓄倾向则下降；当减税时，纳税人可支配收入或实际收入水平增加，边际消费倾向下降，而边际储蓄倾向则上升。增税时边际消费倾向上升和减税时边际消费倾向下降，使增税引致的国民收入减少大于同一数量的减税引致的国民收入增加。

税收乘数对国民收入的影响还应结合政府购买支出乘数和政府转移支付乘数来分析。政府支出乘数（$K_G = \dfrac{1}{1-MPC}$）是指政府购买支出变化给国民收入带来的倍数效应；政府转移支付乘数（$K_{TR} = \dfrac{MPC}{1-MPC}$）是指政府转移支付变化给国民收入带来的倍数效应。两个乘数综合起来，就是政府总支出对国民收入的效应。从公式上看，这两种效应都是正相关效应，支出的增长会带来国民收入的增加。只有把税收乘数和政府购买支出乘数、政府转移支付乘数结合起来，才能体现政府收支行为对国民收入的综合影响。通过政府的一收一支和国民收入的一减一增，维持了国民收入的总量平衡，确保国民经济的稳定和增长。

9.3.2 税收对经济增长的影响

从宏观角度看，税收可促进经济增长，也可阻碍经济增长。税收的经济增长效应主要通过宏观税负水平和税制结构的调整来实现的。

9.3.2.1 宏观税负水平与经济增长

宏观税负水平是指一国税收收入总额占 GDP 的比率，也称为宏观税率或税收比率。宏观税负水平的高低反映出政府在国民经济总量中的集中程度的大小，反映了政府的社会经济职能和财政职能的强弱，故对社会经济发展具有很大影响。

(1) 宏观税负水平与经济增长的理论解释——拉弗曲线

供给学派认为，从政府税收来看，决定税收收入总额的因素，不只是税率的高低，还要看税基的大小。提高税率不一定都会使税收收入增加，有时反而会减少税收收入。因为税率过高，税收负担加重，经济主体的活动受到限制，削弱工作和投资的积极性，会造成生产下降趋势。供给学派这一思想可以从供给学派的代表人物拉弗设计的"拉弗曲线"得到说明，拉弗曲线是说明税率与税收收入和经济增长之间的函数关系的一条曲线。

如图 9-11 所示，横轴表示税率，纵轴表示税收收入。税率由 r_1 提高到 r_2，税收收入将由 OP 增加到 ON，但当税率由 r_3 提高到 r_4 时，税收收入由 ON 减少到 OP。从图形看，r 点就是税率的临界点。在这个税率水平上，税收收入最多，为 OR，超过这个界限，

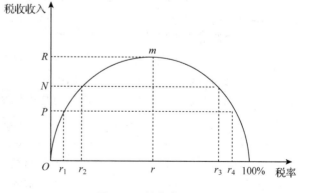

图 9-11 拉弗曲线

就是税收的禁区。由此得出的结论是，税率水平应该以 r 为限，并以 r 为最佳税率点。拉弗曲线原理为美国20世纪80年代推行大规模减税政策提供了理论依据。在美国的带动下，全世界掀起了以减税为核心的税制改革。

拉弗曲线的经济含义至少有以下三个方面：第一，高税率不一定能取得高收入，而高收入也不一定要实行高税率。因为高税率会挫伤生产者和经营者的积极性，削弱经济行为主体的活动，导致生产停滞或下降。第二，取得同样多的税收收入，可以采取两种不同的税率，如图中 r_1 和 r_4，税收收入相等，但 r_1 税收负担很轻。低税负刺激了工作意愿、储蓄意愿和投资意愿，从而促进了经济增长；随着经济的不断增长，税基扩大，税收收入自然增加。第三，税率、税收收入和经济增长之间存在着相互依存、相互制约的关系，从理论上说应当存在一种兼顾税收收入与经济增长的最优税率。因此，保持适度的宏观税负水平是促进经济增长的一个条件。

(2) 宏观税负水平与经济增长的经验解释——马斯顿的经验分析

世界银行经济学家凯思·马斯顿选择了20个国家的经验数据，对税收比率的高低对经济增长率的影响进行了研究，基本结论是：一国的低宏观税率对提高本国的经济增长具有积极的促进作用。

从选择的20个样本国家来看，低税负国家的国内生产总值的实际增长率高于高税负国家。低税样本国家的国内生产总值非加权平均年增长率为7.3%，而高税样本国家仅为1.1%。低税样本国家中的每一个成员国，其经济增长也超过了高税样本国家中经济发展最快的国家。

宏观税率作为一种政策变量，对经济增长率的影响可以利用回归分析来研究。马斯顿就20世纪70年代20个样本国家的平均宏观税率进行了回归分析。回归结果表明：低收入国家的税收变量系数是 -0.57，考虑到投资和劳动力增长后的税收变量系数是 -0.30；而高收入国家的税收变量系数和考虑到投资和劳动力增长后的税收系数分别为 -0.30 和 -0.08。这表明，宏观税率提高对经济增长的消极影响，在低收入国家比在高收入国家要严重得多。

从上述分析可以看出，低税收比率促进经济增长，主要是通过两个机制实现的：一是较低的宏观税率可以导致较高的要素收益率，而较高的收益率会刺激这些生产要素的总供给，从而提高总产出水平。二是低税国家的各种税收刺激，将使资源从低生产率部门或经济活动转移到高生产率部门或经济活动，从而提高资源使用的整体效率。

9.3.2.2 税制结构与经济增长

税制结构是指构成税收制度的各个税种在社会再生产中的分布状况及相互之间的比重关系。一国的税制结构反映了一国政府的税收政策导向，直接关系到主体税种的确立，也对该国的税收收入规模与税收负担产生直接的影响。

在过去的几十年里，经济发达国家基本上都是以直接税为主，并以所得税（包括社会保险税）为主体税种；而发展中国家则以间接税为主，并以销售税（包括增值税）为主体税种。产生这种差异的主要原因是：一国的税制结构是由经济发展水平决定的，但这在某种程度上也说明了不同发展水平的国家。利用不同的税制结构解决不同的问题：间接税有利于发展中国家解决经济增长问题，直接税更有助于发达国家解决发展的某些问题。

间接税有助于促进经济增长，可以从以下三方面做出判断：

（1）间接税能够筹集较为充裕的税收收入，为政府增加有利于经济增长的支出提供必要的资金来源

①间接税的课税范围和税基较广　间接税既可以对全部商品和劳务征税，同时也可以对某些特定的消费品征税。尤其是在发展中国家，由于生产力极其低下，人均收入也很低，税收要满足政府的财政需要，以销售额和消费额作为课税对象是适当的。因为只要生产和消费行为增加，销售税和消费税就会增加。

②征收管理较容易　一方面，间接税采用从价定率或从量定额征收，比所得税采用累进税率征收简单得多；另一方面，间接税对为数较少的厂商征收，比所得税和财产税的纳税人要少得多，便于管理且征收费用较少。

（2）间接税有利于储蓄和投资

①私人储蓄和投资的增减取决于收益率的高低，所得税由于降低了它们的收益率从而抑制了储蓄和投资行为，而间接税因对储蓄和投资的收益不征税，因而不影响私人的储蓄行为和投资行为。正如费尔德斯坦所言："所得税使储蓄的收益率降低，因为使每个人在目前消费与为了未来有更高水平的消费而储蓄之间的选择上发生了扭曲……消费税会消除这种浪费的扭曲。"

②间接税对应税商品和劳务征税之后，因税负在一定程度上会发生转嫁，课税商品和劳务的价格相对上涨，使消费者抑制消费，减少了消费支出，在某种程度上间接地鼓励了储蓄。

（3）间接税有利于经济增长

世界各国的税制改革趋势证明，不仅发展中国家重视间接税的建设和利用，即使是发达国家，自20世纪70年代初期的"石油危机"造成了经济的"滞涨"后，特别是在供给学派的"供给管理"政策的影响下，也开始重新考虑间接税在促进经济增长中的作用，间接税提供的收入在税收总收入中所占的比重大有回升的趋势。特别值得一提的是，各国都在广泛使用增值税，尤其在工业化国家，增值税重要性的提高，改变了过去30年间间接税不受重视的局面。增值税只对增值额征税，从生产者和在生产过程中的使用者面临的价格都相同这个意义上说，符合所谓的"税收中性"，避免了其他一些间接税制所具有的低效率。在市场竞争中，增值税不会改变商品间的相对价格，因此，无论两种商品何时进入企业的生产活动，这两种商品间的边际产品转换率都是相同的。换言之，企业不因增值税而改变这两种产品的生产比例，即不影响企业的产量决策。这再一次说明，间接税是各国促进经济增长的有利手段。

但是由于我国目前的税制结构过分依赖商品劳务税，故有人提出，过高的商品劳务税比重扭曲了经济活动，不利于税收收入增长。具体表现在以下四个方面：①商品劳务税的税收收入弹性较低，不能保证税收收入和国民收入同步增长；②过高的商品劳务税比重增强了税收对市场—价格机制的干预能量，推动物价上涨；③政府对商品劳务税的严重依赖，扭曲了出口退税政策；④政府对商品劳务税的严重依赖，还在一定程度上对产业政策产生了扭曲效应。因此，我国在今后一段时期内，应当逐步降低商品劳务税的比重，相应地提高所得税特别是个人所得税的比重，使我国税制由商品劳务税主导型逐步转换为商品

劳务税和所得税并重的税制结构。

9.3.3 税收对经济周期的影响

9.3.3.1 税收的自动稳定效应和相机抉择效应

税收作为调节手段，一是调节社会总供给和总需求的关系；二是调节收入分配关系。调节总供给和总需求关系是通过两个过程实现的：一是自动稳定机制过程；二是相机抉择机制过程。前者是在既定税收制度和政策下，受经济的内在发展规律支配；后者是政府根据经济形式的发展变化，有目的地调整税收制度和政策。

自动稳定的税收政策是指税收制度本身能够对经济波动有较强的适应性，税收随着经济的波动而增加或减少，自动地影响社会需求的变化，从而在一定程度上缓和经济的波动。面对剧烈的经济波动，自动稳定器所起的作用是有限的。因此，为确保经济稳定，政府要审时度势地采取一些财政政策以变动支出水平或税收来稳定社会总需求，即相机抉择财政政策。相机抉择的税收政策是指当经济形势发生变化时，政府根据自身的判断，有针对性地选择相应的税收政策，以作用于经济，包括税收的增加、减少或是同时辅以政府支出规模的增减。

在经济繁荣时期，国民收入增加，以国民收入为来源的税收收入会随之自动增加，相对地减少了个人的可支配收入，在一定程度上减轻了需求过旺的压力；此时，如果总需求与总供给的缺口仍然很大，政府则要采取相机抉择的税收政策，或扩大税基，或增加税种，或提高税率，或减少税收优惠等。在经济萧条时期，税收会自动减少，相对地增加了个人的可支配收入，在一定程度上缓解了有效需求不足的矛盾，有利于经济复苏；此时，如果经济依然不景气，政府可进一步采取税收措施，或缩小税基，或削减税制，或降低税率，或增加税收优惠措施等。

9.3.3.2 税收的通货紧缩效应及其局限性

无论税收收入水平的变化，还是税制结构的变化，都会产生一定的需求效应和供给效应，实现价格稳定。凯恩斯学派经济学家只重视税收政策对总需求的影响，达到总供给的均衡，实现包括价格稳定在内的宏观经济目标。而20世纪80年代初兴起的供给学派经济学家强调税收政策对总供给的影响，达到总供求的均衡，实现价格稳定目标。但税收政策对总需求的影响比较直接，而对总供给的影响比较间接，需要通过对资本存量的影响来实现，而后才能通过调整总供求的均衡，实现稳定价格的目标。凯恩斯学派重视税收政策对需求影响不是没有道理，但要全面讨论税收对通货膨胀的抑制作用，就必须从税收政策的需求效应和供给效应来研究税收的反通货膨胀作用。

不难看出，抑制总需求过旺的税收政策，主要是通过征收所得税特别是个人所得的增税政策，减少民间部门的可支配收入，从而使社会总需求和总供给均衡，防止或减轻一般物价水平上涨；推动总供给增长的税收政策，主要是通过个人所得税和公司所得税的减税政策，刺激劳动投入和资本投入增加，从而使社会总供给和总需求相匹配，抑制通货膨胀。

从税收对货币需求的影响来看，增税政策可能具有增加货币需求的作用。一方面，增税政策将产生流动性效应，包括替代效应、收入再分配效应、逃税效应以及通货替代效应等，可能产生通货紧缩作用；另一方面，在增税的同时，若采用一次总额付税法，将提高对货币的需求，从而有降低价格水平的可能。

像我国以流转税为主体税种的国家里，流转税的反通货膨胀作用不容忽视。人们有理由认为，在流转税可能发生转嫁的情况下，尽管它会提高课税商品的价格，但会降低经济中商品和劳务的总需求，从而对一般价格水平产生通货紧缩性影响。而且，这种税还能减少低收入家庭的增量消费或边际消费，在低收入阶层的边际消费倾向很高的情况下，通过提高课税商品的价格而减少实际消费，故在产生等量的税收收入情况下，累退的间接税在一定程度上可能比累进的所得税具有更大的反通货膨胀效应。

同许多政策工具一样，在反通货膨胀问题上，税收政策有利有弊。例如，在实施增税政策以抑制总需求膨胀时，长期来看，可能会影响劳动供给和资本供给，造成失业或产出下降，反通货膨胀的目标难以实现。相反，如果采用减税政策以增加总供给，又有可能刺激了总需求，加大通货膨胀缺口。因此，政府在选择利用税收政策作为反通货膨胀的工具时，必须认清造成通货膨胀的主要原因，权衡各种政策供给的利弊。近年来，国外一些经济学家基于单纯利用增税政策的局限性，主张利用"以征税为基础的收入政策"来应对通货膨胀。其基本思想是：利润、工资或附加值的增加高于平均值的部分应课以高税率。这种"惩罚税"的主要目的是限制公司要高价或给高工资。到目前为止，这种方法只是理论设想。很多经济学家仍然怀疑"以征税为基础的收入政策"的有效性。

不可否认，税收政策本身内在一种反通货膨胀的能力，但是，基于我国通货膨胀的原因比较复杂，而且基本上属于抑制性通货膨胀，加之税收制度不健全，特别是个人所得税所占比重很小，税收政策难以成为主要的反通货膨胀工具。这一结论并不是说要放弃利用这一有利的工具，而是督促我国要尽快改革、完善税制，在市场经济的运行轨道上，充分发挥其经济杠杆的作用。

延伸阅读

澳大利亚上调燃油税引穷人不满

据 2014 年 8 月出版的《澳大利亚人报》报道，澳大利亚政府计划提高燃油消费税税率的举措（澳大利亚财长 Joe Hockey 在 2014 年 5 月的预算案中宣布，政府希望恢复对燃油税每年 2 次随 CPI 变化的指数调整，并称这其中"每一分钱"都会用于修新路）给低收入群体造成的冲击要远远大于国内富人，而据澳大利亚国库部长乔·霍奇估算，低收入群体每周的燃油支出在 4.5~11.3 澳元之间，他的这一估算则低估了低收入群体每周的油耗支出。

据澳大利亚国家社会经济调查中心研究员本·菲利普提供的一组最新数据显示，仅 2013 年财年，澳大利亚国内低收入群体每周汽车燃油的平均消费金额为 32 澳元，约占其家庭收入的 6.3%，而高收入家庭每周的汽车燃油平均消费金额则为 66 澳元，约占其家庭收入的 2%。

菲利普进一步指出，澳大利亚国库部认为，低收入群体除了收入低外，还包括单身家庭，而高收入群体除了收入高之外，其有稳定收入来源的家庭成员多也是个不争的事实。由此可见，燃油税税率的提高对单身家庭与低收入群体会造成一定的影响，但如果上述群体选择少开私家车，燃油税税率调整对其影响也不是很大。

然而，澳大利亚政府的这一税率调整激起了很多低收入群体的不满。很多低收入群体民众称，燃油税税率并不是累进税率。作为拥有车辆较少、平时开车很少的低收入群体来讲，他们觉得政府的这一计划显示公平，因为他们要与高收入群体一样承担相同的结果。

（资料来源：http：//finance.ifeng.com/a/20140826/12999140_0.shtml）

本章小结

1. 税收的经济效应是指纳税人因国家课税而在其经济选择或经济行为方面做出的反应；另一个角度说，是指国家课税对消费者的选择乃至生产者的决策的影响，也就是通常所说的税收的调节作用。

2. 税收的经济效应的作用机制可以分为两个方面：一是收入效应；二是替代效应。可以用来分析税收对劳动供给、储蓄、投资和收入分配的影响。

3. 研究税收对劳动供给的影响，主要是分析税收如何干扰个人在工作与闲暇的决策，并使人们在满意的闲暇基础上提供最大的劳动供给，而非简单地使人们的劳动供给最大化。影响劳动供给的主要税种是个人所得税。政府通过征税，不仅可以对高收入者课以高税，抑制高收入者的收入，而且还可以通过转移支付提高低收入者的收入，改善收入分配状况。从长期看，储蓄水平可以影响经济增长率。储蓄水平的变化在短时期内也能影响经济活动水平。从税收对投资的收入效应和替代效应入手，可以研究税收如何通过影响投资的边际收益率和投资成本发挥作用，对实体经济投资产生影响。

4. 政府通过税收政策及其手段对经济增长和经济稳定产生影响。税收之所以具有这种效应，主要是因为它的乘数效应，即税收乘数。供给学派认为，从政府税收来看，决定税收收入总额的因素，不只是税率的高低，还要看税基的大小。供给学派这一思想可以从供给学派的代表人物拉弗设计的"拉弗曲线"得到说明，拉弗曲线是说明税率与税收收入和经济增长之间的函数关系的一条曲线。一国的税制结构是由经济发展水平决定的，但这在某种程度上也说明了不同发展水平的国家，利用不同的税制结构解决不同的问题。税收作为调节手段，一是调节社会总供给和总需求的关系，二是调节收入分配关系。调节总供给关系是通过两个过程实现的：一是自动稳定机制过程，二是相机抉择机制过程。

思考题

1. 试述税收的收入效应。
2. 试述税收对劳动供给的影响。
3. 试述税收对储蓄的影响。
4. 试述税收对私人投资的影响。
5. 试述税收对收入分配的影响。
6. 试说明"拉弗曲线"及其说明的原理。

第 10 章 税收制度

本章提要

税收是一个古老的历史范畴和经济范畴,是世界各国财政收入的主要支柱。随着社会主义市场经济的深入发展,税收不仅成为我国财政收入的重要来源,更影响着人们的社会经济活动。本章主要研究和阐述税收制度的含义及构成要素、商品课税、所得课税、资源课税、财产课税和行为课税,以及我国的税制历史演进和税制改革。其重点是税收制度的含义、构成要素和现行税制的主要税种,难点是商品课税和所得课税的计算。

10.1 税收制度的含义及构成要素

10.1.1 税收制度的含义

税收制度,简称税制,是国家以法律形式规定的各种税收法令和征收管理办法的总称。它包括各种税收法令、实施细则、征收管理办法等。税收制度有狭义和广义之分。狭义的税收制度是指国家的各种税收法规和征收管理制度,包括税法条例、实施细则及其相关规定。广义的税收制度则是国家各种税收法规、征收管理制度,税收管理体制和税收征管制度的总称。

10.1.2 税收制度的构成要素

税收制度的构成要素,简称税制要素,是指构成税种的基本要素,是进行税收理论分析和税制设计的基本工具。通常,税收制度的构成要素包括纳税人、课税对象、税率、纳税环节、纳税期限、纳税地点和减免税等。

10.1.2.1 纳税人

纳税人亦称纳税主体,它是指税法规定的直接负有纳税义务的单位和个人。纳税人可以是自然人,也可以是法人。自然人是指公民或居民个人,法人是指依法成立并能独立行使法定权利和承用法定义务的社会组织,主要是各类企业。

与纳税人相联系的概念还有负税人、代扣代缴义务人、代收代缴义务人和税务代理人。要特别注意的是纳税人和负税人、代扣代缴义务人和代收代缴义务人的相互关系。其中,纳税人是指直接负有纳税义务的单位和个人;负税人则是最终负担税款的单位和个人。在税收不转嫁的情况下,二者是一致的,在税收转嫁的情况下,二者则不一致。而代扣代缴义务人是指税法规定的，在经营活动中负有代扣税款并向国库缴纳税款义务的单位和个人。如个人所得税以支付所得的单位或者个人为扣缴义务人。如果代扣代缴义务人履行了扣缴义务，税务机关将支付一定的手续费；反之，未按规定扣缴税款，造成应纳税款流失或将已扣缴的税款私自截留挪用，不按时缴入国库，一经税务机关发现，将要承担相应的法律责任。代收代缴义务人是指有义务借助经济往来关系向纳税人收取应纳税款并代为缴纳的企业或单位。因代收代缴义务人不持有纳税人的收入，无法从纳税人的收入中扣除应纳的税款。代收代缴单位必须严格履行代收代缴义务，不履行代收代缴义务的将承担相应的法律责任。如消费税条例规定，委托加工的应税消费品，由受托方在向委托方交货时代收代缴委托方应缴纳的消费税。税务代理人是指经有关部门批准，依照税法规定，在一定的代理权限内，以纳税人、扣缴义务人自己的名义，代办各项税务事宜的单位和个人。税务代理是一种民事代理行为，享受民法通则规定的关于代理人的各项权利，履行一定义务，并承担一定的法律责任。

10.1.2.2 课税对象

课税对象亦称课税客体、征税对象，是指税法规定对什么征税，是征纳税双方权利义务共同指向的客体或目的物，是国家据以征税的依据，是一种税区别于其他税种的重要标志。如房产税的课税对象是房屋等。课税对象按性质不同，可以划分为流转额、所得额、财产、资源和特定行为五大类，通常也因此将税收分为相应的五大类，即流转税、所得税、财产税、资源税和特定行为税。

与课税对象相联系的概念包括税目、税源、计税依据。税目是在课税对象范围内规定的具体征税的类别或项目，是课税对象的具体化。规定税目的目的，一是明确征税范围，体现征税的广度；二是对具体征税项目进行归类和界定。以便针对不同的征税项目确定差别税率，从而发挥税收的调节作用。在税目设计上，通常有"单一列举法"和"概括列举法"两种，前者是按照每种商品或经营项目分别设计税目的方法，又可分为两种，一是正列举法，即列举的征税，未列举的不征税；二是反列举法，即列举的不征税，未列举的征税。后者是指按照商品大类或行业设计项目。

税源是指税收的经济本源。通常，所得税的课税对象与税源是一致的。如企业所得税的课税对象和税源都是企业的利润所得；而财产税的课税对象与税源不一致，如财产税的课税对象是财产的数量或价值，税源则是财产所带来的收入或财产所有人的其他收入。

计税依据是指计算应纳税额的标准，也称为税基，是决定国家税收收入和纳税人税收负担的重要因素。计税依据和课税对象既有联系又有区别。通常，流转税课税对象的数量和计税依据的数量是一致的，而所得税的课税对象的数量和计税依据的数量则不同。例如，由于所得税有允许扣除的项目，故计税依据的数量是小于课税对象的数量的。计税依据可以分为两类，一类按价值量计算，如营业额、所得额、销售额、增值额等；另一类按实物量计算，如重量、面积、容积等。

10.1.2.3 税率

税率是对征税对象的征收比例或征收额度。税率是计算税额的尺度，也是衡量税负轻重与否的重要标志，是税收制度的核心要素。

我国现行的税率主要有比例税率、累进税率和定额税率三种。

(1) 比例税率

比例税率是指对同一征税对象，不分数额大小，规定一个固定的征收比例。我国的增值税、营业税、企业所得税等都采用的是比例税率。又可分为三种形式：

① 单一比例税率　是指对同一征税对象的所有纳税人都适用同一比例税率。

② 差别比例税率　是指对同一征税对象的不同纳税人适用不同的比例税率。主要分为三种类型：一是产品差别比例税率，即对同一产品采用同一比例税率，对不同产品分别适用不同的比例税率，如消费税最高税率56%，最低税率3%。其中，烟类中的甲类卷烟为56%，烟丝为30%；高尔夫球及球具10%等。二是行业差别比例税率，即对同一行业采用同一比例税率，对不同行业分别适用不同的比例税率，如营业税的金融保险业5%，文化体育业为3%等。三是地区差别比例税率，即对同一地区采用同一比例税率，对不同的地区适用不同的比例税率，如城市维护建设税的城市、县城、建制镇分别适用的税率是7%、5%、1%。

③ 幅度比例税率　是指对同一征税对象，税法只规定一个幅度，即最低税率和最高税率，由各地区在幅度内确定具体的适用税率。如营业税中的娱乐业税率为5%~20%。

比例税率计征简便，税负透明度高，并且同类征税对象等比负担，有利于规模经营和平等竞争，符合税收的效率原则。其缺陷是有悖于量能负担的原则，且税负具有累退性，难体现税收的公平原则。

(2) 累进税率

累进税率是把课税对象按数额大小从低到高设计不同等级的税率，征税对象的数额越大，适用税率就越高。累进税率的优点是可以对所得多的多征，所得少的少征，实现调节收入、缩小收入差距的目标，体现量能负担的原则。累进税率也有缺点，即计算比较复杂。累进税率按征税对象累进的方式和征税对象划分等级的不同，可分为全额累进税率与超额累进税率、全率累进税率与超率累进税率。

① 全额累进税率　是指将计税依据划分为若干级次，当课税对象的数额达到适用高一级次的税率时，对课税对象的全额均按高一级次的税率计税。

② 超额累进税率　是指在课税对象的数额达到需要提高一级税率时，仅就其超额部分按高一级的税率征税，即纳税人的全部计税依据分别按照不同级次的税率计算税额，然后将各级税额相加得到全部应纳税额。

与全额累进税率相比，按超额累进税率计税，税负的累进速度较为平缓，且不具有跳跃性，不会在临界点显失公平，能体现量能负担的原则，因而具有较强的应用价值。主要适用于所得税。

假设某纳税人某月的应纳税所得额为28 000元，按表10-1所列税率，适用第三级次，按照全额累进税率计征税款，其应纳税额的计算为：28 000 × 30% = 8400(元)

按照超额累进税率计征税款，其应纳税额的计算为：

第一级的5000元，适用10%的税率，应纳税额 = 5000 × 10% = 500(元)

第二级的15 000(20 000 - 5000)元，适用20%的税率，应纳税额 = 15 000 × 20% = 3000(元)

第三级的8000(28 000 - 20 000)元，适用30%的税率，应纳税额 = 8000 × 30% = 2400

表 10-1　某三级累进税率表

级　数	全月应纳税所得额(元)	税率(%)	速算扣除数
1	5000 以下	10	0
2	5000~20 000(含)	20	500
3	20 000 以上	30	2500

(元)

其该月应纳税额 = 500 + 3000 + 2400 = 5900(元)

按照两种不同税率计征税款,后者要比前者少交 2500 元的税款,显然,有利于鼓励纳税人增加收入。

目前,我国的个人所得税是唯一采用超额累进税率的税种,采用的是七级超额累进税率。

在计算方法上,全额累进计算简便,超额累进计算复杂。为了克服这一计算上的缺陷,在实际工作中常使用"速算扣除数"法简化超额累进税额。

速算扣除数实际上是征税对象按全额累进税率计算的税款减去按超额累进税率计算的税款的差额。即:

速算扣除数 = 按全额累进方法计算的应纳税额 - 按超额累进方法计算的应纳税额

反之,在计算超额累进税款时,只需用全额累进税款减去速算扣除数,即:

按超额累进方法计算的应纳税额 = 按全额累进方法计算的应纳税额 - 速算扣除数

按上例某纳税人某月的应纳税所得额为 28 000 元,按照超额累进方法计算可以简化计算过程:

应纳税额 = 28 000 × 30% - 2500 = 5900(元)

③全率累进税率　是指依据征税对象的某种比例将征税对象划分为若干级距,然后也以与全额累进税率相同的方式累进计算征税。全率累进税率与全额累进税率在累进方式上是相同的,只是划分征税对象的标准(依据)不同。目前,全率累进税率在我国尚未实行。

④超率累进税率　即以征税对象数额的相对率划分若干级距,分别规定相应的差别税率,相对率每超过一个级距,对超过的部分就按高一级的税率计算征税,然后也以与超额累进税率相同的方式累进计算征税。我国现行土地增值税是以土地增值额与扣除项目的比率为累进税率,实行四级超率累进税率。

(3) 定额税率

定额税率是指依据征税对象的计算单位直接规定固定税额的一种税率制度,因此又称固定税率。从量税就是以征税对象的重量、容积、面积、数量等实物数量为计税依据的各种税收。目前采用定额税率的主要有资源税、城镇土地使用税、车船税、消费税中的成品油、啤酒、黄酒等。

定额税率的特点是计算简便,而且由于采用从量计征的办法,不受价格变动的影响。但是由于它是一个固定的数额,随着税基规模的增大,纳税的比例变小,因此,定额税率具有累退性。

为了分析的需要，税率还可以分为名义税率和实际税率等。名义税率即税法规定的税率，是应纳税额与征税对象的比；实际税率即实纳税额与实际征税对象的比。税法上并没有实际税率的规定。在实际征税中，由于计税依据、税收减免、税率制度等原因，纳税人实纳税额和应纳税额不一致，实际征税对象数量与税法规定的征税对象数量也会不一致，从而出现实际税率与名义税率不一致的情况。实际税率的意义在于它反映了纳税人的实际负担，体现了税收制度和政策真实的作用强度。

10.1.2.4 纳税环节

纳税环节是税法规定的课税对象从生产到消费的流转过程中应当缴纳税款的环节。任何一个税种都要确定纳税环节，如流转税在流转环节纳税，所得税在收入环节纳税。按照纳税环节多少的不同，还可以将税收分为一次课征制和多次课征制。如所得税属于一次课征；而流转税中的增值税则在所有流转环节(包括生产、运输、批发和零售等环节)都征税，属于多次课征。合理选择纳税环节，对加强税收征管，有效控制税源，保证国家财政收入及时、足额入库，方便纳税人进行财务核算，灵活机动的发挥税收调节经济的作用，具有重要的意义。

10.1.2.5 纳税期限

纳税期限是税法规定的纳税人向国家缴纳税款的法定期限。

税法关于纳税期限的规定有三种：按期纳税、按次纳税和按年计征、分期预缴或缴纳。个人所得税中的劳务报酬所得等均采取按次纳税的办法；房产税实行按年计算、分期缴纳。

(1) 按期纳税

根据纳税义务的发生时间，通过确定纳税间隔期，实行按期纳税。按期纳税间隔期分为1日、3日、5日、10日、15日、1个月或一个季度。纳税人的具体纳税间隔期由其主管税务机关核定。

(2) 按次纳税

根据纳税行为的发生次数确定纳税期限，如印花税、车辆购置税、耕地占用税等。

(3) 按年计征、分期预缴

按规定的期限预缴税款，年度结束后汇算清缴，多退少补。这是对按年度计算税款的税种，为了及时平衡地取得税收收入而采取的一种纳税期限。分期预缴一般是按月或按季预缴，如企业所得税等。

关于纳税时限的规定，有三个概念需要区分：一是纳税义务发生时间，指应税行为发生的时间，如增值税条例规定采取预收货款方式销售货物的，其纳税义务发生时间为货物发出的当天。二是纳税期限，纳税人每次产生纳税义务后，不可能马上去缴纳税款，税法规定了每种税的纳税期限，即每隔固定时间汇总一次纳税义务的时间。三是缴库期限，即税法规定的纳税期满后，纳税人将应纳税款缴入国库的期限。如增值税暂行条例规定，纳税人以一个月或一个季度为一个纳税期的，自期满之日起15日内申报纳税。

10.1.2.6 纳税地点

纳税地点是指纳税人(包括代征、代扣、代缴义务人)具体缴纳税款的地点。明确规定纳税地点，一是为了避免重复征税或漏征税款；二是为了保证各地财政按规定取得收入。

10.1.2.7 减免税

减免税以及与此相关的免征额和起征点都属于减轻纳税人负担的措施。减免税是税法规定对某些纳税人或征税对象给予少征一部分税款或全部免予征税的优惠规定。一般有两类：一是政策性减免税，通常为列举项目，统一实行；二是临时性减免，通常是结合纳税人实际情况和相关政策规定灵活机动实行。

(1) 起征点

起征点是指税法规定的对课税对象开始征税的界限。课税对象的数额未达到起征点的不征税，达到或超过起征点的，就课税对象的全部数额征税。起征点的高低，关系到征税面的扩大或缩小。确定起征点，可以把一部分低收入的人排除在征税范围之外，贯彻合理负担的税收政策。如我国现行增值税就有起征点的规定，其中个人销售货物的起征点的幅度为月销售额 5000～20 000 元。

(2) 免征额

免征额是指税法规定的对课税对象全部数额中免予征税的数额，是按照一定标准从全部课税对象总额中预先减除的部分，免征额部分不征税，只就超过部分征税。这是对不同纳税人的一种普遍照顾，有利于降低税收负担。如我国个人所得税的工资薪金所得的免征额为 3500 元。

起征点与免征额的相同点在于：当课税对象小于起征点或免征额时，均不予征税。两者的不同点在于：当课税对象大于起征点时，要求对课税对象的全部数额征税；当课税对象大于免征额时，则要求仅对课税对象超过免征额部分征税。当课税对象等于起征点时，要求对课税对象的全部数额征税；当课税对象等于免征额时，则不征税。

10.2 商品课税

10.2.1 商品课税概述

10.2.1.1 商品课税的概念及特点

商品课税是以商品为课税对象的税种的统称。就我国现行税制而言，包括增值税、营业税、消费税、土地增值税、关税以及一些地方性的工商税种。同其他税类比较发现，商品课税具有以下特点：

(1) 课征普遍

以商品为课税对象。现代社会是市场经济，商品是生产、交换、分配、消费的对象，是社会生产成果最普遍的表现形式，因此以商品为课税对象无疑课税范围最广。

(2) 以流转额为计税依据

流转额包括商品流转额——商品销售收入和非商品流转额——交通运输、邮电通讯以及各种服务行业的营业收入。由于以商品流转额为课税依据，在税率既定的前提下，税额的多少只取决于流转额，即毛收入，而与成本和费用水平无关。也就是说，只要有毛收入，即使亏损企业也要缴纳流转税。

(3) 实行比例税率

商品课税主要适用从价定率，一般情况下均为差别比例税率，只有少数税种或税目实行定额税率。

(4) 计征简便

以流转额为计税依据，不需要核算成本和盈利水平，同时采用比例税率，计税征税都十分方便，对税务人员的素质要求也较低。

10.2.1.2 商品课税的功能

①保证及时、稳定、便利地取得财政收入，有良好的财政收入效应。商品课税的收入与社会生产流通规模正相关，税基宽广，在纳税人实现商品销售或提供劳务时计税，优先参与国民收入分配，保证了流转税收入的及时性和稳定性，能够为国家财政及时筹集充足的收入。

②由于商品课税一般可以转嫁并最终以消费领域为税负归宿，所以可以起到抑制消费、增加储蓄和投资的作用。

③调节生产和消费规模和结构，实现社会总供求的平衡。商品课税对流转的商品和非商品课税，一方面可以通过调整税率及其他税制要素影响企业生产活动，调节生产规模及结构；另一方面可以通过调整税率影响消费者的实际支付水平，调节消费规模及结构。生产与消费规模和结构的调整，有助于实现社会总供求的平衡，实现社会经济的持续平稳发展。

我国的商品课税有多个具体税种，本章只简要介绍一些具有代表性的主要税种及基本制度，即增值税、消费税、营业税，目的在于说明商品课税的课税对象、纳税人、税率等税制要素。

10.2.2 增值税

10.2.2.1 增值税的概念和特点

增值税是以商品（含应税劳务）在流转过程中产生的增值额作为计税依据而征收的一种流转税。按照我国增值税法的规定，增值税是对在我国境内销售货物或者提供加工、修理修配劳务（以下简称"应税劳务"），交通运输业、邮政业、电信业、部分现代服务业（以下简称"应税服务"），以及进口货物的单位和个人，就其销售货物、提供应税劳务、提供应税服务的增值额和货物进口金额计算税款，并实行税款抵扣制的一种流转税。从理论上讲，增值额相当于商品价值 $C+V+M$ 中的 $V+M$ 部分。现实经济生活中，对增值额可以从三方面理解：从商品生产经营的全过程来看，商品从生产到流通各个环节的增值额之和等于其最后的销售额；从一个生产经营单位来看，增值额是该单位的商品销售收入或劳务收入额扣除外购原料等商品金额后的余额；于整个经济体系的运行来看，一定时期的增值额相当于国民收入。

世界上第一个开征增值税的国家是法国，随后在西欧和北欧各国推广，现在已经成为世界上大部分国家都采用的一个国际性税种。增值税具有以下特点：

(1) 保持税收中性

对于同一商品，无论流转环节多少，只要增值额相同，税负就相同，不会影响商品结构。

(2) 普遍征收

对从事商品生产经营和劳务提供的所有单位和个人，在商品和劳务的各个流转环节向纳税人普遍征收。

(3) 税负可以转嫁

只要商品实现销售，税负最终由消费者负担。

(4) 实行税款抵扣制度

一般纳税人在销售环节缴纳应缴税款时，凭购进商品的发票可以抵扣，以此避免重复征税。

(5) 实行比例税率

我国针对一般纳税人实行两种税率，一般税率和低税率，分别为17%和13%。

(6) 实行价外税制度

在计算应纳增值税时，作为计税依据的销售额中不含有增值税额。

10.2.2.2 增值税的类型

根据各国增值税制度针对固定资产价款的处理不同，可将增值税分为三种类型：一是生产型增值税，在销售收入（或劳务收入）中，不允许扣除任何固定资产的价款及其折旧，就国民经济整体而言，计税依据相当于国民生产总值；二是收入型增值税，在销售收入中只允许扣除当期应计入产品部分的折旧部分，就国民经济整体而言，计税依据相当于国民收入；三是消费型增值税，在销售收入中允许一次性扣除当期购入的固定资产的全部价款，就国民经济整体而言，计税依据只包括全部消费品价值。这三种类型的增值税按税基大小、取得财政收入的多少来看：生产型增值税最多，收入型增值税次之，消费型增值税最少。它们对投资的影响也是不同的；从鼓励投资角度看，消费型增值税效果最优，收入型增值税次之，生产型增值税效果最差。目前，西方发达国家大都实行消费型增值税，发展中国家则多采用生产型或收入型增值税。

10.2.2.3 现行增值税制度

1993年12月13日发布的《中华人民共和国增值税暂行条例》（以下简称《增值税暂行条例》）的主要内容有：

(1) 征收范围

包括在我国境内销售或者进口的货物，提供的应税劳务和提供的应税服务。即不仅包括货物的生产、批发、零售和进口商品，而且包括提供加工、修理修配劳务，同时，对视同销售货物、混合销售行为和兼营行为作出特殊规定。其中，货物是指有形动产，销售货物是指有偿转让货物的所有权。进口货物是指报关进入我国境内的货物。加工是指受托加工货物，即委托方提供原料及主要材料，受托方按照委托方的要求制造货物并收取加工费的业务。修理修配是指受托对损伤和丧失功能的货物进行修复，使其恢复原状和功能的业务。提供加工、修理修配劳务是指有偿提供加工、修理修配劳务。应税服务是指陆路运输服务、水路运输服务、航空运输服务、管道运输服务、邮政普通服务、邮政特殊服务、其他邮政服务、基础电信服务、增值电信服务、研发和技术服务、信息技术服务、文化创意服务、物流辅助服务、有形动产租赁服务、鉴证咨询服务、广播影视服务。提供的应税服务是指有偿提供应税服务，但不包括非营业活动中提供的应税服务。

① 下列八种属于征税范围的特殊行为，视同销售货物：
- 将货物交付他人代销；
- 销售代销货物；

- 设有两个以上机构并实行统一核算的纳税人,将货物从一个机构移送其他机构用于销售,但相关机构设在同一县(市)的除外;
- 将自产或委托加工的货物用于非应税项目;
- 将自产、委托加工或购买的货物作为投资,提供给其他单位或个体经营者;
- 将自产、委托加工或购买的货物分配给股东或投资者;
- 将自产、委托加工的货物用于集体福利或个人消费;
- 将自产、委托加工或购买的货物无偿赠送他人。

②《增值税暂行条例》规定的免税项目:
- 农业生产者销售的自产农业产品,对单位和个人销售的外购农产品,以及单位和个人外购农产品生产、加工后销售的仍然属于规定范围的农业产品,不属于免税的范围,应当按照规定的税率征收增值税;
- 避孕药品和用具;
- 古旧图书,指向社会收购的古书和旧书;
- 直接用于科学研究、科学试验和教学的进口仪器、设备;
- 外国政府、国际组织无偿援助的进口物资和设备;
- 由残疾人组织直接进口供残疾人专用的物品;
- 销售自己使用过的物品,指个人(不包括个体经营者)销售自己使用过的除游艇、摩托车、汽车以外的货物。

③增值税起征点,适用范围限于个人。增值税起征点的幅度规定如下:
- 销售货物的,为月销售额5000~20 000元;
- 销售应税劳务的,为月销售额5000~20 000元;
- 按次纳税的,为每次(日)销售额300~500元。

(2) 纳税人

纳税人是指从事上述业务的单位和个人。按照生产经营规模及财务管理的健全性,我国将纳税人分为一般纳税人和小规模纳税人。对于会计核算健全,能够准确核算销项税额、进项税额和应纳税额,并具有一定规模的纳税人,经认定后,按一般纳税人进行管理。一般纳税人能使用增值税专用发票,可抵扣进项税额。对于经营规模小、会计核算不健全的纳税人则按照小规模纳税人进行管理。小规模纳税人实行简易征收办法,不使用增值税专用发票,不抵扣进项税额。两种纳税人的具体认定标准见表10-2。

表10-2 小规模纳税人与一般纳税人的认定标准

具体规定	小规模纳税人	一般纳税人
1. 从事货物生产或者提供应税劳务的纳税人,以及以从事货物生产或者提供应税劳务为主,并兼营货物批发或者零售的纳税人	年应税销售额在50万元以下	年应税销售额在50万元以上
2. 批发或零售货物的纳税人	年应税销售额在80万元以下	年应税销售额在80万元以上
3. 年应税销售额超过小规模纳税人标准的其他个人	按小规模纳税人纳税	—
4. 非企业性单位、不经常发生应税行为的企业	可选择按小规模纳税人纳税	

(3) 税率和征收率

增值税对一般纳税人实行基本税率和低税率并行的税率模式。增值税一般纳税人销售或者进口货物，提供应税劳务，提供应税服务，除低税率使用范围外，税率一律为17%。与人们生活密切相关的商品和农产品适用低税率13%，具体包括：粮食、食用植物油、鲜奶；自来水、暖气、煤气、天然气、居民用煤炭制品；除图书、报纸、杂志；饲料、化肥、农机、农药和农膜等适用于低税率外，根据国务院的决定，农产品、音像制品、电子出版物、二甲醚和部分农机也适用于低税率。提供交通运输业服务、邮政服务、基础电信服务税率为11%。提供增值电信服务和现代服务业服务，税率为6%（有形动产租赁服务适用17%的税率）。对小规模纳税人实行简易办法征税，征收率为3%。此外对出口货物实行零税率，即出口商品，在报关出口后可以退还已缴纳的全部税款。

(4) 实行价外计算

现行增值税实行价外计算办法，即当期销售额为不含税价格。若将含税价换算成不含税价格，即将原来含税的价格实行价税分离，计算公式是：不含税价格 = 含税价格 ÷ (1 + 税率)。假定原含税价为117元，则不含税价 = 117 ÷ (1 + 17%) = 100元，应缴税款则为：100 × 17% = 17元。实行价外征税办法，并不意味着在原含税价格(117元)之外另加17%的税金。在零售环节，消费者购买的商品为自己使用，已不存在税款抵扣问题，为了照顾广大消费者的习惯心理，零售环节的价、税仍实行合一的办法。

(5) 按购进扣税法计算应纳税额

增值税采用购进扣税法计税，实行根据发货票注明税金进行税款抵扣制度。应纳税额的计算公式是：

$$当期应纳税额 = 当期销项税额 - 当期进项税额$$
$$当期销项税额 = 当期销售额 \times 适用税率$$

当期销售额为不含税销售额。在具体运算时，销售额可分为三类，即一般销售的销售额、特殊销售方式下的销售额和视同销售的销售额。

一般销售的销售额包括商品的全部价款和价外费用之和。销售额 = 含增值税销售额 ÷ (1 + 税率)。其中价外费用(销售方的价外收入)是指价外向购买方收取的手续费、补贴、基金、包装物租金及其他各种性质的价外收费。但下列不包括在内：①向购买方收取的销项税额；②受托加工应征消费税的产品所代收的消费税；③同时符合以下条件的代垫运费：承运者的运费发票开具给购货方的，纳税人将该项发票转交给购货方的。

特殊销售方式下的销售额包括采取折扣方式销售、采取以旧换新方式销售、采取还本销售方式销售、采取以物易物方式销售、包装物押金是否计入销售额等。

①折扣方式销售　可分为以下四种：

折扣销售：仅限于货物价格的折扣，如果销售额和折扣额在同一张发票上分别注明的，可按折扣后的销售额征收增值税。销售、折扣同时发生，如购买多件，价格优惠。

销售折扣：是指销货方在销售货物或应税劳务后，为了鼓励购货方及早偿还货款而协议许诺给予购货方的一种折扣优待。如10天内付款，折扣5%；20天内付款，折扣3%等。因折扣发生在销货之后，具有融资性质，故折扣不能从销售额中减除。

回扣：是指卖方从买方支付的商品款项中按一定比例返还给买方的价款，不许从销售额中减除。

销售折让：是由于货物品种和质量的原因购货方未予退货，但销货方需要给予购货方的一种价格折让，从而引起销售额的减少。因此，只要手续完备（有退货证明），就可以从销售额中减除折让。

②以旧换新方式销售　是指纳税人在销售自己的货物时，有偿收回旧货物的行为。根据税法规定，采取以旧换新方式销售货物（金银首饰除外），应按新货物的同期销售价格确定销售额，不得扣减旧货物的收购价格。

③还本方式销售　是指纳税人在销售货物后，到一定期限由销售方一次或分次退还给购货方全部或部分价款，这种方式实为筹资，故不得从销售货物中扣减还本支出。

④以物易物方式销售　是指购销双方以同等价款的货物相互结算。购销双方都应做购销处理。以各自发出的货物核算销售额并计算销项税额，以各自收到的货物按规定核算购货额并计算进项税额。

⑤包装物押金是否计入销售额　税法规定，纳税人为销售货物而出租出借包装物收取的押金，单独记账核算的，时间在一年以内，又未过期的，不并入销售额计税。但对因逾期未收回包装物不再归还的押金，应按所包装货物的适用税率计算销项税额。其中，从 1995 年 6 月 1 日起，对销售除啤酒、黄酒以外的其他酒类而收取的包装物押金，均并入当期销售额计税。

税法规定，视同销售征税而无销售额的按以下顺序确定其销售额：按纳税人最近时期同类货物的平均销售价格确定；按其他纳税人最近同类货物的平均销售价格确定；按组成计税价格：

$$组成计税价格 = 成本 \times (1 + 成本利润率)（成本利润率一般为 10\%）$$

征收增值税的货物，又同时征收消费税，其组成计税价格应加上消费税税额，其公式为：

$$组成计税价格 = 成本 \times (1 + 成本利润率) / (1 - 消费税税率)$$

或

$$组成计税价格 = 成本 \times (1 + 成本利润率) + 消费税税额$$

其中，成本利润率由国家税务总局确定。

当期进项税额是指纳税人购进货物或者接受应税劳务，所支付或者负担的增值税额。准予从销项税额抵扣的进项税额，限于下列增值税扣税凭证上注明的增值税额：第一，从销售方取得的增值税专用发票上注明的增值税额；第二，从海关取得的完税凭证上注明的增值税额；第三，购进免税农产品原材料，从 2002 年 1 月 1 日起准予按照买价 13% 的扣除率计算准予抵扣的进项税额；第四，原增值税一般纳税人取得试点小规模纳税人由税务机关代开的增值税专用发票，按增值税专用发票上注明的税额抵扣进项税额。

[例题 10-1] 某生产企业为增值税一般纳税人，适用增值税税率为 17%，3 月发生有关生产经营业务如下：

①销售甲产品，开具增值税专用发票，取得不含税销售额 50 万元；另外，开具普通发票，取得销售甲产品的送货运输费收入 5.85 万元。

②销售乙产品，开具普通发票，取得含税销售额 58.5 万元。

③将试制的一批应税新产品用于本企业在建工程，成本价为 20 万元，成本利润率为 10%，该新产品无同类产品市场销售价格。

④购进货物取得增值税专用发票，注明支付的货款 60 万元、进项税额 10.2 万元；另外支付购货的运输费用 3 万元，取得运输公司开具的货物运输业增值税专用发票。

⑤向农业生产者购进免税农产品一批，支付收购价 30 万元，支付给运输单位的运费 5 万元，取得相关的合法票据。

要求计算该企业 5 月应缴纳的增值税税额。

①销售甲产品的销项税额 = $50 \times 17\% + 5.85 \div (1+17\%) \times 17\% = 9.35$（万元）

②销售乙产品的销项税额 = $58.5 \div (1+17\%) \times 17\% = 8.5$（万元）

③自用新产品的销项税额 = $20 \times (1+10\%) \times 17\% = 3.74$（万元）

④外购货物应抵扣的进项税额 = $10.2 + 3 \times 11\% = 10.53$（万元）

⑤外购免税农产品应抵扣的进项税额 = $30 \times 13\% + 5 \times 11\% = 4.45$（万元）

⑥该企业 5 月份应缴纳的增值税额 = $9.35 + 8.5 + 3.74 - 10.53 - 4.45 = 6.61$（万元）

(6) 增值税对小规模纳税人采用简易征收办法

对小规模纳税人适用的税率称为征收率。考虑到小规模纳税人经营规模小，且会计核算不健全，难以按增值税税率计税和使用增值税专用抵扣进项税额，因此实行按销售额与征收率计算应纳税额的简易办法。自 2009 年 1 月 1 日起，小规模纳税人增值税征收率调整为 3%。

小规模纳税人（除其他个人外）只能开具普通发票，取得的销售收入均为含税销售额，在计算应纳税额时，必须将含税销售额换算成不含税销售额后计算。其应纳税额的计算公式如下：

$$应纳税额 = 销售额 \times 征收率$$

$$销售额 = 含税销售额 / (1+征收率)$$

[例题 10-2] 某商店为增值税小规模纳税人，5 月取得零售收入 24.72 万元，计算该商店 5 月应缴纳的增值税税额。

①5 月取得的不含税销售额 = $24.72 \div (1+3\%) = 24$（万元）

②5 月应缴纳的增值税额 = $24 \times 3\% = 0.72$（万元）

(7) 进口货物的计税方法

对进口货物，按组成计税价格和规定税率计征增值税时，不得抵扣进项税额。其计算公式为：

$$组成计税价格 = 关税完税价格 + 关税 + 消费税$$

$$应纳税额 = 组成计税价格 \times 税率$$

(8) 一般纳税人销售货物或提供应税劳务可以开具增值税专用发票，小规模纳税人一般只能开具普通发票，不可以开具增值税专用发票

但如果小规模纳税人向一般纳税人销售货物或应税劳务，购货方要求销货方提供增值税专用发票时，税务机关可以为其代开增值税专用发票。

2011 年，经国务院批准，财政部、国家税务总局联合下发营业税改增值税试点方案。从 2012 年 1 月 1 日起，在上海交通运输业（包括陆路、水路、航空、管道运输服务）和部分现代服务业(主要是部分生产性服务业：研发和技术服务、信息技术服务、文化创意服务、物流辅助服务、有形动产租赁服务、鉴证咨询服务、广播影视服务等)、邮政服务业(暂时不包括的行业：建筑业、金融保险业和生活性服务业)和电信业开展营业税改征增值税试点。自 2012 年 8 月 1 日起至 2012 年年底，国务院将扩大营改增试点至 8 省市；2013 年 8 月 1 日，"营改增"范围已推广到全国试行，将广播影视服务业纳入试点范围。2014 年 1 月 1 日起，将铁路运输和邮政服务业纳入营业税改征增值税试点，至此交通运输业已全部纳入营改增范围；2016 年 3 月 18 日召开的国务院常务会议决定，自 2016 年 5 月 1 日起，中国将全面推开营改增试点，将建筑业、房地产业、金融业、生活服务业全部纳入营改增试点，至此，营业税退出历史舞台，增值税制度将更加规范。这是自 1994 年分税制改革以来，财税体制的又一次深刻变革。

"营改增"是国家为进一步完善我国税制，将以前缴纳营业税的应税项目改成缴纳增值税，实行结构性减税的重大举措，这对于促进经济结构调整、支持现代服务业发展具有十分重要的意义。

10.2.3 消费税

10.2.3.1 消费税的概念和特点

消费税是对部分消费品和特定的消费行为按消费流转额征收的一种商品税。是 1994 年工商税制改革中新设置的一种流转课税。凡是从事生产和进口应税消费品的单位和个人均为消费税的纳税人。消费税一般是对特定消费品或特定消费行为如奢侈品等课税。我国是在对商品实行普遍征收增值税的基础上，对特定消费品或特定消费行为增加一道消费税，主要是为了贯彻国家的消费政策、调节消费结构、引导消费方向和保证国家的财政收入。

我国消费税的特点：一是征收范围具有选择性，如烟、酒及酒精、化妆品等 15 类商品。二是征收环节具有单一性，主要在生产和进口环节征税，除少数消费品的纳税环节为零售环节和批发环节以外，继续销售该商品不再征收消费税。如 2009 年 5 月，卷烟消费税进行调整和改善，卷烟除在生产环节征收消费税以外，在卷烟批发环节加征了一道从价税，税率为 5%，所以卷烟消费税是我国目前唯一的多环节征收消费税的税目，而在 2015 年 5 月 10 日又将比例由 5% 上调到 11%。三是平均税率水平比较高而且税负差异大，如小排量的小轿车税率为 1%，甲类卷烟税率为 56%，对国家需要限制或控制消费的消费品通常税负较高。四是征收方法具有灵活性，既有从价定率征收的，又有从量定额征收的，还有复合征收的(既从量征收，又从价征收，如卷烟、白酒)。五是税负具有转嫁性，最终的税款负担者是消费者。

10.2.3.2 现行消费税制度

《中华人民共和国消费税暂行条例》(以下简称《消费税暂行条例》)于 2008 年 11 月 5 日经国务院颁布，2009 年 1 月 1 日起施行。经过 2014 年 12 月调整以后其主要内容有：

(1) 纳税义务人与征税范围

消费税的纳税人是指在我国境内从事生产、委托加工和进口消费税应税消费品的单位和个人。

我国选择了以下五种类型的消费品列入消费税征税范围：①一些过度消费会对人身健康、社会秩序、生态环境等方面造成危害的消费品，如烟、酒、鞭炮、焰火等；②奢侈品、非生活必需品，如化妆品、贵重首饰、珠宝玉石等；③高能耗及高档消费品，如摩托车、小汽车等；④不可再生和替代的稀缺资源消费品，如成品油等；⑤税基宽广、具有一定财政意义的消费品，如汽车轮胎等。

(2) 税目与税率

按照《消费税暂行条例》规定，消费税共设15个税目，包括：烟、酒及酒精、化妆品、贵重首饰及珠宝玉石、鞭炮焰火、成品油、小汽车、摩托车、高尔夫球及球具、高档手表、游艇、木制一次性筷子、实木地板、电池、涂料。

我国对消费税采用差别比例税率和定额税率相结合的税率形式，对大部分税目实行差别比例税率，对部分税目实行定额税率，并对少数税目实行比例税率和定额税率同时征收的复合税率。经整理汇总的消费税税目、税率见表10-3 所示。

表 10-3 消费税税目、税率

税 目	税 率
一、烟	
1. 卷烟	
(1) 甲类卷烟	56% 加 0.005 元/支（生产环节）
(2) 乙类卷烟	36% 加 0.005 元/支（生产环节）
(3) 批发环节	11%
2. 雪茄烟	36%
3. 烟丝	30%
二、酒及酒精	
1. 白酒	20% 加 0.5 元/500 克（或者 500 毫升）
2. 黄酒	240 元/吨
3. 啤酒	
(1) 甲类啤酒	250 元/吨
(2) 乙类啤酒	220 元/吨
4. 其他酒	10%
5. 酒精	5%
三、化妆品	30%
四、贵重首饰及珠宝玉石	
1. 金银首饰、铂金首饰和钻石及钻石饰品	5%
2. 其他贵重首饰和珠宝玉石	10%
五、鞭炮、焰火	15%
六、成品油	
1. 汽油	1.52 元/升
2. 柴油	1.20 元/升
3. 航空煤油	1.20 元/升
4. 石脑油	1.52 元/升
5. 溶剂油	1.52 元/升
6. 润滑油	1.52 元/升
7. 燃料油	1.20 元/升

(续)

税　目	税　率
七、摩托车	
1. 气缸容量(排气量，下同)在 250 毫升(含 250 毫升)以下的	3%
2. 气缸容量在 250 毫升以上的	10%
八、小汽车	
1. 乘用车	
(1)气缸容量(排气量，下同)在 1.0 升(含 1.0 升)以下的	1%
(2)气缸容量在 1.0 升以上至 1.5 升(含 1.5 升)的	3%
(3)气缸容量在 1.5 升以上至 2.0 升(含 2.0 升)的	5%
(4)气缸容量在 2.0 升以上至 2.5 升(含 2.5 升)的	9%
(5)气缸容量在 2.5 升以上至 3.0 升(含 3.0 升)的	12%
(6)气缸容量在 3.0 升以上至 4.0 升(含 4.0 升)的	25%
(7)气缸容量在 4.0 升以上的	40%
2. 中轻型商用客车	5%
九、高尔夫球及球具	10%
十、高档手表	20%
十一、游艇	10%
十二、木制一次性筷子	5%
十三、实木地板	5%
十四、电池	4%
十五、涂料	4%

(3)计税依据

按照消费税的基本规定，消费税应纳税额的计算主要分为从价计征、从量计征和从价从量复合计征三种方法。

① 从价计征

销售额的确定：销售额为纳税人销售应税消费品向购买方收取的全部价款和价外费用。价外费用，是指价外收取的基金、集资费、返还利润、补贴、违约金(延期付款利息)和手续费、包装费、储备费、优质费、运输装卸费、代收款项、代垫款项及其他各种性质的价外收费。但承运部门的运费发票开具给购货方的，或者是纳税人将该项发票转交给购货方的不包括在内。

一般情况下，计算消费税的销售额与计算增值税销项税的销售额是一致的。特殊情况有三种：一是价外向购买方收取的包装物租金是增值税的价外费用，但不是消费税的价外费用；二是确定啤酒适用税率时，需要将发出啤酒包装物的押金(注意不是到期押金)并入销售额，这种并入只在找税率时使用，计税时不再使用；三是纳税人用于换取生产资料和消费资料、投资入股和抵偿债务等方面的应税消费品，应当以纳税人同类消费品的最高销售价格作为计税依据计算消费税。

含增值税销售额的换算：消费税实行价内税，其计说依据是以含有消费税税金而不含增值税税金的消费品价格为计税依据。即应税消费品销售额是指纳税人销售应税消费品时向买方收取的全部价款和价外费用，但增值税不包括在销售额中。

$$应税消费品的销售额 = 含增值税的销售额 \div (1 + 增值税税率或征收率)$$

如果消费税纳税人属于增值税一般纳税人，就按 17% 的增值税税率使用上述换算公式计算；如果属于小规模纳税人，按规定不得开具增值税专用发票，就要按3%的征收率使用换算公式。

②从量计征 关于销售数量的确定有四种情况：销售应税消费品的，为应税消费品的销售数量；自产自用应税消费品的，为应税消费品的移送使用数量；委托加工应税消费品的，为纳税人收回的应税消费品数量；进口的应税消费品为海关核定的应税消费品进口征税数量。

《消费税暂行条例》规定，黄酒、啤酒以吨为计量单位，汽油、柴油等成品油以升为计量单位，因此，为了准确计算应纳税额，规定了吨与升的换算标准，具体如表10-4所示：

表10-4 吨与升的换算表

名 称	计量单位的换算标准	名 称	计量单位的换算标准	名 称	计量单位的换算标准
黄 酒	1 吨 = 962 升	啤 酒	1 吨 = 988 升	汽 油	1 吨 = 1388 升
柴 油	1 吨 = 1176 升	航空煤油	1 吨 = 1246 升	石脑油	1 吨 = 1385 升
溶剂油	1 吨 = 1282 升	润滑油	1 吨 = 1126 升	燃料油	1 吨 = 1015 升

③从价从量复合计征 涉及卷烟和白酒。应纳税额等于应税销售数量乘以定额税率，加上应税销售额乘以比例税率。

（4）应纳税额的计算

消费税实行从价定率、从量定额和既从价定率又从量定额的复合计税的办法计算应纳税额。

①从价定率的办法 是指根据商品销售价格和税法规定的税率计算征税。其计算公式为：

$$应纳税额 = 应税消费品的销售额 \times 税率$$

[例题10-3] 某化妆品生产企业为增值税一般纳税人，2015年3月11日向某大型商场销售一批化妆品，开具增值税专用发票，取得不含税销售额100万元，增值税额17万元；3月21日向某单位销售一批化妆品，开具普通发票，取得含增值税销售额46.8万元。计算该企业上述业务应缴纳的消费税额（化妆品适用消费税率为30%）。

化妆品的应税销售额 = 100 + 46.8/(1 + 17%) = 140(万元)

应纳消费税额 = 140 × 30% = 42(万元)

②从量定额的办法 是指根据商品销售数量和税法规定的单位税额计算征税。其计算公式为：

$$应纳税额 = 应税消费品的销售数量 \times 单位税额$$

[例题10-4] 某石油化工厂，2014年2月销售无铅汽油400吨，单价每吨2500元；销售汽油500吨，单价每吨2000元。计算2月该厂应缴纳的消费税额。

应纳消费税额 = 400 × 1388 × 1 + 500 × 1176 × 0.8 = 555 200 + 470 400 = 1 025 600 元

③复合计税的办法 即既从价定率又从量定额来计算征税。其计算公式为：

$$应纳税额 = 应税消费品的销售额 \times 税率 + 应税消费品的销售数量 \times 单位税额$$

[例题10-5] 某白酒生产企业为增值税一般纳税人，4月销售粮食白酒50吨，取得不含增值税销售额150万元。计算该酒厂4月应缴纳的消费税额。

应纳消费税额 = 50 × 2000 × 0.000 05 + 150 × 20% = 35(万元)

(5) 消费税改革

2006年4月1日起,我国将现行消费税的税目、税率及其相关政策进行调整,这是我国消费税制度运行12年后的首次调整。主要内容包括:

①游艇、高尔夫球及球具征税10% 游艇、高尔夫球是近几年我国新出现的只有少数群体消费的高档消费品。这次将游艇、高尔夫球及球具纳入了消费品的征收范围,体现了国家对高档消费行为的调节。

②高档手表格的税率为20% 目前,一些手表的价格高达万元至上百万元,有的镶嵌宝石、钻石,已经超越了其原有的计时功能,属于一种高档消费品。此次将高档手表纳入征收消费税范围,可以合理引导消费,间接调节收入分配。

③实木地板、一次性木筷征税5% 实木地板是指天然木材经烘干、加工后形成的具有天然原木纹理色彩图案的地面装钢材料。此次消费税调整,将实木地板及一次性木筷纳入征税范围,有利于人们增强环保意识,保护生态环境,引导消费和节约木材资源。

④成品油的五种油品开始征税 成品油五个子目包括石脑油、溶剂油、润滑油、航空煤油和燃料油。将成品油五种油品纳入征税范围,可以控制能源消耗和调控消费结构,扩大了消费税对石油产品的调控力度。

⑤调整小汽车税率结构,提高大排量汽车的税率 此次消费税改革,向小排量汽车进行优惠顾斜,购买4.0升以上的轿车,须缴40%的消费税,小于1.0升的轿车,只缴1%的消费税。加大大排量和能耗高小轿车、越野车的税收负担,同时减轻小排量车的负担,体现了国家对生产和使用小排量车的鼓励政策。

此外,2009年5月,《财政部、国家税务总局关于调整卷烟产品消费税政策的通知》(财税[2009]84号)规定卷烟消费税进行调整和改善。根据新政,税率调整后,甲类香烟也就是高档香烟的消费税价税率由原来的45%调整至56%,乙类香烟由30%调整至36%,雪茄烟由25%调整至36%。与此同时,原来的甲、乙类香烟划分标准也进行了调整,原来50元的分界线上浮至70元,即每标准条(200支)调拨价格在70元(不含增值税)以上(含70元)的卷烟为甲类卷烟,低于此价格的为乙类卷烟。

自2014年11月29日起执行的由财政部、国家税务总局颁布的《关于提高成品油消费税的通知》(财税[2014]94号)明确,为促进环境治理和节能减排,经国务院批准,现将汽油、石脑油、溶剂油和润滑油的消费税单位税额在现行单位税额基础上提高0.12元/升;将柴油、航空煤油和燃料油的消费税单位税额在现行单位税额基础上提高0.14元/升。

2014年12月12日,财政部、国家税务总局联合发布《关于进一步提高成品油消费税的通知》,自2014年12月13日起,将汽油、石脑油、溶剂油和润滑油的消费税单位税额由1.12元/升提高到1.4元/升;将柴油、航空煤油和燃料油的消费税单位税额由0.94元/升提高到1.1元/升。

2015年1月12日财政部、国家税务总局联合下发《关于继续提高成品油消费税的通知》,将汽油、石脑油、溶剂油和润滑油的消费税单位税额由1.4元/升提高到1.52元/升;将柴油、航空煤油和燃料油的消费税单位税额由1.1元/升提高到1.2元/升。航空煤油继续暂缓征收。自2015年1月13日起执行。2015年年初又开始对电池、涂料征收消费税;5月10日起上调卷烟消费税。

10.2.4 营业税

10.2.4.1 营业税的概念和特点

营业税是指在我国境内提供应税劳务、转让无形资产或销售不动产所取得的营业额为课税对象而征收的一种商品劳务税。

我国营业税的特点：一是按行业设置税目、税率。实行不同行业不同税率，且税负低，有利于体现国家产业政策，促进行业间的协调发展；二是营业税以非商品流转额征税为主，税额不受成本、费用高低影响，有利于及时、稳定地取得财政收入；三是营业税一般以营业收入额全额为计税依据，实行比例税率，税率档次较少，税款计算方法简单，有利于节省征纳费用，便于征管。

营业税与增值税的区别在于：一是征税范围完全相反，互相排斥。二是两种税和价格的关系不同。增值税是价外税，营业税是价内税。营业税在所得税前可以扣除，增值税在所得税前不得扣除。三是计税方法不同。增值税中，一般纳税人采用的是购进扣税法，而营业税只有个别情况，只有个别税额扣除情况，营业税计税依据中有扣除的情形。

10.2.4.2 现行营业税制度

2008年11月5日经国务院颁布，并于2009年1月1日起施行的《中华人民共和国营业税暂行条例》的主要内容有：

（1）纳税义务人和税目

凡在我国境内提供应税劳务、转让无形资产或者销售不动产的单位和个人均为营业税的纳税义务人。

现行营业税的税目按照行业、类别的不同，共设置七个，即建筑业、金融保险业、文化体育业、娱乐业、服务业、转让无形资产和销售不动产。以上税目中，建筑业、金融保险业、文化体育业、娱乐业、服务业等提供的是劳务，属于营业税征税范围的劳务，称为应税劳务。而加工和修理修配业务不属于营业税征税范围，故称为营业税的非应税劳务。

（2）税率

现行营业税的税率按照行业、类别的不同，共设置三档差别比例税率，其中，建筑业、文化体育业实行3%的比例税率，金融保险业、服务业、转让无形资产、销售不动产实行5%的比例税率，娱乐业实行5%~20%的幅度税率，由各地政府根据本地情况在幅度内确定适用税率。

（3）计税依据

营业税的计税依据是提供应税劳务、转让无形资产或销售不动产向对方收取的全部价款和价为费用，统称为营业额。营业额一般按以下原则确定：

①价外费用包括向对方收取的手续费、补贴、基金、集资费、代收代垫款项及各种性质的价外收取。

②如果纳税人提供应税劳务、转让无形资产或者销售不动产价格明显偏低而无正当理由，主管税务机关有权按下列顺序核定其营业额：按纳税人当月提供的同类应税劳务或销售不动产的平均价格核定；按纳税人提供的同类应税劳务或销售的同类不动产的平均价格核定；按下列公式组成计税价格：计税价格＝营业成本或工程成本×（1＋成本利润率）÷

(1-营业税税率)。

(4) 应纳税额的计算

营业税的税款计算比较简单，纳税人提供应税劳务、转让无形资产或者销售不动产，按照营业额和规定的适用税率计算应纳税额。计算公式为：

$$应纳税额 = 营业额 \times 税率$$

[**例题10-6**] 某旅游公司2015年2月取得旅游经营收入200万元，支付其他旅游企业接团费20万元，替旅游者支付餐费20万元，住宿费30万元，门票费20万元，交通费60万元。计算旅游公司应缴纳的营业税额。

应纳税额 = [200-(20+20+30+20+60)]×5% = 2.5(万元)

(5) 税收优惠

①营业税的起征点只适用于个人。根据《中华人民共和国营业税暂行条例实施细则》(以下简称《营业税暂行条例》)规定，营业额达到或超过起征点即照章全额纳税，营业额低于起征点则免于征收营业税，营业税起征点的幅度规定如下：一是按期纳税的，为月营业额5000~20 000元；二是按次纳税的，为每次(日)营业额300~500元。新的起征点规定自2011年11月1日起施行。

②根据《营业税暂行条例》的规定，下列项目免征营业税：

• 托儿所、幼儿园、养老院、残疾人福利机构提供的育养服务、婚姻介绍、殡葬服务。

• 残疾人员个人为社会提供的劳务。

• 学校和其他教育机构提供的教育劳务，学生勤工俭学提供的劳务。

• 农业机耕、排灌、病虫害防治、植保、农牧保险以及相关技术培训业务，家禽、牲畜、水生动物的配种和疾病防治。

• 纪念馆、博物馆、文化馆、美术馆、展览馆、书画院、图书馆、文物保护单位举办文化活动的门票收入，宗教场所举办文化、宗教活动的门票收入。

• 医院、诊所和其他医疗机构提供的医疗服务。

• 境内保险机构为出口货物提供的保险产品。

10.2.5 关税

10.2.5.1 关税原理

关税是海关依法对进出关境的货物、物品征收的一种税。是国家根据政治、经济的需要，在沿海港口、陆地边境和空中通道等交通要道设置海关机构，对进出境的货物和物品征收的税收。中国现行的关税是2003年10月29日国务院第26次常务会议通过，11月23日以国务院令第392号公布的《中华人民共和国进出口关税条例》，自2004年1月1日起施行。

关税既具有一般税的基本属性，又具有与其他税种不同的特点。关税属于商品课税，通常商品课税的税收管辖权在一个国家的国境内行使，不越雷池一步。关税则不同，有时会超越国境在国境外行使；关税选择进出关境的货物和物品作为课税对象；关税是针对来自国外或者输往国外的货物或物品而设置的税种，具有涉外和国际税收的性质；关税从一定意义上讲既是"保护神",又是一种重要的进攻性战略武器。关税是由海关征收的。

关税一般分为进口关税、出口关税和过境关税三种。

10.2.5.2 现行关税制度

(1) 征税范围

关税的征税范围是准许进出境的货物和物品。货物是指贸易型商品;物品是指入境旅客随身携带的行李物品、个人邮递物品、各种运输工具上的服务人员携带进口的自用物品、馈赠物品以及其他方式进境的个人物品。

(2) 纳税义务人

关税的纳税人为进口货物的收货人、出口货物的发货人和进出境的物品的所有人。不论是企业单位还是个人,都是关税的纳税人。从中国境外采购进口的原产于中国境内的货物,由采购人缴纳进口关税。由外贸企业代理出口业务,以委托企业为纳税人、外贸企业为扣缴义务人。进口行李物品和邮递物品的,其纳税人为物品的所有人、收件人或代理人。

(3) 税率

关税税率分为进口关税税率、出口关税税率两部分。

①进口关税税率 进口关税设置最惠国税率、协定税率、特惠税率、普通税率、关税配额税率等。对进口货物在一定期限内可以实行暂定税率,根据有关法律和贸易实施情况,可以实行特别关税税率和报复性关税税率。

②出口关税税率 国家仅对少数资源性产品及易于竞相杀价、盲目进口、需要规范出口秩序的半制成品征收出口关税。现行《中华人民共和国海关进出口税则》对100余种商品计征出口关税。对部分出口货物在一定时期内可以实行暂定税率。暂定税率优先于《海关进出口税则》中的出口税率。

按征收关税的标准,关税可以分成从价税、从量税、选择税、复合税和滑准税。

(4) 进口货物完税价格

进口货物完税价格的确定,由海关以该货物的成交价格为基础审查确定。

进口货物的完税价格包括:进口该货物的成交价格,即买方实付和应付价款总额,货物运抵中国境内输入地点起卸前的运输及其相关费用、保险费。

进口货物的下列费用应当计入完税价格:

①由买方负担的购货佣金以外的佣金和经纪费;

②由买方负担的在审查确定完税价格时与该货物视为一体的容器的费用;

③由买方负担的包装材料费用和包装劳务费用;

④与该货物的生产和向中国境内销售有关的,由买方以免费或低于成本的方式提供并可以按适当比例分摊的材料、工具、模具、消耗材料及类似货物的价款,以及在境外开发、设计等相关服务的费用;

⑤作为该货物向中国境内销售的条件,买方必须支付的,与该货物有关的特许权使用费;

⑥卖方直接或间接从买方获得的该货物进口后转售、处置或使用的收益。

进口货物的下列税收、费用,不计入该货物的完税价格:

①厂房、机械、设备等货物进口后进行建设、安装、装配、维修和技术服务的费用；
②进口货物运抵境内输入地点起卸后的运输及其相关费用、保险费；
③进口关税及国内税收。

进口货物的成交价格不符合税法规定，或成交价格不能确定的，由海关估定完税价格。

(5) 计税方法

关税的计税方法是以进出口货物的完税价格或货物数量为计税依据，按规定的适用税率或单位税额，以从价计征、从量计征或者国家规定的其他方式计算征收。计税公式为：

$$从价计征的应纳税额 = 完税价格 \times 适用税率$$
$$从量计征的应纳税额 = 货物数量 \times 单位税额$$

10.3 所得课税

10.3.1 所得课税概述

10.3.1.1 所得税的含义、产生与发展

所得课税又称收益课税，是以所得额(或收益额)为课税对象的税类。所得额是指单位和个人在一定时期内从全社会的国民收入总额中，通过各种方式分配到的那部分份额。

所得税是随着资本主义制度和资本主义商品经济的发展，借助于战争的催生剂而首先产生于英国的。1798 年英国积极组织反法联盟，进行对拿破仑一世的战争，财政大臣(后为首相)皮特为筹措战争经费，进行一系列财税改革，首创所得税。但因税法不健全，漏税甚多，遂于 1799 年废除。1842 年，英国第三次恢复所得税，该税才作为永久性税种确定下来。美国、法国、德国、日本等国先后于 19 世纪后半期、20 世纪初期开征所得税，其开征所得税的初衷也不外乎是出于战争需要。但所得税产生的原因不只是战争，而且具有深刻的政治、经济、军事与国际背景。

由于所得税是以所得为负税能力的标准，比较符合"公平""普遍"的原则，也有利于资本主义商品经济的发展，所以大多数资产阶级经济学家视其为"良税"，主张积极推广。进入 19 世纪以后，大多数西方国家相继开征所得税，由临时税种发展成为经常税种，由次要税种发展成为主要税种，由比例税率的所得税发展为累进税率的所得税，由分类或个别所得税发展到综合或一般所得税。目前，所得税是世界各国普遍征收的一种税，已成为大多数国家的主体税种。在西方发达国家，税收体系大多以各类所得税为主体进行构建，国家财政收入的大部分也来自各类所得税。

我国已开征的所得税主要是对以下两种类型的所得征税：企业所得和个人所得。企业所得是指利润所得，是指因从事生产经营活动而获取的经营收入，扣除为取得这些收入所支付的各种费用以及流转税后的余额，其性质属于剩余产品价值的一部分。个人所得是指工资、薪金、劳务报酬、利息、股息、红利、租金、特许权使用等所得，其中占主体的是劳动报酬所得，其性质属于必要产品价值，但也有一部分属非劳动所得。

10.3.1.2 所得税的特点

(1) 税负相对公平，体现了量能负担的原则

所得税是对人税，对纳税人(自然人和法人)在一定时期的各种所得进行课征，一般是以纯收入或净所得为计税依据，实行所得多的多征、所得少的少征、无所得的不征，体现了量能负担原则。同时，所得课税通常都规定起征点、免征额及扣除项目，可以在征税上照顾低收入者，不会给纳税人带来超额负担，体现税收公平原则。

(2) 税源普遍，课征有弹性，能调节经济运行

在正常条件下，凡从事生产经营活动的一般都有所得，都要缴纳所得税，因此，所得课税的税源很普遍。同时，所得税在纳税人有盈利时才征收。累进税率使之可以自动根据经济状况增加税收或减少税收。在经济过热时，更高比例地增加税收，减少有效需求；在经济紧缩时，更大比例地减少税收，增加有效需求，从而实现经济运行的"自动稳定器"的功能。

(3) 所得税属于直接税，税负不易转嫁

由于所得税的课税对象是纳税人的最终所得，一般不易进行税负转嫁，对市场机制的正常运行干扰较小。这一特点有利于直接调节纳税人的收入，缩小收入差距，实现公平分配的目标。在采用累进税率的条件下，这一作用尤为明显。

(4) 一般不存在重复征税

所得课税以所得额为课征对象，征税环节单一，不存在两个以上课税主体，就不会存在重复征税，不影响商品的相对价格，因而不影响市场的正常运转。

(5) 计税方法较为复杂，征管要求较高

由于所得课税要依纳税人实际的纳税能力征收，就要对实际所得额进行计算，要计算企业的收入和成本、费用，要考虑个人的费用扣除和生计扣除，以计算应纳税所得额。与商品课税相比，计算的复杂性加大了，客观上要求征管人员具有较高的素质和较先进的征管手段。

10.3.1.3 所得税的类型

(1) 分类所得税

分类所得税又称分类税制，即对纳税人的各种所得分为若干类别，对不同来源和性质的所得，以不同的税率分别课征。分类所得税制一般是比例税率，采用源泉课征法，课征简便，节省征收费用。也可实行不同类别的差别税率，较好地体现横向公平原则。但是分类所得税制一般不采用累进税率，很难体现税收的纵向公平原则。

分类所得税的理论依据在于：不同性质的所得项目应适用不同的税率，分别承担轻重不同的税负。勤劳所得如工资薪金，要付出辛勤的劳动，所以应课以较轻的所得税。投资所得如股息、利息、红利等是凭借其所拥有的财产而获得的，所含的辛苦较少，所以应课以较重的所得税。分类所得税的优点是可以按不同性质的所得，分别采取不同的税率，实行差别待遇。分类所得税首创于英国，但现在实行纯粹分类所得税的国家已经很少。我国的个人所得税目前采用这种方法。

(2) 综合所得税

综合所得税又称综合税制，即将纳税人在一定期间内的各种所得综合起来，减去法定的减免和扣除项目，就其余额按累进税率进行征税。综合所得税制课税的范围广，能体现纳税能力原则。但这种课征制度的课税手续较烦琐，征收费用多，容易出现偷税、漏税。

综合所得税的指导思想在于：既然所得税是一种对人税，课税依据就应该是人的总体负担能力，其应税所得额当然应该综合纳税人全年各种所得的总额，减除各项法定的宽免额和扣除额后，按统一的累进税率课征。所以，综合所得税的突出特点，就是其最能体现纳税人的实际负担水平，最符合纳税能力原则。综合所得税最先出现于德国，现为世界各国普遍采用。

(3) 分类综合所得税

分类综合所得税也称混合税制，就是将分类和综合两种所得税的优点兼收并蓄，实行分项课税和综合计税相结合。这种类型所得税的征收办法，是就纳税人的各项所得，先按分类所得的征收办法课征，然后在纳税年度结束时，综合纳税人全年各项所得额，扣除法定项目后，得出其该年度的综合应税所得，再乘以相应的累进税率计算综合应纳税款。分类课征阶段已纳的税款，可以冲抵综合应纳税款，年度汇总后，实行多退少补。

分类综合所得税是当今世界上广泛实行的一种所得课税类型，它反映了综合所得税与分类所得税的趋同态势。其主要优点在于：一方面坚持了按支付能力课税的原则，对纳税人不同来源的收入实行综合计算征收；另一方面又坚持了对不同性质的收入实行区别对待的原则，对所列举的特定收入项目按特定方法和税率课征。此外，它具有征管方便、利于减少偷税漏税等优点。

10.3.1.4 所得课税的课税方法

(1) 估征法

估征法即由税收机关根据纳税人的各种外部形态或标志，测定其所得，并据以征税。测定方法分为三种：净值法、消费支出法和银行账户法。净值法是以纳税人财产净值为标准，推定其所得额的大小，以决定应纳税额。消费支出法则根据纳税人平日生活水平和各种消费支出数额，估计其所得额，以决定纳税人的应纳税额。银行账户法是根据纳税人银行账户的往来情况，测定纳税人的所得，以决定其应纳税额。估征法虽然手续简单，尤其对于逃、漏税严重者是一种惩罚措施。但极容易发生任意估值现象，导致贪污、受贿等不良行为，所以现代税制早已废弃这种方法了。

(2) 源泉课征法

这是指在所得发生之处课征，不直接课征于纳税人，而间接课征于支付所得的人，即所得在哪发生就在哪课征。换言之，当支付所得者将所得款项支付给领取人时，支付人预先从领取者所得额中扣除领取人应纳税额，并代之向税务机关缴纳。这种方法的优点在于：课征手续简便，节约征收费用，而且偷税、漏税易查。因而世界上许多国家都在采用此法。

(3) 申报法

申报法即纳税人自行申报所得额，由税务机关调查核实其有无遗漏或不实之处，然后就核实之数按一定税率计征，由纳税人一次或分次缴纳。申报法的优点是有助于增强国民纳税义务观念，可以采取累进税率征收，发挥所得税的优势。但容易出现隐匿伪报和偷、漏税情况。这种方法被许多发达国家采用。

10.3.1.5 所得税的功能及缺陷

所得税的主要功能，一是贯彻社会财富公平分配政策。所得税特别是个人所得税是一种有效的再分配手段，通过累进征收贯彻公平税负原则，抑制社会财富过度聚集在少数人手中，缩小贫富差距，缓解社会矛盾。二是筹集财政收入。所得税具有较强的聚财功能，随着一国生产力水平的发展和经济效益的提高，所得税收入会快速增长，成为财政收入的稳定收入来源。三是所得税具有对经济自动稳定的功能。当经济过热、需求过旺时，由于所得税的累进性，所得税可以自动增税，其增长速度会高于国民收入的增长速度，从而会抑制需求；相反，在经济衰退、需求不足时，所得税可以自动减税，又可以刺激投资和消费，促进社会公平分配等。

所得税的缺陷表现在：一是所得税的开征及其财源受企业利润水平和人均收入水平的制约；二是所得税的累进课税方法会在一定程度上抑制纳税人的生产和工作积极性的充分发挥；三是所得税征管难度大，所得税计算比较复杂，容易发生所得税的逃漏现象，需要较高的管理水平。

所得课税在我国仅次于商品课税，但由于受经济发展水平和税收征管水平等的制约，我国所得税的规模和地位远不如西方国家，所得税制度比西方国家也相对简单得多。我国现行所得课税的主要税种有企业所得税和个人所得税。我国的企业所得税制，同我国的政治经济情况的变化相联系，大致经历了20世纪50年代建立工商所得税、80年代多种所得税并存、90年代初步建立企业所得税制和外商投资企业和外国企业所得税、2007年统一内外资企业所得税四个时期。新的企业所得税法从2008年1月1日起执行。个人所得税是对个人(自然人)取得的各项所得征收的一种税。它是我国在对外开放后对外籍来华工作人员征收的税种，1994年税制改革后重新修订的个人所得税不再区分个人的性质，凡取得收入的个人，无论是居民个人还是非居民个人，都适用统一的个人所得税法。下面将分别对两种所得税进行阐述。

10.3.2 企业所得税

企业所得税是对我国境内的企业和其他取得收入的组织的生产经营所得和其他所得征收的一种税。它是我国所得税制度中的一个重要税种，是国家参与企业利润分配并调节其收益水平的一个重要手段，体现国家与企业的财政分配关系。2007年12月31日以前实行的企业所得税是在原来的国有企业所得税、集体企业所得税和私营企业所得税的基础上整合形成的一个税种。2007年3月16日，全国人民代表大会通过了《中华人民共和国企业所得税法》，并于2008年1月1日开始施行，从此内外资企业实行统一的所得税。这样，不仅简化了税制，进一步理顺了国家与企业的分配关系，还使各类企业享受同等的税收待遇，促进企业在市场上的公平竞争。

10.3.2.1 纳税义务人

企业所得税的纳税人是指在我国境内实行独立核算的企业或其他取得收入的组织。除个人独资企业、合伙企业不适用企业所得税以外，凡在我国境内，企业和其他取得收入的组织均为企业所得税的纳税人。

所谓实行独立核算的企业或组织，必须同时具备下列三个条件：①在银行开设结算账户；②独立建立账簿，编制会计报表；③独立计算盈亏。

企业所得税的纳税人根据企业纳税义务范围的宽窄进行划分可以分为居民企业和非居

民企业。

10.3.2.2 课税对象

企业所得税的课税对象是指企业的生产经营所得、其他所得和清算所得。

生产经营所得，是指纳税人从事物质生产、交通运输、商品流通、劳务服务，以及经税务主管部门确认的其他营利事业取得的所得。其他所得，是指股息、利息、租金、转让各类资产收益、特许权使用费以及营业外收益等所得。清算所得是指纳税人按照章程规定解散或破产，以及其他原因终止时，其清算终了后的所得。

企业所得税的课税对象包括源于中国境内的所得，也包括源于中国境外的所得。为了避免双重征税，根据国际惯例，对于境内企业源于境外的所得已在境外缴纳的所得税税款，准予境内企业在汇总纳税时，从其应纳税额中予以抵免。

10.3.2.3 税率

企业所得税实行比例税率，基本税率为25%。

为了照顾规模较小、利润水平较低的小型企业，企业所得税又规定了两档优惠税率。

(1) 小型微利企业

税率为20%。包括：①工业企业，所得额不超过30万元，从业人数不超过100人，资产总额不超过3000万元；②其他企业，所得额不超过30万元，从业人数不超过80人，资产总额不超过1000万元。

(2) 高新技术企业

税率为15%。凡是符合高新技术企业条件的，减按15%的税率计征企业所得税。

10.3.2.4 应纳税所得额的计算

企业所得税的应纳税所得额是指纳税人每一纳税年度的收入总额减去准予扣除项目（包括不征税收入、免税收入、各项扣除以及允许弥补的以前年度亏损）后的余额，其计算公式为：

$$应纳税所得额 = 收入总额 - 准予扣除项目金额$$
$$= 收入总额 - 不征税收入 - 免税收入 - 各项扣除 - 以前年度亏损$$
$$= 利润总额 \pm 税收调整项目金额$$

(1) 收入总额

企业的收入总额包括销售货物收入、提供劳务收入、转让财产收入、股息、利息收入、租金收入、特许权使用费收入、接受捐赠收入和其他收入。

(2) 不征税收入和免税收入

①不征税收入　财政拨款；依法收取并纳入财政管理的行政事业性收费、政府性基金；国务院规定的其他不征税收入。

②免税收入　国债利息收入；符合条件的居民企业之间的股息、红利等权益性投资收益；在中国境内设立机构、场所的非居民企业从居民企业取得与该机构、场所有实际联系的股息、红利等权益性投资收益；符合条件的非营利组织的收入。不包括非营利组织从事营利性活动取得的收入，但国务院财政、税务主管部门另有规定的除外。

(3) 准予扣除的项目及标准

准予扣除的项目是指按照企业所得税法的规定，在计算应纳税所得额时，允许扣除的与纳税人取得收入有关的成本、费用、税金和损失。

①成本 即生产经营成本，是指纳税人为生产、经营商品和提供劳务等所发生的各项直接费用和各项间接费用。

②费用 即纳税人为生产、经营商品和提供劳务等所发生的销售（经营）费用、管理费用和财务费用（简称"三项期间费用"）。

③税金 即纳税人在生产经营中依法缴纳的消费税、营业税、城市维护建设税、资源税、土地增值税、关税及教育费附加（简称"六税一费"）。

④损失 即纳税人生产经营过程中发生的各项营业外支出、已发生的经营亏损和投资损失以及其他损失。

准予扣除项目的标准：

①工资、薪金支出 企业发生的合理的工资、薪金支出准予据实扣除。工资、薪金支出是企业每一纳税年度支付给本企业任职或与其有雇佣关系的员工的所有现金或非现金形式的劳动报酬，包括基本工资、奖金、津贴、补贴、年终加薪、加班工资。以及与任职或者是受雇有关的其他支出。

②职工福利费、工会经费、职工教育经费 三项经费分别按工资薪金支出总额的14%、2%、2.5%计算扣除。具体见表10-5。

表10-5 三项费用扣除标准

项 目	准予扣除的限度	超过规定比例部分的处理
职工福利费	不超过工资薪金总额14%的部分	不得扣除
工会经费	不超过工资薪金总额2%的部分	不得扣除
职工教育经费	不超过工资薪金总额2.5%的部分	准予在以后纳税年度结转扣除

③社会保险费
- 企业依照规定的范围和标准为职工缴纳的"五险一金"准予扣除。
- 企业为投资者或者职工支付的补充保险费，在国务院财政、税务主管部门规定的范围和标准内，准予扣除。企业依照国家有关规定为特殊工种职工支付的人身安全保险费和符合国务院财政、税务主管部门规定可以扣除的商业保险费准予扣除。
- 企业参加财产保险，按照规定缴纳的保险费，准予扣除。企业为投资者或者职工支付的商业保险费，不得扣除。

④利息费用
- 非金融企业向金融企业借款的利息支出、金融企业的各项存款利息支出和同业拆借利息支出、企业经批准发行债券的利息支出可据实扣除。
- 非金融企业向非金融企业借款的利息支出，不超过按照金融企业同期同类贷款利率计算的数额的部分可据实扣除，超过部分不许扣除。
- 关联企业利息费用的扣除。企业从其关联方接受的债权性投资与权益性投资的比例超过规定标准而发生的利息支出，不得在计算应纳税所得额时扣除。

⑤借款费用
- 企业在生产经营活动中发生的合理的不需要资本化的借款费用，准予扣除。

● 企业为购置、建造固定资产、无形资产和经过 12 个月以上的建造才能达到预定可销售状态的存货发生借款的，在有关资产购置、建造期间发生的合理的借款费用，应予以资本化，作为资本性支出计入有关资产的成本；有关资产交付使用后发生的借款利息，可在发生当期扣除。

⑥汇兑损失　企业在货币交易中，以及纳税年度终了时将人民币以外的货币性资产、负债按照期末即期人民币汇率中间价折算为人民币时产生的汇兑损失，除已经计入有关资产成本以及与向所有者进行利润分配相关的部分外，准予扣除。

⑦业务招待费　企业发生的与生产经营活动有关的业务招待费支出，按照发生额的 60% 扣除，但最高不得超过当年销售(营业)收入的 0.5%。

⑧广告费和业务宣传费　除国务院财政、税务主管部门另有规定外，不超过当年销售(营业)收入 15% 的部分，准予扣除；超过部分，准予结转以后纳税年度扣除。

广告费支出(区分赞助)，须符合下列条件：广告是通过工商部门批准的专门机构制作的；已实际支付费用，并已取得相应发票；通过一定的媒体传播。

⑨环境保护专项资金　强调专款专用，改变用途的不得扣除。

⑩保险费　企业按照规定缴纳的财产保险费，准予扣除。

⑪租赁费

● 以经营租赁方式租入固定资产发生的租赁费支出，按照租赁期限均匀扣除。经营性租赁是指所有权不转移的租赁。

● 以融资租赁方式租入固定资产发生的租赁费支出，按照规定构成融资租入固定资产价值的部分应当提取折旧费用，分期扣除。

⑫劳动保护费，合理劳动保护支出　准予扣除。

⑬公益性捐赠支出　企业发生的公益性捐赠支出，不超过年度利润总额 12% 的部分，准予扣除。年度利润总额，是指企业依照国家统一会计制度的规定计算的年度会计利润。

⑭有关资产的费用　企业转让各类固定资产发生的费用，允许扣除。企业按规定计算的固定资产折旧费、无形资产和递延资产的摊销费，准予扣除。

⑮总机构分摊的费用　非居民企业在中国境内设立的机构、场所，就其中国境外总机构发生的与该机构、场所生产经营有关的费用，能够提供总机构出具的费用汇集范围、定额、分配依据和方法等证明文件，并合理分摊的，准予扣除。

⑯资产损失　企业当期发生的固定资产和流动资产盘亏、毁损净损失，由其提供清查盘存资料经主管税务机关审核后，准予扣除。

企业因存货盘亏、毁损、报废等原因不得从销项税金中抵扣的进项税金，应视同企业财产损失，准予与存货损失一起在所得税前按规定扣除。

⑰依照有关法律、行政法规和国家有关税法规定准予扣除的其他项目　如会员费、合理的会议费、差旅费、违约金、诉讼费用等。

⑱手续费及佣金支出　财产保险企业按当年全部保费收入扣除退保金等后余额的 15%，人身保险企业按当年全部保费收入扣除退保金等后余额的 10% 计算限额。

其他企业，按与具有合法经营资格的中介服务机构或个人(不含交易双方及其雇员、代理人和代表人等)所签订服务协议或合同确认的收入金额的 5% 计算限额。

(4) 不得扣除的项目

向投资者支付的股息、红利等权益性投资收益款项；企业所得税税款；税收滞纳金；罚金、罚款（罚款分为经营性罚款和行政性罚款两类，前者在计算应纳税所得额时准予扣除；后者如税收罚款、工商局罚款、交通违章罚款等在计算应纳税所得额时不能扣除）和被没收财物的损失；超过规定标准的捐赠支出；赞助支出；未经核定的准备金支出；企业之间支付的管理费、企业内营业机构之间支付的租金和特许权使用费，以及非银行企业内营业机构之间支付的利息；与取得收入无关的其他支出均不得扣除。

(5) 亏损弥补

纳税人发生年度亏损，经税务机关核实后，可以用下一年度的应纳税所得额弥补，下一纳税年度的所得不足弥补的，可以逐年延续弥补，但延续弥补期限最长不得超过 5 年。这里所说的亏损，是经税务机关按税法规定核实调整后的亏损额。企业在汇总计算缴纳企业所得税时，其境外营业机构的亏损不得抵减境内营业机构的盈利。

联营企业的亏损，由联营企业就地依法进行弥补。投资方从联营企业分回的税后利润按规定应补缴所得税的，如果投资方企业发生亏损，其分回的利润可先用于弥补亏损，弥补亏损后仍有余额的，再按规定补缴企业所得税。

企业境外业务之间的盈亏可以相互弥补，但企业境内外之间的盈亏不得相互弥补。

10.3.2.5 应纳税额的计算

居民企业应缴纳所得税额的基本计算公式为：

$$应纳税额 = 应纳税所得额 \times 适用税率 - 减免税额 - 抵免税额$$

(1) 直接计算法

在直接计算法下，企业每一纳税年度的收入总额减除不征税收入、免税收入、各项扣除以及允许弥补的以前年度亏损后的余额为应纳税所得额。计算公式与前述相同，为：

$$应纳税所得额 = 收入总额 - 不征税收入 - 免税收入 - 各项扣除金额 - 弥补亏损$$

(2) 间接计算法

在间接计算法下，在会计利润总额的基础上加或减按照税法规定调整的项目金额，即为应纳税所得额。计算公式为：

$$应纳税所得额 = 会计利润总额 \pm 纳税调整项目金额$$

[例题 10-7] 某企业 2014 年发生下列业务：

① 销售产品收入 2000 万元；

② 转让一项商标所有权，取得营业外收入 60 万元；

③ 收取当年让渡资产使用权的专利实施许可费，取得其他业务收入 10 万元；

④ 取得国债利息 2 万元；

⑤ 全年销售成本 1000 万元；

⑥ 全年销售费用 500 万元，含广告费 400 万元；全年管理费用 300 万元，含招待费 80 万元，新产品开发费用 70 万元；全年财务费用 50 万元；

⑦ 全年营业外支出 40 万元，含通过政府部门向灾区捐款 20 万元；直接向私立小学捐款 10 万元；违反政府规定被工商局罚款 2 万元；

计算：① 该企业的会计利润总额；② 该企业对收入的纳税调整额；③ 该企业对广告费

用的纳税调整额；④该企业对招待费、三新费用的纳税调整额合计数；⑤该企业对营业外支出的纳税调整额；⑥该企业应纳税所得额；⑦该企业应纳所得税额。

①该企业的会计利润总额为：

账面利润 = 2000 + 60 + 10 + 2 - 1000 - 500 - 300 - 50 - 40 = 182(万元)

②该企业对收入的纳税调整额为：2万元国债利息属于免税收入。

③该企业对广告费用的纳税调整额为：

以销售营业收入 2010(2000 + 10) 万元为基数，不能包括营业外收入。

广告费限额 = 2010 × 15% = 301.5(万元)

广告费超支 400 - 301.5 = 98.5(万元)

调增应纳税所得额为 98.5 万元。

④该企业对招待费、三新费用的纳税调整额合计为：

招待费限额：80 × 60% = 48(万元)；(2000 + 10) × 0.5% = 10.05(万元)。

招待费限额为 10.05 万元，超支 69.95 万元。

三新费用加扣所得 = 70 × 50% = 35(万元)；合计调增应纳税所得额 69.95 - 35 = 34.95(万元)。

⑤该企业对营业外支出的纳税调整额为：

捐赠限额 = 182 × 12% = 21.84(万元)

该企业 20 万元公益性捐赠可以扣除；直接对私立小学的捐赠不得扣除；行政罚款不得扣除。

对营业外支出的纳税调整额为 12 万元。

⑥该企业应纳税所得额为：

182 - 2 + 98.5 + 34.95 + 12 = 325.45(万元)

⑦该企业应纳所得税额为：

335.45 × 25% = 81.3625(万元)

10.3.3 个人所得税

个人所得税是世界各国普遍开征的税种，在许多国家的财政收入中占有重要地位。它是国家调节个人收入、缓解个人收入差距过分悬殊的矛盾的重要手段，体现了国家与个人之间的分配关系。个人所得税是对我国公民、居民源于我国境内外的一切所得和非我国居民源于我国境内的所得征收的一种税。现行的《中华人民共和国个人所得税法》是于 1980 年经第五届全国人民代表大会第三次会议审议通过，又经六次修正后形成的，自 2011 年 9 月 1 日起施行。

世界各国的个人所得税制一般有分类征收制、综合征收制和混合征收制三种模式。分类征收制，就是将纳税人不同来源、性质的所得项目，分别规定不同的税率征税。分类征收制不能体现纳税人的整体负担能力，所以一般适用比例税率课征。优点是对个人的不同所得区别对待，能体现国家的相关政策。缺点是不能准确地根据纳税人的实际总体负担能力实行量能课税，难以体现公平税负、合理负担的原则。英国最早开征所得税时所采用的就是分类所得税制。

综合征收制，是对纳税人的各项应税所得综合征税。优点是充分考虑了纳税人的总体负担能力，能够较好地体现量能课税的原则，但不利于体现国家相关的经济、社会、政治等政策。综合所得税制最早出现于德国。

混合征收制是指对纳税人的各类所得先按分类征收制课征；然后对全年所得进行汇总征税。混合征收制是分类和综合相结合的税制模式，综合了两者的优点。既对纳税人部分不同来源的收入实行综合课征，体现了按支付能力课税的原则，又将所列举的特定项目按特定办法和税率课征，体现了对某些不同性质的收入区别对待的原则。混合所得税最早出现于1917年的法国。目前，世界上实施混合征收制的国家并不多。我国个人所得税采用的征收模式是分类征收制。改革的方向是向分类和综合相结合的税制模式（混合征收制）过渡。

10.3.3.1 纳税义务人的基本规定

(1) 纳税义务人

个人所得税的纳税义务人是指在中国境内有住所，或者虽无住所但在中国境内居住满一年，以及无住所又不居住或居住不满一年但有源于中国境内所得的个人。这包括中国公民，个体工商业户，在华外籍人员（包括无国籍人）和香港、澳门、台湾地区同胞，个人独资企业和合伙企业投资者。

(2) 居民纳税人与非居民纳税人的判定标准及纳税义务范围

个人所得税的纳税人根据住所和居住时间两个标准，可以分为居民纳税人和非居民纳税人，分别负无限和有限纳税义务。

①居民纳税人的纳税义务范围　所谓居民纳税人，是指在中国境内有住所或者无住所而在中国境内居住满一年的个人。在中国境内有住所的个人，是指因户籍、家庭、经济利益关系，而在中国境内习惯性居住的个人。习惯性居住是指个人因学习、工作、探亲、旅游等原因消除后，没有理由在其他地方继续居留时所要回到的地方，而不是实际居住或在某一特定时期内的居住地。所谓在境内居住满一年，是指在一个纳税年度（公历1月1日起至12月31日止，下同）内，在中国境内居住满365日。在计算居住天数时，对临时离境应视同在华居住，不扣减其在华居住的天数。临时离境，是指在一个纳税年度内，一次不超过30日或者多次累计不超过90日的离境。

居民纳税人负有无限纳税义务。其所取得的应纳税所得，无论是源于中国境内还是源于中国境外任何地方，都要在中国缴纳个人所得税。

②非居民纳税人的纳税义务范围　所谓非居民纳税人，是指在中国境内无住所又不居住，或者无住所且居住不满一年的个人。非居民纳税人，是习惯性居住地不在中国境内，而且不在中国居住，或者在一个纳税年度内，在中国境内居住不满一年的个人。

非居民纳税人承担有限纳税义务，仅就其源于中国境内的所得，向中国缴纳个人所得税。

(3) 扣缴义务人

我国个人所得税实行源泉扣缴和自行申报相结合的征收管理制度。所以，凡支付应纳税所得的单位和个人，都是个人所得税的扣缴义务人。扣缴义务人在向纳税人支付各项应纳税所得时，必须履行代扣代缴义务。

10.3.3.2 课税对象

①工资、薪金所得　是指个人因任职或者受雇而取得的工资、薪金、奖金、年终加薪、劳动分红、津贴、补贴以及与任职或者受雇有关的其他所得。一般属于非独立劳动所得。

②个体工商户的生产、经营所得　是指个体工商户从事工业、手工业、建筑业、交通运输业、商业、饮食业、服务业、修理业及其他行业取得的所得；个人经政府有关部门批准，取得执照，从事办学、医疗、咨询以及其他有偿活动取得的所得；其他个人从事个体工商业生产、经营取得的所得；上述个体工商户和个人取得的与生产、经营有关的各项应税所得。

③对企事业单位的承包经营、承租经营所得　是指个人承包经营或承租经营以及转包、转租取得的所得。

④劳务报酬所得　是指个人独立从事各种非雇佣的各种劳务所取得的所得。包括设计、装潢、安装、制图、化验、测试、医疗、法律、会计、咨询、讲学、新闻、广播、翻译、审稿、书画、雕刻、影视、录音、录像、演出、表演、广告、展览、技术服务、介绍服务、经纪服务、代办服务以及其他劳务取得的所得。

⑤稿酬所得　是指个人因其作品以图书、报刊形式出版、发表而取得的所得。

⑥特许权使用费所得　是指个人提供专利权、商标权、著作权、非专利技术以及其他特许权的使用权取得的所得。提供著作权的使用权取得的所得，不包括稿酬所得。

⑦利息、股息、红利所得　是指个人拥有债权、股权而取得的利息、股息、红利所得。

⑧财产租赁所得　是指个人出租建筑物、土地使用权、机器设备、车船以及其他财产取得的所得。个人取得的财产转租收入，属于财产租赁所得的征税范围，由财产转租人缴纳个人所得税。

⑨财产转让所得　是指个人转让有价证券、股权、建筑物、土地使用权、机器设备、车船以及其他财产取得的所得。

⑩偶然所得　是指个人得奖、中奖、中彩以及其他偶然性质的所得。偶然所得应缴纳的个人所得税税款，一律由发奖单位或机构代扣代缴。

⑪经国务院财政部门确定征税的其他所得　除上述列举的各项应税个人所得外，其他确有必要征税的个人所得，由国务院财政部门确定。

10.3.3.3 税率

个人所得税实行分类税率，即对不同的所得项目，分别采用超额累进税率和比例税率两种形式。具体适用税率形式如下：

①工资、薪金所得适用5%~45%的七级超额累进税率，见表10-6。

②个体工商户生产、经营所得和对企事业单位的承包经营、承租经营所得，适用5%~35%的五级超额累进税率，见表10-7。

③稿酬所得适用20%的比例税率，并按应纳税额减征30%，故其实际税负为14%。

④劳务报酬所得适用20%的比例税率。但对劳务报酬所得一次收入畸高的，可以实行加成征收。"劳务报酬所得一次收入畸高"是指个人一次取得劳务报酬，其应纳税所得额超

过 20 000 元。对应纳税所得额超过 20 000～50 000 元的部分，依照税法规定计算应纳税额后按照应纳税额加征五成；超过 50 000 元的部分，加征十成。因此，劳务报酬所得实际上适用 20%～40% 的三级超额累进税率，见表 10-8。

⑤特许权使用费所得，利息、股息、红利所得，财产租赁所得，财产转让所得，偶然所得和其他所得适用 20% 的比例税率。

表 10-6　工资、薪金所得个人所得税税率表

级 数	全月含税应纳税所得额(元)	税率(%)	速算扣除数(元)
1	不超过 1500	3	0
2	1500～4500	10	105
3	4500～9000	20	555
4	9000～35 000	25	1005
5	35 000～55 000	30	2775
6	55 000～80 000	35	5505
7	超过 80 000	45	13 505

注：本表所称全月应纳税所得额是指依照税法的规定，以每月收入额减除费用 3500 元后的余额或者减除附加减除费用后的余额。

表 10-7　个体工商户的生产、经营所得和对企事业单位的承包经营、承租经营所得个人所得税税率表

级 数	全年含税应纳税所得额(元)	税率(%)	速算扣除数(元)
1	不超过 15 000	5	0
2	15 000～30 000	10	750
3	30 000～60 000	20	3750
4	60 000～100 000	30	9750
5	超过 100 000	35	14 750

表 10-8　劳务报酬所得适用的税率表

级 数	每次应纳税所得额(元)	税率(%)	速算扣除数(元)
1	不超过 20 000	20	0
2	20 000～50 000	30	2000
3	超过 50 000	40	7000

10.3.3.4　应纳税所得额的计算

(1) 每次收入的确定

①劳务报酬所得，只有一次性收入的，以取得该项收入为一次；属于同一事项连续取得收入的，以一个月内取得的收入为一次。

②稿酬所得以每次出版、发表取得的收入为一次。同一作品再版取得的所得，应视为另一次稿酬所得计征个人所得税；同一作品先在报刊上连载，然后出版，或者先出版，再在报刊上连载的，应视为两次稿酬所得征税，即连载作为一次，出版作为另一次；同一作品在报刊上连载取得收入的，以连载完成后取得的所有收入合并为一次，计征个人所得税；同一作品在出版和发表时，以预付稿酬或分次支付稿酬等形式取得的稿酬收入，应合

并计算为一次；同一作品出版、发表后，因添加印数而追加稿酬的，应与以前出版、发表时取得的稿酬合并计算为一次，计征个人所得税。

③特许权使用费所得，以每项使用权的每次转让所取得的收入为一次。如果该次转让取得的收入是分笔支付的，则应将各笔收入相加为一次的收入，计征个人所得税。

④财产租赁所得，以一个月内取得的收入为一次。

⑤利息股息红利所得，以支付利息、股息、红利时取得的收入为一次。

⑥偶然所得、其他所得，均以每次收入为一次。

(2) 费用减除标准

①工资、薪金所得。以每月收入额减除费用3500元后的余额，为应纳税所得额。对在中国境内无住所而在中国境内取得工资、薪金所得的纳税人和在中国境内有住所而在中国境外取得工资、薪金所得的纳税人，可以根据其生活水平、汇率变化等情况确定附加减除费用，即在减除3500元的基础上，再减除1300元，合计扣除费用4800元后的余额为应纳税所得额。纳税人从中国境外取得的所得，准予其在应纳税额中扣除已在境外缴纳的个人所得税税额，但扣除额不得超过按纳税人境外所得依照《中华人民共和国个人所得税法》规定计算的应纳税额。

②个体工商户的生产、经营所得，以每一纳税年度的收入总额、减除成本、费用以及损失后的余额，为应纳税所得额。

③对企事业单位承包经营、承租经营所得，以每一纳税年度的收入总额，减除必要费用(每月3500元)后的余额，为应纳税所得额。

④劳务报酬所得、稿酬所得、特许权使用费所得、财产租赁所得，每次收入不超过4000元的，减除费用800元；4000元以上的，减除20%的费用，其余额为应纳税所得额。

⑤财产转让所得，以转让财产的收入额减除财产原值和合理费用后的余额，为应纳税所得额。

⑥利息、股息、红利所得，偶然所得和其他所得，以每次收入额为应纳税所得额，不扣除任何费用。税法规定，对国债和国家发行的金融债券利息免税。

个人将其所得对教育事业和其他公益事业捐赠的部分，按照国务院有关规定从应纳税所得额中扣除。

10.3.3.5 应纳税额的计算

(1) 工资薪金所得的应纳税额的计算

$$应纳税额 = 应纳税所得额 \times 适用税率 - 速算扣除数$$

$$应纳税额 = (每月收入额 - 3500 或 4800 元) \times 适用税率 - 速算扣除数$$

(2) 个体工商户的生产、经营所得应纳税额的计算

$$应纳税额 = 应纳税所得额 \times 适用税率 - 速算扣除数$$

或

$$应纳税额 = (全年收入总额 - 成本、费用以及损失) \times 适用税率 - 速算扣除数$$

(3) 对企事业单位的承包经营、承租经营所得应纳税额的计算

$$应纳税额 = 应纳税所得额 \times 适用税率 - 速算扣除数$$

$$= (纳税年度收入总额 - 必要费用) \times 适用税率 - 速算扣除数$$

(4) 劳务报酬所得应纳税额的计算

①每次收入不足 4000 元的

$$应纳税额 = 应纳税所得额 \times 适用税率 = (每次收入额 - 800) \times 20\%$$

②每次收入额 4000 元以上的

$$应纳税额 = 应纳税所得额 \times 适用税率 = 每次收入额 \times (1 - 20\%) \times 20\%$$

③每次收入的应税所得额超过 20 000 元的

$$应纳税额 = 应纳税所得额 \times 适用税率 - 速算扣除数$$
$$= 每次收入额 \times (1 - 20\%) \times 适用税率 - 速算扣除数$$

(5) 稿酬应纳税额的计算

①每次收入不足 4000 元的

$$应纳税额 = 应纳税所得额 \times 适用税率 \times (1 - 30\%)$$
$$= (每次收入额 - 800) \times 20\% \times (1 - 30\%)$$

②每次收入额在 4000 元以上的

$$应纳税额 = 应纳税所得额 \times 适用税率 \times (1 - 30\%)$$
$$= 每次收入额 \times (1 - 20\%) \times 20\% \times (1 - 30\%)$$

(6) 特许权使用费所得应纳税额的计算

①每次收入不足 4000 元的

$$应纳税额 = 应纳税所得额 \times 适用税率 = (每次收入额 - 800) \times 20\%$$

②每次收入额在 4000 元以上的

$$应纳税额 = 应纳税所得额 \times 适用税率 = 每次收入额 \times (1 - 20\%) \times 20\%$$

(7) 利息股息红利所得应纳税额的计算

$$应纳税额 = 应纳税所得额 \times 适用的税率 = 每次收入额 \times 20\%$$

(8) 财产租赁所得应纳税额的计算

①每次(月)收入额不足 4000 元的

$$应纳税额 = 应纳税所得额 \times 适用税率$$
$$= [每次(月)收入额 - 允许扣除的项目(税费) - 修缮费用(800 为限) - 800] \times 20\%$$

②每次收入额在 4000 元以上的

$$应纳税额 = 应纳税所得额 \times 适用税率$$
$$= [每次(月)收入额 - 允许扣除的项目(税费) - 修缮费用(800 为限)] \times (1 - 20\%) \times 20\%$$

(9) 财产转让所得应纳税额的计算

$$应纳税额 = 应纳税所得额 \times 适用的税率 = (转让收入总额 - 财产原值 - 合理税费) \times 20\%$$

(10) 偶然所得、其他所得应纳税额的计算

$$应纳税额 = 应纳税所得额 \times 适用税率 = 每次收入额 \times 20\%$$

[例题 10-8] 中国公民李某 2014 年收入如下:

①一次取得绘画收入 23 000 元;

②出版画册取得稿酬 150 000 元;

③取得投资分红股息 5000 元；

④每月领取工资 6000 元；

⑤购买彩票中奖金额为 100 000 元；

计算李某 2014 年应纳的个人所得税税款。

①绘画收入应纳税额 $= 23\,000 \times (1 - 20\%) \times 20\% = 3680(元)$

②出版画册收入的应纳税额 $= 150\,000 \times (1 - 20\%) \times 20\% \times (1 - 30\%) = 16\,800(元)$

③投资分红股息应纳税额 $= 5000 \times 20\% = 1000(元)$

④工资应纳税额 $= [(6000 - 3500) \times 10\% - 105] \times 12 = 1740(元)$

⑤中奖应纳税额 $= 10\,0000 \times 20\% = 20\,000(元)$

李某应纳个人所得税税款 $= 3680 + 16\,800 + 1000 + 1740 + 20\,000 = 43\,220(元)$

10.3.3.6 税收优惠

(1) 免征个人所得税的项目

包括：省级人民政府、国务院部委和中国人民解放军军以上单位，以及外国组织颁发的科学、教育、技术、文化、卫生、体育、环境保护等方面的奖金；国债、国家发行的金融债券利息和储蓄存款利息；按国家统一规定发给的补贴、津贴；福利费、抚恤金、救济金；保险赔款；军人的转业费、复员费；符合规定的安家费、退职费、离退休工资、离休生活补助；依法规定免税的驻华的使馆、领事馆人员的所得；国际公约规定的免税所得；乡、镇以上政府批准建立基金对见义勇为的奖金、奖品，经主管税务机关核准可免税；教育储蓄利息、国务院财政部门确定的专项储蓄存款或储蓄性专项基金存款的利息所得；储蓄机构内从事代扣代缴工作的办税人员取得的扣缴利息手续费所得，个人转让自用达五年以上并且是唯一的家庭居住用房取得的所得；经国务院财政部门批准免税的所得等。

(2) 减征个人所得税的项目

包括：残疾、孤老人员和烈属的所得；因严重自然灾害造成重大损失的；其他经国务院财政部门批准减税的。

10.3.3.7 纳税办法

个人所得税的纳税办法，有自行申报纳税和代扣代缴两种。

(1) 自行申报纳税的纳税义务人

包括：自 2006 年 1 月 1 日起，年所得 12 万元以上的；从中国境内两处或者两处以上取得工资、薪金所得的；从中国境外取得所得的；取得应税所得，没有扣缴义务人的(个体户)；国务院规定的其他情形。

(2) 代扣代缴义务人和代扣代缴的范围及应承担的责任

扣缴义务人向个人支付应纳税所得时，不论纳税人是否属于本单位人员，均应代扣代缴其应纳的个人所得税税款。扣缴范围中不含个体户生产经营所得的其他十类所得。扣缴义务人应严格履行代扣代缴义务，如未履行，则应承担应扣未扣税款 50% 以上至三倍的罚款。

(3) 代扣代缴的期限

每月所扣税款应当在次月 15 日内缴入国库。

10.3.3.8 个人所得税的改革

目前，个人所得税实行分项征收、分类计税，累进税率只适用于部分项目，形成负担不公平，加上征管薄弱，在调节收入差距方面没有起到应有的作用。个人所得税的改革主要包括以下几个方面：

(1) 根据我国国情，选择合适的个人所得税制结构模式

从长远看，应采取综合所得税模式，以年度为课征期，对各类所得实行综合征收。从个体向家庭转变，个税征收的对象将涵盖工资收入、财产性收入等，从而更加公平合理地调整收入分配。从近期看，比较可行的方法是采取综合与分项相结合的征收方法，即混合征收制。

(2) 加强与个人所得税有关的配套体制的建设

建立完备的个人收入管理和大额支付系统，完善财产申报制度，避免个人所得税偷逃税现象的发生。

10.4 资源课税、财产课税和行为课税

10.4.1 资源课税

资源税是以占用和开发国有自然资源获取的收入为课税对象建立的税收制度。资源税可分为一般资源税和级差资源税两类。一般资源税以自然资源的开发和利用为前提，对所有资一律征税；级差资源税根据开发和使用自然资源的等级及收益的多少所形成的级差收入为课税对象进行征税，如我国现行的资源税。通过资源税的开征，可以促进企业间开展平等竞争，促进对自然资源的合理开发利用，为国家筹集财政资金。

现在，我国已对部分矿产资源和盐资源的开采，以及城镇土地使用、耕地占用，开征资源税。我国资源税类包括资源税、土地增值税和城镇土地使用税三类。

10.4.1.1 资源税

资源税是指为了体现国家的权益，促进合理开发利用资源，调节资源级差收入，对开采资源产品征收的一种税。具体而言，资源税是对在中华人民共和国领域及管辖海域从事应税矿产品和生产盐的单位和个人开征的一种税。

资源税的特点为：①资源税的征收范围小。从理论上说，资源税的征收范围不仅包括矿产资源，而且包括矿产资源以外的其他资源。世界上一些征收资源税的国家，其征税范围也非常广。我国现行资源税法却采用列举方法，仅把原油、天然气、煤炭、非金属矿原矿、黑色金属矿原矿、有色金属矿原矿和盐七种资源产品列入征税范围之内，因而征税范围窄小。②资源税的征税目的是调节级差收入。征收资源税可以起到多方面的作用，如筹集财政收入、加强对资源开发的引导和监督等。资源税的立法目的主要在于调节资源开采企业因资源开采条件的差异所形成的级差收入，为资源开采企业之间开展公平竞争创造条件。③资源税采用差别税额，实行从量定额和从价定率征收相结合。这有利于计征和足额缴纳税款，增加财政收入。④资源税属于中央和地方共享税种。我国现行资源税属于共享税，按资源种类划分收入归属。海洋石油企业缴纳的资源税属于中央税，其他单位缴纳的资源税属于地方税。

(1) 纳税人

纳税人是指在中华人民共和国境内开采应税资源的矿产品或者生产食盐的单位和

个人。

(2) 税目和税率

根据 2011 年 9 月国务院公布、2011 年 11 月 1 日起施行的《中华人民共和国资源税暂行条例》规定,资源税的税目包括七大类,即原油、天然气、煤炭、非金属矿原矿、黑色金属矿原矿、有色金属矿原矿和盐七种资源产品。资源税采取从价定率或从量定额的办法计征,分别以应税产品的销售额乘以纳税人具体适用的比例税率或以应税产品的销售数量乘以纳税人具体适用的定额税率计算,实施级差调节的原则。级差调节是指运用资源税对因资源贮存状况、开采条件、资源优劣、地理位置等客观存在的差别而产生的资源级差收入,通过实施差别税额标准进行调节。具体规定见表 10-9。

表 10-9 资源税的税目税额幅度表

税目		税率
一、原油		销售额的 5%~10%
二、天然气		销售额的 5%~10%
三、煤炭	焦煤	每吨 8~20 元
	其他煤炭	每吨 0.3~5 元
四、其他非金属矿原矿	普通非金属矿原矿	每吨或者每立方米 0.5~20 元
	贵重非金属矿原矿	每千克或者每克拉 0.5~20 元
五、黑色金属矿原矿		每吨 2~30 元
六、有色金属矿原矿	稀土矿	每吨 0.4~60 元
	其他有色金属矿原矿	每吨 0.4~30 元
七、盐	固体盐	每吨 10~60 元
	液体盐	每吨 2~10 元

(3) 扣缴义务人

为了加强资源税的征管,收购未税矿产品的单位为扣缴义务人,以适应税源小、零散、不定期开采、易漏税等情形。

(4) 计税依据

从价定率征收的计税依据是销售额,即纳税人销售应税产品向购买方收取的全部价款和价外费用,不包括收取的增值税销项税额。实行从量定额征收的以销售数量为计税依据。具体规定为:纳税人开采或者生产应税产品销售的,以销售数量为课税数量;纳税人开采或者生产应税产品自用的,以自用数量为课税数量。

(5) 应纳税额的计算

资源税实行从价定率和从量定额征收的办法。

①采用从价定率征收的资源税税目,其应纳税额的计算公式为:

应纳税额 = 应税产品的销售额 × 纳税人具体适用的比例税率

②采用从量定额征收的资源税税目,其应纳税额的计算公式为:

应纳税额 = 以应税产品的销售数量 × 纳税人具体适用的定额税率

(6) 减税、免税项目

资源税贯彻普遍征收、级差调节的原则。减免税项目包括:①开采原油过程中用于加热、修井的原油，免税；②纳税人开采过程中由意外事故等造成损失的，可由省级人民政府酌情减免税；③国务院规定的其他减免税项目。

10.4.1.2 土地增值税

(1) 概念

土地增值税是对有偿转让国有土地使用权及地上建筑物和其他附着物产权，取得增值收入的单位和个人征收的一种税，于1994年1月1日开征。

(2) 特点

土地增值税是对土地增值额或土地收益额征收的税种，它具有以下几个特点。

①以转让房地产取得的增值额为征税对象。

②征收面比较广。凡在我国境内转让同有房地产并取得收入的单位和个人，除税法规定免税的外，均应依照税法规定缴纳土地增值税。

③实行超率累进税率。土地增值税的税率是以转让房地产的增值率高低为依据，按累进原则设计的，实行分级计税。

④实行按次征收。土地增值税在房地产发生转让的环节，实行按次征收，每发生一次转让行为，就应根据每次取得的增值额征一次税。

(3) 开征目的

开征土地增值税，是国家运用税收手段规范房地产市场秩序，合理调节土地增值收益分配，维护国家权益，促进房地产开发健康发展的重要举措。一是可以增强国家对房地产开发、交易行为的宏观调控；二是可以抑制土地炒买炒卖，保障国家的土地权益；三是可以参与土地增值收益的分配方式，增加财政收入。

(4) 纳税义务人

凡有偿转让房地产并取得收入的单位和个人，不论法人与自然人，不论经济性质，不论内资与外资企业、中国公民与外籍个人，不论部门性质，均是土地增值税的纳税人。

(5) 征税范围

土地增值税的课税对象是有偿转让国有土地使用权、地面建筑物及其附着物产权所取得的增值额。基本范围包括：转让国有土地位用权的；对土地使用权、地上建筑物及其附着物一并转让的；存量房地产的买卖。

(6) 税率

土地增值税采用四级超率累进税率，分别为30%、40%、50%和60%。具体规定见表10-10。

(7) 计税依据

土地增值税的计税依据是纳税人转让房地产所取得的增值额。转让房地产的增值额是

表10-10 土地增值税四级超率累进税率表   %

级 数	增值额占扣除项目金额比例	税 率	速算扣除系数
1	50以下(含50)	30	0
2	50~100(含100)	40	5
3	100~200(含200)	50	15
4	200以上	60	35

纳税人转让房地产所取得的收入减除税法规定的扣除项目金额后的余额。按税法规定，扣除项目的金额包括取得土地使用权所支付的金额、开发土地的成本费用、新建房及配套设施的成本费用、与转让房地产有关的税金及规定的其他扣除项目。其应纳税额的计算公式为：

$$应纳税额 = 土地增值额 \times 适用税率 - 扣除项目金额 \times 速算扣除系数$$
$$土地增值额 = 转让房地产的收入总额 - 扣除项目金额$$

10.4.1.3 城镇土地使用税

城镇土地使用税是指以国有土地为征税对象，以实际占用的土地单位面积为计税标准，按规定税额对拥有土地使用权的单位和个人征收的一种税。现行城镇土地使用税法的基本规范是 2006 年 12 月 31 日国务院修改并颁布的《中华人民共和国城镇土地使用税暂行条例》。征收城镇土地使用税有利于促进土地的合理使用，调节土地级差收入，筹集地方财政资金。

(1) 纳税义务人

在城市、县城、建制镇、工矿区范围内使用土地的单位和个人，为城镇土地使用税的纳税人。

(2) 征税范围

城镇土地使用税的征税范围为城市、县城、建制镇和工矿区内的国家所有和集体所有的土地。具体标准为：城市是指经国务院批准设立的市；县城为县人民政府所在地；建制镇为镇人民政府所在地；工矿区是指工商业比较发达、人口比较集中的大中型工矿企业所在地，工矿区的设立必须经省、自治区、直辖市人民政府批准。

(3) 适用税率

城镇土地使用税实行分级幅度定额税率，按大、中、小城市和县城、建制镇、工矿区分别规定每平方米土地年应纳税额。

大、中、小城市以公安部门登记在册的非农业正式户口人数为依据，按照国务院颁布的《城市规划条例》中规定的标准划分。人口在 50 万以上者为大城市；人口在 20 万~50 万者为中等城市；人口在 20 万以下者为小城市。具体土地使用税每平方米年应纳税额如下：

大城市 1.5~30 元；中等城市 1.2~24 元；小城市 0.9~18 元；县城、建制镇、工矿区 0.6~12 元。

(4) 计税依据

城镇土地使用税以纳税人实际占用的土地面积为计税依据，土地面积计量标准为每平方米。纳税人实际占用的土地面积按如下办法确定：由省、自治区、直辖市人民政府确定的单位组织测定土地面积的，以测定的面积为准；尚未组织测量的，按纳税人持有政府部门核发的土地使用证书上确认的土地面积为准；尚未核发土地使用证书的，由纳税人申报土地面积，据以纳税，待核发证书以后再调整。

(5) 应纳税额的计算

城镇土地使用税以纳税人实际占用的土地面积为计税依据，依照规定税额计算征收。其计算公式如下：

$$全年应纳税额 = 计税土地面积(平方米) \times 适用税额$$

10.4.2 财产课税

财产税是一个古老的税种,虽然从收入上看,财产税目前在各国的税制结构中并不是主体税种,但其独特的财政收入功能和调节财富分配的作用,使其一直在各国税制体系中占有一席之地。

财产税的课税对象是财产。财产是指一定时点的财富存量,它分为不动产和动产。不动产指的是土地以及附属于土地上的长期固定的设施。动产则指的是人们占有的除不动产之外的所有财产,包括有形动产和无形动产两大类。前者如家具、用品、首饰、货物等,后者如股票、债券、货币等。财产税的主要税种有房产税、契税和车船使用税。

10.4.2.1 房产税

房产税是以房屋为征税对象,按照房屋的计税余值或租金收入,向产权所有人征收的一种财产税。房产税以在征税范围内的房屋产权所有人为纳税人。房产税的征税范围为城市、县城、建制镇和工矿区。城市是指国务院批准设立的市,包括市区、郊区和市辖县县城,但不包括农村。房产税采用比例税率,根据房产税的计税依据分为两种:依据房产计税余值计税的,税率为1.2%;依据房产租金收入计税的,税率为12%。从2001年1月1日起,对个人按照市场价格出租的居民住房,其应缴纳的房产税减按4%的税率征收。自2008年3月1日起,执行对企事业单位、社会团体以及其他组织按市场价格向个人出租用于居住的住房,减按4%的税率征收房产税。

房产税实行从价计征和从租计征的两种计税方法,其计税依据分别为房产余值或租金收入。计算公式分别为:

$$年应纳税额 = 应税房产原值 \times (1 - 扣除比例) \times 1.2\%$$

$$年应纳税额 = 年租金收入 \times 12\%$$

10.4.2.2 契税

契税是以在中华人民共和国境内转移土地、房屋权属为征税对象,向产权承受人征收的一种财产税。现行契税的基本规范是1997年7月7日国务院发布并于同年10月1日起开始实施的《中华人民共和国契税暂行条例》。契税的纳税人是承受中国境内转移土地、房屋权属的单位和个人。征税对象为发生土地使用权和房屋所有权权属转移的土地和房屋。实行3%~5%的幅度税率。实行幅度税率是考虑到我国经济发展的不平衡,各地经济差别较大的实际情况。因此,各省、自治区、直辖市人民政府可以在3%~5%幅度税率规定范围内,按照本地区的实际情况确定。应纳税额 = 计税依据 × 适用税率。

10.4.2.3 车船使用税

车船使用税是以车船为征税对象,向拥有并使用车船的单位和个人征收的一种税,对拥有但不使用的车船不征税。车船税不仅对国内企业、单位和个人征收,同时也对外商投资企业、外国企业和外籍个人征收。按照规定,车船税的征税对象是依法应在公安、交通、农业等车船管理部门登记的车船,具体可分为车辆和船舶两大类。车辆为机动车包括载客汽车、载货汽车、三轮汽车、低速货车、摩托车、专项作业车和轮式专用机械车;船舶为机动船和非机动驳船。2011年2月25日十一届全国人民代表大会常务委员会第十九次会议通过了新车船税法,将乘用车的计税标准依据排气量大小分七档。新车船税法从

2012年1月1日起执行。应纳税额则是根据不同类型的车船及其适用的计税标准分别计算。公式为：

$$应纳税额 = 计税依据 \times 适用的年税额$$

10.4.3 行为课税

行为税是以纳税人的特定行为作为课税对象的税收制度。行为税的课税对象单一，范围广泛而且灵活，以取得财政收入为主要目的，有的则主要是为了限制某种行为，贯彻寓禁于征的政策。目前，我国开征的行为税类主要包括印花税、车辆购置税和城市维护建设税等。

10.4.3.1 印花税

印花税是指对经济活动和经济交往中书立、领受的应税凭证的行为为征税对象而征收的一种税。印花税最早产生于1624年的荷兰，现在是世界各国普遍开征的一个税种。印花税的征税对象是《中华人民共和国印花税暂行条例》所列举的各种凭证，由凭证的书立、领受人缴纳，是一种兼有行为性质的凭证税。具有征税范围广、税负从轻、自行贴花纳税和税款多缴不退不抵等特点。

（1）纳税人

《中华人民共和国印花税暂行条例》规定："凡在中华人民共和国境内书立、领受本条例所列举凭证的单位和个人，都是印花税的纳税义务人，应当按照本条例规定缴纳印花税。"具体按照书立、使用、领受应税凭证的不同，可以确定为立合同人、立据人、领受人、使用人和各类电子应税凭证的签订人。

（2）税目、税率

印花税征税范围可以归纳为六类，即经济合同及合同性质的凭证、产权转移书据、营业账簿、权利、许可证照，以及经财政部门确认的其他凭证。印花税共有13个税目。税率较低，设计遵循税负从轻、共同负担的原则。税率有比例税率和定额税率两种。比例税率有四个档次，"权利、许可证照"和"营业账簿"税目中的其他账簿，适用定额税率，按件贴花，税额为五元。具体税目、税率见表10-11。

表10-11 印花税税目、税率表

应税凭证类别	税 目	税率形式	纳税人
一、合同或具有合同性质的凭证	1. 购销合同	按购销金额0.03%	
	2. 加工承揽合同	按加工或承揽收入0.05%	
	3. 建设工程勘察设计合同	按收取费用0.05%	
	4. 建筑安装工程承包合同	按承包金额0.03%	
	5. 财产租赁合同	按租赁金额0.1%	
	6. 货物运输合同	按收取的运输费用0.05%	订合同人
	7. 仓储保管合同	按仓储收取的保管费用0.1%	
	8. 借款合同（包括融资租赁合同）	按借款金额0.005%	
	9. 财产保险合同	按收取的保险费收入0.1%	
	10. 技术合同 技术转让合同：包括专利申请转让、专利实施许可和非专利技术转让	按所载金额0.03%	

（续）

应税凭证类别	税 目	税率形式	纳税人
二、书据	11. 产权转移书据 包括：土地使用权出让合同、土地使用权转让合同、商品房销售合同、专利权转让合同； 个人无偿赠送不动产所签订的"个人无偿赠与不动产登记表"	按所载金额 0.05%	立据人
三、账簿	12. 营业账簿 包括：日记账簿和各明细分类账簿	记载资金的账簿，按实收资本和资本公积的合计 0.05%；其他账簿按件贴花五元	立账簿人
四、证照	13. 权利、许可证照 包括：房屋产权证、工商营业执照、商标注册证、专利证、土地使用证	按件贴花五元 （一个房子一个地，还有商标和专利，营业执照别忘记）	领受人

（3）应纳税额的计算

纳税人应根据应税凭证的性质，分别按比例税率或者定额税率计算其应纳税额。

计算公式是：

$$应纳税额 = 应税凭证计税金额（或应税凭证件数）\times 适用税率$$

10.4.3.2 车辆购置税

车辆购置税是以《中华人民共和国车辆购置税暂行条例》为依据，自 2001 年 1 月 1 日起征收并取代车辆购置附加费的新税种。该税是以车辆为课税对象，在特定环节向车辆购置者征收的一种兼有财产税和行为税特点的税种。

(1) 纳税人

车辆购置税的纳税义务人是指在中华人民共和国境内购置应税车辆的单位和个人。

(2) 征税对象

车辆购置税的征税对象是在我国境内购置的应税车辆。其中购置包括购买、进口、自产、受赠、获奖或者以其他方式（包括拍卖、抵债、走私、罚没等）取得并自用应税车辆的行为。具体包括汽车、摩托车、电车、挂车和农用运输车。

(3) 税率

车辆购置税实行从价定率的征收办法，税率为 10%。该水平的税率与原来的车辆购置附加费的征收标准基本相同，从而使购车者在开征车辆购置税后负担不会加重。

(4) 应纳税额的计算

车辆购置税实行从价定率征收的办法计算应纳税额。

$$应纳税额 = 计税价格 \times 税率$$

10.4.3.3 城市维护建设税

城市维护建设税是指对从事工商经营，缴纳消费税、增值税、营业税的单位和个人征收的一种税。

(1) 纳税人

城市维护建设税的纳税人是在征税范围内从事工商经营，并缴纳消费税、增值税、营业税的单位和个人。不论是国有企业、集体企业、私营企业、个体工商户，还是其他单位、个人，只要缴纳了消费税、增值税、营业税中的任何一种税，都必须同时缴纳城市维护建设税，都是城市维护建设税的缴税人。外商投资企业和外国企业自2010年12月1日期缴纳城市维护建设税。

(2) 征税依据

城市维护建设税的计税依据是纳税人实际缴纳的消费税、增值税、营业税税额。城市维护建设税以"三税"（消费税、增值税、营业税）税额为计税依据。"三税"税额指的是"三税"实际缴纳税额，不包括加收的滞纳金和罚款。

(3) 税率

为了体现受益性原则，城市维护建设税实行地区差别比例税率。按照纳税人所在地的不同，税率分别规定了三个档次。不同地区的纳税人实行不同档次的税率。具体适用范围如下。

① 纳税人所在地在城市市区的，税率为7%。
② 纳税人所在地在县城、建制镇的，税率为5%。
③ 纳税人所在地不在城市市区、县城、建制镇的，税率为1%。

纳税单位和个人缴纳城市维护建设税的适用税率，一般按其缴税所在地的规定税率执行。

(4) 应纳税额的计算

城市维护建设税纳税人的应纳税额大小是由纳税人实际缴纳的"三税"税额决定的。其计算公式是：

$$应纳税额 = 纳税人实际缴纳的消费税、增值税、营业税 \times 适用税率$$

10.5 我国的税制历史演进和税制改革

我国的税收制度是经济体制的重要组成部分之一，与经济体制的发展变化密切相关，随着社会政治经济条件的变化，税收制度也经历了建立、发展到逐步完善的过程，基本上建立了双主体税复合税制的模式，即以流转税和所得税为主体税，辅之以其他税种的税制体系。特别是以1994年税制改革以后，我国税制进入了全面改革和深化的阶段，建立了符合社会主义市场经济体制的新税制。

新中国的税收制度是在1950年建立的。国务院于1950年1月颁布了《全国税政实施要则》。按照规定，除农业税外全国共征收14个工商税，包括货物税、工商业税、盐税、关税、薪给报酬所得税、存款利息所得税、印花税、遗产税、交易税、屠宰税、地产税、房产税、特种消费行为税和使用牌照税。同年4月，国务院公布实施了《契税暂行条例》，开征了契税，对全国各地的农业税进行了调整，同年7月，国家按照中央关于"调整工商业，调整公私关系，调整税收，以酌量减轻民负"的决定，对税收做了进一步的调整，简并了一些税种，将地产税和房产税合并为一个税，决定暂不征收薪给报酬所得税和遗产税。从而使我国的工商税收体系由14个减少为11个。税目总数也由原来的1136个简化为38个，并且降低了若干税种的税率，调减了所得税税负。至此我国基本上建立了新中国的第一套税收制度。

1953年，由于三大改造促进了生产力的发展，我国进入了大规模经济建设时期。为了顺应新的政治经济形势并满足国家财政需要，按照"保证税收、简化税制"的原则，对原来的税制进行了进一步的补充修正。修正主要包括三方面：一是简并改征商品流通税，对22种主要产品原来征收的货物税、工商营业税及其附加、印花税加以减并，实行从生产到销售一次课征制；二是修订货物税和营业税；三是取消特种消费行为税、整顿交易税。这次税制修正后，工商税收的税种减少为12个。

1956年，三大改造基本完成，国营与集体经济的比重超过90%以上，随着经济结构的变化、税收的征纳关系也发生了根本性变化，税收重点从原来的私营工商企业转移到了国有企业与集体企业。按照"简化税制"的原则，国家在1958年进行了全方位的简化税制、纳税环节、征收方法。试行工商统一税为主要内容的税制改革。主要内容包括：①实行工商统一税，工商统一税是由原来的商品流通税、货物税、营业税和印花税合并而成；②建立工商所得税；③在全国范围内统一税制。这次以简化税制为目的的税制改革，使税种由原来的14种税简并为9种税，在调节经济方面的作用受到较大削弱。实际上是"非税论"指导思想在税制建设中表现。

"文化大革命"这一特定历史时期，受"左"倾错误路线的影响，认为税收制度是"管、卡、压"的工具，"税收无用论"甚嚣尘上，税务机关遭到大撤并，大批税务干部被下放，经过20多年建立起来的较为完善的税制受到破坏和摧残。根据"合并税种，简化征税办法"的指导思想，1973年起税收制度的主要内容包括：①规定简化税目税率，工商税的税目由108个减为44个，税率由141个减为82个；②改变征税办法，如取消中间产品税，原则上按企业销售收入计算征税等；③改革征收制度，把一部分税收管理权限下放给地方。这次税制改革以后，国有企业只缴纳一种工商税，集体企业只缴纳工商税和工商所得税两种税。至于城市房地产税、车船使用牌照税和屠宰税，实际上只对个人征收，从而进一步缩小了税收的调节范围，严重限制了税收调节经济职能的发挥。

1978年党的十一届三中全会以后，党和国家的工作重点转移到了社会主义现代化建设上，中国经济体制改革的序幕从此拉开。单一的公有制经济结构逐渐转变为以公有制为基础、多种经济成分同时并存和多种经营方式共同发展的多元结构。客观经济形势的变化，要求我国的税制发生相应地变革，从而适应经济体制改革和经济发展的需要。新时期的税制改革实际上是一次税制的重建。这次税收制度的改革主要包括以下内容：①取消原有的工商税，开征了产品税、增值税、营业税、消费税和盐税等流转税；②将国有企业利改税，开征国有企业所得税和集体企业所得税、城乡个体工商户所得税、中外合资经营企业所得税、外国企业所得税和调节税、个人所得税等，健全了所得税的体系；③陆续开征或恢复了城市房产税、车船使用税、土地使用税、资源税等财产资源税。这次税制改革还对经济特区、经济开发区和沿海开放城市，规定了一些特殊的税收优惠办法。在此期间已经建成了包含有30多个税种的较为完善的税收体系。

1994年的税制改革，是新中国成立以来规模最大、范围最广、内容最深刻、力度最大的结构性改革。这次改革的指导思想是：统一税法、公平税负、简化税制、合理分权、理顺分配关系，保障财政收入，建立符合社会主义市场经济要求的税制体系。改革的主要内容包括以下几个方面：①流转税改革，改革后的流转税由增值税、消费税和营业税组成，统一适用于内资企业和外资企业，取消了原产品税和对外商投资企业、外国企业征收的工商统一税。统一实行新的流转税制。②所得税改革，统一内资企业所得税，相应取消国有企业所得税、集体企业所得税和私营企业所得税；建立统一的个人所得税，取消原个人收入调节税和城乡个体工商户所得税。③开征、调整和撤并其他一些税种。例如，开征土地增值税、证券交易税；调整资源税、城市维护建设税和城镇土地使用税；取消集市交易税、牲畜交易税、燃油特别税、奖金和工资调节税；将盐税并入资源税，特别消费税并入消费税。改革后的中国税制，税种设置由32个减为23个，具体为增值税、消费税、营业税、企业所得税、外商投资企业和外国企业所得税、个人所得税、资源税、固定资产投资方向调节税、城镇土地位用税、土地增值税、房产税、城市维护建设税、车辆购置税、车船税、印花税、契税、屠宰税、宴席税、农牧业税、耕地占用税、烟叶税、关税和船舶吨税，初步实现了税制的简化、规范与高效的统一。

2005年以后的税制改革，内容包括：①2006年3月14日，全面取消农业税，这标志着在我国延续了2600年的农业税从此退出历史的舞台，标志着我国税收进入了"后农业税时代"。②2005年8月23日，实施个人所得税的改革，从2006年1月1日个人所得税起征点由原来的800元/月调整为1600元/月，2008年3月1日起提高到2000元/月，2011年9月1日调整为3500元/月。③2007年3月16日起，全国人民代表大会通过了《中华人民共和国企业所得税法》，并于2008年1月1日开始施行。从此内外资企业实行统一的企业所得税法。新税法实行统一税率为25%。④2006年3月20日，调整了消费税的税目、税率及相关的政策，新增了高档手表、高尔夫球及球具、游艇、木质一次性筷子和实木地板五个税目，取消了汽油、柴油税目，增列成品油税目，取消护肤护发品税目。⑤为进一步完善税制，积极应对国际金融危机对我国经济的影响，国务院决定全面实施增值税转型改革。修订了《中华人民共和国增值税暂行条例》，2008年11月5日经国务院第34次常务会议审议通过，2009年1月1日起施行消费型增值税。

经过上述改革，我国税种的设置由原来的23个减至18个。具体为增值税、消费税、营业税、关税、企业所得税、个人所得税、房产税、车船税、印花税、契税、资源税、土地增值税、城镇土地位用税、城市维护建设税、车辆购置税、耕地占用税、固定资产投资方向调节税(暂停征收)和烟叶税。其中关税和船舶吨税由海关征收，进口货物的增值税、消费税由海关代征，其余由税务部门负责征收。

▲延伸阅读

营改增应税服务的具体范围

一、交通运输服务

交通运输业，是指使用运输工具将货物或者旅客送达目的地，使其空间位置得到转移的业务活动。包括陆路运输服务、水路运输服务、航空运输服务和管道运输服务。

①陆路运输服务　是指通过陆路(地上或者地下)运送货物或者旅客的运输业务活动，包括公路运输、缆车运输、索道运输及其他陆路运输，暂不包括铁路运输。出租车公司向

出租车司机收取的管理费用，出租车属于出租车公司的，按照"陆路运输服务"征收增值税"，出租车属于出租车司机的，不征收增值税。

②水路运输服务　是指通过江、河、湖、川等天然、人工水道或者海洋航道运送货物或者旅客的运输业务活动。

③航空运输服务　是指通过空中航线运送货物或者旅客的运输业务活动。

④管道运输服务　是指通过管道设施输送气体、液体、固体物质的运输业务活动。

二、邮政服务

邮政服务，是指中国邮政集团公司及其所属邮政企业提供邮件寄递、邮政汇兑和机要通信等邮政基本服务的业务活动。包括邮政普遍服务、邮政特殊服务和其他邮政服务。

①邮政普遍服务　是指函件、包裹等邮件寄递，以及邮票发行、报刊发行和邮政汇兑等业务活动。函件，是指信函、印刷品、邮资封片卡、无名址函件和邮政小包等。包裹，是指按照封装上的名址递送给特定个人或者单位的独立封装的物品，其重量不超过50千克，任何一边的尺寸不超过150厘米，长、宽、高合计不超过300厘米。

②邮政特殊服务　是指义务兵平常信函、机要通信、盲人读物和革命烈士遗物的寄递等业务活动。

③其他邮政服务　是指邮册等邮品销售、邮政代理等业务活动。

三、电信服务

电信服务，是指利用有线、无线的电磁系统或者光电系统等各种通信网络资源，提供语音通话服务，传送、发射、接收或者应用图像、短信等电子数据和信息的业务活动。包括基础电信服务和增值电信服务。

①基础电信服务　是指利用固网、移动网、卫星、互联网，提供语音通话服务的业务活动，以及出租或者出售带宽、波长等网络元素的业务活动。

②增值电信服务　是指利用固网、移动网、卫星、互联网、有线电视网络，提供短信和彩信服务、电子数据和信息的传输及应用服务、互联网接入服务等业务活动。卫星电视信号落地转接服务，按照增值电信服务计算缴纳增值税。

四、建筑服务

建筑服务，是指各类建筑物、构筑物及其附属设施的建造、修缮、装饰，线路、管道、设备、设施等的安装以及其他工程作业的业务活动。包括工程服务、安装服务、修缮服务、装饰服务和其他建筑服务。

五、金融服务

金融服务，是指经营金融保险的业务活动。包括贷款服务、直接收费金融服务、保险服务和金融商品转让。

六、现代服务

现代服务，是指围绕制造业、文化产业、现代物流产业等提供技术性、知识性服务的业务活动。包括研发和技术服务、信息技术服务、文化创意服务、物流辅助服务、租赁服务、鉴证咨询服务、广播影视服务、商务辅助服务和其他现代服务。

①研发和技术服务　包括研发服务、合同能源管理服务、工程勘察勘探服务、专业技术服务。

②信息技术服务　是指利用计算机、通信网络等技术对信息进行生产、收集、处理、加工、存储、运输、检索和利用，并提供信息服务的业务活动。包括软件服务、电路设计及测试服务、信息系统服务、业务流程管理服务和信息系统增值服务。

③文化创意服务　包括设计服务、知识产权服务、广告服务和会议展览服务。

④物流辅助服务　包括航空服务、港口码头服务、货运客运场站服务、打捞救助服务、装卸搬运服务、仓储服务和收派服务。

⑤租赁服务　包括融资租赁服务和经营租赁服务。

⑥鉴证咨询服务　包括认证服务、鉴证服务和咨询服务。

⑦广播影视服务　包括广播影视节目（作品）的制作服务、发行服务和播映（含放映，下同）服务。

⑧商务辅助服务　包括企业管理服务、经纪代理服务、人力资源服务、安全保护服务。

⑨其他现代服务　是指除研发和技术服务、信息技术服务、文化创意服务、物流辅助服务、租赁服务、鉴证咨询服务、广播影视服务和商务辅助服务以外的现代服务。

七、生活服务

生活服务，是指为满足城乡居民日常生活需求提供的各类服务活动。包括文化体育服务、教育医疗服务、旅游娱乐服务、餐饮住宿服务、居民日常服务和其他生活服务。

①文化体育服务　包括文化服务和体育服务。

②教育医疗服务　包括教育服务和医疗服务。

③旅游娱乐服务　包括旅游服务和娱乐服务。

④餐饮住宿服务　包括餐饮服务和住宿服务。

⑤居民日常服务　是指主要为满足居民个人及其家庭日常生活需求提供的服务，包括市容市政管理、家政、婚庆、养老、殡葬、照料和护理、救助救济、美容美发、按摩、桑拿、氧吧、足疗、沐浴、洗染、摄影扩印等服务。

⑥其他生活服务　是指除文化体育服务、教育医疗服务、旅游娱乐服务、餐饮住宿服务和居民日常服务之外的生活服务。

（资料来源：新华网，2015）

本章小结

1. 税收制度是规范国家征税和纳税人的法律规范。其核心是主体税种的选择和各税种的搭配问题。税收制度的构成要素包括纳税人、课税对象、税率、纳税环节、纳税期限、纳税地点和减免税等。我国目前实行的是分税制管理体制，这是目前世界上比较通用的财政税收管理模式。

2. 商品课税是以商品为课税对象的税种的统称。就我国现行税制而言，包括增值税、营业税、消费税、土地增值税、关税以及一些地方性的工商税种。商品课税是我国的主体税种。

3. 所得课税又称收益课税，是以所得额（或收益额）为课税对象的税类。所得课税主要包括企业所得税和个人所得税。

4. 资源税是以占用和开发国有自然资源获取的收入为课税对象建立的税收制度。资源税类包括资源税、土地增值税和城镇土地使用税三类。

5. 财产税的课税对象是财产。财产税的主要税种有房产税、契税和车船使用税。

6. 行为税是以纳税人的特定行为作为课税对象的税收制度。行为税主要包括印花税、车辆购置税和城市维护建设税等。

7. 我国的税收制度是经济体制的重要组成部分之一，与经济体制的发展变化密切相关，随着社会政治经济条件的变化，税收制度也经历了建立、发展到逐步完善的过程，基本上建立了双主体税复合税制的模式，即以流转税和所得税为主体税，辅之以其他税种的税制体系。

思考题

1. 税收制度的构成要素有哪些？
2. 商品课税的特点和功能分别有哪些？
3. 增值税有哪些特点？
4. 消费税的征收范围有哪些？
5. 所得税的类型和所得课税的课税方法分别有哪些？
6. 个人所得税的征税范围是什么？税率是多少？
7. 我国现行的主要税种有哪些？

第 11 章 非税收入

本章提要

本章介绍了国有资产的概念、分类及国有资产收入及其形式；重点介绍了政府收费的概念与特点、政府收费的理论依据，以及政府收费的构成和定价的基本方法，在此基础上，介绍了其他财政非税收入形式；同时进一步阐述了我国非税收入现状及改革方向，以推进我国非税收入改革进程。

11.1 国有资产分类及收益形式

11.1.1 国有资产的概念

国有资产就是属于国家所有的一切财产和财产权利的总称。任何社会形态下的国家都有国有资产，国有资产是与国家这一特定经济实体紧密相连的经济资源，是国家赖以生存和发展的物质基础。我国的国有资产最初是在新民主主义革命时期，在革命根据地开始产生的。而目前构成我国国民经济主体、掌握国民经济命脉的国有资产，则是新中国成立后通过社会主义改造和社会主义经济建设，特别是国家财政投资积累形成的。

国有资产的概念有广义和狭义之分。广义的国有资产是指由国家代表全民拥有所有权、属于国家所有的一切财产，具体包括：①财政投资形成的经营性国有资产；②财政通过投资拨款形成的非经营性国有资产；③国家依法拥有的资源性国有资产，如土地、森林、河流、海洋、矿藏等；④国家所有的版权、商标权、专利权等无形资产；⑤接受各种馈赠所形成的应属于国家的财产。在我国的国有资产管理实践中，一般采用广义的概念。狭义的国有资产是指法律上确定为国家所有的，并能为国家提供未来经济效益的各种经济资源的总和。具体包括：①国有企业和股份制企业中直接由财政投资形成的资产；②行政事业单位中的非经营性资产转化为经营性资产的部分；③国有资源性资产中投入生产经营过程中的部分；④国有法人资本，即国有独资企业向其他企业出资而形成的资本及权益。在这里，国有资产被严格限定在"经营性财产并能为国家提供未来经济效益"这一范围内。由于狭义的国有资产具有其资本属性，因而人们又把狭义的国有资产价值称为国有资本。

国有资本、国有法人资本、国家所有者权益是与国有资产相关的经济范畴。国有资本是指政府以其掌握的国有资产对企业的出资，或者说是政府实际投入企业的、用于享有权利和承担义务的国有资产，它体现在企业资产负债表中的负债与所有者权益方。国有法人资本是指国家投资的企业、事业单位等以其占有的国有资产对其他企业投资，并用于享有权利和承担义务的资本,是国有资本的派生物。国家所有者权益是国家作为出资者对企业投资依法拥有的资本及资本的增值额。它包括国家作为投资者对企业的初始投资及由此形成的资本公积、盈余公积和未分配利润等。

国有资产管理的对象是广义的国有资产,经营性国有资产即国家对企业的出资——国有资本是国有资产管理的重点。

11.1.2 国有资产分类

国有资产种类繁多、分布广泛,为加强国有资产管理、防止资产流失、提高运营效益,有必要从不同的角度,按照不同的标准对之进行科学分类。

(1) 按经济用途分为经营性资产、非经营性资产和资源性资产

经营性国有资产指从事产品生产、流通、经营服务等领域,以盈利为主要目的的国有资产。经营性国有资产广泛存在于国有独资公司,以及股份制企业、合资企业中国家股权所对应的资产。经营性资产具有运动性和增值性两个特征。对经营性国有资产的管理,主要是提高资产经营的经济效益,保证资产的增值。

非经营性资产是指不参与商品生产和流通的国有资产,包括国家机关、人民团体、公立学校、科研机构、部队、医院等行政事业单位占有和使用的不以营利为目的、不参加生产经营活动的资产。非经营性国有资产不具有保值增值的特点,是国家履行行政管理职能和社会管理职能的物质基础。对非经营性国有资产的管理,主要是保证资产的完整及合理、有效、节约使用。

资源性资产是指国家依法拥有的各类自然资源,如森林、海洋、矿藏、河流、草原、土地、野生动植物等资源,是国有资产的重要组成部分。这类资产一经开发利用,就改变其性质,或转为公益性资产,或变为经营性资产。

(2) 按存在形态分为有形资产和无形资产

有形国有资产是指具有价值形态和实物形态的资产。国家拥有的经营性和非经营性的固定资产(如房屋、建筑物、机器设备、运输工具、铁路、桥梁等)和流动资产(如原材料、辅助材料、燃料、半成品、产成品等),以及属于国家所有的土地、矿藏、河流、海洋、森林、草原等资源性资产都属于有形国有资产。无形国有资产是指有经济价值但无实物形态,但能带来经济效益的国有资产。无形资产包括知识产权(如专利权、发明权、商标权、著作权、历史文化遗产等)、工业产权(如专有技术等)、金融产权(如货币、债券、证券的版面设计、印刷、铸造、发行权等)。

把国有资产分为有形国有资产和无形国有资产,能够比较完整地反映国有资产的全部内容,有利于保护国有资产产权变动后的经济利益,有利于对国有资产进行分类统计和分类管理,并通过对国有资产的科学评估,防止国有资产产权变动中的资产流失。

(3) 按国有资产所处的地理位置分为境内国有资产和境外国有资产

境内国有资产是指存在于我国境内的各种经营性、非经营性以及资源性国有资产。境外国有资产是指国有企业开展跨国经营,在国外投资所形成的国有资产,以及我国政府在国外有关机构拥有的国有资产,如国家在境外建立的大使馆、领事馆所拥有的资产,国有企业在境外投资形成的资产等。按国有资产所处的地理位置划分,可以分析国有企业参与国际竞争的程度，考察其核心竞争力。

(4) 按行政隶属关系分为中央政府国有资产和地方政府国有资产

按照现有的国有资产管理体制，由国务院和省、自治区、直辖市人民政府和设区的市、自治州人民政府代表国家对国有及国有控股、参股企业履行出资人职责。其中，国务院代表国家履行出资人职责所管理的资产为中央政府国有资产；省、自治区、直辖市人民政府和设区的市、自治州人民政府分别代表国家对国有及国有控股、参股企业履行出资人职责的国有资产，为地方政府国有资产。按行政隶属关系划分，可以分析国有资产在中央与地方间的分布状况，明确中央和地方政府各自应承担的责任。

此外，还有按国有资产的形成方式、按产业、按国有资产所在的部门等进行的划分。

11.1.3 国有资产收入及其形式

11.1.3.1 国有资产收入

国有资产收入是指国家凭借其所拥有的资产取得的财政收入，即经营和使用国有资产的企业、事业单位和个人把其收入的一部分交给资产所有者——国家。国家在这里是以资产所有者代表的身份而不是以社会管理者的身份取得收入。

国有资产收入与国有资产经营收益、国有资产收益的内涵有所不同。国有资产经营收益是指国有企业在一定时期内利用国有资产从事生产经营活动所新创造的，并且已经实现的，可在各利益主体之间进行分配的收益。国有资产经营收益不能全部上缴国家财政，而必须在国家、使用单位和劳动者个人之间进行合理分配。因此，只是一部分国有资产经营收益才会形成财政收入，从而形成国有资产收入。

国有资产收益是指国家凭借资产所有权相应取得的经营利润、租金、股息、红利、资产占用费等收入的总称。这里的国有资产仅仅是经营性的国有资产，又称国有资本，其收益是国有资产收入的主要组成部分。而国有资产收入既包括经营性国有资产收益（国有资本收益），也包括非经营性国有资产的使用所带来的收入，同时还包括了对资源性资产、无形资产及其他国有资产的经营和使用所带来的收入。

11.1.3.2 国有资产收入的形式

(1) 国有资产经营收入

国有资产经营收入主要包括上缴利润、股利收入两种。

① 上缴利润　上缴利润是我国国有资产经营收益的最基本形式，它是指国有企业按照国家规定或事先约定将一定比例或一定数量的利润上缴国家财政，是国有产权在经济上的体现。这种形式主要适用于国家独资、直接经营和实行承包经营的国有企业。

② 股利收入　股利收入是指国有资产所有者凭借其在股份制企业中所拥有的股权份额取得的利润，反映国有控股、参股企业国有股权获得的股息、红利收入。股利分为股息和红利两部分。股息是股份资产的利息，红利是股票持有者参与股份公司管理而分得的利润。

(2) 国有资产产权转让、清算收入

① 国有经营性资产产权转让收入　国有经营性资产产权转让收入是指通过出售、拍卖和国有股减持等方式改变国有资产的存在形态，表现为一定的货币收入。

②国有资产其他产权出售、转让收入　国有资产其他产权出售、转让收入主要指国有非经营性资产出售、转让收入，如随着国家事业单位的机构改革和文化产业发展，科、教、文、卫等非经营性单位在改制过程中出售、转让国有非经营性资产取得的收入。

③国有资产使用权转让收入　国有资产使用权转让收入是指通过国有资产使用权转让而取得的收入。具体包括国有土地的使用权出让收益，矿藏资源的探矿权、开采权转让收益，山林、草地、河流开发权使用收益，森林采伐权收益，以及其他使用权转让收益等。

④国有产权清算收入　国有产权清算收入是指国有独资企业清算取得的企业清算收入，国有控股、参股企业清算分享的公司清算收入。

(3) 国有资源(资产)有偿使用收入

国有资源(资产)有偿使用收入是指海域、矿区和其他场地等国有资源或国有资源性资产以有偿使用的方式取得的收入。尽管这种形式所取得的国有资产收入的数额不大，却是国家财产权利的体现，也是保护国有资源(资产)的重要措施。目前，国有资源(资产)有偿使用收入主要包括：海域使用金、陆域场地和矿区使用费收入，非经营性国有资产出租收入及经营权有偿出让、转让收入等。

①海域使用金、陆域场地和矿区使用费收入　是指国家凭借所有者权利向生产经营单位或个人有偿使用海域、陆域场地和矿区所收取的收入。

②非经营性国有资产出租收入　是指国家在一定时期内让渡了某些国有资产的使用权和经营权而得到价值补偿，这种价值补偿数量的多少主要取决于出租国有资产的有形资产价值、出租国有资产的级差收益能力和出租国有资产创造的使用价值的供求状况等因素。这种形式不仅适用于经营性国有资产，也适用于非经营性国有资产。

③经营权有偿出让、转让收入　如公共客运交通经营权有偿出让和转让取得收入、出租车经营权有偿出让和转让取得收入，以及土地的使用权转让收益、资源开采权转让收益等。

11.2　政府收费及其他非税收入

11.2.1　政府收费的概念与特点

(1) 政府收费的概念

财政收入是国家参与国民产品分配取得的资金收入，按照收入来源渠道的不同，可以将其分为税收、收费、国有资产收益、公债等。其中，政府收费占财政收入的比例虽然无法同税收相比，但是作为财政收入的一种重要形式，它在保障公平负担和促进公共资源有效利用方面的作用是税收无法替代的。因此可以说，在政府收入体系中，收费是税收不可或缺的必要补充。

政府收费是政府部门向公民提供特定服务、实施特定行政管理或提供特定公共设施时按照规定的标准收取的费用。政府要行使其职能，为社会提供产品和服务，就需要有一定的资金来源，收费是对政府履行职能进行补偿的一种重要形式。

(2) 政府收费的特点

政府收费作为一种独立的财政收入形式，与税收、国有资产收益等其他财政收入相比，有其自身的特点。

①政府收费的主体是行使政府职能的行政机关及其授权单位，收费行为主体虽然呈现多元化，但属于行政主体。以民事主体身份从事民事活动(如咨询、培训)时所收取的费用不属于政府收费。

无论政府收费是否纳入预算管理，一般都具有专款专用性，与各收费主体的利益直接挂钩，收费越多表明单位可支配的资金也越多。税收是由税务部门、财政部门、海关按照国家规定的管辖范围，依照税法代表国家征收的，收入必须上缴国库，由国家统一支配，没有特定用途的限制。国有资产收益则是政府(国家)凭借国有资产所有权，参与企业利润的分配获得的，支出使用有专门的规定，与收费明显不同。

②政府收费以政府行使特定职能为前提，即政府在为某些社会成员提供特定服务时收取的费用。例如，教育收费是向那些愿意接受教育的人收取的；公路、桥梁的收费是针对从公路桥梁上通过的人征收的，对于那些没有享用该公共品的人，政府是无权向其收费的。这种以社会成员个人对政府服务需求选择为前提的收费，使收费带有很强的对等性。政府收费贯彻的是"谁受益，谁负担"的原则，负担费用的是那些直接从政府特定服务中获益的社会成员。税收是向社会公众强制征收的，它与个人是否直接从公共品中获益及获益多少无关。行政管理性收费虽然带有强制性，但它仍然直接与消费者的行为选择相关。例如，如果选择进入特许经营行业就要交纳特许费；如果选择不进入，就不用缴纳费用。

③政府收费不以盈利为目的。政府收费是为了全部或部分地弥补提供服务的成本，任何把政府收费看成是政府"创收"手段的认识都是错误的。同时，通过收费的方式才能更有利于促使使用者有效地使用资源，或者说更好地对受益者实施管理。

④收费标准通过政治程序制定。收费标准的制定不是通过买卖双方的博弈形成的，而是通过行政程序或政治程序确定的一种规制价格，所有特定的受益者均须按规定的标准支付费用。政府收费虽然是一种非市场的行为，但对收费价格的确定必须进行有效的制度约束，要科学合理。

因此，政府性收费是以经济交换为基础、以政治程序为方式(指收费标准的制定)、以提供服务为前提、以受益居民为对象、以提高效率为目的而收取的费用。

11.2.2 政府收费的理论依据

人们消费所需要的物品和劳务可以分为三种，即私人产品、公共产品和准公共产品，对不同的物品和劳务来说，人们支付代价的途径和方式有所不同。

(1) 私人产品实行价格制度

一般来说，私人产品是通过买者与卖者的市场博弈，通过个人货币表决权来解决生产什么、生产多少、怎样生产和为谁生产的问题。私人产品消费上的竞争性和技术上的排他性使得其生产和消费是可分割的，即该物品的产权可以界定，供需双方可以通过合理的交易成本来进行交换，市场价格则是其有效工具，可通过市场机制来实现供求平衡和资源优化配置。

(2) 公共产品实行税收制度

公共产品是通过政府与公民的公共选择，通过公民的预缴税金及财政分配来解决生产什么、生产多少、怎样生产和为谁生产的问题。公共物品消费上的非竞争性和技术上的非排他性导致公共物品消费的不可分割，产权难以明确，无法运用市场原理来提供公共物品。同样，如果用收费来补偿公共产品的生产费用，就必须将不付费者排除在外，这不仅在技术上不可能，而且即便在技术上可能，也要付出高昂的代价。为解决这一问题，就必须采取税收形式，在所有社会成员之间强制地分摊公共产品的生产费用。这意味着公共物品的供给成本无法通过价格或收费来补偿，只能通过收税来解决。

(3) 准公共产品实行收费制度

准公用产品是通过规制者与被规制者的行政博弈，通过受益者的货币选择和公民的预缴税金双重途径，来解决生产什么、生产多少、怎样生产和为谁生产的问题。根据其特性，准公共产品或混合物品又可分成以下几类。①无排他性或弱排他性，但有一定竞争性的物品。如公共牧场、地下水、江河湖海等。这类物品的私人消费容易产生负外部性，因此一般采用适当收费的方式加以限制，如资源使用费。②有排他性，但非竞争性的物品。如城市公用设施，即水、电、气等。如果仅由市场提供，产品供给往往达不到效率水平；如果完全作为公共物品免费供应，则会大大增加拥挤成本。这类产品一般具有自然垄断性，为了使资源配置达到最优，一般应当由政府规制的公共事业部门提供，收取使用费以补偿这类物品的成本。③可能发生拥挤的公共物品，又称俱乐部物品。当消费人数低于拥挤点时，该物品是非竞争的；而消费人数超过拥挤点时，这种物品的消费就变成竞争的。如道路，车少人稀时非竞争，而塞车时就有竞争，但同时这种物品可以低成本地实现使之具有排他性。例如，大众俱乐部、公共图书馆、社区游泳馆、博物馆等均具有此特性。如果将"俱乐部"概念扩大到服务领域，也包括教育、医疗、文化、体育等社会事业范畴。这类物品一般由政府和市场共同来提供，相应的生产费用也应当由税收和收费两种形式来补偿。

11.2.3 政府收费的构成

目前的收费分类，大体有四种形式：按执行收费权利的主体划分为行政性收费和事业性收费；按收费性质不同划分为管理性收费和惩罚性收费；按收费形式划分为国家机关收费、公用事业收费、中介机构收费、公益服务收费、经营服务收费；按收费目的不同划分为规费和使用费。在规范的市场经济体制下，政府性收费主要包括规费和使用费两种，因此下面以第四种形式为主介绍。

(1) 规费

规费是政府行政部门为个人或企业提供某种特定服务或实施行政管理所收取的手续费和工本费。规费通常包括行政规费和司法规费两种。

行政规费是附随于政府各部门各种行政活动的收费。行政规费范围较广，项目较多，一般有：外事规费，如护照费；内务规费，如户籍费；经济规费，如商标登记费、商品检验费、度量衡鉴定费；教育规费，如毕业证书税费；其他行政规费，如会计师、律师、医师等执照费。

司法规费是司法机构向享受司法服务的单位或个人收取的费用，分为两类：一是诉讼规费，如民事诉讼费、刑事诉讼费；二是非诉讼规费，如出生登记费、财产转让登记费、遗产管理登记费、继承登记费和结婚登记费等。

(2) 使用费

使用费是政府部门向特定公共设施或公共服务的使用者或受益者按照一定的标准收取的费用。使用费的种类也很多，如交通设施收费、城市公共事业收费、教育事业收费、医疗事业收费、文化事业收费、体育事业收费、环保收费等。

11.2.4 公共定价的基本方法

对公共产品使用的收费，通常采取以下三种定价方法：

(1) 平均成本定价法

平均成本定价法又称完全成本定价法，主要是以弥补公共品的供应成本作为政府收费的定价准则，使供应主体刚好能够实现收支平衡，即既不亏损也不盈利的定价方法。从理论角度来看，按公共物品的边际成本定价是最理想的定价方式，但这种定价方法会使企业长期处于亏损状态，必须依靠财政补贴维持运行，长此以往，很难保证按质按量提供公共物品。因此，在成本递减行业，为了使企业基本保持收支平衡，公共收费一般采取按高于边际成本的平均成本定价。

(2) 二部定价法

二部定价法就是把收费分成两部分分别定价，一部分是与使用量无关的按月或按年定额收取的基本费；另一部分是按使用量征收的从量费。可见，二部收费是基本费与从量费二者合一的定价收费体系，同时也是反映成本结构的收费体系。其中，基本费是不管使用量多少都收取固定费，与供给单位的固定成本消耗相对应，有助于企业财务的稳定；而从量费则与可变成本耗费相对应，两项成本相加使供给单位的总成本获得补偿，实现财务的收支平衡。目前，几乎所有的受规制行业，如供水、供电、煤气、电话等自然垄断部门都采用这种收费方法。

实际中，由于公益事业的固定投资额很大，如果所有的固定费都靠基本费收回，尽管用户数相当大，但基本费还是太高，而且这样做的结果会对少量物品的使用者不公平，甚至迫使其放弃使用该物品。换句话说，相对高的基本费有排挤低收入和少量需求用户的可能性。所以，实际中对于基本费的收取采用两种方法：一是基本费的确定不以收回固定费总额为目标，而只以收回用户成本为目标；二是对一定需求量以下的用户采用按使用量收费，而对一定需求量以上的用户采用二部定价收费。

(3) 高峰负荷定价法

高峰负荷定价法是指在一些消费需求波动巨大的自然垄断行业，对高峰需求制定高价，而对非高峰需求制定低价的一种定价方式。垄断厂商针对需求价格弹性随时间变动的特点，按时间将总需求划分不同的区间，并对不同的区间制定不同的价格。高峰负荷定价具有其他定价方法所不具备的两大功能：一是定价能够反映成本的变动；二是定价能起到平抑需求波动的作用。高峰负荷定价被广泛运用于电力产业的价格规制中，这是因为电力产品的消费需求波动较大，而需求波动又会导致厂商边际成本的变动。

在价格规制实践中，一般按月或按季区分高峰需求和非高峰需求。例如，对电力产业来说，由于夏季居民要用空调和冷藏设备，属于用电需求高峰期，可以制定较高的电力价格，促进消费者节约用电，或者多使用替代能源；而冬季属于用电低谷期，可以制定较低的电力价格，以刺激消费。通过这种高峰定价，可以在一定程度上熨平消费高峰和低谷的落差，提高负荷率，促进产业固定资产的有效利用，实现社会资源的优化配置。

11.2.5 其他财政非税收入

其他财政非税收入是指税、费、国债、国有资产收入之外的一切财政收入，主要包括以下几类：

(1) 罚没收入

罚没收入指工商、税收、海关、公安、司法等国家机关和经济管理部门按规定依法查处违法行为的罚款和罚没收入，以及依法追回的赃款和赃物变价款收入。

(2) 捐赠收入

捐赠收入指政府为某些特定支出项目融资时得到的来自国内外个人和组织的捐赠。如政府得到的专门用于向遭受自然灾害地区的灾民或其他生活陷入困难之中的人们提供救济的特别基金的捐赠，以及厂商、个人对某些公共设施的捐助等。

(3) 专项收入

专项收入是指具有特定来源，按照特定目的建立，并规定有专门用途的收入。主要有环保部门征收的各种排污费收入、城建部门征收的城市水资源费收入、税务部门征收的教育费附加收入等。

(4) 公产收入

公产收入是指国有山林、芦苇等公产的产品收入，政府部门主管的公房和其他公产的租赁收入，以及公产的变价收入等。

此外，在财政收入的形式中，还有对外贷款归还收入、外事服务收入、收回国外资产收入、福利彩票和体育彩票发行费收入等。

11.3 我国非税收入现状和改革建议

11.3.1 我国非税收入现状

新中国成立以来，我国财政资金按管理方式不同分为预算内资金和预算外资金两部分。在一段时期内，我国的预算外资金占据了政府财政资金的大部分，造成政府资金管理的混乱局面。在公共财政制度时期，为了规范财政管理制度，在理论和实践中，都逐渐淡化了预算外资金的概念，并在此基础上形成非税收入概念。总体来看，自1978年以来，我国非税收入规模呈现以下几个方面的特征：

①从绝对规模看，我国的非税收入规模自1978年以来持续攀升。1978年，我国的非税收入仅为960.09亿元，到2014年，这个数额增长了22多倍，为21 194.72亿元，如表11-1所列。

②从相对规模来看，1978年以来，我国非税收入在财政收入中的比重整体上呈下降趋势。非税收入相对税收收入的重要性减弱，如表11-1所列。

表 11-1　1978—2010 年我国政府非税收入与税收收入规模比较　　　　亿元

年份	税收收入	非税收入	税收收入:非税收入
1978	519.28	960.09	1:1.85
1980	571.7	1165.63	1:2.04
1985	2040.79	1494.06	1:0.73
1990	2821.86	2823.88	1:1.00
1995	6038.04	2830.66	1:0.47
2000	12 581.51	4640.10	1:0.37
2001	15 301.28	5384.66	1:0.35
2002	17 636.45	5746.19	1:0.33
2003	20 017.31	6264.73	1:0.31
2004	24 165.68	6929.97	1:0.29
2005	28 778.54	8414.88	1:0.29
2006	34 804.35	10 363.73	1:0.30
2007	45 621.97	12 520.13	1:0.27
2008	54 223.79	13 723.82	1:0.25
2009	59 521.59	15 411.36	1:0.26
2010	73 210.79	15 685.14	1:0.21
2011	89 738.39	14 136.04	1:0.16
2012	100 614.28	16 639.24	1:0.17
2013	110 530.70	18 678.94	1:0.17
2014	119 175.31	21 194.72	1:0.18

注：2007 年以后的非税收入数据由公共财政非税收入和预算外收入两项合计。
资料来源：根据《中国统计年鉴 2015》《中国财政年鉴 2014》相关数据整理。

③在 1994 年分税制改革之后，尤其是进入 2000 年以后，我国中央政府非税收入规模整体上保持了平稳增长的态势，其在中央政府财政收入中的相对规模保持在一个相对稳定的水平，如表 11-2 所列。

表 11-2　2000—2010 年我国中央政府非税收入与税收收入规模比较　　　　亿元

年份	税收收入	非税收入	税收收入:非税收入
2000	6892.65	344.15	1:0.05
2001	8338.62	591.12	1:0.07
2002	10 230.29	598.35	1:0.06
2003	11 604.04	640.59	1:0.06
2004	14 166.09	687.70	1:0.05
2005	16 051.81	899.27	1:0.06
2006	19 576.14	1347.59	1:0.07
2007	26 396.85	1847.59	1:0.07
2008	30 968.68	1871.39	1:0.06
2009	33 364.15	2903.57	1:0.09
2010	40 509.30	2378.48	1:0.06
2011	48 631.65	2695.67	1:0.06

(续)

年份	税收收入	非税收入	税收收入:非税收入
2012	53 295.20	2880.03	1:0.05
2013	56 639.82	3558.66	1:0.06
2014	60 035.40	4458.05	1:0.07

注：2007年以后的非税收入数据由公共财政非税收入和预算外收入两项合计。
资料来源：根据《中国统计年鉴2015》《中国财政年鉴2014》相关数据整理。

④在分税制改革之后，尤其是进入2000年以后，我国地方政府非税收入相对规模逐渐减少，但非税收入仍然超过税收收入的一半。与中央政府收入结构相比，地方政府收入中非税收入的比重过高，超出了合理水平，如表11-3所列。

表11-3 2000—2010我国地方政府非税收入与税收收入规模比较　　　亿元

年份	税收收入	非税收入	税收收入:非税收入
2000	5688.90	4295.95	1:0.76
2001	6962.76	4793.54	1:0.69
2002	7406.16	5147.84	1:0.70
2003	8413.27	5624.14	1:0.67
2004	9999.59	6242.27	1:0.62
2005	12 726.73	7515.61	1:0.59
2006	15 228.21	9016.14	1:0.59
2007	19 252.12	11 335.15	1:0.59
2008	23 255.11	11 519.84	1:0.50
2009	26 157.44	12 507.79	1:0.48
2010	32 701.49	13 306.66	1:0.41
2011	41 106.74	11 440.37	1:0.28
2012	47 319.08	13 759.21	1:0.29
2013	53 890.88	15 120.28	1:0.28
2014	59 139.91	16 736.67	1:0.28

资料来源：根据《中国统计年鉴2015》《中国财政年鉴2014》相关数据整理。

11.3.2 我国现行的政府非税收入管理存在的问题

自1994年分税制财政改革以来，中央一再要求规范非税收入管理制度，将政府非税收入纳入财政预算进行管理。虽然政府非税收入管理制度经过改革已逐步走向规范化，但自始至终都没有形成一整套完整而规范的管理制度。在实际工作中，政府非税收入的管理存在许多问题和漏洞。这些问题主要表现在以下方面：

(1) 非税收入征管的随意性大，征管主体多元化

目前，一些基层政府的非税收入占其政府收入的比重较大，征收主体较为多元化，征收管理混乱，超范围、超标准和擅自设立项目进行征收的现象还时有发生，显示出非税收入征管的管理不到位。基层地方政府基本靠各个部门自行负责非税收入征收的相关事宜，没有统一的管理机构，管理成本加大，造成乱收费、乱摊派的现象，影响了政府形象。

(2) 非税收入使用管理不到位，票据管理不规范

一些基层单位的非税收入没有进入预算体系内，分散了政府的财力，已经纳入预算体系的收入也是管理不到位，流于形式，收支脱钩难以得到真正的执行。由于缺乏一个规范的管理机制，很多资金也没有进入预算内，非税收入的实时监控无法实现。票据管理也是非税收入管理较为落后的一点。按照规定，政府非税收入收费项目必须使用财政部门监制的专用收费发票并如实填写发票内容，但在实际征收过程中，有的执收单位使用本单位自制的票据，或者虽使用财政部门监制的票据，但未如实、完整地填写相关内容。

(3) 缺乏科学的费用设置，收支管理机制不健全

很多地方政府在征收政策、预算编制和执行、资金管理等方面都没有特别健全的制度建设，很多收入没有纳入收入征缴系统内，对资金的流动造成较大的影响。大多数基层政府的非税收入征管权、使用权、所有权都没有归位。一些财政部门在安排预算的时候也是采用"先非税后预算"的模式，影响了部门将非税收入全额计入预算中。很多基层政府收费制度不明确，造成其收费标准的模糊，收费规范中存在较多的漏洞，各种收费项目决策的流程不合理。

(4) 缺乏执行到位的监督机制，法制建设不健全

由于很多的基层政府收入有限，为了满足日常的需要，很多政府在非税收入上动脑筋，而且很多政府单位对此习以为常，造成上级主管部门对该现象睁一只眼闭一只眼，无法真正监督到位，同级别的财政监督部门和审计部门如果真正进行监督又会触及同级部门，触及单位的整体利益，而且非税收入涉及的《收费许可证》也实行属地化管理，很容易对个别单位管理不到位。另外，目前地方政府非税收入相关的管理制度较为滞后和缺失，造成管理没有依据，一些地方下达的规范性文件的法律时效性较短，强制性也较差，难以真正做到对非税收入的行为约束和监督。非税收入从管理、立项、征收、票据管理和使用缺少一套全国统一、规范、系统的法律法规也是存在的一个问题。

11.3.3 我国政府非税收入改革建议

(1) 建立科学、完善、合理的政府非税收入管理体系

首先，在对收费项目进行立项审批前，要对收费项目的经济、社会效应进行深入的研究和评估。对于负面效应大的项目不予审批，或者调整收费方案，经评估通过后再立项审批。其次，要科学制定收费标准。目前，我国的各项非税收入收费标准的确定都具有行政命令性，缺乏科学性。必须组织专家对税收标准的各种效应进行评估，尽量使收费标准的负面效应最小。

(2) 将政府非税收入全部纳入预算管理体系

政府非税收入是政府收入的重要组成部分，而公共财政制度要求政府的所有收支都应当列入预算管理。因此，在我国公共财政制度已经建立起来的情况下，政府非税收入必须全额纳入国家预算管理体系。

(3) 加强政府非税收入的监督力度，完善非税收入的法律体系建设

目前，我国还没有一部专门的关于政府非税收入管理的法律，造成监管的法律空白，因此，应当尽快组织针对政府非税收入管理的立法工作，颁布一部专门的法律对政府非税收入进行监管。

(4) 制定科学的政府非税收入支出绩效考核体系

长期以来,我国政府非税收入的支出效率都很低下,其根源在于没有科学有效的绩效考评机制对各部门非税收入支出的效率进行考核,缺乏提高资金使用效率的有效激励。因此,有必要制定一套科学的绩效考核体系,对非税收入资金的使用情况进行综合考核,激励各部门在资金使用过程中努力提高资金的使用效率。

延伸阅读

财政部要求中央单位应严格上缴政府非税收入

财政部发布通知,要求中央预算管理单位严格按规定将政府非税收入及时、足额上缴中央金库或中央财政专户。

通知要求,根据《财政票据管理办法》(财政部令第70号)和《财政部关于加强政府非税收入管理的通知》(财综[2004]53号)的有关规定,中央预算管理单位(以下简称"中央单位")应按财务隶属关系,向财政部申领非税收入票据,并严格按规定将政府非税收入及时、足额上缴中央金库或中央财政专户,实行"收支两条线"管理。

据悉,目前仍有一些中央单位(特别是个别高等学校)未向财政部申领非税收入票据,影响了中央财政预算管理的完整性。

通知称,为进一步加强政府非税收入票据管理,切实实现"以票控票、以票促收"的管理目标,尚未按财务隶属关系申领非税收入票据的中央单位,应于2013年12月31日前,到财政部办理中央非税收入票据申领手续,不再向所在地省级及以下财政部门申领地方非税收入票据。

与此同时,各有关中央单位要做好以前年度使用地方非税收入票据的清理登记工作,按规定向原领票的财政部门办理非税收入票据检查核销、票据购领证注销手续。自本通知发出之日起,各有关省级及以下财政部门应停止向本行政区域内中央单位发放非税收入票据,并按规定做好对本行政区域内中央单位已领用非税收入票据检查核销、票据购领证注销等工作。

(资料来源:http://finance.sina.com.cn/china/20130814/1004164444039.shtml.)

本章小结

1. 国有资产的概念有广义和狭义之分。广义的国有资产是指由国家代表全民拥有所有权、属于国家所有的一切财产。在我国的国有资产管理实践中,一般采用广义的概念。狭义的国有资产是指法律上确定为国家所有的,并能为国家提供未来经济效益的各种经济资源的总和。由于狭义的国有资产具有其资本属性,因而人们又把狭义的国有资产价值称为国有资本。

2. 国有资产按不同的标准可分为不同的形式:按经济用途可分为经营性资产、非经营性资产和资源性资产;按存在形态可分为有形资产和无形资产;按国有资产所处的地理位置可分为境内国有资产和境外国有资产;按行政隶属关系可分为中央政府国有资产和地方政府国有资产。

3. 国有资产收入是指国家凭借其所拥有的资产取得的财政收入,即经营和使用国有资产的企业、事业单位和个人把其收入的一部分交给资产所有者——国家。国家在这里是以资产所有者代表的身份而不是以社会管理者的身份取得收入。

4. 国有资产收入与国有资产经营收益、国有资产收益的内涵有所不同。

5. 国有资产收入的形式主要有国有资产经营收入，国有资产产权转让、清算收入和国有资源（资产）有偿使用收入。

6. 政府收费是政府部门向公民提供特定服务、实施特定行政管理或提供特定公共设施时按照规定的标准收取的费用。它具有这样一些基本特征：①政府收费的主体是行使政府职能的行政机关及其授权单位，收费行为主体虽然呈现多元化但属于行政主体。②政府收费以政府行使特定职能为前提，即政府在为某些社会成员提供特定服务时收取的费用。③政府收费不以盈利为目的。④收费标准通过政治程序制定。目前我国正对政府收费进行改革，如进行费改税或取消不合理的费等。

7. 目前收费分类大体有四种形式：按执行收费权利的主体划分为行政性收费和事业性收费；按收费性质不同划分为管理性收费和惩罚性收费；按收费形式划分为国家机关收费、公用事业收费、中介机构收费、公益服务收费、经营服务收费；按收费目的不同划分为规费和使用费。

8. 其他财政非税收入是指税、费、国债、国有资产收入之外的一切财政收入，主要有：事业收入、罚没收入、捐赠收入，此外，还有对外贷款归还收入、外事服务收入、收回国外资产收入、公有住房出售收入、福利彩票和体育彩票发行费收入等。

思考题

1. 简述国有资产的概念及分类。
2. 国有资产收入的形式有哪些？
3. 什么是收费？简述收费与税收的区别。
4. 简述政府收费定价的基本方法。
5. 怎样进行规范收费的改革？
6. 我国的政府非税收入有哪些类型？各有什么特点？
7. 简述政府非税收入与预算外资金两个概念的区别与联系。
8. 谈谈对我国今后政府非税收入制度改革的看法。

第12章 国债

本章提要

除了税收是现代政府获得财政收入的主要来源之外，举借债务仍然是政府增加财政收入，缓解财政赤字的重要手段之一。通过本章的学习，了解国债的产生和发展，掌握国债的概念、国债的特征和作用，掌握国债制度的构成要素、国债的负担与限度，以及国债的经济效应。

12.1 国债概述

12.1.1 国债的概念与特征

12.1.1.1 国债的概念

在信用高度发达的今天，为某种需要而举债已成为普遍的经济现象。举债的主体或借债人主要有两类：一是私人和企业；二是政府。私人和企业举借的债务称为民间债务或私债，政府举借的债务称为国债或公债。通常将中央债称为国债，地方债称为公债。国债是整个社会债务的重要组成部分，具体是指中央政府在国内外发行债券或向外国政府和银行借款所形成的国家债务。

12.1.1.2 国债的特征

(1) 有偿性

有偿性是指通过发行国债筹集的财政资金，政府必须如期偿还债务。并且还要按事先规定的条件向认购者支付一定数额的利息。

(2) 自愿性

自愿性是指国债的发行或认购建立在认购者自愿承购的基础上。认购者买与不买，购买多少，完全由认购者自己根据个人或单位情况自主决定，国家不能指派具体的承购人。

(3) 灵活性

灵活性是指国债发行与否以及发行多少，一般完全由政府根据国家财政资金的丰裕程度灵活加以确定，不必通过法律形式预先加以规定。这是国债具有的一个非常重要的特征，形成与税收的固定性的明显区别。

国债的三个特征是一个紧密联系的整体，国债的有偿性决定了国债的自愿性，因为如果是无偿的分配形式就不会是自愿认购。国债的有偿性和自愿性，又决定和要求发行上的灵活性。否则，如果政府可以按照固定的数额，连续不断地发行国债，其结果或者是一部分国债推销不出去,或者是通过发行国债所得到的资金处于闲置,发挥不出应有的效益。所以,国债的有偿性、自愿性和灵活性是统一的整体,只有同时具备三个特征,才能构成国债。

12.1.2 国债的产生和发展

国债的产生有两个前提条件:一是国家财政支出的需要。当政府职能日益扩大,仅凭税收不能满足财政开支以致出现赤字时,就必须举债。二是社会上借贷资金的存在,即必须有充足的闲置资金,可供政府借贷。二者缺一不可。

在生产资料私有制的社会,先后出现过奴隶制国家国债、封建制国家国债和资本主义国家国债。国债的作用也从最初单纯的弥补财政赤字逐步成为国家调节经济的主要手段之一。同样,在我国现阶段,国债也是社会主义国家调节经济的杠杆之一。

新中国成立后,我国国债的发行分为三个阶段:第一阶段是新中国刚刚成立的1950年,为了保证经济运行和物价稳定,我国政府发行"人民胜利折实公债",分五年偿还。第二阶段是1954—1958年,为了进行社会主义经济建设,分五次发行了"国家经济建设公债"。第三阶段是自1981年恢复发行国债,迄今已经有30多年的历史。这30多年里,一方面,国债发行规模不断扩大,由20世纪80年代初每年发行几十亿元,到2000年国债发行步入每年以千亿元计,2007年突破20 000亿元,2013年发行突破15 000亿元(图12-1)。另一方面,国债的品种有了较多的增加,目前包括主要面向机构投资者发行的可流通的记账式国债,面对个人投资者发行的不可流通的凭证式国债,以及储蓄国债和特别国债等。国债的市场建设取得了一定进展,银行间债券市场、证券交易所债券市场已构成国债市场的主体框架。

国债发行,不仅为国民经济发展提供大量建设资金,也在一定程度上满足了社会各类投资者投资国债的需要。同时,不断扩大的国债发行规模,为市场提供了更多的流动性,有利于活跃和稳定金融市场,保证财政政策和货币政策的有效实施。

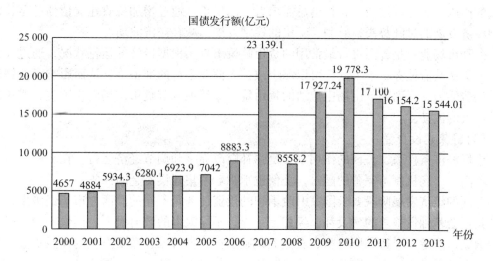

图 12-1　2000—2013 年国债发行量

12.1.3 国债的作用及分类

12.1.3.1 国债的作用

(1) 弥补财政赤字

弥补财政赤字是公债产生的首要动因。尽管世界各国财政赤字形成的原因各不相同，但通过发行公债来弥补财政赤字这一点却基本相同。用公债弥补财政赤字，实质是将不属于政府支配的资金在一定时期内让渡给政府使用，是社会资金使用权的单方面转移。

当然，政府也可以采用增税或向银行透支的方式来弥补财政赤字。但是，税收增加客观上受经济发展速度和效益的制约，如果强行增税，就会影响经济发展，使财源枯竭，得不偿失；同时，又要受立法程序的制约，也不易为纳税人所接受。通过向中央银行透支来弥补财政赤字，等于中央银行增加财政性货币发行，可能会扩大流通中的货币量，导致通货膨胀。比较而言，以发行公债的方式弥补财政赤字，一般不会影响经济发展，可能产生的副作用也较小。原因在于：①发行公债只是部分社会资金使用权的暂时转移，流通中的货币总量一般不变，不会导致通货膨胀。②公债的认购通常遵循自愿的原则，通过发行公债获取的资金基本上是社会的闲置资金。将这部分资金暂时交由政府使用，当然不会对经济发展产生不利的影响。

(2) 调节经济运行

公债的发行、偿还和使用都会对经济发展、资源配置和收入分配产生一定影响，无论从哪一种意义上讲，公债都是对 GDP 的再分配，反映了社会资源的重新配置，所以在客观上公债能够起到影响社会总供求、调节经济运行的作用，是重要的财政政策和货币政策手段。

当社会总供求发生矛盾时，发行公债可以将社会需求中个人和企业的部分转移给国家。当经济处于萧条时期，社会总需求小于总供给，闲置资本较多，发行公债可以吸收社会闲置资金，扩大财政支出，从而起到增加社会有效需求、克服经济衰退及均衡社会供求总量的作用；当经济过热时，社会总需求大于总供给，通过增加税收建立偿债基金，能够抑制经济发展的过旺势头，有利于经济的稳定发展，减轻经济波动。

公开市场业务是各国央行最常用的货币政策工具。根据经济的运行状况，通过在公开市场上买卖政府债券，中央银行可以缩小或扩大商业银行的准备金，从而影响商业银行的货币创造能力，进而调节市场中流通的货币量，灵活地调节货币市场的松紧度，避免经济出现巨大的波动。

(3) 筹集建设资金

市场经济条件下，公债的作用主要是弥补财政赤字和调节经济运行。在一些经济发展水平不高、市场机制不完善的国家，公债也承担着筹集建设资金的任务。

不同的经济发展阶段要求国家财政承担的投资任务是不同的。西方市场经济发达的国家，其社会基础设施等的建设都已经相当完善，不需太多的政府投入。而像中国这样的发展中国家，能源、交通、原材料、农业等基础产业较为薄弱，需要大量的建设资金，完全依靠社会力量是不能满足需要的，需要财政承担相当大一部分的投资任务。在税收难以满足财政支出需要的情况下，就有必要通过发行公债，动员社会闲散资源来筹集建设资金。

12.1.3.2 国债的分类

现代国债不仅包括各种各样的借款,而且有名目繁多的债券,是一个庞大的债务体系。为了便于国债管理,对国债进行了一些必要分类。

(1) 按照筹措和发行的地域,国债可分为内债和外债

(2) 按照偿还期限,国债可分为短期国债、中期国债和长期国债

通常把一年以内还本付息的国债称为短期国债;将 10 年以上还本付息的国债称为长期国债;介于两者之间的称为中期国债。

(3) 按照债券是否流通,国债可分为可转让国债和不可转让国债

可以在金融市场上自由流通买卖的国债,称为可转让国债;不能在金融市场上自由流通转让的国债称为不可转让国债。

(4) 按照发行主体,国债可分为中央政府债务和地方政府债务

中央政府债务由中央政府发行并偿还,发行收入列入中央预算,由中央政府安排使用,又称为国债;地方政府债务由地方政府发行并偿还,发行收入列入地方预算,由地方政府安排使用,又称为地方债。在 2009 年国家实施扩张性财政政策的前提下,财政部于 2009 年 3 月 23 日发布通知称,决定代理发行 2009 年新疆维吾尔自治区政府债券(一期)。这意味着地方债正式问世,新疆成为首个发行地方债的省级政府。

(5) 按照发行的凭证,国债可分为凭证式国债和记账式国债

凭证式国债是指国家采取不印刷实物券,而用填制"国库券收款凭证"的方式发行的国债。我国从 1994 年开始发行凭证式国债。凭证式国债其票面形式类似于银行定期存单,利率通常比同期银行存款利率高,具有类似储蓄又优于储蓄的特点,通常被称为储蓄式国债,是以储蓄为目的的个人投资者理想的投资方式。

记账式国债是指财政部利用计算机网络系统,通过承办银行营业网点柜台面向个人投资者发行的、以电子记账方式记录债权的凭证式国债。记账式国债又称无纸化国债,它是指将投资者持有的国债登记于证券账户中,投资者仅取得收据或对账单以证实其所有权的一种国债。

记账式国债的券面特点是国债无纸化,投资者购买时并没有得到纸券或凭证,而是在其债券账户上记上一笔。其一般特点是:记账式国债可以记名、挂失,以无券形式发行可以防止证券的遗失、被窃与伪造,安全性好;可上市转让,流通性好;期限有长有短,但更适合短期国债的发行;记账式国债通过交易所电脑网络发行,从而可降低证券的发行成本;上市后价格随行就市,有获取较大收益的可能,但同时也伴随有一定的风险。

12.2 国债制度

国债制度是一国经济制度的重要组成部分,良好的国债管理制度既可以保证财政收支的平衡,又可以对经济制度起到调控和缓冲作用,因此现代国家非常重视对国债的管理,同时注重完善本国的国债制度建设。

12.2.1 国债制度的概念

国债制度可以从两个不同的角度来理解。一种理解是,国债制度是国家有关国债的各

种法令和管理办法的总称。国家为了取得财政收入或调节社会经济活动，必须以法律形式对国债的发行、流通、使用和偿还等各环节作出规定。这些规定就构成了一个国家的国债制度。另一种理解是，国债制度是国家按一定政策原则组成的国债体系，其核心是这种体系的运行模式。显然，对国债制度的两种理解都有一定的理论意义和实践价值。前一种理解的侧重点是国债的工作规范和管理章程，后一种理解则以国债活动的经济意义为中心。因而，对国债管理的研究通常以前一种国债制度的含义为依据，而对国债理论的探讨往往以后一种国债制度的含义为依据。

12.2.2 国债制度的构成要素

国债制度是国家关于国债发行、流通及偿还等各种法律和规定的总称。它是规范国债运作，处理国债运作中各种经济关系的基本准则。国债制度由若干要素构成，这些要素主要包括以下几点。

12.2.2.1 国债的发行主体

国债是国家债务，因此，它的发行者是国家，包括中央政府和地方政府，目前在我国中央政府和地方政府均可发行债务。

12.2.2.2 国债的发行对象

国债的发行对象是指国债的认购主体。国债的认购主体可分为两大类：一是以金融机构为认购主体；二是以非金融机构为认购主体。前者包括各类银行、投资公司等，后者则包括居民个人、企事业单位等。

12.2.2.3 国债期限及期限结构

国债期限是指政府从借债到还债的时间界限。它是国债从发行到偿还的时间间隔。

国债的期限结构是指各种期限的国债在国债总额中所占的比重。合理的国债期限结构是短期、中期、长期国债的比例恰当。我国国债期限结构不尽合理。中期国债偏多，短期和长期太少。这种单一的国债期限结构不利于投资者进行选择，难以满足购买者对金融资产期限多样化的要求，导致国债额度发行遇到阻力。因此，我国从1994年起，开始适量发行短期国债，主要用于平衡国库短期收支，同时作为央行开展公开市场业务的操作工具，中、长期国债则主要用于的基础设施建设。

12.2.2.4 国债利率

国债利率是指国债利息额与本金之间的比率，它是国债制度的中心环节。利率对于国债发行者和国债投资者来说有不同的作用。不同期限的国债，会有不同的利率。在发达国家的金融市场上，国债利率是影响市场利率的重要因素。而我国国债利率结构不合理，国债利率高于银行同期存款利率，致使偿债负担沉重。

12.2.2.5 国债的发行方法

国债的发行是指国债售出并被个人和企业认购的过程。它是国债运行的起点和基础环节，其核心是国债出售的方式，即国债发行的方式。我国现行国债的发行方式包括：直接发行、代销发行、承购包销发行。

①直接发行 指的是财政部面向全国，直接销售国债。这种发行方式，共包括三种情况：一是由各级财政部门或代理机构面向单位和个人销售国债；二是特殊时期所采用的国

债摊派发行；三是财政部面向特定投资者发行的特别国债，称为私募定向发行。

②代销发行　是指财政部委托代销者负责国债的销售。

③承购包销发行　是指各金融机构按一定条件向财政部或地方财政部门承销国债并负责在市场分销，未能发售的余额由承销商购买的发行方式。目前主要应用于不可上市流通的凭证式国债的发行。承销机构赚取的不是发行者支付的手续费，而是包销价与转卖债券的差价。

自 20 世纪 90 年代中后期，承购包销成为我国国债的发行方式。世界上很多国家，也都采用这种方式。

12.2.2.6　国债的发行价格

国债的发行价格是指认购主体认购国债时所支付的价格。国债的发行价格通常有三种形式：一是平价发行，平价发行是指政府债券按票面值出售，即认购者按票面值支付购买金额，政府按票面值取得收入，到期亦按票面值还本。二是溢价发行，溢价发行是指政府债券以超过票面值的价格出售，即认购者按高于票面值的价格支付购买金额，政府按这一价格取得收入，到期则按票面值还本。三是折价发行，折价发行是指政府债券以低于票面值的价格出售，即认购者按低于票面值的价格支付购买金额，政府按这一价格取得收入，到期仍按票面值还本。

12.2.2.7　国债的偿还方式

(1) 国债的付息方式

一般来讲，可供政府选择的国债付息方式大体有以下两种：

①按期分次支付法　按期分次支付法，是指将公债的应付利息，在公债存在的期限内分作几次(如每一年或半年)支付，一般附有息票，债券持有者可按期剪下息票兑付息款。这种方式往往适用于期限较长或在持有期限内不准兑现的公债。这是因为在较长期限内，如能定期支付一定数额的利息，不仅可以激发投资者认购公债的积极性，也可以避免政府债息费用的集中支付，使得利息负担均匀分散化。

②到期一次支付法　到期一次支付法，是指将公债的应付利息同偿还本金结合起来，在公债到期时一次支付。这种方式多适用于期限较短或超过一定期限后可随时兑现的债券。这是因为在较短的期限内没有必要对债息实行分次支付。在债券到期时将利息连同本金一次支付，可以大大简化公债的付息工作，对债券持有者来讲也是可以接受的。

(2) 国债的还本方式

国债本金的偿还数额虽然是固定的，但政府在偿还方式上却有很大的选择余地。可供政府选择的还本方式主要有以下几种：

①分期逐步偿还法　是指对一种债券规定几个还本期，每期偿还一定比例，债券到期时，本金全部偿清。例如，五年期票面额为 1000 元的债券分五次在五年内偿还，每年偿还 1/5，持有人可以每年从政府收回 200 元，直到五年期限结束收回全部本金 1000 元。这种偿还方式可以避免到期一次偿还给财政带来的压力，但缺点是国债偿还的工作量和复杂程度较大。

②抽签轮次偿还法　是指在国债偿还期内，政府通过定期对债券号码抽签对号以确定偿还一定比例债券，直到偿还期结束，全部债券皆中签偿清为止。我国 1981—1984 年发

行的国库券就采用了这种发行方式。如 1981 年的国库券，自 1986—1990 年分五年偿还，每年偿还 1/5，政府通过抽签确定各年度应偿还的国库券号码并向社会公布，每年只对本年度中签的那部分国库券进行偿还。这种还本方式的利弊与分期逐步偿还法大致类似。

③到期一次偿还法　是指在国债到期日按债券票面额一次全部偿清。其优点是国债还本管理工作简单、易行，且不必为国债的还本而频繁地筹措资金，缺点是集中一次偿还国债本金，财政支付压力较大。我国 1985 年以后发行的国债一般都采取这种还本方式。

④市场购销偿还法　是指在债券期限内政府通过定期或不定期地从证券市场上买回一定比例债券，买回后不再卖出，以致在这种债券到期时，已全部或绝大部分被政府所持有，从而债券的偿还已变成一个政府内部的账目处理问题了。这种偿还方式只适用于可转让债券。其中由于各国央行进行公开市场业务活动，大量买卖短期债券，因此市场购销偿还法就成为短期债券还本的主要方式。其优点是给投资者提供了中途兑现的可能性，并会对政府债券的价格起支持作用；缺点是这种方法仅限于可转让国债，而且对国债流通市场有较高的要求。

⑤以新替旧偿还法　是指通过发行新债券来兑换到期的旧债券，以达到国债偿还的目的。采用这种方式的目的是缓解兑付高峰、国家财政资金紧缺与债务集中偿还的矛盾。我国 1990 年、1991 年对到期国债曾采取过这种转换债的方式偿还。具体做法是：继续沿用原来的债权凭证（或收款单），按新公布的转换债利率，采取推迟偿还、分段计息的做法。采用这种偿还方式，严格来说政府并没有按期偿还国债，不利于维护政府的债信，因此不宜常采用。

12.3　国债的负担与限度

各个国家的经济实践已经充分证明，国债不仅存在一个负担问题，而且如何衡量处理国债负担也是财政理论与实践的重要内容。

12.3.1　国债的负担

对于国债的负担，一般从以下三个方面来分析：

(1) 国债认购者的负担

国债作为认购者收入使用权的让渡，尽管这种让渡是暂时的，但也会对他的经济行为产生一定影响，从而造成一定负担，虽然国债到期后还本付息会给认购者带来报偿，最终抵销负担，但就国债发行和认购环节而言，国债对其认购者造成的负担是客观存在的，因此，国债发行必须考虑认购者的实际负担能力。

(2) 政府即债务人的负担

政府借债是有偿的，到期要还本付息，是一种预期的财政支出。因而政府借债的同时，也对自身形成一定的国债负担。所以，政府借债必须考虑偿还能力，量力而行。

(3) 纳税人的负担

不论国债资金的使用方向如何，效益高低，还债的收入最终来源还是税收，也就是说，当政府以新债还旧债的方式难以继续时，最终还是要用税收来还本付息，对纳税人造成负担。

此外，从长远来看，由于一些国债偿还期限长，使用效率低下，不仅形成当前的一种社会负担，而且可能转化为下一代甚至几代人的负担，因此，必须注意提高国债的使用效率，为后代积累更多财富。

12.3.2 国债适度规模的理论分析

由于国债存在负担问题，因此国债的发行总有一定的限度。国债的限度一般指国债规模的最高额度或国债的适度规模问题。由于受各种因素的制约，单纯从国债规模的绝对数还无法明确表明国债规模是否合理，只有采用相对指标才更具有现实意义。国债规模的评价指标主要有债务负担率、债务依存度和偿债率三个指标。

(1) 债务负担率

债务负担率，是指当年国债累计余额(历年发行的国债尚未兑付的余额)占国内生产总值的比重。它是衡量国债规模的宏观指标，不仅揭示一国国债负担的情况，而且也反映国债规模增长与 GDP 增长的相互关系。债务负担率用公式表示为：

$$债务负担率 = 国债累计余额/GDP \times 100\%$$

根据国际公认的标准，公债负担率的安全线为 10%~30%，警戒线为 45%~60%。一般认为经济发达国家承受的比例可以高些，而发展中国家承受的比例相对低一些。例如，欧盟的《马斯特里赫特条约》(以下简称《马约》)规定，加入欧元体系的国家必须将政府的财政赤字占 GDP 的比重控制在 3% 以下，政府债务占 GDP 的比重控制在 60% 以内。

(2) 债务依存度

债务依存度，是指当年国债发行额占当年财政支出的比重，表明财政支出依赖债务收入来安排的程度，其经济含义是国家财政支出的每 100 元中有多少钱是靠发行国债来实现的。

当国债的发行量过大，债务依存度过高时，表明财政支出过分依赖债务收入，财政处于脆弱的状态，并对财政的未来发展构成潜在的威胁。因为国债毕竟是一种有偿性的收入，国家财政支出主要还应依赖于税收，债务收入只能是一种补充性收入。因此公债规模的合理性主要可以根据这一指标来判断。

债务依存度一般有两种计算口径：

① 国家财政债务依存度 反映国债总规模的大小。用公式表示为：

$$国家财政债务依存度 = 当年国债发行额/国家财政支出 \times 100\%$$

② 中央财政债务依存度 反映公债的发行主体之一——中央政府的债务负担情况。用公式表示为：

$$中央财政债务依存度 = 当年国债发行额/中央财政支出 \times 100\%$$

一般认为，国家财政债务依存度应为 15%~20%，中央财政债务依存度不超过 25%~35%，但由于各国的财政体制不同，财政集中的国民收入份额不同，年度之间的财政政策也不同，某一年度的债务负担情况不能反映一个国家的总体状况，因此，目前大多数国家不用债务依存度来衡量该国国债的负担情况与规模。

(3) 偿债率

偿债率是指当年的国债还本付息额占当年国家财政收入的比重，表明当年财政收入中用于偿还债务的份额,可直接反映一国政府的债务清偿能力。国际上的参考标准是,国债偿债率的安全线在8%~10%。偿债率用公式表示为:

$$偿债率 = 当年国债还本付息额/当年国家财政收入 \times 100\%$$

12.3.3 我国国债规模的分析

决定或影响一个国家国债规模的因素有很多,而且每个国家的经济体制、经济发展程度以及各种经济条件和状况都存在很大差异,所以不能简单地用其他国家的国债规模指标来衡量我国国债规模。本节采用应债能力指标和偿债能力指标衡量我国的国债规模。

12.3.3.1 应债能力指标

(1) 国债负担率(国债余额/当年GDP)

它反映了全社会宏观资源的利用效率,类似于企业的负债杠杆。从我国负担率走势上看,基本上是小幅慢升,在1998年前平均幅度是17%以下,1998年由于国债发行的大幅增加,这一指标上升到16%,此后一直保持了较高的水平,2000年为18.1%,2007年接近20%,从2009—2013年,我国国债负担率呈现下降趋势(表12-1)。而美国20世纪70年代初国债负担率在33%左右,到90年代末上升到66%,之后有所下降;日本70年代初

表12-1 我国中央财政国债余额及国债负担率

年份	国债余额(亿元)	GDP值(亿元)	占GDP的比重(%)
1996	12 004.2	71 176.6	16.9
1997	12 562.7	78 973.0	15.9
1998	13 520.7	84 402.3	16.0
1999	15 312.3	89 677.1	17.1
2000	17 909.2	99 214.6	18.1
2001	20 505.5	109 655.2	18.7
2002	21 539.6	120 332.7	17.9
2003	26 349.6	135 822.8	19.4
2004	29 577.5	159 878.3	18.5
2005	32 614.21	184 937.4	17.7
2006	35 015.28	216 314.4	16.1
2007	52 074.65	265 810.4	19.4
2008	53 271.54	314 045.4	16.8
2009	60 237.68	340 506.9	17.4
2010	67 548.11	408 903.0	16.5
2011	72 044.51	484 123.5	14.9
2012	77 565.70	534 123.0	14.5
2013	86 746.91	588 018.8	14.8
2014	95 655.45	636 138.7	15.0

资料来源:1. 2001—2005年占GDP的比重摘自《关于2005年中央和地方预算执行情况及2006年中央和地方预算草案的报告》;
2. 2001—2005年国债余额是根据各年的比重乘以该年的GDP计算得出;
3. 2000年以前各年的国债余额是按"国债余额是历年中央财政赤字的累计额"的定义推算出来的;
4. 2006—2014年度数据来自国家统计局。

国债负担率只有 5%，80 年代的 10 年中迅速上升到 67%，90 年代末超过 100%；德国 70 年代初国债负担率也只有 5%，80 年代上升到 40% 左右，90 年代末上升到 60%。与这些国家相比，我国国债负担率处于较低的水平。同时，与西方发达国家规定的不超过 45%，以及欧洲货币联盟签订的《马约》规定 60% 的比率相比，我国的这一指标显著偏低。从这方面看，我国国债承受能力还具有较大的弹性空间。

(2) 居民应债能力(国债发行额/当年城乡居民储蓄存款余额)

从债权债务关系看，政府是净债务主体，居民是净债权主体。因此，国民经济的应债能力最终主要落实到居民的应债能力上。尽管近年来我国国债发行规模增长很快，国债发行额与城乡居民储蓄存款余额的比率逐步提高，但由于城乡居民储蓄存款余额也在快速增长，所以国债发行额占居民储蓄存款余额的比率仍较低，居民购买国债的应债能力仍有较大潜力。

12.3.3.2 偿债能力指标

(1) 国债依存度(国债发行额/当年财政支出)

它表明财政支出靠债务收入的安排程度，该指标越高说明财政对债务依赖性越强，对财政未来发展威胁也越大。《马约》中对债务依存度规定的标准为 20%，而我国国家财政的债务依存度自 1996 年开始就已连续超过 20%。

从表 12-2 可以看到，2007 年达到 46.5%，2008 年有所回落，达到 13.7%。总之，1996—2003 年我国财政的国债依存度一直徘徊在 25% 左右，2007 年严重超标，2009 年和 2010 年也接近 25%，此后开始回落，2013 年只有 14.4%，说明近几年来财政的债务依存度开始下降，符合国际标准的要求。

(2) 国债偿债率(国债还本付息额/当年财政收入)

它表明当年的财政收入中必须拿出多少份额用于国债还本付息，该项指标越高，说明偿债能力越弱。由表 12-2 可明显看出我国国债偿债率已远远超过《马约》中规定的 10% 的警戒线。1996—1999 年我国国债偿债率急增，至 1999 年的最高水平为 20.6%，表明国债处于还本付息高峰期，已进入了不断攀升的"发新债还旧债"的恶性循环时期。

表 12-2 我国国债依存度和国债偿债率

年 份	国债发行额（亿元）	财政支出（亿元）	国债依存度（%）	国债还本付息额(亿元)	财政收入（亿元）	国债偿债率（%）
1996	1976.28	7937.55	24.8	882.96	7407.99	11.9
1997	2476.82	9233.56	26.8	1355.03	8651.14	15.7
1998	3310.93	10 798.18	30.7	1918.37	9875.95	19.4
1999	3715.03	13 187.67	28.2	2352.92	11 444.08	20.6
2000	4180.10	15 886.50	26.3	1910.53	13 395.23	14.3
2001	4604.00	18 902.58	24.4	1579.82	16 386.04	9.64
2002	5679.00	22 053.15	25.8	2007.73	18 903.64	10.6
2003	6153.53	24 679.95	25.0	2563.13	21 715.25	11.8
2004	6879.34	28 486.89	24.1	2952.24	26 396.47	11.2
2005	6922.87	33 930.28	20.4	3671.51	31 649.29	11.6

· 256 · 第 12 章 国 债

(续)

年　份	国债发行额（亿元）	财政支出（亿元）	国债依存度（%）	国债还本付息额(亿元)	财政收入（亿元）	国债偿债率（%）
2006	8883.30	40 422.73	21.9	3923.37	38 760.20	10.1
2007	23 139.10	49 781.35	46.5		51 321.78	
2008	8558.20	62 592.66	13.7		61 330.35	
2009	17 927.24	76 299.93	23.5		68 518.30	
2010	19 778.30	89 874.16	22.0		83 101.51	
2011	17 100.00	109 247.79	15.7		103 874.43	
2012	16 154.20	125 952.97	12.8		117 253.25	
2013	20 230.00	140 212.10	14.4		129 209.64	

注：从 2007 年起国家统计局不再提供当年国债还本付息数额，直接计入政府财政支出中包括国内外债务付息支出，实行国债余额管理，财政决算不再反映还本支出。

从上述分析可以看出，我国近些年国债发行规模总量膨胀迅速，从 1996 年的 1976.28 亿元攀升到 2013 年的 20 230.00 亿元，总量增加了不止 10 倍。说明我国政府面临的国债还本付息的支出负担日益沉重，偿债压力会进一步扩大。

12.4　国债的经济效应

12.4.1　李嘉图等价定理及其实证研究

(1) 李嘉图等价定理的含义

李嘉图等价定理认为，政府支出是通过发行国债融资还是通过税收融资没有任何区别，即债务和税收等价。其推理并不复杂，李嘉图学派的核心观点是国债仅仅是延迟的税收，当前为弥补财政赤字发行的国债本息在将来必须通过征税偿还，而且税收的现值与当前的财政赤字相等。李嘉图等价观点的逻辑基础，是消费理论中的生命周期假说和永久收入假说。即假定能预见未来的消费者知道，政府今天通过发行国债弥补财政赤字意味着未来更高的税收，通过发行国债而不是征税为政府支出筹资，并没有减少消费者生命周期内总的税收负担，唯一改变的是推迟了征税的时间。根据李嘉图学派的观点，消费者具有完全理性，能准确地预见到无限的未来，他们的消费安排不仅根据他们的现期收入，而且根据他们预期的未来收入，为了支付未来因偿还国债而将要增加的税收，他们会减少现时的消费，而增加储蓄。从本质上说，李嘉图等价定理是一种中性原理，认为是选择征收一次性总量税，还是发行国债为政府支出筹措资金，对于居民的消费和资本的形成（国民储蓄），没有任何影响。

李嘉图等价定理是否成立具有深远的政策意义。如果李嘉图等价定理成立，即所谓发行国债等于未来的税收，那么，以增发国债为手段的扩张性财政政策就不会影响总需求。因为政府发行国债，居民家庭就会减少消费，把由于发债而不增税所增加的可支配收入储蓄起来，以备支付未来与国债等价的税收，这样政府由发债而增加的支出与消费者减少的消费正好相等，总需求不变。扩张性财政政策是无效的。

(2) 对李嘉图等价定理的评论

许多学者从不同角度反驳了李嘉图等价定理，主要反对意见有：①李嘉图等价定理的核心假设就是理性预期，这就要求现在的父母都要通晓预期模型，从而能够运用这个模型来测算和调整当前收入和未来收入，这显然是不现实的。②李嘉图等价定理假设人们总是留给后代一定规模的遗产，事实上有些父母知道他们的孩子可能生活得比自己更好，毕竟社会在不断进步，因此，这些父母也不会把因发行国债而不增税所增加的收入储蓄起来。③政府债务没有违约风险，债务的利率在金融市场上是最低的，如果想在金融市场上筹资，支付的利率肯定会超过国债利率，政府发行国债而不增税为这些人提供了成本更低的资金，自然愿意增加投资。④李嘉图等价定理隐含着个人具有完全的预见能力和充分信息，实际上，未来的税负和收入都是不确定的，对于个人而言，现在不增税而增加的收入与未来为偿还公债的本息要向此人征收的税收并不必然相等。⑤李嘉图等价定理假设所有的税都是一次性总量税，实际上，大多数税并不是一次性总量税，而非一次性总量税会产生税收的扭曲效应，所以，发债而不增税会减少税收的扭曲效应，有利于刺激经济增长，发债而不增加税收并非等价，等等。

12.4.2 国债的经济效应分析

(1) 国债的资产效应

国债发行量的变化，不仅影响国民收入，而且影响居民所持有资产的变化，这就是资产效应。从以上对李嘉图等价定理的介绍中可以看出，政府运用税收和借债两种方式筹集资金是否存在差别，实质上最终归结为一个问题：居民是否把自己持有的国债视同为自己财产的一部分。如果消费者将债券仅仅看作是延期的税收，那么这些债券就不能作为总财富的一部分，当人们愿意持有债券并且因此增加消费时，说明国债具有资产效应。国债的资产效应的存在具有稳定经济增长的作用。如公共选择理论的代表人物布坎南指出："理性的个人往往会选择以发行公债的方式为所有公用品和劳务融资。"承认国债的资产效应，也就是否认了李嘉图等价定理。

(2) 国债的需求效应

根据凯恩斯主义的观点，国债融资增加了政府支出，并通过支出乘数效应增加总需求；或将储蓄转化为投资，并通过投资乘数效应，推动经济的增长。国债对总需求的影响包括两种情形：一种是改变需求的总量，即通过发行国债增加总需求；另一种是改变总需求的内部结构，而不增加总需求的量。判断国债的需求效应主要取决于不同的应债主体以及不同的应债资金来源，需进行具体分析得出。例如，中央银行购买国债，会直接导致央行持有国债数量增加，同时央行代理的财政国库存款数量也相应增加，当财政用发行国债所得进行支付时，就会形成企业存款和居民储蓄或者手持现金，商业银行存款的增加。因此可以推断，央行购买国债会导致银行体系的准备金增加，从而刺激了基础货币的增加，对总需求会产生扩张作用，可能产生通货膨胀。因此，从这个角度看，中央银行购买国债会在原有总需求的基础上产生更大的需求，即构成国债发行改变总需求数量的需求效应。

(3) 国债的供给效应

发行国债作为一种扩张政策，当运用于治理周期性衰退时，具有刺激需求、拉动经济增长的作用，因此国债同时具有增加供给总量和改善供给结构的作用。国债用于投资，自然增加投资需求，但用于投资也必然提供供给，而且用于投资领域的不同，也就同时改变供给结构。这也就是国债的供给效应。所以政府发行国债，本身就是政府宏观经济政策中用于调节总需求与总供给平衡的一种重要手段。

延伸阅读

300亿元凭证式国债，5年期票面年利率5.32%

2015年3月10日财政部面向个人发行总额300亿元的2015年凭证式（一期）国债。2015年凭证式（一期）国债中三年期180亿元，票面年利率为4.92%；五年期120亿元，票面年利率为5.32%。本期国债发行期为2015年3月10日至2015年3月19日。

投资者提前兑取本期国债按实际持有时间和相对应的分档利率计付利息，具体为：从购买之日起，本期国债持有时间不满半年不计付利息，满半年不满一年按年利率1.66%计息，满一年不满两年按3.39%计息，满两年不满三年按4.41%计息；五年期本期国债持有时间满三年不满四年按4.91%计息，满四年不满五年按5.05%计息。

投资者购买的凭证式国债从购买之日开始计息，到期一次还本付息，不计复利，逾期兑付不加计利息。各期凭证式国债发行公告日至发行结束日，如遇中国人民银行调整金融机构人民币存款基准利率，利率调整日（含）以后发行的当期凭证式国债利率及提前兑取分档利率的调整情况另行通知。

（资料来源：京华时报，2015）

本章小结

1. 国债是政府债务的具体体现，国债是整个社会债务的重要组成部分，具体是指中央政府在国内外发行债券或向外国政府和银行借款所形成的国家债务。国债种类多，发行方式多样化，为政府资金的筹措起到了重要保障。
2. 国债的作用体现在以下三方面：弥补财政赤字；调节经济运行；筹集建设资金。
3. 国债制度是一国经济制度的重要组成部分，良好的国债管理制度既可以保证财政收支的平衡，又可以对经济制度起到调控和缓冲作用，因此现代国家普遍重视对国债的管理，同时注重完善本国的国债制度建设。
4. 由于受各种因素的制约，单纯从国债规模的绝对数无法明确表明国债规模是否合理，只有采用相对指标才更具有现实意义。国债规模的评价指标主要有债务负担率、债务依存度和偿债率三个指标。
5. 国债的经济效应包括国债的资产效应、国债的需求效应和国债的供给效应。

思考题

1. 简单说明我国国债发行阶段的历史演进。
2. 简析国债的功能。
3. 如何理解国债的负担？
4. 改进国债期限结构对完善我国国债体系有什么意义？
5. 请结合现实分析我国的公债负担问题。
6. 说明什么是国债负担和国债依存度？并阐明我国当前的情况。

第 13 章 政府预算与财政管理体制

本章提要

本章介绍了政府预算的含义、基本特征以及所遵循的原则，掌握政府预算分类和主要功能；在此基础上介绍了政府预算的编制基础、编制机构和时间、编制程序，以及政府预算的审批、执行和决算；重点阐述了我国财政管理体制的改革、现行分税制预算体制改革的主要内容及进一步的加强与完善的措施。

13.1 政府预算概述

13.1.1 政府预算及其分类

13.1.1.1 政府预算的产生

世界最早的现代意义的预算产生于 17 世纪的英国。"预算"一词，英文为"budget"，本意是"皮包"。"budget"开始具有"预算"的含义，是源于 17 世纪的英国财政大臣经常携带装有财政收支账目的皮包(budget)出席财政法案会议，时间一长人们就用"budget"来指代政府财政收支计划。预算逐渐有了政府财政收支计划的含义，"budget"也就由"皮包"之意演变为现在的"预算"。

政府预算是比税收、国债都要年轻的一个财政范畴。现代政府预算制度最早出现在英国。1217 年英国《大宪章》规定，课税必须得到贵族和大地主代表会议的同意；1640 年英国资产阶级革命后，议会君主制的英国财政已受到议会的完全控制；1689 年通过的《权利法案》重申，不经议会批准通过，王室政府不得强迫任何人纳税或做其他缴纳；还规定了征税收入和财政支出都必须经过议会批准，并要求按年分配收支，在年前作出收支计划，提请议会审批和监督；1789 年议会通过了《联合国总基金法案》，把全部财政收支统一在一个文件中，至此有了正式的预算文件。美国国会在 1921 年通过了《预算审计方案》，正式规定总统每年要向国会提出预算报告。我国在清朝光绪三十四年(1908 年)颁布了《清理财章程》，1910 年正式编制了政府预算。到 20 世纪初，几乎所有国家都建立了政府预算制度。

13.1.1.2 政府预算的含义

西方经济学家通常从几个角度定义预算。在家计经济学中，预算被定义为一定时期内家庭生活支出的计划安排；在有关宏观经济政策的讨论中，预算被视为执行财政政策的有效途径；在政治生活中，预算被解释为政府行政首脑每年向立法机关呈送的文件。

但就公共财政本身而言，预算是指政府预算，是政府每一财政年度的全部公共收支结构一览表。简而言之，政府预算是指由政府编制经法定程序批准，具有法律效力和制度保障的年度财政收支计划，全面反映了政府活动的内容、范围和政策取向。它规定着政府收支规模、结构和平衡状况，成为政府参与国民收入分配的重要工具以及管理社会经济事务和调控社会经济活动的主要经济杠杆，在整个国家的政治经济活动中具有重要的地位和作用。政府预算的本质是受民主程序控制的财政收支计划，这也是现代预算区别于古代财政收支计划的根本所在。作为政府公共财政收支计划的政府预算有两方面的含义：

(1) 国家年度财政收支计划

从财政管理的形式来看，政府预算是由政府编制，经过国家权力机关按一定的法律程序审查批准，具有法律效力的国家年度财政收支计划。它规定了年度内政府财政收支的项目、内容和应达到的指标及其平衡状况。政府预算编成后，经立法机关审查通过公布，成为具有法律效力的计划文件，政府负有贯彻执行的责任，并以政府预算为法律依据，按照政府预算规定的收入支出的项目内容，组织财政分配活动，保证国家实现其职能的物质需要，达到政府编制年度预算的目的。我国政府预算不仅是国家财政计划，而且是国家的基本财政计划，预算内容则体现国家与全体劳动人民根本利益一致的分配关系。

(2) 法定程序审批的法律文书

政府预算从形成的程序来看，是年度财政收支计划经法定程序审批后而形成的法律文件。政府预算必须受到约束，一旦经权力机构审批就具有法律效力，政府必须贯彻执行，不能任意修改，如需修订要经权力机构批准。政府预算方案制订后由立法机关审核批准，可以法律明确的责任和义务，同时为监督机构监督检查契约的履行情况提供依据。预算作为一个说明法律义务的工具和说明职责的手段，政府机关有义务对各项资金和使用资金的项目进行恰当的安排，这一安排必须经过法律程序进行审批，使行政机构和立法机关的意图达到统一、协调后才能形成有效的法律文书。现代预算的政治改革在于以法律约束消除旧预算制度的封建性、专政性因素，推进民主化。

13.1.1.3 政府预算的分类

最初的政府预算十分简单，政府将财政收支数字按一定程度填入特定的表格，政府预算就形成了。因此，通常将政府预算称为政府收支一览表。但是，随着社会经济生活和财政活动逐渐复杂化，政府预算逐渐形成包括多种预算内容和预算形式的复杂系统。对政府预算进行科学、合理的分类，是进一步认识和研究政府预算的前提。

(1) 按照预算组织形式划分

①单式预算　是传统的预算形式，即将国家一切财政收支编入一个预算，通过统一的表格来反映，而不去区分各项或各种财政收支的经济性质。这种预算形式简单清晰，在审核时一目了然，能从整体上反映年度内政府总的财政收支情况，既便于控制和监督政府各部门的活动，又可明确显示预算是否平衡。但由于没有把全部收入按经济性质分列和汇集平衡，不便于经济分析和有选择地进行宏观经济控制；同时，支出沿用按性质分类，不能说明支出的效率，也不便于进行年度间和部门间的比较。

②复式预算　是在单式预算的基础上发展演变而成的，是将同一预算年度内的全部收入和支出按经济性质汇集划分，分别汇编两个或两个以上的收支对照表，以特定的预算收

入来源保证特定的预算支出，并使两者具有相对稳定的对应关系，一般分为经常预算和资本预算。其中，经常预算主要以税收为收入来源，以行政事业项目等经常性政务为支出对象；资本预算主要以国有资产收入、国债为收入来源，用于营利性的经济建设支出。在资本有限、政府投资比重较大的情况下，资本账户有衡量不同支出的好处；在制订长期计划时，采用资本预算可对公共长期投资进行较为有效的管理。复式预算区分了各种收入和支出的经济性质及用途，明确揭示了财政收支的分类状况，便于政府权衡支出性质，合理地安排使用各类资金；同时，把预算分为资本预算和经常预算两类，它们分别以各自来源应付各自的支出，各自平衡，打破了预算完整性原则和传统的收支平衡观念；最后，把国债收入列为资本预算的正常收入项目，使得资本预算总是平衡的，只有经常预算才有可能存在差额。

因此，从功能上看，单式预算具有较强的综合功能，能够全面反映当年财政收入的总体情况，有利于全面掌握国家财政状况，但不能有效地反映财政收支的结构和经济项目的收益。复式预算对总体情况的反映功能比较弱，但能明确反映出财政收支的结构和经济建设项目的效益。

(2) 按照预算编制方法划分

①增量预算　是指政府财政收支计划指标是在以前预算年度的基础上，按新的预算年度的经济发展情况加以调整之后确定的。它比较简单易编，对增量部分的控制与管理较好，但对基数部分的控制与管理较松。

②零基预算　是指政府财政收支计划指标只以新的财政年度的经济社会发展情况为依据，而不考虑以前年度的财政收支基数。它之所以称为"零基"，就是因为它的计划起点为零，是"从零开始"之意。因它没有基数，故对整个预算收支的控制都较严格，可避免浪费，节省预算资金。但也正因为没有基数，所以工作量大，费时费力。零基预算的做法是：不只是对新的扩充部分加以审核，而且要对所有正在进行的预算支出申请都重新审核，以提高资金使用效率，从而达到控制政府规模、提高政府工作效率的目的。

世界各国的预算，无论是单式预算或是复式预算，主要仍采用增量预算法。零基预算事实上还未成为确定的编制预算的一般方法，通常只用于具体收支项目上。我国预算编制长期以来采取增量预算法，近年来有些地区试行零基预算法，并取得一定的成效和经验。

(3) 按照预算编制的政策重点划分

①投入预算　是指传统的线性预算，在编制、执行时强调严格遵守预算控制规则，限制甚至禁止资金在不同预算项目之间转移。其优点是有利于预算管理的规范化、制度化，也便于立法机关审议。不足之处体现在，如果不重视产出，不能有效控制行政机构和人员编制，预算支出效率低下，这些规则的实际意义就会大打折扣。

②绩效预算　与投入预算相反，绩效预算强调预算的投入—产出关系，即政府公共产品与提供成本的比较。绩效预算是美国在 1949 年首次提出的一种预算方法，是政府部门按所完成的各项职能进行预算，将政府预算建立在可衡量的绩效基础上，即干多少事拨多少钱。绩效预算由绩、效、预算三个要素构成。"绩"是指财政支出所要达到的目标，"效"是指用具体指标评估完成目标的情况和取得的成绩，"预算"是指财政为这一支出目标提供的拨款额。

绩效预算与传统预算方法的不同之处在于，它把市场经济的一些基本理念融入公共管理，从而有效地降低了政府提供公共产品的成本，提高了财政支出效率。此外，它关注的不是预算的执行过程，而是执行结果，不是政府的钱够不够花、怎么花，而是这些钱花得有没有实效。绩效预算的优点表现为，可以提高预算资金利用效率，以最小的成本为社会提供更好的服务；其不足则在于利用成本效益分析方法研究政府预算的投入产出关系，存在某些技术上的困难。

（4）按照预算的级次划分

①中央预算　是指经法定程序审查批准的，反映中央政府活动的财政收支计划，是中央履行职能的基本财力保证。中央预算主要承担国家的安全、外交和中央国家机关运转所需的经费，调整国民经济结构、协调地区发展、实施宏观调控的支出以及由中央直接管理的事业发展支出，因而在政府预算体系中占主导地位。

②地方预算　是指经法定程序审查批准的，反映各级地方政府收支活动计划的总称。它是政府预算体系中的有机组成部分，是组织、管理政府预算的基本环节。在我国，地方预算包括了省、市、县、乡（镇）预算。我国政府预算收入的绝大部分来自地方预算，在政府预算支出中，也有相当大的部分通过地方总预算来实现。它担负着地方行政管理和经济建设、文化教育、卫生事业以及抚恤等支出，特别是支援农村发展的重要任务。因此，它在政府预算中居于基础性地位。

一般来说，有一级政府就有一级财政收支活动主体，也就有相应的一级预算。目前，大多数国家都实行多级预算。

（5）按照预算收支管理范围划分

①总预算　是指各级政府的财政收支计划，它由汇总的本级政府的部门预算和汇总的下级政府总预算组成，每一级地方总预算都由本级预算和汇总的下级预算构成。在中国，各省级预算汇总形成的地方总预算与中央预算再进行汇总，可形成全国的预算，从而形成完整的国家预算体系。

②部门预算　是由各级政府的各个部门编制的，将原来按支出功能分散在各类不同预算科目的资金，统一编制到使用这些资金的部门，反映各个政府部门所有的收入和支出情况。通俗地讲，部门预算就是一个部门一本预算。部门预算由本部门所属各单位的预算组成。

③单位预算　是指列入部门预算的国家机关、社会团体和其他单位的收支预算。它是由事业行政单位根据事业发展计划和行政任务编制的，并经过规定程序批准的年度财务收支计划，反映单位与财政之间的资金领拨、缴销关系和事业计划、工作任务的规模和方向，也是各级总预算构成的基本单位。根据经费领拨关系和行政隶属关系，单位预算可分为一级单位预算、二级单位预算和基层单位预算。

（6）按照预算作用的时间划分

①年度预算　是指时间跨度为一年（预算年度）的标准预算。无论是日历年制，还是跨年制，只要时间是一个财政年度的预算都是年度预算。年度预算的编制技术要求相对容易，它只是一种提前一年编制的预算，工作量少，预测的不确定性小，编制起来也比较简单。

②中长期预算 也称中长期财政计划，一般一年以上十年以下的计划称中期计划。市场经济国家通常是编制五年的中长期计划，十年以上的计划称长期计划。多年度预算的编制技术要求相对严格，它是一种提前两年以上编制的预算，工作量大，预测的不确定性大，编制起来也比较复杂。在市场经济条件下，经济周期性波动是客观存在的，而制订财政中长期计划是在市场经济条件下政府进行反经济周期波动，从而调节经济的重要手段，是实现经济增长的重要工具。随着我国市场经济体制的日益完善和政府职能的转变，中长期财政计划将日益发挥其重要作用。

长期以来，我国一直采用的是年度预算编制技术和管理模式，自2003年开始我国开始采用三年滚动预算编制技术和管理模式。随着中央和省两级编制《2004—2006年财政发展滚动计划》的启动，我国的预算编制技术和管理模式也开始迈上一个新台阶。

(7) 按照预算的法律效力划分

①正式预算 一般来说，凡政府依法就各个财政年度的预计收支编成预算草案，经立法机关审核通过后，宣告预算的正式成立，即正式预算，又称本预算。

②临时预算 为解决预算成立前的政府经费开支，允编制暂时性的预算，作为在正式预算成立以前进行财政收支活动的依据。

③追加(修正)预算 正式预算在执行过程中，由于情况的变化需要增减其收支时，须再编制一种预算作为正式预算的补充，即追加预算或修正预算。把追加预算或修正预算与正式预算汇总执行，称为追加(修正)后预算。

13.1.2 政府预算的特征

政府预算作为一个独立的财政范畴，是经济发展到一定历史阶段的产物，并在其发展演变中逐步形成了自己独特的、内在的、质的规定性。市场经济条件下政府预算的基本特征如下：

(1) 计划性

"预算"就是预先的计算，是事先对活动进程进行安排的计划。因此，所谓"政府预算"，就是一种事先确立的收支计划，就是政府开展收支活动必须遵循的计划。换言之，政府预算的直接表现形式就是"计划"，就是政府为下一年度财政收支编制的计划。而计划具有预测性，预测性是指政府通过编制预算可以对预算收支规模、收入来源和支出用途做出事前的设想和预计。各级政府及有关部门一般在本预算年度结束以前，需要对下一年度的预算收支做出预测，编制出预算收支计划，进行收支对比，进而研究对策。预测与实际是否相符以及能否实现，取决于预测的科学性和民主化程度，也受预算执行中客观条件变化以及预算管理水平和预算管理手段的影响，但提高预测的准确度是最重要的。

(2) 法治性

政府预算的法治性，指编制的国家预算一旦经过国家最高权力机构批准就具有法律效力，必须贯彻执行。违背政府预算就是违法行为，就要受到法律的追究和制裁。政府预算与一般的财政经济计划不同，它必须经过规定的程序，并最终成为一项法律性文件。各国的宪法和预算法都明确规定立法机构在预算审批方面的权限和职责。《中华人民共和国宪法》和《中华人民共和国预算法》明确规定各级人民代表大会有审查批准本级预算的职权。

各级预算确定的各项收支指标经国家权力机关审查、批准下达后，就具有法律强制性，各级政府、各部门、各单位都必须维护国家预算的严肃性、权威性，严格贯彻执行，并保证预算收支任务的圆满实现。未经法定程序，任何部门、组织和个人均不得擅自改变批准的预算。

（3）归一性

政府预算制度的归一性，指的是所有的政府收入和支出，都应当纳入政府预算，都必须处于政府预算的约束和规范下。预算内容应包含政府的一切事务所形成的预算收支，不准少列收支、造假账、预算外另外预算，应体现预算的完整性。《中华人民共和国预算法》规定："政府的全部收入和支出都应当纳入预算"。政府正是通过预算进行集中性分配以满足社会共同需要，反映国家方针政策，全面体现政府年度整体工作安排和计划，使预算成为政府各项收支的汇集点和枢纽。

（4）年度性

预算年度指预算收支的起讫时间，通常为一年。预算年度是各国政府编制和执行预算所依据的法定期限，体现预算的时效性。预算年度有历年制和跨年制两种形式：历年制是按公历计，如我国预算年度自公历1月1日起，至12月31日止。跨年制主要考虑国会会期、税收与工农业经济的季节相关，以及宗教和习俗等因素，如美国预算年度自公历10月1日起，至次年9月30日止。在预算年度内，预算工作的程序按时序通常包括预算的编制、预算的执行和决算评估等环节，各环节在年度内依次递进，在年度之间也循环往复。政府预算内容的时效一般也以年度计算，很多国家除年度预算外，还编制五年或十年的中长期预算作为计划的周期预算，实质上就是多年预算，20世纪60年代以来，一些发达市场经济国家开始在年度预算以外编制不同形式的多年周期预算，或直接改造原来的年度预算而成为周期预算，但法定预算仍以年度为时限。

（5）公开性

预算作为公开性的法律文件，内容必须明确，以便于全社会公众及其代表能理解、审查。政府预算收支计划的制订、执行以及决算的全过程也必须向公众全面公开，一般是采取向权力机构提交预算报告的形式阐述预算编制的依据，执行过程中为保证政府预算实现而采取的措施，同时报告上一年度政府预算的执行情况和结果，即决算报告。国家预算是指各级政府预算和单位预算的编制、执行和决算的全部过程，要经过国家权力机关审批，预算草案经审议通过后还要通过新闻媒介向全体公众公布。此外，政府预算还包括政府全部的财政收支，反映政府的收支活动，具有完整性。政府预算是在上一年度预算执行的基础上编制的，必须具有可靠性。

13.1.3 政府预算的主要功能

（1）控制政府规模，提高公共资金使用效率

政府公共机构的膨胀和公共支出的增加是困扰世界各国的难题。对此最有效的方法就是釜底抽薪，即从控制政府公共支出着手进行抑制。预算就是控制政府公共支出的有效手段。

（2）反映政府活动的深度、广度和政策取向

政府预算将政府的公共收支分门别类地记载在统一的表格之中，全面反映了政府活动的内容、范围和方向，体现了政府的政策意图。政府资源配置、收入分配和稳定经济的三大职能，均可在预算中得到体现。政府为实现其职能主要通过政府预算参与国民收入的分配和再分配，集中必要的资金，用以满足社会的公共需要。预算收支活动体现财政分配活动中的筹集和使用资金两个方面。预算收入来源和支出用途全面反映政府的经济活动，体现政府集中财政资金的来源规模、去向用途，并在一定程度上反映社会经济发展的规模、比例、速度和效益。

(3) 政府预算是政府提供公共产品、进行资源配置、实现职能的重要工具

公共产品具有非排他性和非竞争性，市场不能有效地提供，往往需要政府预算对其进行资源的配置。政府预算集中资金只是手段，分配资金满足国家各方面需要才是目的。国家根据社会共同需要，将集中的国民收入——预算收入在全社会范围内进行再分配，合理安排各项支出，保证重点建设、行政、国防和文教科卫等方面的需要，用于维持政府活动，为公共产品提供必要的财力保证。同时，预算支出的结构比例、去向用途体现国民经济和社会发展以及政府各部门之间的比例关系，在一定程度上影响着整个社会资源的配置。

(4) 政府预算是以计划为基础进行宏观调控的重要杠杆

预算必须以国民经济和社会发展计划为基础。公共预算既是国民经济计划在财力上的主要反映，又是实现经济发展、社会进步以及进行宏观调控的财力保证。预算收入主要来源于国民经济各部门，预算支出主要用于各项经济和科技文教建设事业，并对国民经济和社会发展计划起积极的促进和制约作用。预算调控作用主要从三个方面实现：①控制社会总供求。预算收支总规模可直接或间接影响社会总供求，其中主要通过预算支出控制社会总需求，用总需求制约总供给，使之保持基本平衡。②调节结构。通过预算支出结构来调节国民经济结构，调节产业结构，协调国民经济的重大比例关系，促进生产要素的优化配置和经济效益的提高。③公平分配关系。预算管理体制是划分预算收支范围和预算管理权责，处理中央和地方、地方之间、行业之间财政分配关系的根本制度，合理分配各地区的财力，可适当缩小地区间的经济社会发展差距。

(5) 政府预算综合反映和监督经济运行状态

政府预算综合性强、联系面广，预算的一收一支涉及一系列的财政分配关系。政府预算通过其收支活动和收支指标，反映政府活动的范围和方向、政府各部门的情况，以及国民经济和社会发展各方面的活动。预算收入反映国民经济发展规模和经济效益水平，预算支出反映各项建设事业发展的基本情况。因此，通过政府预算的编制和执行，可以掌握国民经济的发展趋势，发现国民经济发展中存在的问题，从而及时采取对策措施，促进国民经济稳定、快速、健康地发展。预算部门运用信息优势，可以通过对比分析，从宏观方面反映国民经济发展的情况和存在的问题，为决策部门提供经济信息，不断提高宏观经济效益。

13.1.4 政府预算原则

政府预算原则是指国家选择预算形式和体系以及编制国家预算应遵循的指导思想和方针。自国家预算产生之后，就开始了对预算原则的探讨和争论，曾形成各种各样的思想和主张。时至今日，影响较大并为世界大多数国家所接受的预算原则，主要有以下几点：

(1) 统一性原则

尽管各级政府都设有各该级财政部门，也有相应的预算，但这些预算都是国家预算的组成部分，所有地方政府预算连同中央预算共同组成统一的国家预算。这就要求设立统一的预算科目，每个科目都要严格按统一的口径、程序计算和填列。

(2) 完整性原则

政府预算的完整性原则要求政府的预算应包括政府的全部预算收支项目，完整地反映以政府为主体的全部财政资金收支活动情况。不得打埋伏、做假账，国家允许的预算外收支，可以另编预算外收支预算，但应在国家预算中有所反映。

(3) 权威性原则

各级人民代表大会是审议批准各级政府预算的唯一法定机构。政府预算经审议通过，任何人均无权随意调整预算收支。

(4) 可靠性原则

每一收支项目的数字指标，必须运用科学的计算方式，依据充分，资料确实，不得假定、估算，更不准任意编造。预算的编制和执行要以国民经济和社会发展计划为依据，违背客观经济规律而进行预算的编制和管理，将有碍于国民经济和社会发展的良性循环。预算的真实性要求预(决)算的各项数字必须准确、真实、可靠，既反对隐瞒收入或支出留有缺口，又反对虚收行为或虚列支出。

(5) 年度性原则

任何一个国家预算的编制和实现，都有时间上的界定，即所谓预算年度。所谓预算的年度性原则，是指政府必须按照法定预算年度编制预算，这一预算要反映全年的财政收支活动，同时不允许将不属于本年度财政收支的内容列入本年度的国家预算之中。

应当指出，上述预算原则是就一般意义而言的，不是绝对的。一种预算原则的确立，不仅要以预算本身的属性为依据，而且要与本国的经济实践相结合，要充分体现国家的政治、经济政策。一个国家的预算原则一般是通过制定相关法律来体现的。

13.2 政府预算的编制、审批、执行与决算

预算周期管理是政府预算管理的一项重要内容。政府预算周期起于财政年度的开始以前，而止于财政年度的结束之后。预算管理周期由预算编制、预算审批、预算执行、政府决算四个阶段构成。

13.2.1 政府预算的编制

政府预算编制是预算计划管理的起点，是预算计划管理的关键环节。政府预算需要按照一定的程序进行编制，还需要按法定程序进行审批。一个编制合理、均衡的预算计划，是政府预算能否顺利实现的前提。

(1) 预算编制的会计基础

政府预算编制的会计基础是收付实现制和权责发生制。根据会计计量的时间不同，会

计模式又可分为四大类：现收现付制、修正的现收现付制、修正的权责发生制和权责发生制。

在我国现行的预算会计制度中，总预算会计、行政单位会计与事业单位会计（经营性业务除外）都实行收付实现制，这是与我国目前投入控制型的预算管理模式相适应的。随着我国社会主义市场经济体制的建立和发展，收付实现制基础已经显露出若干重大缺陷，它无法全面准确地记录和反映政府的财务状况，难以真实、准确地反映各政府部门和行政单位提供公共产品和公共服务的成本耗费与效率水平。在我国预算会计制度改革、财政管理改革和经济发展的进程中，已经产生了采用权责发生制的客观必要性。

财政总预算会计核算应渐进式地引入权责发生制。

①权责发生制应用范围的选择　建议在各级政府的会计和财务报告中采用统一的权责发生制基础，而在预算中仍保留收付实现制，以利于信息处理的简化和预算制度的稳定性。

②权责发生制应用程度的选择　采用修正的权责发生制，即在采用权责发生制的同时，保留了一定程度和范围的收付实现制。财政收入上还应以收付实现制为宜，只对一部分有政府政策承诺的、可计量的负收入（补贴）采用权责发生制。对于资本性支出项目，应当一方面按收付实现制确认为预算支出；另一方面应当按权责发生制确认为政府产权、债权增加，在第一阶段暂不计提政府固定资产的折旧。对于揭示和防范风险相关的项目（显性债务、或有隐性债务）进行权责发生制核算或披露。

（2）政府预算的编制机构和时间

政府预算的编制是整个预算周期的开始。预算的编制是由政府机关负责的，因而预算的编制与政府行政机构体制有十分密切的关系。预算的编制工作基本上可以分为两大步骤：一是预算草案的具体编制；二是概算的核定。根据各国主持具体编制工作的机构不同，可把编制预算草案分为两种类型：

①由财政部主持预算编制工作，是指由财政部负责指导政府各部门编制支出预算草案并审核和协调这些草案。同时，根据各种经济统计资料和预测，编制收入预算草案。最后，综合收入和支出两个部分，把预算草案交付有法定预算提案权或国会审议权的个人或机构核定。属于这种类型的国家主要有英国、德国、意大利、日本和中国等。

②由政府特设的专门预算机关主持预算编制工作，而财政部门只负责编制收入预算。分开编制预算，是想通过这种方式来加强预算编制工作，保证支出和收入有更多的合理性和科学性，避免财政部统编支出和收入预算可能带来的各种矛盾。属于这种类型的国家有美国和法国等。预算的核定与国家的政体相联系，西方国家预算的核定有三种类型：由总统核定预算草案，如美国；由内阁核定预算草案，如英国、法国；由委员会核定预算草案，如瑞士等。

各国预算编制工作开始的时间不尽相同。美国的预算编制工作是从财政年度开始前的18个月开始，而我国的预算编制一般在财政年度开始前的一个季度才开始。各国预算编制的具体过程一般是：财政部受国务院委托首先向各地方、各部门发出编制预算的通知和具体规定，然后各地方、各部门编成预算估计书提交财政部门，最后由财政部门审核汇编。

(3) 预算编制的一般程序

政府预算编制的程序因各国政治制度的差异而各不相同，但一般认为，最健全、最便于执行的预算编制程序应包括以下三个步骤：

①政府最高行政机关决定预算编制的方针政策　国家在某一时期内的行政方针政策是由政府最高行政机关研究制定的，同时，各项行政和基金建设计划也相应确定下来。政府最高行政机关依据行政方针和计划，对全年的预算收入如何分配于各项事业之中，应做整体性的安排决定。政府财政机关则在行政机关方针政策的指导下，具体安排预算收支计划。同时，地方各级政府最高行政机关依据国家最高行政机关预算编制的方针政策，制定本地方的预算编制方针政策，并由本级财政部门具体贯彻执行。

②各部门，各单位具体负责编制预算　中央和地方各部门根据本级政府行政机关编制预算的要求和本部门各单位事业计划的安排，具体部署本部门各单位预算的编制。各部门对所属单位的预算经审核汇总成为部门预算草案。

③财政部门汇总和审核　各级政府财政部门具体负责审核本级各部门的预算草案，编制本级预算草案，并汇编下级政府上报的下级预算草案，形成本级总预算草案。通过各级财政部门层层汇总上报，最后由财政部汇编成为总的全国政府预算草案，提交权力机构批准。

(4) 我国政府预算编制程序

为了及时、准确、完整地编制政府预算，各级政府、各个部门、各个单位都必须严格遵循政府预算编制程序。我国政府预算的编制程序如下：

①国务院下达关于编制下一年度政府预算草案指示，财政部根据国务院指示部署编制政府预算草案的具体事项。国务院的指示和财政部布置的内容一般包括：编制政府预算的方针、政策和任务；制定主要收支预算具体编制的原则和要求；制定各级预算收支的划分范围、机动财力和管理权限变动的使用原则；制定预算编制的基本方法，修订政府预算收支科目，制定统一的预算表格和报送期限，等等。

②中央各部门根据国务院的指示和财政部的部署，结合本部门的具体情况，提出编制本部门预算草案的要求，具体布置所属各单位编制预算草案。

③省、自治区、直辖市政府根据国务院的指示和财政部的部署，结合本地区的具体情况，提出本行政区域编制预算草案的要求。

④县级以上地方各级政府财政部门审核本级各部门的预算草案，编制本级政府预算草案，汇编本级总预算草案，经本级政府审定后，按照规定期限报上一级政府。

⑤财政部审核中央各部门的预算草案，编制中央预算草案；汇总地方预算草案，汇编中央和地方预算草案。

⑥县级以上各级政府财政部门审核本级各部门的预算草案时，发现不符合编制预算要求的，予以纠正。在汇编本级总预算时，若发现下级政府预算草案不符合国务院和本级政府编制预算要求的，应及时向本级政府报告，并由本级政府予以纠正。

13.2.2 政府预算的审批

预算的审查批准与政府预算编制的属性一样，各国政府预算的审查批准通常有一套较为严格、周密的审查批准内容、手续及程序。世界各国批准政府预算的权力都属于立法机构。在市场经济国家中，批准政府预算的机构是议会。不论是实行一院制还是两院制的议会制国家，其预算的具体审核工作是由议院中的各种常设委员会与下属的各种小组委员会进行，最后将审议意见交议院大会审议表决。我国实行人民代表大会制度，《中华人民共和国宪法》规定，各级人民代表大会有"审查和批准国家预算、预算执行情况的报告"的职权。

为确保财政支出总额得到控制，许多国家的预算草案要进行两阶段表决：先就预算总量投票表决，而拨款和部门间资源配置则放在第二阶段来投票表决。这一程序旨在控制支出总量的限额和全面的财政约束。通过建立强有力的专门委员会，立法机关得以发展其专业技能去审查预算草案，并在制定预算决策过程中发挥更大的作用。一般而言，不同的委员会处理预算管理涉及不同层面的问题。例如，财政/预算委员会审查收入和支出；公共账目委员会确保合法性和审计监督；部门或跨部门委员会负责部门政策以及审查部门预算。在这些委员会之间应进行有效的协调。为了对预算实施详细审查，法定预算程序中需要为相关委员会预留充足的时间来完成这项工作。同时，立法机关及其委员会应有独立的专家队伍对预算进行系统地审查，进而有助于加强立法机关审查预算的能力。

13.2.3 政府预算的执行

政府预算草案经过人民代表大会的立法程序后，就成为正式的法案，进入政府预算的执行阶段。政府预算执行是指各级财政部门和其他预算主体在组织政府预算收入、安排政府预算支出、组织预算平衡和行使预算监督中的实践性活动，它是实现政府预算收支计划的关键环节，是把政府预算由可能变为现实的必经步骤。按照《中华人民共和国预算法》的有关规定，我国预算执行阶段是从当年1月1日至12月31日，具体工作由财政部门负责。

(1) 政府预算执行的特点

①政府预算执行是一项经常性的工作　从整体预算管理工作来看，预算和决算的编制工作一般在时间上相对集中，而预算收支的执行工作则是从财政年度开始到结束，每天都要进行的一项经济性工作。

②政府预算的执行是实现政府预算各项收支任务的中心环节　编制政府预算时，政府预算的目标计划是根据当时国家政治经济形势和国民经济与社会发展计划以及有关财政收支的规律确定的，并不意味着这个计划可以自行实现。要真正实现这一目标，就必须依靠全国各地、各部门和各单位，在整个预算年度的每一天进行大量艰苦细致的组织执行工作，才能达到预算的目标。

③政府预算的执行情况和结果是政府预算编制的基础　年度预算是预算执行的依据，当年政府预算的执行情况和结果又是设计下一个年度政府预算的基础。只有做好预算执行工作，才能为设计下年度政府预算提供良好的依据。

(2) 政府预算执行的任务

①组织预算收入　这是预算执行的首要任务。政府预算收入的执行必须制定完善的组织收入的各项规章制度；根据政府预算收入计划和核定的季度执行计划组织收入，保证及

时、足额入库。同时，要求组织和管理预算收入的机构和人员依据法律、法规和规章，积极组织预算收入，确保中央和地方预算收入任务按期完成。

②安排预算支出　指政府预算支出的财政部门、上级主管部门和国家金库通过国家规定的办法，向用款单位进行拨付财政资金的分配活动。预算支出应根据支出执行需要，制定和完善有关制度和办法。根据年度支出计划和季度计划，按照预算拨款诸原则，把财政资金拨付给用款单位，保证国家各项计划的完成。要按照政府预算核定的预算支出指标、规定的支出用途和各项事业的计划、进度、程序等，及时、合理地拨付预算资金。

③组织预算平衡　人们对客观经济及社会发展的认识存在局限性，政府预算编制不可能与实际情况完全吻合，加上收支的季节性和某些突发事件等因素的影响，经常会出现预算收支的变化，从而激化预算收支矛盾。因此，在预算执行过程中，需要随着客观情况的变化组织新的平衡。财政部门要根据客观情况的变化，如根据预测设计的偏差、发生特大自然灾害、国家政策调整、财政税收制度变化以及社会经济发展的新情况等调整预算，组织新的预算平衡，保证国家预算收支任务的实现。

④行使预算监管　政府预算行为本身是为政府一定时期内的一定政策目标服务的。因此，政府部门为了确保政策目标的实现，一方面要建立一个良好的预算执行控制程序，加强预算监督，严格执行公共预算管理制度，监督检查各地方、各部门，促使其正确地贯彻执行各项财政、财务、税收法令和制度；另一方面，将控制的重心转向预算绩效，要求支出部门和机构对预算资源使用的结果负责。在产出控制模式下，为确保最有效地实施政府政策和规划并实现预定的绩效，在不改变由立法机关通过的预算中所阐明的政策、不损害宏观经济稳定目标的基础上，在预算确立的政策框架下，赋予支出部门和机构足够的灵活性来管理自己的资源；同时，评估并防范、化解预算收支活动所形成的各种财政风险。

(3) 政府预算的调整

政府预算的调整是政府预算执行的一项重要程序。由于人们的主观认识不可能完全符合客观实际，政府预算的各种收支安排不可能完全准确无误，同时宏观环境的发展变化也会造成预算收支不断变化。为了解决预算执行中出现的新问题，保障预算过程中的平衡和预算执行任务的完成，有必要对预算进行及时调整。

所谓政府预算的调整，是指经过批准的各级政府预算，在执行中因特殊情况需要增加支出或者减少收入，使总支出超过总收入或使原举借债务的数额增加的部分变更。按调整幅度不同，预算调整可以分为全面调整和局部调整。

①全面调整　国家对原定国民经济和社会发展计划做较大调整时，政府预算也相应对预算收支进行大调整，涉及面广，工作量大，实际上等于重新编制政府预算。一般是在第三季度或第四季度初进行。全面调整并不经常发生。

全面调整由国务院提出调整预算计划，上报全国人民代表大会审查批准，然后下达各地区、各部门执行。财政部门和主管部门经过上下协商、反复平衡，最后确定政府预算收支的新规模。

②局部调整　局部调整是对政府预算进行的局部变动。在政府预算执行中，为了适应客观情况的变化，重新组织预算收支平衡是经常发生的。预算调整的方法包括：

动用预算后备基金：预算后备基金包括预备费和预算周转金。预备费是各级总预算中预留的不规定具体用途、专门用于解决某些意外支出需要的资金；预算周转金是为了平衡预算收支季节性差异、应付资金周转需要而用历年预算结余设置的专项资金。

预算追加追减：在原核定预算收支总数不变的情况下，追加追减预算收入或支出数额。各部门、各单位需要追加追减收支时，均应编制追加、追减预算，按照规定的程序报经主管部门或者财政部门批准后，财政机关审核并提经各级政府或转报上级政府审定通过后执行。政府财政办理追加追减预算时须经各级人大常委会批准，方可执行。

经费流用：又称科目流用，是在不突破原定预算支出总额的前提下，由于预算科目之间调入、调出和改变资金使用用途而形成的预算资金再分配，而对不同的支出科目具体支出数额进行调整。为了充分发挥预算资金的使用效果，可按规定在一些科目之间进行必要的调整，以达到预算资金的以多补少、以余补缺。

预算划转：即由于行政区划或企事业、行政单位隶属关系的改变，在改变财务关系的同时，相应办理预算划转，将其全部预算划归新接管地区和部门。预算的划转应报上级财政部门；预算指标的划转由财政部门和主管部门会同办理；企事业单位应缴的各项预算收入及应领的各项预算拨款和经费，一律按照预算年度划转全年预算，并将年度预算执行过程中已经执行的部分——已缴入国库的收入和已经实现的支出一并划转，由划出和划入的双方进行结算，即划转基数包括年度预算中已执行的部分。

13.2.4 政府决算

所谓"政府决算"，是指经法定程序批准的年度预算执行结果的会计报告，是政府预算执行效果的总结，是预算管理过程中一个必不可少的、十分重要的阶段。政府决算由决算报表和文字说明两部分构成，通常按照我国统一的决算体系汇编而成，包括中央级决算和地方总决算。根据《预算法》规定，我国各级政府、各部门、各单位在每一预算年度终了后，应按国务院规定的时间编制决算，以便及时对预算执行情况进行总结。

决算分为编制、报送和审批三个环节。政府决算与政府预算体系构成一样，凡是编制预算的地区、部门和单位都要编制决算。各级财政机关是政府决算的编制机关。中央和地方各级政府的决算草案，具体由各级财政机关的预算部门负责编制。

我国政府决算包括中央决算和地方决算。中央决算由中央各部门(含直属单位)决算组成，并包括地方向中央上解的收入数额和中央对地方返还或者给予补助的数额。地方决算由各省、自治区、直辖市总决算组成。地方各级总决算由本级政府决算和下一级总决算汇总组成。地方各级政府决算由本级各部门(含直属单位)的决算组成。地方各级政府决算包括下级政府向上级政府上解收入数额和上级政府对下级政府返还或者给予补助的数额。各部门决算由本部门所属单位决算组成。

13.3 我国财政管理体制

13.3.1 分税制财政管理体制的主要内容

中国政府间财政关系的基本格局是1994年财政体制大改革时形成的。在此之前，经过十几年的改革以及1992年的分税制试点，中国于1994年起开始实行分税制财政体制，这是当时建立市场经济体制全面大改革的一个重要内容和组成部分。在此之前约半个世纪的时间内，中国经历了多次行政性分权和经济性分权的改革，但距离市场经济所要求的分权还有较大的差距。1994年我国财政体制改革是明确按照构建市场经济体制的要求进行的，分税制财政体制就是这次改革的重要内容，它初步构建了市场型政府间财政关系的基本框架。

针对财政包干体制的弊端，根据社会主义市场经济体制的基本要求并借鉴国外一些成功做法，要理顺中央与地方政府间的分配关系，必须实行分税制分级财政管理体制，即按中央与地方政府的事权划分，合理确定各级财政的支出范围；根据事权与财权相结合的原则，将税种统一划分为中央税、地方税和中央地方共享税，并建立中央税和地方税税收体系，分设中央与地方两套税务机构分别征管；科学核定地方收支数额，逐步实行比较规范的中央财政对地方税收返还和转移支付制度；建立和健全分级预算制度，硬化各级预算约束。

1994年我国的分税制改革涉及中央与地方、国家与企业以及一些部门利益关系的调整，牵连甚多，事关全局。因此，1994年的财政体制改革是遵循以下基本原则进行的：①正确处理中央与地方的分配关系，调动两方面的积极性，促进国家财政收入合理增长。这就要求既要考虑地方利益，调动地方发展经济、增收节支的积极性，又要逐步提高中央财政收入的比重，适当增加中央财力，增强中央政府的宏观调控能力。②合理调节地区财力分配，推动资源配置与产业结构的优化。③坚持统一政策与分级管理相结合的原则。划分税种不仅要考虑中央与地方的收入分配，还必须考虑税收对经济发展和社会分配调节的作用。④保持整体设计与逐步推进相结合的原则。分税制改革是中央与地方各级政府间利益格局的重新调整，涉及各个利益主体之间的矛盾，只能区分轻重缓急，通过渐进式改革先把分税制的基本框架建立起来，然后在实施中逐步完善。

1994年分税制预算体制改革的主要内容包括以下几点。

13.3.1.1 中央与地方事权和支出的划分

根据当时中央政府与地方政府事权的划分，中央财政主要承担国家安全、外交和中央国家机关运转所需经费，调整国民经济结构、协调地区发展、实施宏观调控所必需的支出以及由中央直接管理的事业发展支出。具体包括：国防费，武警经费，外交和援外支出，中央级行政管理费，中央统管的基本建设投资，中央直属企业的技术改造和新产品试制费，地质勘探费，由中央本级负担的公检法支出和文化、教育、卫生、科学等各项事业费支出。

13.3.1.2 中央与地方收入的划分

根据事权与财权相结合的原则，按税种划分中央收入和地方收入。将维护国家权益、实施宏观所必需的税种划分为中央税；将同经济发展直接相关的主要税种划分为中央与地方共享税；将适合地方征管的税种划分为地方税，充实地方税税种，增加地方税收入。分设中央与地方两套税务机构，中央税务机构征收中央税和共享税，地方税务机构征收地方税。收入具体划分如下：

①中央固定收入　包括：关税，海关代征的消费税和增值税，消费税，中央企业所得税，非银行金融企业所得税、各银行总行、各保险总公司等集中缴纳的收入（包括营业税、

所得税、利润和城市维护建设税),中央企业上缴利润等收入。外贸企业出口退税,除 1993 年地方实际负担的 20% 部分列入地方财政上缴中央基数外,以后发生的出口退税全部由中央财政负担。

②地方固定收入　包括:营业税(不含各银行总行、各保险总公司集中缴纳的营业税),地方企业所得税(不含上述地方银行和外资银行及非银行金融企业所得税),地方企业上缴利润,个人所得税,城镇土地使用税,固定资产投资方向调节税,城市维护建设税(不含各银行总行、各保险总公司集中缴纳的部分),房产税,车船使用税,印花税,屠宰税,农牧业税,农业特产税,耕地占用税,契税,国有土地有偿使用收入等。

③中央与地方共享收入　包括:增值税,资源税,证券交易(印花)税。增值税中央分享 75%,地方分享 25%。资源税按不同的资源品种划分,海洋石油资源税作为中央收入,其他资源税作为地方收入。证券交易(印花)税,中央与地方各分享 50%。

13.3.1.3　中央财政对地方税收返还数额的确定

为了保持地方既得利益格局,逐步达到改革的目标,中央财政税收返还数额以 1993 年为基期年核定。按照 1993 年地方实际收入以及税制改革和中央地方收入划分情况,核定 1993 年中央从地方净上划的收入数额(消费税 + 75% 的增值税 - 中央下划收入)。1993 年中央净上划收入,全额返还地方,保证地方既得利益,并以此作为以后中央对地方税收返还基数。1994 年以后,税收返还数额在 1993 年基数上逐年递增,递增率按本地区增值税和消费税增长率的 1:0.3 系数确定,即本地区两税每增长 1%,对地方的返还则增长 0.3%。如果 1994 年以后上划中央收入达不到 1993 年的基数,则相应扣减税收返还数额。

13.3.1.4　原体制中央补助、地方上解及有关结算事项的处理

为顺利推进分税制改革,1994 年实行分税制以后,原体制的分配格局暂时不变,过渡一段时间再逐步规范化。原来中央拨给地方的各项专款,该下拨的继续下拨。地方承担的 20% 出口退税以及其他年度的上解和补助项目相抵后,确定一个数额,作为一般上解或补助处理,以后年度按此定额结算。

13.3.1.5　配套改革和其他正常措施

为了使分税制能够顺利推行,政府采取了一些配套改革和其他政策措施:改革国有企业利润分配制度;同步进行税收管理体制改革;改进预算编制办法,硬化预算约束;建立适应分税制需要的国库体系和税收返还制度;建立并规范国债市场;妥善处理原由省级政府批准的减免税政策问题;各地区进行分税制配套改革。

13.3.2　分税制预算管理体制的进一步完善

13.3.2.1　现行分税制预算管理体制的成效与缺陷

几年来的实践证明,1994 年分税制财政管理体制改革,是我国财政管理体制上一次卓有成效的制度创新,初步建立起了与社会主义市场经济发展相适应的财政管理体制和运行机制。它明显地理顺了中央与地方的分配关系,调动了各级政府理财的积极性,建立了财政收入稳定增长机制;提高了中央财政收入占全国财政收入的比重,增强了中央的宏观调控能力;优化了财政税务机构的建设,改变了过去中央与地方"委托—代理"的征收关系,两套税务机构开始发挥效能,对分税制财政管理体制的正常运转和加强税收管理起到了重

要的保障作用；促进了地方各级政府理财思路的转变，使财源建设与产业结构调整和资源优化配置有效地结合起来。

但作为一项新的改革措施，分税制财政管理体制还有其自身的一些缺陷，需要继续加以改进。

(1) 政府事权和支出范围划分还不够科学、规范

政府职能的界定和政府间事权划分是分税制财政管理体制的基础。1994年财政体制改革是在当时中央与地方事权划分基础上进行的，基本维持了原来的支出范围。由于在市场经济体制下政府职能的重新界定是一个全新的课题，因此目前在政府与市场之间的关系上，仍然存在不够具体和规范的方面。这在一定程度上制约着政府的事权划分和财政收支划分。另外，中央政府与地方政府之间的事权和支出范围的划分，还缺乏明确的法律界定，政府间的职责权限不够明了，特别是在经济性事务的划分上较为模糊。

(2) 收入划分不尽合理、规范

分税制财政管理体制改革是与工商税制改革同时配套进行的，基本上是按照现行税制的税种划分收入，并已形成接近于目标模式的分配格局。但某些收入划分不够规范，随着经济体制改革的深入，仍需进一步调整。例如，现行分税制财政管理体制中，企业所得税还是按行政隶属关系进行划分。随着改革开放的深入，企业重组、合资、联营以及股份制等跨所有制、跨地区的企业组织形式不断涌现，这种按行政隶属关系划分企业所得税收入的作法越来越不适应形势的发展。

(3) 政府间财政转移支付制度不够规范、科学

实行分税制财政管理体制后，我国政府间财政转移支付由体制补助、税收返还、专项补助等多种形式构成，1995年之后又实行了过渡期转移支付办法，增加对一部分困难地区的补助。但是，目前的转移支付制度还不够规范、科学，离公共服务水平基本均等化的目标有很大差距。首先，分税制改革后实行的税收返还，按照国际货币基金组织实行的政府财政统计口径，属于一般性转移支付形式，但由于这是在原体制基数法上演变而来的，对地区间财力分配的均衡作用不明显。1995年后实行了过渡期转移支付办法，增加了中央财政对困难地区的补助，但由于中央财政本身比较困难，过渡期转移支付资金的规模还不够大。其次，中央对地方的专项补助（拨款）的分配和使用与财政分级管理的原则不相适应。相当一部分专款用于地方事权范围和支出，体现中央事权和宏观调控的作用不够，分配的办法也有待进一步规范。最后，中央政府有关部门管理的某些补助地方的资金，如预算内基本建设投资、技术改造、农业开发投资等，还没有统一纳入中央政府对地方的转移支付范畴，与财政转移支付资金的统筹运用存在脱节现象。

(4) 省级以下财政管理体制还不够完善

近几年，各地按照中央对省的分税制改革的基本原则与模式，结合本地区的实际情况实施了对下级政府的分税制财政管理体制。但是，较为普通的现象是，多数收入划为共享收入；有的地方县市财政还缺乏稳定收入来源；有些地方资金调度不落实，中央财政在核定地方资金调度比例时，曾明确规定各地必须将资金调度比例逐级核定到县，但个别地区执行不够彻底，在一定程度上影响了县级财政的正常资金需要。另外，各地都采取了一些财力均衡措施，但是均衡方式不够规范，均衡的力度有限，各省辖区内的地区间财力差距依然较大。

13.3.2.2 进一步完善分税制财政管理体制

我国分税制财政管理体制的进一步完善，必须遵从社会主义市场经济运行的基本原则，以科学界定政府职能为前提，以合理划分中央政府与地方政府以及地方各级政府之间的事权为基础，以政府预算和税收制度改革为手段，合理设计满足公共财政目标模式要求的财政管理体制。

中央政府的事权和财政支出范围，大体可分为三类：①体现国家整体利益的公共支出项目，需要集中管理，由中央政府直接负责的社会事务，经费由中央财政安排，主要包括中央政府的各类行政机构和少数由中央政府负责的社会公共事业，主要指国防、外交、中央国家机关和少数全国性科研、教育、卫生、文化等社会公益事业的支出。②中央和地方共同承担的社会事务，经费应由中央与地方共同承担，主要包括一些跨区域的基础设施建设和公共安全、环境保护、社会统计、气象观测等公共福利事业，在具体项目中应确定中央财政与地方财政各自承担的支出数量或支出比例。③中央负有间接责任，但应通过地方政府来具体负责实话的社会事务，如基础教育、公共医疗等，中央政府通过对地方的一般性转移支付来补助，同时要提出具体的原则、标准或要求，由地方政府来具体实施。其他一些明显带有地域性的公共支出，明显属于地方事权的，应由地方财政安排相应的经费。

同时，应结合我国政府职能转变的实际，对分税制财政管理体制下政府间收入的划分做适当调整。例如，改变企业所得税按照行政隶属关系共享的作法，按国际惯例实行分率计征或比例分享，等等。另外，要积极引导推动省以下分税制财政管理体制的改革和完善，使之在地方收入划分和中央返还收入划分上更趋合理。

应借鉴各国的成功经验，进一步改进和完善我国政府间财政转移支付制度。首先，稳定税收返还的绝对规模，扩大过渡期转移支付。从技术层面看，过渡期转移支付的框架与规范转移支付制度已经比较接近。为了进一步发挥过渡期转移支付的均衡效应，今后应随着中央财力的增加，逐步扩大其规模。其次，以缩小地区间财力差距为目标，在条件允许时将税收返还逐步纳入规范的转移支付范围。最后，清理专项拨款，改进拨款办法，逐步将其纳入规范的转移支付制度体系。要在对专项拨款进行清理和分类的基础上，引入因素法核定专项拨款数额，除特殊情况外，专项拨款要尽量按照规范的程序和公式化方法计算对各地的补助额。

▲延伸阅读

2015 年预算报告五大亮点

2015年预算报告通篇贯彻了新预算法的要求，在预算安排上做到了统筹兼顾、有保有压，在预算编制上体现了科学合理、细化透明。具体来说，在内容和形式上都有很大改进，有很多新的变化和亮点。

亮点一：全面贯彻落实新预算法

2015 年的预算编制和工作安排，严格执行新预算法的各项规定，如完善政府预算体系，政府性基金预算、国有资本经营预算、社保基金预算报告事项更加细致完整，预算统筹衔接力度进一步加大;收入预算从约束性转向预期性,由收入任务数变为收入预计数。其他如加强政府性债务管理、完善转移支付制度、硬化预算支出约束等,在2015年预算支出安排上也得到了落实和体现。

亮点二:收入实现预期目标

2014年全国财政收入完成14.03万亿元,同比增长8.6%。在国内外经济面临复杂形势的情况下,实属不易。深化改革也取得重大进展。印发实施深化财税体制改革总体方案,明确了推进新一轮财税体制改革的路线图、时间表,预算管理制度改革全面推开,税制改革有序推进,政府购买服务、政府与社会资本合作(PPP)等其他重要改革进展顺利等。

特别是民生保障水平提高。在没有明显扩大中央财政支出预算规模的条件下,通过调整优化支出结构,增加了对民生领域的投入。在推动区域协调发展上,2014年中央对地方税收返还和转移支付达到5.16万亿元,比2013年增长7.5%。一般性转移支付占全部转移支付的比重进一步提高,达到59.3%,比2014年提高了2.2个百分点。

亮点三:预算收支安排重点突出

从收入编制来看,全国一般公共预算收入预计增长7.5%,赤字比上年增加2700亿元,体现了预算收入编制与经济社会发展水平相适应。

从支出安排看,一方面积极应对经济下行压力,继续实施积极的财政政策并适度加大力度,如进一步扩大赤字规模、减轻企业税费负担、盘活存量资金、发挥财政投资资金引导作用等;另一方面,保障重点领域特别是民生政策落实,2015年中央财政安排用于教育、医疗卫生、社会保障和就业、保障性安居工程、文化方面的支出达到28 296亿元,其中,医疗卫生支出(5417亿元)、社会保障和就业支出(10 276亿元)较2014年增长超过10%,分别增长13.8%和11.4%;对生态文明建设的支出安排大幅增加,节能环保支出(2666亿元)比2014年增长10.5%。

亮点四:充分体现改革精神

报告通篇贯穿了改革主线,既全面反映了过去一年财税改革取得的成效,又明确提出了2015年财税改革的重要举措,如完善政府预算体系、推进中期财政规划管理、改革完善转移支付制度、加快推进税制改革、全面推进预决算公开等。同时,在扩大编制范围、改进编制方法,增强报告易读性等方面都有新的进步。

亮点五:老百姓都能看得懂

2015年的预算报告行文简洁,通俗易懂。报告行文语言简练,数据清晰,在表格中对相关口径做了备注,对部分专业性较强的名词做了附后解释等,让人一目了然,让大家都看得懂。

(资料来源:http://news.sina.com.cn/o/2015-03-07/131931579779.shtml)

▲本章小结

1. 政府预算是经立法程序批准的政府年度财政收支计划。政府预算要经过国家权力机关的审批方能生效,因而又是政府的重要立法文件,体现国家权力机构和全体公民对政府活动的制约及监督。

2. 政府预算根据不同的划分依据可以分为单式预算和复式预算,增量预算和零基预算,投入预算和绩效预算，中央预算和地方预算，总预算、部门预算和单位预算，年度预算和中长期预算，正式预算、临时预算和追加（修正）预算。

3. 政府预算具有计划性、法治性、归一性、年度性和公开性的基本特征。

4. 政府预算的主要功能体现在以下四方面：控制政府规模，提高公共资金使用效率；反映政府活动的深度、广度和政策取向；政府预算是政府提供公共产品、进行资源配置、实现职能的重要工具；政府预算是以计划为基础进行宏观调控的重要杠杆。

5. 政府预算要遵循统一性、完整性、权威性、可靠性和年度性的基本原则。

6. 预算管理周期由预算编制、预算审批、预算执行、政府决算四个阶段构成。

7. 分税制预算体制改革的主要内容包括：中央与地方事权和支出的划分；中央与地方收入的划分；中央财政对地方税收返还数额的确定；原体制中央补助、地方上解及有关结算事项的处理；配套改革和其他正常措施。

思考题

1. 什么是政府预算？政府预算有哪些类别？
2. 试述政府预算的主要原则。
3. 政府预算的主要功能有哪些？
4. 简述政府预算的程序。
5. 分税制财政管理体制的主要内容有哪些？
6. 现行分税制预算管理体制的成效与缺陷有哪些？
7. 如何进一步完善分税制财政管理体制？

第14章 政府间财政关系

本章提要

分级财政体制的核心问题是如何在各级政府间形成适当的经济职能分工,因此,能否合理地划分中央与地方的税收权利与支出权利,能否合理地确定政府间的转移支付制度,将直接影响到各级政府财政收支的平衡、宏观经济稳定、公共产品服务的数量和质量及地区之间的均衡发展。本章介绍财政分权的理论依据、优势与不足,以及我国分级财政体制,重点讨论了政府间职能划分;在此基础上探讨了政府间的支出划分、政府间的收入划分和政府间的转移支付。

14.1 分级财政体制与政府间职能划分

所谓政府间财政关系是指一国之内不同级别政府之间或同级政府内部财政收支和权限的划分关系。现代经济社会条件下的政府财政具有清晰的、内在的层次性,更多地表现为分级财政管理体制。当今世界,除少数单一制小国如新加坡等实行一级财政外,大多数国家实行分级财政体制,即有一级政府就有一级财政,以便每一级政府都具备组织收入和安排支出的权力,为顺利履行各自的政府职能创造条件。

14.1.1 财政分权的理论依据

财政分权是指中央政府给予地方政府一定的税收权利和支出责任范围,允许地方政府自主决定其预算支出规模和结构。地方政府自主权的界定是财政分权的核心,通常采用地方财政收入、地方财政支出、省级政府预算收入中平均留成比例、地方政府支出与中央政府支出之比、预算收入的边际分成率、自治权指标和支出—收入指标、垂直不平衡度等指标来衡量财政分权的程度。财政分权的过程容易受到经济环境、政治体制、民主发达程度等因素的影响,因而在不同国家体现出不同的分权模式。财政分权理论起源于20世纪50年代。1956年,美国经济学家蒂布特(Charles Tiebout)发表了《地方公共支出的纯论》(The Pure Theory of Public Expenditure)一文,标志着财政分权理论的兴起。财政分权理论经过半个多世纪的发展,先后经历了两个阶段:传统财政分权理论和第二代财政分权理论。

14.1.1.1 传统财政分权理论

(1) TOM模型

传统财政分权理论(the theory of fiscal decentralization)也被称作财政联邦主义(the theory of fiscal federalism），或联邦主义经济理论（the economic theory of federalism），其代表人物是蒂布特（Tiebout）、马斯格雷夫（Musgrave）和奥茨（Oates）。因他们在这一理论领域的先驱性贡献，传统财政分权理论也被称为 TOM 模型。传统财政分权理论以新古典经济学的理论作为分析框架，研究政府只能在不同级次的政府间进行合理配置以及相应的财政工具如何分配的问题。公共产品理论是由萨缪尔森、马斯格雷夫和维克里（Vickrey）最终完成，并形成了威克塞尔（Wicksell）—林达尔（Lindahl）—马斯格雷夫—萨缪尔森—维克里公共产品理论体系，该体系的形成为财政联邦主义的发展奠定了基础。公共产品理论的核心问题是如何能够实现最优的公共产品供给。蒂布特将公共产品的最优供给问题扩展到地方辖区的公共产品的最优供给实现问题，并提出了著名的"以脚投票"理论。他认为，居民在不同辖区之间的自由流动可以使其向符合自己对公共产品偏好的辖区迁移，地方政府之间为了吸引选民就会展开竞争，从而能够像市场一样有效率地提供地方公共产品。

马斯格雷夫从财政的三大职能出发，分析了中央和地方政府存在的合理性和必要性，并对三大职能在中央和地方政府之间进行了划分。他认为，宏观经济稳定与收入再分配职能应由中央负责，而资源配置职能则应由地方政府负责，这样可以根据各地区居民的偏好不同而进行有差别的资源配置，有利于经济效率和社会福利水平的提高，并进一步提出了清晰的中央和地方之间的税收划分原则。奥茨弥补了蒂布特在公共产品融资问题研究中的不足，首次明确了将财产税作为地方性公共产品融资的主要来源。传统财政分权理论的 TOM 模型认为，分权主要是针对资源配置而言的，即如何就地方性公共产品的供给及其相应的财政来源在中央和地方之间进行分工。

(2) TOM 模型中财政分权决策的影响因素

布罗伊斯和埃勒提出了影响分权决策的主要因素：地区间居民偏好的差异性、规模经济和外部性、辖区间竞争和垂直分工、政治因素、地理和人口条件。

①地区间居民偏好的差异性　蒂布特较多地讨论了地区间居民偏好的差异性问题。在居民在辖区间自由流动等一系列的假设下，当公共产品的提供是通过税收来融资的，那么居民会选择不同的公共产品和税收的组合，然后通过在不同辖区之间的流动来反映其对组合的偏好。奥茨提出了分权定理（the decentralization theorem）和对应原则（the correspondence principle），清晰地阐述了偏好的差异性对分权决策的重要影响。坦齐（Tanzi）在奥茨的基础上认为，中央对地方的了解没有地方多，而且存在很高的信息费用、交易成本、控制和摩擦成本，所以地方政府承担一定的职能是理所当然的。特尔·米纳什（T. Ter Minassian）、赫明（R. Hemming）和施潘（P. Spahn）认为，由于地方政府缺乏现代化的透明的公共支出管理体制，所以地方政府的行政效率不一定是令人满意的，因此某些职能应该由中央政府进行补充，或者由中央和地方共同承担。

②辖区间的竞争和垂直分工　多数学者认为，辖区间的竞争使居民获得了更好的服务，支付的税收代价也更小。辖区之间的比较和竞争激励地方公务员廉洁奉公，还能促进劳动力的流动，发挥各地区的比较优势。

14.1.1.2　第二代财政分权理论

第二代财政分权理论也称第二代财政联邦主义理论，即市场维护型的财政联邦主义。主要是以蒙蒂诺拉（Montinola）、钱颖一、温加斯特（Weingast）、麦金农（Mckinnon）、内希巴(Nechyba)等学者的研究主张为理论核心。第二代财政分权理论反对传统财政联邦主义理论的政府模型假设,也不赞成公共选择理论的邪恶政府假设,将企业理论和微观经济学理论引入财政学,其理论立足点是:一个高效率的市场来自一个好的政府结构,政府行为既要有效果,也要受到约束。在构造政府治理结构时要考虑到相应的激励机制,提供维护市场效率的支持性的政治系统。中央和地方各司其职,在维护和推进市场机制的过程中相互拥有权利和义务,从而市场交易的各方都从市场的增进中获得收益。钱颖一认为,第二代财政分权理论具有以下五个特征:①存在一个政府内的层级体系;②中央政府与地方政府之间存在着一种权力划分,从而任何一级政府都不拥有绝对的制定政策法规的垄断权,同时在自己的权力范围内享有充分的自主权;③制度化的地方自主权对中央政府和任意权力造成强有力的制约,使得中央与地方之间的权力分配具有可信的持久性;④地方政府在其领域内对地方经济负有主要责任,同时,一个统一的全国市场使得商品可以跨区自由流动;⑤各级政府都受到硬预算约束。

第二代财政分权理论最重要的经济效果是导致了辖区间的竞争,由此形成了一系列对地方政府的经济与政治激励制约。辖区之间的竞争影响了辖区之间的企业在产品成本上的差异。这种竞争会延伸到资本和劳动力要素的竞争,从而影响地方经济和税收状况。硬预算约束意味着地方政府有可能破产,地方公共产品融资可能会遇到极大的障碍,从而激励地方政府改善地方财政状况。市场维护型的财政联邦主义通过限制中央政府的行为,阻止政府对市场活动的扭曲,削弱了寻租和政治保护。第二代财政联邦主义理论可以解释中国改革开放以来经济快速增长和成功转型的制度性因素。中国式的分权改革为市场机制的创造发挥了关键作用。

14.1.2 财政分权的优势与不足

14.1.2.1 财政分权的优势

(1)财政分权的优势之一在于它能够使公共产品的供给更好地满足地方居民的偏好

早在奥茨的分权定理和蒂布特的《地方政府支出的纯理论》中就已经涉及了政府间的竞争问题。他们认为,如果将资源配置的权力交由地方政府行使,那么通过各地方政府之间的竞争能够促使地方政府的财政决策更好地反映纳税人的偏好,同时也加强了对政府行为的预算约束,从而会提高公共产品的供给效率;而且政府之间的竞争也有助于制度的创新和新制度的扩散。在现实生活中,有些人喜欢公园,另一些人则不喜欢;有些人想让自己的孩子在教育中使用昂贵的计算机,另一些人则认为没有必要。一般说来,实行集权制的政府倾向于为全体居民提供相同水平的公共服务,往往不会顾及人们的不同偏好。而在分权体制下,比起中央政府来,地方政府与当地居民更为亲近,这将使地方政府更关心他们的偏好,从而有助于地方性公共产品的有效供给。

(2)财政分权有利于促进政府间的竞争

公共选择理论表明,政府官员可能缺乏以最低的可行成本从事生产的激励。一个重要的原因是政府管理者往往置身于缺乏竞争的环境之中。从政府间相互关系的角度看,竞争与合作是政府经济行为的两种基本方式。但是在财政分权的背景下,地方政府竞争是财政联邦主义经济分权化政策的必然结果。政府间竞争是各政府主体之间为了吸引或获取更多的资本、企业、技术、人才和信息等有形或无形的流动性要素，在税收、财政支出和投资环境等领域展开竞争。如果居民能够在不同的辖区间进行选择，那么一旦当地政府管理不当，公民就可能决定居住到其他地方去。这种潜在的威胁有可能激励政府官员更有效地执政，并促使其更加关心公民的愿望。

(3) 财政分权有利于推动公共服务的创新

地方政府间的竞争是一种知识和信息的发现过程，尤其是一种有关更优的制度知识的发现过程，它使人们通过不断试错发现更好的规则和制度（刘泰洪，2009）。美国威斯康星州在全国提前实施了个人所得税法。加利福尼亚州创立了各种环境保护项目，从而为全国立法提供了原动力。我国的地方政府也进行了很多这样的制度创新。以我国改革开放以来的发展历程为例，从改革开放初期的深圳等经济特区的建立，到改革攻坚阶段的综合配套改革试验区，在改革遵循空间渐进的思路下，地方政府间进行着"政策实验—扩散"的模式，当某一地区通过采取一定的财政竞争策略而取得优势时，其他地区就会进行经验学习、仿效，并结合地区自身的特点创新性地发展出适合自己的发展道路。在这个过程中，也许并不是所有的地方政府都具有创新精神，或者是主动创新的意识，但是由于部分地区竞争策略的成功而带来的地区经济腾飞和相关官员升迁的激励，迫使地方政府的官员不得不加入到创新的行列中来。而制度的不断创新带来的是对旧有体制的变革甚至抛弃，从而促进了更好的体制的产生。

对许多政策问题来说，没有人能够肯定最佳的答案是什么，有时甚至不能肯定是否存在最佳答案。寻找答案的途径之一就是让每一个辖区各自选择自己的方法，然后对这些结果进行比较。也就是说分权制允许各自辖区政府在遵循某些制度框架的前提下，灵活采取不同的制度和政策，因而能够为更多的政策实践提供试验场所，其结果是增加了寻求新的解决问题的方法和机会。政府的财政竞争有利于地方政府的创新活动。我国如果给予各地政府更多的立法权，也会激励各地政府的创新。

14.1.2.2 财政分权的不足

由于某些方面的原因，财政分权也有不足之处，有时会导致资源的无效配置。

(1) 辖区间的外溢

西方理论界对地方财政竞争提出质疑的最为著名的是"扑向底层的竞争观"（the race to bottom）和关于政府代理问题的"垄断寻租论"。从世界范围来看，各个国家都采取了积极的政策鼓励投资，为了吸引资本的流入，各个地区政府主动减少自己应得的投资收益，这种税收竞争的最后结果就是地方服务的产出水平低于有效率的产出水平。这种不计代价的引资竞争就是"扑向底层的竞争"。关于垄断寻租理论是在委托—代理框架下解释地方政府行为的。由于分权化导致的地方政府作为中央政府代理人容易产生道德风险，地方精英群体的寻租和腐败行为以及与官员的合谋，使社会总福利损失（徐斌，2003）。奥茨（1999）的研究表明，地方政府为了吸引新的公司，可能通过降低环境标准以减少对所在地的污染控制来进行竞争。地区间竞争也可能导致公共服务水平处于不足水平。Démurger（2001）认为，分权后的地方政府把过多的资金作为生产性投资而忽视了地方公共产品的建设，从而导致了区域经济的不平衡发展。分税制改革后，地方政府获得了更多自主的权利，同时地方政府承担的责任也增加了，地方财政支出占全国财政支出的比重大大增加。在财政支出竞争提高了公共产品和公共服务的数量的同时，财政支出的效率低下问题也愈发突出。当前，我国的地方政府财政支出往往是由地方官员的个人意志决定的，缺乏对财政支出效益的衡量方法，支出政策可能无法反映公众的真实偏好，造成支出的效率低下。另外，由于资源的稀缺性，地方政府在财政支出方向上往往顾此失彼，导致支出结构异化。

(2) 规模经济

对某些公共产品或服务来说，可能会出现使用人数越多人均成本越低的情况。假如几个辖区能够共同使用这些产品或服务服务，那么所有社区的成员的境况就会得到改善，因为每个人只需分担较少的成本就够了。这就意味着，在财政分权的格局下，假如各个地方政府只喜欢独自行动，仅仅满足于为本辖区内的居民提供公共产品或服务，而不注重与其他辖区的联系，就有可能会因公共产品或服务的收益范围过窄、基础设施的重复建设而难以充分发挥规模经济的优势。规模经济不仅可能出现于地方性公共产品的提供过程中，也可能发生在税收的征集过程中。对那些辖区范围下的税务当局来说，与其让每个辖区的税务机关各买各的用以记录税单的计算机，还不如组成联合的征税机关，共同使用计算机之类的设备和资源，已达到节约税务成本的效果。

(3) 公共产品与服务的差距

在经济发达地区，财政资金较充裕，用在教科文卫、基础设施、社会保障等支出项目上的资金相对较多，使得这些地区无论是道路、环境卫生等基础设施，还是政府官员的行政效率、地区形象等投资软环境都处于很高的水平。因此，相比经济欠发达地区，这些地区无论是对资本还是劳动力都具有较强的吸引力，成为资源和要素的主要流入地。但是，资本的跨地区流动会形成"富的越富，穷的越穷"的两极分化现象。越是富裕的地方政府，就越是能够提供更多或更优质的地方公共产品，就越能吸引资本和高素质的劳动力的流入。当一个地方拥有雄厚的资本和优秀人才储备后，税基增加，使得地方政府获得更多的财政收入，这样地方政府又有充足资金改善本辖区公共产品供给水平，就形成了经济发展的良性循环；相比，贫穷的地方政府易形成经济发展的恶性循环。这对于地方与中央经济协调发展来说是不利的，也不利于社会的稳定。

(4) 低效的税制

假定一个国家的资本供给是固定的，而资本在不同地区又是高度流动的。如果由地方政府对资本课税，地区间的税收差异就会使资本由高税地区流向低税地区，而不是根据经济效率的要求，从边际产出较低的地区流向产出较高的地区，这会造成资源配置的扭曲。同时，由地方政府对资本课税的结果是，为了吸引更多的产业和个人进入本地区，扩大当地的税基，各地政府会纷纷通过降低税率、提供财政补贴等手段进行竞争，这种税收竞争的最终结果是压低了所有地区的税率，地方政府因而无法取得足够的收入，财政支出也只能维持在一个较低的水平上。而由中央政府统一对资源课税，可以在全国范围内形成统一的税收标准，避免税基向低效率地区的流动及税收竞争局面的出现。

自分权改革以来，以税收优惠吸引税收资源流入一直是地方政府最为有力的竞争手段。改革开放初期经济特区纷纷采用"两免三减半"等税收优惠措施吸引外资，同时对内地资本也减按15%的税率征收企业所得税。到20世纪90年代中期，我国逐渐形成了形式多样的区域性税收优惠体系，使各地政府间的税收竞争达到白热化的程度。而自2000年年初中央政府提出西部大开发以来,各西部地方政府出台及争取税收优惠政策的行为更是突显了西部地区争夺经济资源的目标取向。由于我国地区经济结构雷同,各地的税收优惠竞争不仅造成税收流失,还干扰了全国范围内以产业政策为导向的税收优惠政策,造成资源浪费和地方政府的短期行为。

14.1.3 我国分级财政体制

新制度经济学认为,制度创新的逻辑起点在于现存制度框架的非均衡,制度供给满足不了经济、社会发展对相关制度的需求,需要打破现有制度框架,修正、完善供给新制度,才能获取现存制度框架不能保障实现的潜在利润,中国财政分权体制的变革或创新自然也遵循这一逻辑。

目前,财政理论界从财政分权的角度把财政体制变革过程划分为三个阶段:一是统收统支的财政制;二是财政包干体制;三是分税制财政体制。从理论上,不管怎样划分阶段,纵观我国财政体制发展变迁的历史,如何在中央政府与地方政府之间合理划分,以此调动地方政府发展地区经济的积极性,始终是我国财政体制改革的核心和难点。

(1) 统收统支的财政制(1950—1979年)

我国的财政体制与政治体制特别是经济体制是高度关联的,这说明财政体制演进的考察必须结合经济体制变革的背景。改革开放之前我国实行的是典型的计划经济体制,中央通过行政命令的方式配置资源。与这种体制相适应,我国的财政体制实行了统收统支的分级管理模式,尽管其间经历了多次分权化改革,但总体上还是高度集中的财政体制。在这种体制下,全部财政收入由中央政府集中与分配,地方政府仅仅是中政府的代收机构,并且地方政府的各项财政收支活动也必须全部纳入全国预算。财政资源配置的高度集中有力提升了中央政府动员全国资源的能力,也充分保障了重工业优先发展战略的顺利实施,但由此带来的问题是,地方政府由于缺乏独立自主的财政收入权和支出决策权,因而没有激励去发展地方经济,增加财政收入,只能高度依赖于中央政府。这就意味着,统收统支的财政体制对地方政府的财政激励效应很弱,地方政府财政激励不足的问题就迫切要求变革过分集中的财政体制。

(2) 财政包干体制(1980—1993年)

改革开放后,我国开始了全面的市场化取向的经济体制改革,与此相伴,财政体制变革也步入一个崭新的阶段。为了克服改革开放前统收统支体制过于集中的弊端,中央政府将在农村释放出巨大生产效率的家庭联产承包责任制这种制度模式推广到政府间财政关系的改革中,于是在局部试点的基础上选择了与地方政府之间签订长期财政合同即财政包干的制度。合同约定了地方政府向中央政府上缴的财政收入总额,增量部分归地方政府所有。具体来看,合同承认了中央政府和地方政府的固定收入,在此基础上按一定的比例分享地方财政收入。尽管财政包干的具体形式或方法(如分享比例)等在各个地区有所差异,但包干的基本内核是一致的。总而言之,与改革开放前形式上的行政分权不同,财政包干制度顺应了由集中的计划经济体制向分散的市场经济体制转型的需求,实质上体现的是一种经济分权,我国真正规范意义上的财政分权之路也由此展开。这种新的制度安排赋予了地方政府收入的剩余索取权和控制权,地方财政收入几乎已占到国家财政预算收入的

3/5~3/4，这为地方政府支持中央的体制变革，推进本辖区经济发展，以此获取更多份额的财政收入提供了重要激励。从根本上说，财政包干体制只是转型时期财政分权化改革的初步探索，随着经济环境条件的变化，财政包干的制度安排出现了非均衡，主要表现在两个方面：①在市场化改革向纵深发展的背景下，受国有企业自身效率下降和非国有企业竞争冲击的影响，国有企业的利润不断减少，从而弱化了政府财政收入的税基，使得无论是中央政府的固定收入还是与地方政府的分成收入都急剧下降；②财政包干合同是按照行政管理的程序，采取中央政府和地方政府逐个谈判、逐个落实的方式，而在中央财政和地方财政之间建立的一种基于利益分配的不完全的契约关系，这种契约关系必然导致作为代理的地方政府的机会主义行为，增加政府之间的交易成本，降低财政包干制度运行效率。由此说明，财政包干体制与市场体制内在的规范性要求还有一定的差距，制度的非均衡迫使新一轮的财税体制改革提上议事日程。

(3) 分税制财政体制(1994年至今)

我国于1992年起在部分地区进行分税制的改革试点，随后在1994年在全国范围内推行了分税制改革。分税制改革就是按中央与地方的事权，合理确定各级财政的支出范围。根据事权与财权相结合的原则，将税种统一划分为中央税、地方税和中央地方共享税，并建立中央税收和地方税收体系，分设中央与地方两套税务机构分别征管。科学核定地方收支数额，逐步实行比较规范的中央财政对地方财政的税收返还和转移支付制度；建立和健全分级预算制度，硬化各级预算约束。

我国按照分税制的原则和要求初步建立起分税制财政体制框架，结束了原有的多种财政包干体制形式，实现了财政体制的简化。在对中央和地方政府事权重新加以界定的基础上，划分了各级政府支持范围，并把收入划分为中央固定收入、地方固定收入、中央和地方共享收入，使中央和地方的利益关系趋于明晰，减少了相互挤占的情况。初步建立财政转移支付制度，对解决纵向平衡、横向平衡起到了一定的作用。各地区能够按照统一标准划分收支，为财政体制的长期规范奠定了基础。由于进一步规范了中央和地方的财政关系，较好地发挥了中央和地方的积极性，财政收入占GDP的比重有所增加，地方收入快速增长。各地在注重本级财政收入增长的同时，也十分注重与本身财力密切相关的中央财政收入的增长，因而保证了全国财政收入的稳定增长。实行分税制后，原属地方主体税种的流转税划归中央，抑制了地方投资冲动和干预企业的利益驱动。地方企业所得税划归地方，促使地方政府注重企业效益的提高和税收征管的加强。营业税划归地方，调动了各地发展第三产业的积极性，形成了各具特色的财源体系。

分税制改革，虽然对各地政府的事权做了明确规定，但还不够清晰和规范。大部分事权是交叉的；另外，政府间事权的划分仅涉及中央和省一级的事权划分，而省以下各级政府的事权则没有明确的规定(财权大多集中在省级政府)，因此，出现了省以下各级政府的财权与事权关系不对称问题，财政收支矛盾随体制运行而越发集中于基层县和乡，有些基层政府连正常的支出都没办法保证。1994年的分税制改革与工商税制改革是同时配套进行的，基本上以现行税制的税种来划分收入，但某些收入划分并不符合规范原则，随着经济体制改革的深入，仍需不断调整。我国目前的转移支付制度是分级包干财政体制和分税制改革中的转移支付制度的混合体，在很大程度上沿用了原体制下的分配格局，同时将原体制中形成的非均衡状况带入了新的体制，因而离现实各地各级财政能力均等化的目标还有很大的差距。

14.1.4 政府间职能划分

实现经济职能在个各级政府间的合理分工是财政分权的核心问题。在市场经济中，政府有三大财政职能：资源配置职能、收入分配职能以及经济稳定职能。这三大职能是有层次性的，中央和地方政府在履行职能时应当有所分工。

(1) 效率职能分工：以地方政府为主，以中央政府为辅

资源配置职能是财政职能的基本职能。由于经济社会中，依靠市场本身不能对很多产品和劳务提供有效的供给，而供给过剩或供给不足都会影响市场运行的有效性，因此，财政的资源配置职能就表现为对市场过剩的、不足的产品供给和服务供给进行调整，目的是实现社会资源的有效配置，提高生产效率。

之所以有必要在各级政府间形成必要的社会分工，根本原因在于各种公共产品有不同的受益范围。公共产品层次性理论把公共产品划分为全国性公共产品与地方性公共产品，给予我们的启示是：以公共产品提供效率的高低为标准，明确了两种公共产品的最佳提供主体。对于全国性的公共产品，中央政府对它的提供是相对有效率的；对于地方性公共产品而言，地方性公共产品对它的提供是相对有效率的。如果以反向思维来考虑，上述观点同时也意味着，由中央政府提供地方性公共产品是存在效率损失的，而地方政府提供全国性公共产品也是无效(或低效)的。如果把公共产品当作一个整体来考虑，也说明了中央政府与地方政府对特定的公共产品提供上存在着效率差异。

我国市场经济条件下，资源配置的基本模式是市场起资源配置的基础性作用，政府行政方式起调节和补充作用。在这一模式下，财政的资源配置职能的范围严格限于市场配置资源失灵的领域，即在这些领域内市场不能配置或不能有效率地配置资源。如公共产品，由于公共产品具有消费上的非竞争性和非排斥性的特征，它的供应没有市场供求关系，不能核算对个人提供的费用，不能获得直接的补偿，从而私人不愿或不能提供，唯有政府通过税收来筹措资金提供该类产品。市场配置资源失灵的领域还包括外部效应产品和具有自然垄断性的私人产品等。

但是，无论是公共产品、外部效应产品和自然垄断性的私人产品，如果由政府提供的，在绝大多数场合下都是有条件的。拿公共产品来说，最明显的是公共产品受益范围存在着地域上的限制。例如，城市的交通设施、绿化和治安条件，主要有利于该市的市民；某个村落的供水、供电系统的主要受益者是该村的村民；哪个地方的环境保护搞得好、基础设施健全、中小学普及率高，哪个地区的居民就有更多的受益。因此，公共产品可根据受益范围的地域性分为全国性公共产品和地方性公共产品。大部分公共产品实际上都是地方性公共产品，而对地方性公共产品的提供，根据效率原则，由地方政府来提供更有效率。因为一方面地方政府比较接近本地区的消费者，比较了解本地区消费者的偏好，也容易反映他们的偏好；另一方面，在假定地方公共产品的生产成本是由该地区的居民交纳的地方税来承担，且居民有流动性居住权利时，会形成符合市场效率的地方公共产品的规模经济。

当然，由地方政府来执行财政的资源配置职能并不排斥中央政府在一定范围内的资源配置功能。首先，对那些纯粹的全国性公共产品应由中央政府来提供，如国防。国防产生的利益为整个国境内的居民所共享，因此由中央政府来统一提供是效率最高的。其次，有些地方性公共产品的受益范围是跨地区的，如各地区边界地带的道路、桥梁，某一地区的病害虫的防治、水利工程等，为了避免各个地方政府的搭便车行为，需要上级政府来协调，包括上级政府对下级政府、中央政府对地方政府在资源配置时给予补偿。这样的分析和结论同样适用于外部效应产品和自然垄断性产品。

（2）公平职能分工：以中央政府为主，以地方政府为辅

收入分配职能是指规模收入分配下的公平，即实现国内各收入阶层之间的个人收入的适当分配。它的目的涵盖两个方面，即机会公平和结果公平。机会公平是指每个人都有同样的机会开始生活，获得收入；结果公平是指人们在不同的机会或相同的机会中取得的可支出收入大致平等。

在市场经济条件下，个人收入分配是由每个人提供的生产要素（如劳动力、资本、土地）的数量以及这些要素在市场上所能获得的价格决定的。由于人们占有（或继承）的财产情况以及非继承的劳动能力存在着差别，完全由市场来决定收入分配必然导致收入分配不公。此外，它还会导致不良的结果：贫困、富裕阶层的浪费、社会冲突等。为此就需要由财政来进行收入再分配，平衡个人之间、地区之间不平衡的收入差别。

一般情况下，政府通过财政支出政策，利用公共投资、扩大就业等政策实现机会公平，通过税收政策和转移支付政策实现结果公平。财政的收入分配职能的目标是要调整国民收入和财富的分配，使之达到社会认为的公平和公正的分配状态。虽然我们很难在理论上和技术上对于社会认为的这种公平和公正的分配状态予以量化，但在一定的社会环境下，总存在着某种社会评价。在市场经济条件下，由于存在着市场缺陷，总有一部分人的收入水平低于社会认为的最低标准，总存在穷人和富人在收入上的差距超过某个社会认可的临界点，以及在各地方之间在对财政的需求和财政的供给能力方面存在着较大的不平衡性，所以就需要由政府对收入进行再分配，把收入高的个人或家庭收入转移到低收入的个人或家庭，或者把收入从富裕地区转移到贫困地区。如果收入分配职能交由地方政府来承担，将会产生新的不公平并导致效率损失。

由于一国各地区之间存在着不可避免的贫富差距，各地区的财政需求与财政供给能力是不对等的。我们假定对个人的最低收入水平和公共产品的最低供应标准在全国范围内有一个统一的标准，各地方通过各自的税收和转移支付手段来实现收入的再分配。由于一国各地区之间存在着不可避免的贫富差距，各地区的财政需求和财政供给能力是不同的，一般来说，富裕地区的财政需求小而财政供给能力大，贫困地区则财政需求大而财政供给能力弱。假定由各地的财政供给来满足财政需求，而财政的供给主要取决于各地居民缴纳的地方税。那么可以肯定，为了满足全国统一的最低收入水平和公共产品的最低供给标准，富裕地区的人均税收负担要低于贫困地区的人均税收负担。这将意味着境况相同的人在贫困地区缴纳的税收要高于在富裕地区缴纳的税收。这种情况显然违背了同等境况的人同等待遇的横向公平的原则。如果按公平原则来征税，就会出现有些地方难以筹措到用于收入再分配和提供最低标准的公共产品的必要资金。

现在，再退一步假设最低收入水平和公共产品的最低供应标准不是由国家统一拟定，而是由各地区根据本地实际情况来确定。由于贫困地区与富裕地区的财政供给能力不一样，各地区制定的最低标准也不一样。市场经济一个很重要的特征是生产要素的自由流动，包括劳动力生产要素在全国范围内的自由流动。由地方政府实行的再分配计划是否有效取决于劳动力流动的难易程度，如果劳动力的流动阻碍较小，人口的迁移相对方便，则上述地方性的再分配计划实现的可行性很小。可以肯定，富裕地区的最低收入水平和公共产品的最低供给标准将高于贫困地区。如果人口流动相对方便，这将导致穷人从落后地区流向富裕地区，这种流动尽管会在一定程度上缩小地区间的收入差距。但也会带来效率的更大损失。因为这种流动并不是因为各地区间劳动力价格的不同所致，而且由于政府对收入的再分配。任何一个最低收入标准较高的地区，或者任何一个决定为穷人提供较好住宅或提供较好医疗保健和基础教育的地区都会面临穷人流入的问题。但是，这种不是由于地区之间对人力资源竞争价格的不同引起的迁移往往是产生无效率的根源。可以预见，随着我国市场经济的不断发展与完善，劳动力要素在全国范围内的流动将更加自由，由地方政府来实行收入再分配职能的可行性将越来越小。如果劳动力的流动性较小，则地方政府的分配职能在一定程度上起作用。在我国过去的体制下，由于对人口的自由流动的限制较严，地方政府发挥财政分配职能的作用较强。

总之，无论是按照全国统一的最低生活水平标准，还是按照各地区自行确定的最低生活水平标准，财政收入再分配职能都不宜由地方政府去实现，而应由中央政府去实现。由中央政府在全国范围内建立个人收入分配的统一标准，由在全国范围内统一征收的税收，而不是用特定地区的税收来筹措转移支付的资金，避免个人或企业因各地税负不均而通过选择居住地的办法来逃避税收以及由此产生的效率损失。

中央政府承担着把社会成员的收入差距控制在社会认可的合理范围之内以及保证社会全体成员都能满足对公共产品的最低消费需求的重要职责。因此，财政的收入再分配职能主要由中央政府完成。

(3) 稳定职能分工：以中央政府为主，以地方政府为辅

市场失灵不仅会产生效率与公平的缺陷，在以追逐利润最大化的市场运行机制中，投资的不稳定性与信息的不完全性还会给经济发展带来周期性波动的风险。特别是在横向经济发展、资金市场作用日益明显的情况下，企业间资金流动频繁、相互参股、相互投资情况普遍，经济不稳定风险更容易出现。财政经济稳定职能就是要通过财政政策，变动收支水平及结构对经济运行施加影响，熨平经济的波动。稳定的职能只能由中央政府来承担。

①国内市场是一个统一市场，生产要素可以在各地区之间自由流动　在一个生产要素可以在各地区之间自由流动的条件下，任何地方政府旨在采取紧缩或扩张性财政政策以实现本地区经济稳定发展的目标均将失败。例如，当某地区想采取扩大本地区需求、刺激经济的扩张性财政政策时，由于该地区的经济太开放了，扩张性政策的结果必将会造成本地区进口的大量增加，从而使扩张性财政政策的乘数趋近于零，扩张性政策的效果也将丧失殆尽。相反，当采用紧缩性政策以控制通货膨胀时，又会由于进口的大量减少而使政策失效。总之，地方一级政府的财政措施，如果想稳定本地的经济，不管是扩张性的还是紧缩性的，都会因贸易条件的改变而变得无效。

局部的经济波动一旦出现，会通过生产要素的流进与流出而迅速传导给其他地区。所以，局部经济波动是很难出现的，即使出现也是暂时的。一般经济波动都是全国性的，这种情况下，地方政府财政如果承担起稳定经济的职能，它们之间就必须协同干预，其干预成本必然会因为各地区间的协调难度而大大高于中央政府统一干预的成本。而且由于各地都有本地的自身利益，其干预的有效性也会大大低于中央政府。所以，无论从干预成本来看，还是从有效性来看，经济稳定职能都不宜交由地方政府。

②即使出现了局部的波动，地方政府采取的稳定政策对其作用也很有限 例如，当某地政府想扩大本地区需求、刺激经济发展而采取扩张性财政政策时，由于该地区的经济太开放了，必然导致大量外地产品进入，结果本地产品需求增加甚微，而外地产品需求倒是增加了不少，扩张性财政政策的乘数效应趋近于零，刺激本地区经济发展的期望也会落空。而且其他地区由于不需干预即可坐享需求增加之好处，"搭便车"之风便会兴起。久而久之，就没有地区会为本地区的经济波动而主动采取稳定措施了。

当某个地方政府采取财政政策时，会对其他地方的经济产生外部效应，这种外部效应一方面使得本地区的政策效应失效，如上面所分析的；另一方面，它还将对其他地区产生有利或不利的影响。例如，当某地的扩张性政策导致该地进口增加时，如果出口地正处在高失业率和经济萧条阶段，则该地区的扩张性政策就在出口地区产生外部利益，降低出口地的失业率，刺激其经济的发展；反之，如果出口地区正遭受通货膨胀之苦，则会产生外部成本，使原先通货膨胀的地区火上浇油，通货膨胀更趋严重。由于地方政府作为一个代表本地区利益的"团体利益主体"，它的政策也是从团体利益极大化角度出发，至于其采取的政策会对其他地区产生的外部效应是不加考虑的，所以，从全国范围内看，地方一级政府采取的稳定政策并不能保证全国经济的稳定。

③稳定性财政政策要求有阶段性的赤字和盈余来与借款和债务的偿还相一致 但是，地方政府对公债的发行是严格受控制的，它没有中央政府在发行公债上那么方便。因为地方性公债和全国性公债不同，它会被其他地方的居民所拥有，从而在支付利息时会引起资源在各地区之间的转移，而中央政府发行公债不会引起资源转移到其管辖区之外（外债例外）。所以地方政府发行公债是严格控制的，不能指望地方财政通过阶段性的赤字或盈余来稳定经济。

④稳定经济除了财政政策外，还须货币政策的配合 只靠财政政策而不考虑货币政策的配合，宏观经济是不可能稳定的。而货币政策只能由中央政府来运用，不可能由地方政府来运用。如货币发行、准备金率、再贴现率、公开市场业务等只能由中央银行集中掌握。所以，从货币政策与财政政策必须配合来看，财政的经济稳定职能也应主要由中央政府完成。而由地方政府来运用货币政策则更是难以接受的。从本质上讲，中央银行政策是国家的职能。地方性货币政策的效力会因地区性经济的开放性而削弱，这与前面分析地方性财政政策失败的理由是一致的。另外，如果由地方政府掌握货币的发行权，常常会产生滥发货币的现象，从而加剧宏观经济的不稳定性。

稳定和发展经济职能，是国家经济健康发展、宏观经济调控、保持社会经济发展和稳定的一项重要职能。以实现充分就业、稳定物价水平为目的。例如，当失业率上升时，增加需求，使总支出达到与充分就业水平下的产值相当；而当通货膨胀增加时，通过减少需求,降低总支出,以达到控制货币供应的调控目的。财政稳定职能的目标是要实现充分就业和没有通货膨胀的经济增长。在现代实行市场经济的国家中,各地区之间的经济是完全开放的,即在全国性的统一市场上,各种生产要素能够在各地区之间自由流动,因此,地方政府无法成功地自行执行稳定经济的政策,稳定的职能只能由中央政府来承担。

综上所述,在一个多级财政组成的财政体制中,根据效率和公平原则,财政的资源配置职能主要由地方政府来承担,财政的收入分配和经济稳定职能则应当由中央政府来充当。

14.2 政府间的支出划分

14.2.1 政府间支出责任分工基本框架

根据中央和地方政府经济职能的特点,以及公共产品的层次性特点,我们可以确定一个关于中央和地方政府间支出责任的基本框架。

①全国居民享用的公共产品和服务应完全由中央政府来提供。这些产品和服务主要包括国防、外交、外贸管理、全国性的立法和司法、中央银行等。宏观经济稳定是一种特殊的全国性的公共产品,其支持责任应主要由中央政府来承担。

②地方政府应提供适合本地居民享用的地方性公共产品和服务。这些产品和服务包括地区性交通、警察、消防、教育、环保、绿化、城市给排水、垃圾处理、公园、地方性法律的制定和实施等。

③对具有跨地区外溢性的公共项目和工程,主要由地方政府之间协调解决,但中央政府也可以在一定程度上参与解决,如跨地区的公路、铁路、水陆交通、邮政、通信等项目。另外,有些项目虽然位于一个地区,但受益者却不限于本地居民,邻近地区的居民也能受益,如防洪设施、兴修水利、控制环境污染、教育等项目。从理论上讲,这些项目使外地居民受益的程度应成为中央政府参与程度的主要依据。但在实践中,这个程度很难判断。因而,各国的做法也不尽相同。例如,教育的外部性主要在于一些受教育者在学业结束后会移居其他地区,但究竟这些人的比例有多大,本地损失的效益有多少,则几乎无法估计。

④调节地区间和居民间收入分配在很大程度上使中央政府的责任,如和社会保障制度有关的职责,应在全国范围内实行统一标准的社会保障制度。因为地区间标准和计划的不一致会由于人口的流动而使各地的计划难以实现。但在人员不能自由而无代价流动时,地方政府在这方面可以有所作为。例如,我国目前的基本养老保险制度不统一,各地的最低生活费标准不一致,社会统筹的层次低,社会保障还难以做到在全国范围的统一,但应该逐步提高统筹的层次和扩大统筹的范围,要逐步从市县一级提高和扩大到省、自治区一级,最后扩大到全国范围内。

除了中央政府与地方政府有必要进行支出责任的分工外,由于地方政府本身也是由多级政府组成的,因此,政府间支出责任的分工还涉及地方政府的分工。一般来说,地方各级政府间支出责任划分的框架应该是:

①中央政府制定政策和规范,省或自治区政府监督和指导,省或自治区以下政府具体

实施。

②在决定某项公共服务由哪一级地方政府具体实施时，应考虑规模效益和受益范围。如每个数百人的村都修建一所医院，人均成本很高，利用率却很低，缺乏规模效益。因此，在乡镇修建医院的成本更低。我国某些地区取消村办小学也是基于规模效益的考虑。

根据目前的研究成果，市县级政府与基层政府（城镇街道和农村乡镇）之间的分工可以考虑消防、警察、垃圾处理、居民区绿化和公园、道路维护、交通管制、基层图书馆、部分初等教育和中等教育的责任由基层政府承担；公共交通、水电供应、废物处理、污水处理、大气污染处理、公共卫生、医院、特种警察、地区性图书馆、地区性公园和娱乐设施等应归市县级政府承担。

③某些服务如果由私人部分来生产或提供可能会更有效率。私人部分的参与形式可以是竞价承包、由地方政府发放许可证、政府拨款兴建、居民义务劳动、居民自助等。

综上所述，中央和地方支出责任划分的基本内容如表 14-1 所列。

表 14-1　中央和地方支出责任划分

内　容	责任归属	理　由
国防	中央	全国性公共产品或服务
外交	中央	全国性公共产品或服务
国家贸易	中央	全国性公共产品或服务
金融与货币政策	中央	全国性公共产品或服务
管制地区间贸易	中央	全国性公共产品或服务
对个人的福利补贴	中央、地方	收入再分配、地区性服务
失业保险	中央、地方	收入再分配、地区性服务
全国性交通	中央、地方	全国性服务、外部效应
地区性交通	地方	地区性服务
环境保护	地方、中央	地区性服务、外部效应
对公园、农业、科研的支持	地方、中央	地区性服务、外部效应
教育	地方、中央	地区性服务、外部效应
卫生	地方	地区性服务
公共住宅	地方	地区性服务
供水、下水道、垃圾	地方	地区性服务
警察	地方	地区性服务
消防	地方	地区性服务
公园、娱乐设施	地方	地区性服务

资料来源：马俊，《论转移支付》，1998。

14.2.2　政府间财政支出项目划分

在各国的实践中，国防、外交、国际贸易、中央银行、全国性的立法和司法等均为中央政府的职责，而交通、教育、卫生、环保、警察、消防、公园、社会福利等的大部分（或至少一部分）为地方政府的职责。不同国家之间的区别只是在中央政府在于多大程度上介入上述地方政府的职能，并通常与财政分权程度（以地方税收占全国税收的比例来衡量）

有关。财政分权程度较高的国家，中央政府在这些项目上支出的比重较少；而在财政分权程度较低的国家，中央政府在这些项目上的支出比重较大，其形式包括中央直接投资、各种拨款等。

各国之间支出责任划分的区别还体现在具体的项目上。如教育，在澳大利亚、加拿大、阿根廷主要是省（州）的责任，在美国是州和地方政府的共同责任，在巴西和墨西哥则是中央和省级政府的共同责任；在我国，中小学教育主要是由县市政府来承担，大学教育则由省政府和中央政府来共同承担。社会保障和社会福利在澳大利亚、德国、瑞典等国是中央政府的责任，在巴西为各级政府的共同责任，而在印度为州政府的责任。表14-2为了我国中央政府和地方政府支出职责的划分情况。

表14-2 我国中央政府和地方政府支出职责的划分

中央财政支出	地方财政支出
国防、武警经费	
外交和援外支出	地方行政管理费
中央级行政管理费	地方公检法经费
中央统管的基本建设投资	民兵事业费
中央直属企业的技术改造和新产品试制费	地方统筹安排的基本建设投资
地质勘探费	地方企业的改造和新产品试制经费
中央安排的农业支出	农业支出
中央负担的国内外债务的还本付息支出	城市维护和建设经费
中央一级承担的公检法支出和教育、卫生、科学等各项事业费制度	地方文化、教育、卫生等个性事业费以及其他支出

资料来源：国家财政部网站。

14.3 政府间的收入划分

14.3.1 政府间分税的基本原则

税收是政府财政收入的主要来源，收入划分主要指税收收入的划分。马斯格雷夫（Richard A. Musgrave，1983）曾根据公平与效率的原则提出分税原则，该原则被认为是指导政府间划分税收收入的基本思想。

14.3.1.1 属于中央政府的税收

（1）具有收入再分配性质的税收

这类税如果划归地方，则有差别的地方税率会促使居民迁移，使居住地的选择遭到扭曲。因此，这类税应由中央政府在全国范围内统一征收，发挥中央政府收入再分配的职能。

（2）有助于经济稳定的税收

这类税收一般具有累进性。当一国经济萧条时，国民收入下降，平均税率随之下降，刺激投资和供给，经济逐步恢复；当一国经济繁荣时，国民收入上升，平均税率随之上升，抑制投资和供给，经济逐步回复。在此过程中，累进税率起到了经济自动稳定的功能，这类税划归中央，有助于中央政府行使宏观调控职能。

(3) 税基分布不均匀的税收

这类税如果划归地方,则引起地区间税源不平衡,导致地区间财政收入能力的差异,加大地区间财政净利益的差距。

(4) 税基流动性大的税收

这类税如果划归地方,各地税率不同,会引起税率流动,这种流动并不反映资源的有效配置,而是考虑了地区财政净利益的因素。

(5) 易转嫁的税收

这类税如果划归地方,某一地区生产者的税负可以转嫁给其他地区的消费者,从而使该地区的生产成本由其他地区居民不合理分担,因此中央政府征收比较合适。

14.3.1.2 属于省(或州)政府的税收

应是以居住为依据的税收,如对消费者的消费品的销售或国内产品所课征的税收。

14.3.1.3 属于地方政府的税收

地方政府负责课征,税基分布均匀、税基流动性小、不易转嫁的税收。

14.3.1.4 属于各级政府的税收

收益税及收费对各级政府都适用,而且各级地方政府的税收应该是在经济循环中处于稳定的税收。

14.3.2 政府间税种的划分

(1) 关税

它是以进出关境或国境的货物和物品的流转额为课税对象的税种,是以国家处理国内贸易与对外贸易之间的关系、协调贸易进出口规模的税制,它关系到贸易中的国家主权,具有明显的中央税特性,应划归中央政府,以减少不同地区间税收差别对外贸造成的扭曲。

(2) 所得税

所得税包括个人所得税和公司所得税两种,都属于税基流动性较大的税种,同时还具有收入再分配和稳定经济的功能,因此应作为中央税。

(3) 流转税

在单一环节征收的流转税,如在商品零售、批发或产制环节征收流转税,因税基容易确认和协调,可以由任一级政府征收。而多环节的流转税,如增值税,假如把它作为地方税,那么对各地方辖区间流通的商品或劳务征税就会有较大的征管难度。因为增值税中的税款抵免制度要求确认各地在边境上发生的贸易,以便抵免在前面的销售环节上缴纳的税款,假如各地方辖区的税基和税率有差异,税收征管就会变得相当困难。同时,辖区差别税率也容易形成企业在生产经营上的扭曲现象,即企业为了避税,会使税基从高税区流向低税区,而不是按效率要求,从边际产出较低的辖区流向边际产出较高的辖区。因此,增值税应作为中央税。

(4) 自然资源税

自然资源具有不可流动性,本应由地方政府征税。但是,一国资源在各辖区间的分布往往很不均匀,如石油、天然气、重要金属矿产资源,让地方政府征收资源税,会使地区间的不平衡永久化；同时会导致生产要素向资源富饶地区的不合理流动，降低资源配置的整体效率。此外，由于多数自然资源具有不可再生性，其税收也具有不稳定性和不可预见性的特征，作为地方政府长期稳定的收入来源是不可靠的。因此，将自然资源税归国有，由中央课征资源税，然后与地方按一定比例分享有关的税金，是一种较为合适的制度安排。当然对于那些在各辖区间分布较为均匀的自然资源，如森林、采石场、小型煤矿等，由于不具有流动性，可以作为地方税。

(5) 财富税

对资本、财富、财富的转移及继承和遗产等所课征的税收，较适合于由中央集中课征，因为假如由各级地方政府分散课征，就可能因辖区间的税收竞争而引起资本的不合理流动，降低资源的整体配置效率。

(6) 有害产品税

对某些有害产品，如烟、酒、鞭炮、焚化品等（这类物品过量的生产和消费不利于资源合理配置和人们的健康）课征的国内消费税，以及为控制环境方面的外部效应（如拥挤和污染）而课征的税收，适合于由各级政府来征收，如排污税、汽车燃料税、通行税等适合由地方政府征收。

(7) 使用费和规费

使用费和规费因其能够按受益原则确定特定的消费者，适合于各级政府尤其是基层地方政府征收。

政府间税种划分的一般情况如表 14-3 所列。

表 14-3 政府间税种划分的一般情况

税种		税基的决定权	税率的决定权	税收征管权	税收功能与特征
关税		C	C	C	进出口贸易税
个人所得税		C	C P L	C	流动性要素、在分配和稳定供给
公司所得税		C	C P	C P L	流动性要素、稳定工具
营业税	单一环节	C P	C P	C P L	税基可协调，较低的风险纳税费用
	多环节	C	C	C	税基可协调，较低的风险纳税费用
财富税		C	C	C	再分配功能，税基流动
资源税	地区间分布不均匀的资源	C	C	C	调节税源不均衡功能
	地区间分布均匀的资源	C P	C P	L	税源分布均衡，且具有不可流动性
财产税		P L	P L	L	税基流动性小，地方征管效率高
"有害产品"税		C P L	C P L	C P L	有害产品的影响可能是全国性、地区或地方性
使用税和受益税		P L	P L	P L	可能确定特定的消费者

注：表中的 C 代表中央政府；P 代表省或州等中间层次的政府；L 代表省或州以下的地方政府。
资料来源：钟晓敏，《地方财政学》，2001。

表 14-4 我国政府间的收入划分

中央固定收入	地方固定收入	中央和地方共享收入
关税 消费税 海关代征消费税和增值税 铁道部门、各银行总行、各保险公司总公司等集中缴纳的收入（包括营业税、利润和城市维护建设税） 为纳入共享范围的中央企业所得税、中央企业上缴的利润等	营业税（不含铁道部门、各银行总行、各保险公司总公司集中缴纳的营业税） 地方企业上缴的利润 城镇土地使用税 城市维护建设税（不含铁道部门、各银行总行、各保险公司集中缴纳的营业税） 房产税 车船使用税 印花税 耕地占用税 契税 遗产与赠与税 烟叶税 土地增值税 国有土地有偿使用收入等	增值税（中央分享75%，地方分享25%） 纳入共享范围的企业所得税和个人所得税（中央分享60%，地方分享40%） 证券交易印花税（中央分享97%，地方分享3%） 资源税（海洋使用企业缴纳的部分归中央政府，其他部分归地方政府）

资料来源：国家财政部网站。

表14-4 反映了我国政府间收入的划分情况。

14.4 政府间的转移支付

政府间的支出划分和收入安排常常引起一国政府间财政的横向和纵向不平衡。当各级政府的自有收入与支出不匹配时，就会产生纵向不平衡；当同级政府之间存在财政能力差距时，就会产生横向不平衡。为了使各级政府能在全国统一的政策框架内履行其职能，国家经常通过转移支付来消除这些不平衡。

财政转移支付的对象可以是个人和企业，但本章的财政转移支付是指政府间的财政转移支付，即发生在各级政府之间资金的无偿转移。政府间转移支付是通过财政补助制度来完成的。从这个意义上来说，对政府间转移支付理论的分析实际上就是对财政补助理论的分析。

14.4.1 财政转移支付的类型

财政补助涉及有条件和无条件的补助，补助的数额可以不加限制，也可以设置上限。此外，有些有条件的补助可以要求接受补助金的政府提供配套资金，由此形成了不同类型的财政补助（图14-1）。

无条件的和有条件补助是财政补助的两种基本类型。无条件补助（unconditional grant）是指对补助金的用途不做限定，由受补助者自主决定和支配，这种无限制的总额补助有时被称为收入分享（revenue sharing）或一般性补助（general grant）。有条件补助（conditional grant）指附带条件的补助，受补助者必须按指定的条件使用补助金，如专门用于教育、道路建设、环境保护等特定项目，因此又称为专项补助。

14.4 政府间的转移支付

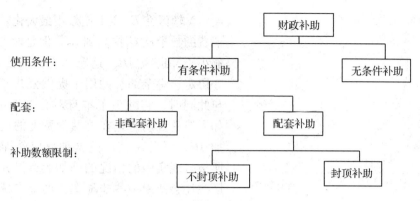

图 14-1　财政转移支付的类型
[资料来源：邓子基，林志远. 财政学(第2版)]

有条件补助可分为配套补助和非配套补助。配套补助(matching grant)受补助者不仅需要按指定用途使用资金，而且需要提供一定数额或比例的配套资金。封顶的配套补助规定了受补助政府可以得到的补助款的最高限额。不封顶的配套补助，不做规定。

非配套补助(non-matching grant)由补助者提供一笔固定资金，并规定用于指定的项目。

14.4.2 财政转移支付的经济效应

政府间补助会产生收入效应和替代效应。前者是受补助的政府在接受补助款之后，可支配收入增加，从而放松课税的努力，结果私人部门的消费增加。后者是指受补助的政府在接受补助款之后，提供公共产品的实际成本下降，从而倾向于进一步扩大公共产品的消费。

(1) 无条件补助

无条件补助只产生极强的收入效应。如图14-2所示，假设某一辖区 A 每年的公共产品消费为 G，私人消费为 C。在接受财政补助前，预算约束线为 AA'，社会对两种产品的无差异曲线是 U_1，它与 AA' 相切于 E_1。可以看出，A 辖区每年分别有 G_1 单位的公共消费和 C_1 单位的私人消费。

现在假设 A 辖区获得无条件补助。此时，预算线变为 BB'，它与 $A'A$ 之间的距离就是获得的补助额。新的预算线与另一条无差异曲线 U_2 相切于 E_2。这时，该辖区每年的公共消费量为 G_2，私人消费量为 C_2。从图中可以看出，在获得无条件补助后，公共消费和私人消费的数量都增加了。

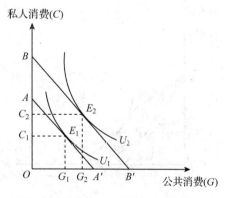

图 14-2　无条件补助的经济效应

(2) 有条件的非配套补助

在这种情况下，假设拨款者为 A 辖区提供一笔补助款用于购买 AH 单位的公共产品，于是，新的预算线是在原预算线 AA' 的基础上横向平移了 AH 的距离，结果得到弯折的预算线 AHB，如图14-3所示。

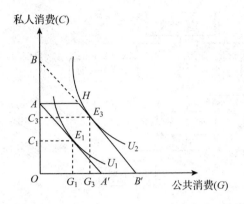

图 14-3 有条件的非配套补助的经济效应

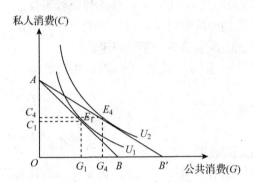

图 14-4 有条件的配套补助的经济效应

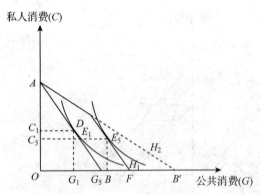

图 14-5 有条件的配套补助的经济效应

A 辖区在 E_3 点上使效用最大化。尽管公共消费的数量从 G_1 提高到 G_3，但是两者之间的差额小于补助额 AH。这意味着，即使 A 辖区遵守协定，将全部补助用于提供公共产品，但是与此同时，它减少了本身对公共产品的消费。如果拨款者期望花在公共消费上的支出恰好增加 AH，那么 A 辖区的这种反应就挫伤了这种愿望。现实中的情况的确如此，研究表明，辖区往往会使用一些非配套补助金来减少其本身的税收。

（3）有条件的不封顶配套补助

假设拨款者为 A 辖区提供一笔用于公共消费的款项，并且要求其按 $1:1$ 的比例拿出配套资金。此时，A 辖区的预算线就由原来的 AA' 变为 AB'，而且 $OB=BB'$，如图 14-4 所示。

在新的均衡点 E_4 上，A 辖区的公共消费量为 G_4，私人消费量为 C_4。值得注意的是不仅 $G_4>G_1$，而且 $C_4>C_1$。也就是说，A 辖区使用部分补助用于购买更多的公共产品，并使用别的部分用来减轻其税负。这说明，旨在刺激公共消费的部分补助有可能被用以获得税收上的减免。

同时，配套补助是校正辖区之间正外溢性的一种切实可行的办法。通过对产生辖区外溢性的辖区的适当的补助，资源配置的效率将得到改进。当然，补助额大小的确定，尚有赖于对这种外溢性影响的实际规模的度量。

（4）有条件的封顶配套补助

在实行不封顶配高补助时，拨款者的补助数额最终取决于受补助者的行为。如果补助计划太大刺激了受补助者对补助项目的支出，那么过大的补助数额就会引起拨款者预算上的困难。因此，为了将补助数额限制在一定的范围内，拨款者可以确定一个愿意提供的最高金额及实行封顶的配套补助。

如图 14-5 所示，在封顶的计划下，A 辖区的预算线变为折线 ADF。在 AD 段，拨款者按 $1:1$ 的比例提供补助金。但在 D 点以下的部分即 DF 段，拨款者不再提供配套资金。在新的均衡点 E_5，公共消费量 G_5 大于没有拨款时的公共消费量 G_1，但小于不封顶配套补助时的公共消费量 G_4。这说明 A 辖区在用完补助金之后，就失去了增加公共消费支出的激励。

值得注意的是，在有些情况下，封顶与否无关紧要。假如 A 辖区对 G 的消费意愿消费量低于限额，进行封顶就起不了什么作用。从图中可以看出，如果均衡点一直落在 AD 部分，那么即便 DF 上的各点得不到补助，也无关紧要。

▲延伸阅读

瑞士国内激烈的地方政府间税收竞争

瑞士是典型的联邦制国家，由三级政府组成，即联邦中央政府、州政府和市镇政府。由于实行的是联邦财政管理体制，且在税收立法权上实行的是高度的地方分权型管理体制，所以瑞士国内的税收竞争相当激烈，尤其是各州之间的税收竞争。

个人所得税是瑞士各州征收的一个重要税种，因而也就成了各州从事税收竞争的重要舞台。降低个人所得税整体税负是瑞士各州吸引高收入居民进入本辖区以提高居民福利的一个重要手段。瑞士 26 个州在个人所得税税负方面的差异相当大。如果把 1990 年瑞士全国的人均个人税税负(包含财产税税负)指数确定为 100，那么，瑞士各州的个人所得税税负差异情况就是：左格州(Zug)税负最低，仅为 56.1，伯尔尼地区(Bern)是 118.2，而维拉斯州(Villars)则最高，达到了 154.1，最高和最低两者相差 98 个百分点。也就是说，一个居住在左格州的四口之家(有两个孩子的家庭)如果一年的总收入是 175 000 瑞郎，那么只需缴纳 16 083 瑞郎的个人所得税(包括州和地方税税负)；而在间隔仅为 120 千米之外的首都 Bern 地区，则必须缴纳 34 475 瑞郎。显而易见，左格州在个人所得税竞争上占据了明显的优势。

瑞士各州在公司所得税方面的竞争也同样非常激烈。降低公司所得税税负是瑞士各州竞争企业的主要手段。根据瑞士国内税收研究专家 Rossi 和 Daffion 的研究，在 1985—2001 年期间，除日内瓦地区(Geneve)外，瑞士其他各州在 16 年内都大幅度降低了公司利润的税负，有些州如左格州，两个阿彭策尔州(Appenzell)等的公司利润税负降幅高达 40% 以上；一些地理位置偏离国家经济中心的州如朱拉(Jura)、纳沙泰尔(Neuchatel)、维拉斯(Villars)等州，其公司利润税负也分别降低了 32%、35% 和 28%，沙夫豪森(Schaffhouse)和伯尔尼(Berne)两州也较大幅度地降低了公司利润税负，降幅分别达到了 41% 和 32%。

由此可见，无论是在个人所得税上，还是在公司所得税上，瑞士国内各州都在从事激烈的以降低税负为主要特征的税收竞争。瑞士国内各州实行以降低税负为主要手段的地方政府间税收竞争确实带来了一些好处，例如，由于普遍降低了税负，所以提高了瑞士对外资的吸引力，使得瑞士成为了一个国际避税天堂；制约了政府规模的不断扩大等。

但是，依据瑞士有些专家的观点，瑞士地方政府间税收竞争在带来好处的同时也引发了许多严重的问题，其中最主要的是政府收入明显下降。瑞士各州并没有获得自己所预期的益处，即把大量的投资吸引到本辖区来。因为尽管大多数州对其企业所得税税负做了大幅度下调，但大多数企业经营活动还是被位于中心地区，特别是巴塞尔—苏黎世地区的各州吸引了过去，这些地区的各州为了保持自己的相对竞争优势在其他州降低税负的同时也降低了自己的公司税税负。也就是说，在这场激烈的地方政府间税收竞争中，真正获益的是那些地理位置优越、经济基础较好的少数发达州。此外，瑞士各州之间激烈的税收竞争还产生了企业和不同辖区政府之间的讨价还价问题。讨价还价问题由于各辖区政府间的信息不对称问题而变得更加严重，因为企业可以在不断地了解、比较参与国内税收竞争的各辖区政府所提供的各种大量的税收优惠，而与此同时，辖区政府之间并不了解或者说很难了解到彼此之间究竟向企业提供了什么样的税收优惠。为了解决信息不对称问题，瑞士各辖区政府之间曾经在税收合作和情报交换方面作出过一些努力。但这些措施并未能有效遏制恶性税收竞争的蔓延。还需要说明的是，瑞士各州之间除了采取制度内的措施外还采取了一些非正式的税收安排从事税收竞争活动。有证据表明，瑞士的州和市镇为了吸引较多的生产要素均采取了大量的非正式税收安排，这些税收安排超越或绕开1948年各州间协商的税收协议和1990年联邦法律对税收协调的有关规定。

（资料来源：葛夕良，2007）

本章小结

1. 政府间的财政关系是指一国之内不同级别政府之间或同级政府内部财政收支和权限的划分关系。财政分权的过程容易受到经济环境、政治体制、民主发达程度等因素的影响，财政分权理论经过半个多世纪的发展，先后经历了两个阶段：传统财政分权理论和第二代财政分权理论。

2. 分权式财政的优点是，能使公共产品的供给更好满足地方居民的偏好，促进政府间竞争，推进公共服务创新等。分权式财政的缺点是，存在辖区间外溢性、公共产品提供时的规模不经济、无效率课税等。

3. 在分级财政制度下，政府的资源配置、收入分配和经济稳定这三大职能需要在各级政府之间进行划分。地方政府侧重于履行效率职能，而中央政府则侧重于履行公平和稳定职能。

4. 目前我国采用最多的转移支付类型有一般性补助、专项补助和特殊补助，每种补助对地方政府积极性的影响是不同的。

思考题

1. 试述财政分权的优势与不足。
2. 财政职能如何？在各级政府间进行分工？
3. 试述政府间支出责任公共的基本框架结构。
4. 试述政府间收入划分的原则及内容。
5. 试述政府间转移支付的概念及类型。
6. 试分析政府间补助的经济效应。

第 15 章 财政政策

本章提要

本章介绍了财政政策的性质、目标、政策工具、分类与功能,阐述了财政政策的传导机制,重点介绍了财政政策效应;介绍了货币政策的分类与货币政策工具,阐述了财政政策与货币政策相互配合的必要性,重点介绍了财政政策与货币政策的搭配形式与相对效力;介绍了财政政策与货币政策的时滞与我国不同时期财政政策与货币政策的搭配形式与影响。

15.1 财政政策概述

15.1.1 财政政策的概念与性质

15.1.1.1 财政政策的概念

财政政策是指一国政府根据经济社会发展需要,为了达到既定的目标而采取的财政措施的总和。具体而言,财政政策就是政府通过调节财政支出与收入,引导社会资源合理流动,从而实现社会充分就业、物价稳定与经济增长。财政政策是国家经济政策的重要组成部分,其制定和实施过程也是国家实施财政宏观调控的过程。在市场经济条件下,财政政策运用得当,可以保持经济的持续、稳定、协调发展;反之,财政政策运用不当,则会引起经济的失衡与波动,甚至引发社会动荡。

15.1.1.2 财政政策的性质

(1)财政政策的主体是政府

财政政策主体包括中央与地方各级政府。中央政府在制定财政政策时往往要统筹兼顾社会经济发展的短期与长期利益、局部与整体利益;各级地方政府是中央政府财政政策的执行者,同时又是地方财政政策的制定者。各级政府的行为是否规范,对于财政政策功能的发挥具有关键性作用。

(2)财政政策由一整套政策体系组成

财政政策是政府干预经济运行的主要调控手段。财政政策主要通过税收、支出、公债与预算等手段,以利益机制和强制力来影响经济活动。因此,一套相对完整的财政政策体系包括税收政策、财政支出政策、公债政策、财政预算政策,这些政策既可以单独运用,也可以搭配使用,政府根据社会经济发展的需要灵活采用不同的财政政策组合,对社会总供给与总需求进行调节,实现总需求与总供给的均衡。

(3) 财政政策具有一定的时效性与相对的稳定性

任何财政政策都是在一定时代背景下制定的,随着社会经济环境的改变,已有的财政政策可能无法满足新形势下经济社会发展的需要,新财政政策代替过时的财政政策成为大势所趋,因此,财政政策具有一定的时效性。同时实现政府追求的目标需要需要一个长期的过程,在这种目标没有实现以前,政府制定的财政政策必须保持一定的稳定性。

15.1.2 财政政策的目标

财政政策目标是政府运用财政政策工具进行经济宏观经济调控时所要达到的预期目的。财政政策目标受到政府职能、政府行为、经济形势、民众偏好等因素的影响。不同时期、不同国家追求财政政策目标是不一样的。一般来说,政府为了调节社会总供给与总需求的大致平衡,追求的财政政策目标主要有充分就业、物价稳定、经济持续均衡增长、社会生活质量提高、资源合理配置与收入合理分配。

(1) 充分就业

财政政策的首要目标就是解决就业问题。在任何一个国家,失业都是一个严重的经济与社会问题。一方面,失业造成社会资源的严重闲置浪费,根据奥肯定理,失业率增加1%,将使真实 GDP 的增长率减少2%;另一方面,对大多数人来讲,失去工作意味着生活水平的下降,大量失业人口的存在可能会威胁到社会的稳定。因而,降低失业率,或者说实现充分就业,就成为各国宏观经济政策的首要目标。

在广义上,充分就业是指包括劳动在内的一切生产要素都有机会按其意愿接受报酬参与生产的状态;在狭义上,充分就业是指维系自然失业率情况下的就业状况。自然失业率是指在没有货币因素干扰的情况下,让劳动市场和商品市场的自发供求力量起作用时,总需求与总供给处于均衡状态下的失业率,也就是充分就业情况下的失业率,包括摩擦性失业和结构性失业。摩擦性失业是在生产过程中,由于暂时的不可避免的摩擦而导致的失业。结构性失业是劳动力供给结构与劳动力需求结构不一致造成的失业。美国多数学者认为4%的失业率即为充分就业,大多数西方经济学家认为4%~6%的失业率是正常的,此时社会处于充分就业状态。

(2) 物价稳定

物价稳定是指物价总水平的稳定。物价稳定不是维持物价不变,而是把物价总水平的波动约束在经济稳定发展可容纳的范围之内。一般用价格指数来衡量价格水平的变化。物价稳定意味着物价的上涨幅度是在社会可以忍受的范围内,一般认为年增长率在5%左右的物价上涨幅度可视为物价稳定,对经济也不会产生不利的影响。物价的大起大落对社会经济发展都是不利的,因此,财政政策的实施必须考虑到如何保持物价的基本稳定。

(3) 经济持续均衡增长

经济增长是一个国家生存和发展的条件,也是现代经济社会发展的必然要求。社会进步、财富增加、民众生活水平的提高依赖于经济的稳定增长。所谓经济增长是指在一个特定时期内经济社会所生产的人均产量或人均收入保持合理的、较高的速度增长。国际上一般采用实际国民生产总值或人均实际国民生产总值的年增长率来衡量一个国家经济增长水平。衡量经济增长除总量的增长外,还应包括质的提高,比如,技术的进步、资源的合理配置与生态平衡等。因此，健康的经济增长，应该是经济的可持续、均衡增长。经济增长会增加社会福利，但并不是增长率越高越好。这是因为：一方面，经济增长要付出资源代价。经济增长要受到各种资源条件的限制，经济过快增长会导致资源的过度开发和自然环境的破坏。另一方面，经济增长也要付出社会代价。在社会发展中，政府往往会采取扩张性经济政策促进经济增长。但是，当经济增长过快而导致经济泡沫将会给社会造成更大的负担和矛盾。因此，经济增长速度应该与本国具体情况相符合，保持适度的增长。作为财政政策，则在于如何去引导经济发展实现最佳的经济增长。

(4) 提高社会生活质量

经济发展的最终目标是满足社会全体成员的需要。需要的满足程度，不仅取决于个人消费需求的实现，更重要的是社会的共同消费需求的实现。社会共同的消费需求，包含公共安全、环境质量、生态平衡、基础科学研究和教育、文化、卫生等水平的提高。财政政策在推动经济发展的同时，还要创造更加优美的环境，推动科教文卫事业的不断进步，提高公共福利的服务水平，促进社会的和谐发展，满足整个社会公共需要。

(5) 资源合理配置

资源合理配置是指对现有的人力、物力、财力等社会资源进行合理分配，使其发挥最有效的作用，获得最大的经济和社会效益。在市场经济条件下，资源的配置主要是通过市场机制把有限的资源配置到能够提供最高回报的地方去。但是，市场机制不是万能的，存在着市场失灵的现象，因此，政府有必要从全社会的整体利益出发，在市场自发作用的基础上对社会资源的配置进行合理的调节。政府的财政政策，一方面，通过财政收入和支出的分配数量和方向直接影响各产业的发展；另一方面，通过制定合理的财政税收政策，引导资源在地区之间、行业之间的合理流动。应当指出的是，财政调节资源合理配置是为了弥补存在的市场失灵，它不能代替市场机制在资源配置方面的基础作用，更不能干扰正常的市场规则和市场运行，以免对市场效率造成伤害。

(6) 收入合理分配

收入合理分配是指社会成员的收入分配公正、合理。公平分配不是平均分配，平均分配抑制了劳动者的生产积极性，不利于经济的发展；收入分配的不合理，贫富差距悬殊，不利于社会经济的稳定。在市场经济条件下，收入分配的原则是"效率优先，兼顾公平"。即收入分配既要有利于充分调动社会成员的劳动积极性，同时又要防止收入过分贫富悬殊。财政在追求公平分配目标时要做到：①合理适度地确定纳税人的税收负担；②为所有纳税人创建一个公平竞争的税收环境；③建立完善的税收体系与社会保障体系。

15.1.3 财政政策工具

财政政策工具就是政府所选择的用以达到财政政策目标的各种财政手段。作为财政政策工具，一般要符合两个条件：一是它必须是为实现政策目标所需要的；二是它必须是政府能够直接控制的。财政政策工具主要包括税收、公债、政府购买支出、转移支付与政府预算。不同的财政政策工具具有不同的功能和作用，在不同经济环境下政府追求的财政政策目标不同，因此，在不同时期政府采取的财政政策工具存在差异。

(1) 税收

税收是国家财政收入的主要来源，也是国家实施财政政策保持经济稳定运行的重要工具之一。作为调节社会总供给与总需求关系和收入分配关系的财政政策工具，它既可以发挥自动稳定器功能，也可以通过相机抉择对经济活动进行调节。当经济繁荣时，失业率下降，人们收入自动增加，税收会随个人收入的增加而自动增加。在实行累进税的情况下，由于纳税人的收入进入了较高的纳税档次，政府税收上升的幅度会超过收入上升的幅度。累进税制可以抑制社会总需求的过度膨胀。相反，当收入水平下降时，国民收入减少，个人和公司缴纳的税收会减少得更多，这样能够抑制社会总需求的过快下降，从而防止经济过度衰退。在经济繁荣时期，政府也可以通过提高税率、减少税收优惠等途径增加税收，抑制社会总需求，避免经济过热发展；在经济萧条时期，政府通过降低税率、实行更多税收优惠等途径减少税收，刺激社会总需求，促进经济增长。可见，减税或降低税率可以增加总需求，是反衰退的重要措施；增税或提高税率可以减少或抑制总需求过度增加，因而是反通货膨胀的重要措施。同时税收是政府公平收入分配的重要手段，政府可以通过调整个人所得税超额累进税率的起征点和免征额、财产税等来调节个人收入和财富，实现公平分配。

(2) 公债

公债最初是政府弥补财政赤字的重要手段。随着信用制度的发展，它已成为调节货币供求、协调财政与金融关系的重要政策工具。现代西方经济学家认为，公债的发行既可以为政府筹集资金，弥补财政赤字，又能影响包括货币市场和资本市场在内的金融市场的货币流通，从而调节社会的总需求水平，对经济产生扩张或抑制性效应。公债对经济的调节作用主要体现在三种效应上：一是排挤效应，即通过公债的发行，使民间部门的投资或消费资金减少，从而起到调节消费和投资的作用。二是货币效应，即通过调整公债的流动性程度，改变社会经济资源的流动状况，对经济运行产生扩张性或紧缩性的影响。期限越短，流动性越高；期限越长，流动性越低。三是利率效应，这是指通过公债发行利率水平来影响金融市场利率的变化，可以对经济运行产生扩张性或紧缩性的影响。

(3) 政府购买支出

政府购买支出是政府利用财政资金购买商品与劳务方面的支出。政府购买支出的变动会直接影响社会总需求水平，对整个社会总需求水平具有十分重要的调节作用。政府购买支出可以分为公共投资支出与公共消费支出。公共投资支出是中央政府与地方政府用于固定资产方面的支出，它的投资主要集中在基础设施与公共事业等项目，具有一定的非营利性；公共消费支出是中央政府与地方政府按市场价格用于产品和劳务的经常性支出，包括行政、国防、文教科卫以及其他政府活动的支出。政府通过公共投资政策扩大或减少社会总需求，调整国民经济结构，改善社会投资环境，引导私人投资。政府也可以通过公共消费政策直接增加或减少社会总需求，从而引导私人生产发展方向，调节经济周期波动。可见，政府购买支出作为财政政策工具，是实现反经济周期的手段之一。

(4) 转移支付

政府转移支付是指政府在社会福利保险、贫困救济和补助等方面的支出。转移支付政策是通过政府为企业、个人或下级政府提供无偿资金援助，以调节社会分配和生产的政策。政府转移支付不直接形成当期的社会购买力，但是它能改变人们的收入水平，从而间接地影响着人们的消费水平，所以转移支付也是一项重要的财政政策工具。社会保障支出和财政补贴在现代社会里发挥着"安全阀"和"润滑剂"的作用，在经济萧条失业增加时，政府增加社会保障支出和财政补贴，增加社会购买力，有助于恢复供求平衡；反之，则减少相应这两种支出，以免需求过旺。

(5) 政府预算

预算是国家的基本财政计划，它主要通过年度预算的预先制定和在执行过程中的收支平衡变动，实现其调节国民经济的功能。预算调节经济的作用主要表现在财政收支的规模及其差额上。当社会总供给大于总需求时，政府预算一般采用增加支出规模，保持一定赤字规模的作法扩大社会总需求；当社会总供给小于总需求时，政府预算一般采用缩小支出规模、保持预算盈余，抑制社会总需求。当社会总供给与总需求基本平衡时，政府一般实行中性预算平衡政策，保持预算收支规模基本平和。预算工具的作用主要在于提高充分就业水平、稳定价格、促进经济增长以及约束政府的不必要开支。

15.1.4 财政政策的类型

(1) 根据财政政策调节经济周期的作用划分

① 自动稳定的财政政策 也称财政自动稳定器，是指通过对财政制度的设计能够自动调节经济运行，维持经济稳定发展的财政政策。这类财政政策，可以随着社会经济的发展，自行发挥调节作用，无需借助外力就可以直接产生调控效果。在财政体制中，累进税制的所得税制、失业救济金制度等都是自动稳定的财政政策。累进税制的个人所得税，对经济活动水平的变化反应相当敏感。在经济萧条时期，个人收入减少，适用的累进税率相对下降，税收会自动减少，留在个人手中的可支配收入相应较多，从而增加私人的消费与投资需求，对总需求产生扩张效应；当经济处于繁荣阶段，个人收入增加，进入较高税率的纳税档次，税收会自动增加，留在个人手中的可支配收入相应减少，从而抑制私人的消费与投资需求，起着自动抑制经济的过度繁荣。这样，累进税制的所得税制就有可能自动维持总供求的平衡。

失业救济金制度也具有较强的自动稳定作用。在经济衰退时，领取失业救济和各种福利标准的人数增加，政府福利支出自动增加，有利于制止总需求的持续下降。在经济繁荣时，失业率下降，失业救济金的发放数额自动减少，有利于抑制总需求膨胀。因此失业救济金制度也能自动维持总供求的平衡。

② 相机抉择的财政政策 是指政府根据一定时期的经济社会状况，主动采取不同的财政手段干预经济运行的财政政策，该政策又包括汲水政策和补偿政策。汲水政策是指在经济萧条时期进行公共投资，以增加社会有效需求，使经济恢复活力的政策。补偿政策是指政府有意识的从当时经济状态的反方向调节经济活动的财政政策。经济萧条时期，通过增加支出、削减税收收入或双管齐下以增加社会有效需求，刺激经济增长。经济繁荣时期，通过减少支出、增加税收收入，减少社会过剩需求以抑制通胀，稳定经济波动。

补偿政策和汲水政策虽然都是政府有意识的干预政策，但它们也存在着明显的区别：第一，汲水政策只是借助公共投资来补偿民间投资的减退，是医治经济萧条的处方；而补偿政策是一种全面的干预政策，它不仅能够促使经济从萧条走向繁荣，而且也可以控制经济过度繁荣。第二，汲水政策的实现工具只有公共投资，而补偿政策的载体不仅包括公共投资，还有所得税、消费税、转移支付等。第三，汲水政策的公共投资不能是超额的，只要起到诱导作用即可；而补偿政策的财政收支根据具体的经济形势可以超额增长，以保证总供求平衡。第四，汲水政策的调节对象是民间投资，而补偿政策的调节对象是社会经济的有效需求。

(2) 根据财政政策在调节国民经济总量和结构中的不同功能划分

①扩张性财政政策　是指通过财政收支活动来增加和刺激社会的总需求的政策，通过减税、增加财政支出等手段扩大社会需求，进而提高社会总需求水平，缩小社会总需求和社会总供给之间的差距，最终实现社会总供需的平衡。当经济面临衰退时，一般采用这种政策。扩张性财政政策是指通过财政分配活动来增加和刺激社会总需求，一般是采取减税或增加支出的措施，从这个意义上来说扩张性财政政策等同于赤字财政政策。

②紧缩性财政政策　是指通过财政收支活动来减小和抑制社会总需求的政策。在社会总需求大于社会总供给的情况下，政府通常采用紧缩性财政政策，通过增加税收、减少财政支出等手段抑制社会需求。当经济面临增长过快，预计会出现过热时，一般采用这种政策。紧缩性财政政策一般是采取增税或减少支出的措施，从这个意义上来说紧缩性财政政策等同于盈余财政政策。

③中性财政政策　是指财政的分配活动对社会总需求的影响保持中性，既不产生扩张效应，也不产生紧缩效应，以保证经济的持续稳定发展，此时财政收支一般保持均衡。但收支均衡的财政政策并不等于中性财政政策，因为在收支均衡时政府仍然可以运用平衡预算乘数，以及同规模地扩大财政收入和支出来调节国民收入水平。

(3) 按财政收支活动与社会经济活动之间的关系划分

①宏观财政政策　是指财政政策对宏观经济发生影响，引起经济总量变化的政策，通常也称为总量财政政策。

②微观财政政策　是指通过调节微观经济主体的行为的财政政策。比如调整产业结构的农业财政支持政策，高新技术产业财政支持政策；协调地区间和谐发展的西部大开发财政支持政策，解决就业问题的失业人员再就业财政支持政策等。

15.1.5　财政政策的功能

财政政策作为宏观调控的重要手段，主要具有四种功能：

(1) 导向功能

财政政策的导向功能就是通过调整物质利益进而对个人和企业经济行为的调节来引导国民经济的运行。具体表现在两个方面：

①配合国民经济总体政策和各部门、各行业政策，提出明确的调节目标。

②财政政策不仅规定应该做什么，不应该做什么，同时通过利益机制，引导人们的经济行为。

(2) 协调功能

财政政策的协调功能是指对社会经济发展过程中出现的某些失衡状态的制约和调节能力，它可以协调地区之间、行业之间、部门之间、阶层之间的利益关系。财政本身就具有调节职能，它是在国民收入分配过程中，通过财政的一收一支，改变社会集团和成员在国民收入中占有的份额来调整社会分配关系。在财政政策体系中，支出政策、税收政策、预算政策等从各个方面协调人们的物质利益关系。

(3) 控制功能

财政政策的控制功能是指政府通过调节企业和居民的经济行为，实现对宏观经济的有效控制。如对个人所得征收超额累进税，可以防止两极分化。财政政策的控制功能主要是由政策的规范性决定的。无论财政政策是什么类型的，都含有某种控制的因素在内。它们总是通过各种手段，让人们做某些事情、不做某些事情，或继续从事他们本来不愿从事的活动。

(4) 稳定功能

财政政策的稳定功能是指国家通过财政政策调节总支出水平，使货币支出水平恒等于产出水平，实现国民经济的稳定发展。例如，在资源没有被充分利用时，政府通过增加支出使其达到充分就业的水平；而在通货膨胀时，政府通过将总支出减少到总供给与总需求相等的水平，抑制经济过热。

15.2 财政政策的传导和效应

15.2.1 财政政策传导机制

财政政策传导机制就是财政政策在发挥作用的过程中，财政政策工具通过收入分配、货币供应与价格等媒介体相互作用形成的一个有机联系的整体。在由居民、厂商和政府组成的三部门经济中，总需求主要由消费需求、投资需求与政府购买需求组成。政府可以通过购买支出、转移性支出、税收等财政手段来影响社会总需求，进而达到促进经济稳定发展的目标。

(1) 政府购买支出政策对总需求的影响传导机制

在其他条件不变的情况下，政府财政购买支出增加（或减少），社会资源将更多（或更少）地被用在公共品的提供上，直接带动总需求的增加（或减少），进而使国民收入总量增加（或减少），如图 15-1 所示。

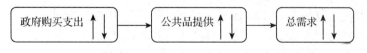

图 15-1 政府购买支出传导机制

(2) 政府转移性支出对总需求的影响传导机制

在其他条件不变的情况下，政府转移性支出增加（或减少），将直接导致微观经济主体可支配收入的增加（或减少），从而影响到微观主体消费需求或投资需求的增加（或减少），进而间接地带动总需求的增加（或减少），进而使国民收入总量增加（或减少）。由于政府转移性政府对总需求的影响是间接性，故其乘数效应小于政府购买支出的乘数效应，如图 15-2 所示。

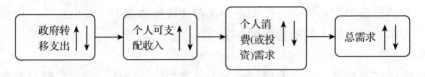

图 15-2　政府转移支出传导机制

(3) 税收政策总需求的影响传导机制

增税使得个人可支配收入减少，从而个人消费支出减少，最终使得总需求减少，进而使国民收入总量减少；减税可以增加个人可支配收入，从而提高个人消费支出，最终使得总需求增加，进而使国民收入总量增加，如图 15-3 所示。

图 15-3　税收传导机制

15.2.2　财政政策效应

财政政策效应是指财政政策作用的结果，即在财政政策的有效作用下，社会经济作出的反应。它包括财政政策的"内在稳定器"效应、经济稳定效应、货币效应与奖抑效应。

(1) 财政政策的"内在稳定器"效应

财政政策的"内在稳定器"效应是指在宏观经济的不稳定情况下财政政策自动发挥作用，使宏观经济趋向稳定。财政政策的这种"内在稳定器"效应无需借助外力就可直接产生调控效果，财政政策工具的这种内在的、自动产生的稳定效果，可以随着社会经济的发展，自行发挥调节作用，不需要政府专门采取干预行动。

(2) 财政政策的经济稳定效应

财政政策的经济稳定效应是指当经济运行没有达到充分就业水平的国民收入时，存在通胀缺口或紧缩缺口，政府通过运用财政政策对之进行调节以实现充分就业时的国民收入水平。当社会总需求低于充分就业的总需求时，存在通货紧缩缺口，表明社会存在失业现象，社会资源未被充分利用。此时必须采取扩张政策，增加总需求，消除通货紧缩缺口，达到充分就业的国民收入水平。相反，当社会总需求高于充分就业的总需求时，存在通货膨胀缺口，此时必须采取紧缩政策，降低总需求，消除通货膨胀缺口，达到充分就业的目的。

(3) 货币效应

财政支出的货币效应一方面表现为政府投资、公共支出、财政补贴等本身形成一部分社会货币购买力，从而对货币流通形成直接影响，产生货币效应；另一方面，财政政策的货币效应主要体现在公债上。公债政策的货币效应又取决于公债认购的对象和资金来源。如果中央银行用纸币购买公债，这无异于纸币发行，从而产生通货膨胀效应；如果商业银行购买公债，且可以用公债作为准备金而增加贷款，也会导致货币供给增加，从而使流通中的货币增加，等等。

(4) 奖抑效应

奖抑效应主要是指政府通过财政补贴、奖惩措施、优惠政策对国民经济的某些地区、部门、行业、产品及某种经济行为予以鼓励、扶持或者限制、惩罚而产生的有效影响。

15.2.3 财政政策乘数

财政政策是政府利用财政收支等手段来影响总需求,从而调节国民经济的均衡。财政政策乘数用来研究财政收支变化对国民收入的影响。财政政策乘数效应包括税收乘数效应、政府购买支出乘数效应、转移性支出乘数效应与平衡预算乘数效应。财政政策乘数可以从国民收入决定模型推导而来。在三部门经济中,国民收入(Y)由消费支出(C)、投资支出(I)与政府购买支出(G)决定。

$$Y = C + I + G \tag{15.1}$$

当政府按总量税一次性征税时消费支出为:

$$C = C_0 + \beta Y_d = C_0 + \beta(Y - T + TR) \tag{15.2}$$

式中,C_0 为人们即使没有收入的情况下也要消费的支出,即维持正常生活必需的最低消费支出;β 为可支配收入的边际消费倾向,$0 < \beta < 1$;T 为政府一次性征收的总税收;TR 为政府的转移支出。

当政府按比例税征收时消费支出为:

$$C = C_0 + \beta Y_d = C_0 + \beta(Y - tY + TR) \tag{15.3}$$

式中,t 为比例税率。

因此:

$$Y = \frac{C_0 + I + G - \beta T + \beta TR}{1 - \beta} \text{ 或 } Y = \frac{C_0 + I + G + \beta TR}{1 - \beta(1 - t)} \tag{15.4}$$

(1) 政府购买支出乘数

政府购买支出乘数是指国民收入变化量与引起这种变化量的最初政府购买支出变化量的倍数关系,或者说是国民收入变化量与促成这种变化量的最初政府购买支出变化量的比例。

$$K_G = \frac{dY}{dG} = \frac{1}{1 - \beta} \text{ 或 } K_G = \frac{dY}{dG} = \frac{1}{1 - \beta(1 - t)} \tag{15.5}$$

政府购买支出乘数受到消费者边际消费倾向(与比例税率)的影响。在税率一定的情况下,政府购买支出乘数与消费者边际消费倾向成正相关,在消费者边际消费倾向一定的情况下,政府购买支出乘数与比例税率成反向变动关系。

(2) 转移性支出乘数

转移性支出乘数是指国民收入变化量与引起这种变化量的转移支付变动量之间的倍数关系,或者说是国民收入变化量与促成这种变量的政府转移支付变化量之间的比例。

$$K_{TR} = \frac{dY}{dTR} = \frac{\beta}{1 - \beta} \text{ 或 } K_{TR} = \frac{dY}{dTR} = \frac{\beta}{1 - \beta(1 - t)} \tag{15.6}$$

由于政府的转移支出间接地影响到总需求,故其乘数效应小于政府购买支出乘数效应。

(3) 税收乘数

税收乘数是指因政府增加(或减少)税收而引起的国民生产总值或国民收入减少(或增加)的倍数。由于税收是对纳税人收入的一种扣除，税收高低会影响到投资并进而影响到国民收入。

$$K_T = \frac{dY}{dT} = -\frac{\beta}{1-\beta} \text{ 或 } K_T = \frac{dY}{dt} \cdot \frac{dt}{dT} = -\frac{\beta}{1-\beta(1-t)} \tag{15.7}$$

税收变动与国民收入成反方向变化，即税收减少，国民收入增加；税收增加，国民收入减少。因此，税收乘数是负值。

(4) 预算平衡乘数

平衡预算乘数是指政府收入和支出同时以相等数量增加或减小时国民收入变动对政府收支变动的比率。它描述的是当同时增加或者减少政府的收入和支出，政府的预算保持不变的时候，国民收入的变化情况。

$$K_B = K_G + K_T = 1 \tag{15.8}$$

当政府支出的扩大与税收的增加相等时，国民收入的扩大正好等于政府支出的扩大量或税收的增加量，当政府支出减少与税收的减少相等时，国民收入的缩小正好等于政府支出的减少量或税收的减少量。

15.3 财政政策与货币政策的配合

15.3.1 货币政策概述

15.3.1.1 货币政策的概念

货币政策是指政府或中央银行为实现一定的宏观经济目标所采取的控制货币供给以及调控利率的各项措施。它由信贷政策、利率政策、汇率政策等具体政策构成的一个有机的政策体系。货币政策作为国家经济政策的组成部分，其最终目标与国家的宏观经济目标是一致的。我国货币政策的基本目标是稳定货币。

15.3.1.2 货币政策的分类

根据货币政策在调节国民经济总量和结构中的不同功能，货币政策分为扩张性货币政策、紧缩性货币政策和中性货币政策。

(1) 扩张性货币政策

扩张性货币政策是指增加货币供应量的政策，其主要功能是刺激社会总需求的增长，其表现为政府或中央银行扩大信贷规模、降低利率、降低存款准备金率和再贴现率、在公开市场上回购有价证券。因此，当总需求与经济的生产能力相比很低时，社会有效需求不足、生产要素大量闲置、产品严重积压、市场明显疲软、国民经济处于停滞或低速增长情况下，中央银行应采取扩张性货币政策。

(2) 紧缩性货币政策

紧缩性货币政策是减少货币供给量的政策，其主要功能是抑制社会总需求的增长，主要措施是政府或中央银行紧缩名义货币供应量，适当提高再贷款利率、再贴现率以及商业银行的存款利率,适当压缩再贷款及再贴现限额,在公开市场上应大量出售有价证券,以便回笼资金。因此,在通货膨胀较严重时,采用消极的货币政策较合适。

(3) 中性货币政策

中性货币政策是指货币因素对社会总需求与总供给不产生影响,从而保证市场机制可以不受干扰地在资源配置过程中发挥基础性作用的货币政策。当社会总供求基本平衡、物价稳定、经济增长以正常速度递增时,中央银行应采取中性货币政策。中性货币政策表现为货币投放量适度,基本上能够满足经济发展和消费需要,利率、汇率基本不变,存款准备金率和再贴现率维持正常水平,既不调高也不降低。

15.3.1.3 货币政策工具

货币政策工具是中央银行为达到货币政策目标而采取的手段。货币政策工具分为一般性工具和选择性货币政策工具。一般性货币政策工具包括公开市场操作、存款准备金和再贴现;选择性货币政策工具包括贷款规模控制、特种存款、对金融企业窗口指导等。中国人民银行法第二十三条规定:"中国人民银行为执行货币政策,可以运用下列货币政策工具:要求银行业金融机构按照规定的比例交存存款准备金;确定中央银行基准利率;为在中国人民银行并立账户的银行业金融机构办理再贴现;向商业银行提供贷款;在公开市场上买卖国债、其他政府债券和金融债券及外汇;国务院确定的其他货币政策工具。"

(1) 存款准备金制度

存款准备金政策是指中央银行依据法律所赋予的权力,要求商业银行和其他金融机构按规定的比率在其吸收的存款总额中提取一定的金融缴存中央银行,并借以间接地对社会货币供应量进行控制的制度。提取的金额被称为存款准备金,准备金占存款总额的比率称为存款准备率或存款准备金率。存款准备金制度由两部分组成:一是法定准备金;二是超额准备金。法定准备金是指以法律形式规定的缴存中央银行的存款准备金。超额准备金是银行为应付可能的提款所安排的除法定准备金之外的准备金,它是商业银行在中央银行的一部分资产。货币乘数的大小与法定存款准备金率成反比关系。若中央银行提高法定存款准备金率,则降低了货币乘数,最终起到收缩货币供应量和信贷量的效果,反之亦然。

(2) 利率

所谓利息,是指货币所有者因贷出货币资金而从借款人处获得的报酬。而利率是利息率的简称,是指一定时期内利息的金额与存入或贷出金额的比率,由资金的供求关系决定。基准利率,又称法定利率,是指中央银行对商业银行及其他金融机构的存、贷款利率。基准利率在整个金融市场和利率体系中处于关键地位,起决定作用,它的变化决定了其他各种利率的变化。中央银行通过提高或降低贷款利率影响商业银行借入中央银行资金成本,以达到抑制或刺激对信贷资金的需求,导致信贷总量或货币供应量的收缩或扩张。

(3) 再贴现制度

贴现是指票据持有人在票据到期日前,为融通资金而向银行或其他金融机构贴付一定利息的票据转让行为。通过贴现,持票人得到低于票面金额的资金,贴现银行及其他金融机构获得票据的所有权。再贴现是商业银行及其他金融机构将买入的未到期的贴现票据向中央银行办理的再次贴现。所谓再贴现政策,就是中央银行通过制定或调整再贴现利率来干预和影响市场利率及货币市场的供应和需求,从而调节市场货币供应量的一种金融政策。如果中央银行调低再贴现率，降低商业银行向中央银行借入资金的成本，商业银行也可以调低其贷款利率，从而起到刺激企业贷款需求、扩大商业银行贷款规模和扩大货币供应量的作用；反之亦然。

(4) 公开市场业务操作

公开市场业务操作是指中央银行在金融市场上买卖有价证券和外汇的活动。它是货币政策的一种基本工具。中央银行买进或卖出有价证券或外汇可以达到增加或减少货币供应量的目的。当金融市场资金缺乏时，中央银行通过公开市场业务买进有价证券，从而投放了基础货币，引起货币供应量的增加和利率的下降；当金融市场上游资过多时，中央银行通过公开市场业务卖出有价证券，从而收回了基础货币，引起货币供应量的减少和利率的提高。中央银行正是以这种业务来扩张或收缩信用，调节货币供应量，它是目前西方发达国家运用得最多的货币政策工具。

(5) 其他调节工具

除上述传统工具外，西方国家还经常地辅以其他调节工具，如道义劝告、行政干预和金融检查等。

① 道义劝告　也称窗口指导，是指中央银行采取书面或口头方式，以说服或政策指导的方法，引导各金融机构扩大或收缩贷款。

② 行政干预　在有些国家，中央银行有权对各商业银行规定出最高贷款限额，以控制信贷规模；或是对商业银行的存贷款最高利率加以限制，等等。

③ 金融检查　中央银行有权随时对商业银行的业务活动进行金融监督与检查。这种检查包括检查业务经营范围、大额贷款的安全状况、银行的资本比率和流动资产比率，等等。

15.3.2　财政政策与货币政策相互配合的必要性

货币政策和财政政策是宏观经济调控的两大政策。要实现国民经济宏观调控的目标，仅仅依靠财政政策或货币政策都是难以奏效的，因此，经常需要这两种政策的相互配合才能达到政府宏观调控目标。二者对消费需求与投资需求形成中的作用不同，且不可相互替代。这是由财政政策与货币政策的功能差异所决定的，主要表现在以下两个方面：

(1) 作用机制不同

财政是国家集中一部分 GDP 用于满足社会公共需要，因而在国民收入的分配中，财政居于主导地位。财政直接参与国民收入的分配，并对集中起来的国民收入在全社会范围内进行再分配。银行是国家再分配货币资金的主要渠道，这种对货币资金的再分配，除了收取利息外，并不直接参加 GDP 的分配，而只是在国民收入分配和财政再分配基础上的一种再分配。信贷资金是以有偿方式集中和使用的，主要是在资金盈余部门和资金短缺部门之间进行余缺的调剂。这就决定了信贷主要是通过信贷规模的伸缩影响消费需求与投资需求的形成。

(2) 作用方向不同

消费需求包括个人消费和社会消费两个方面。社会消费需求，基本上是通过财政支出形成的，因而财政在社会消费需求形成中起决定作用。只要在财政支出中对社会消费性支出作适当的压缩，减少政府的购买力，社会消费需求的紧缩就可以立即见效。而银行信贷在这方面则显得无能为力。个人消费需求的形成则受到财政、信贷两方面的影响。在个人所得税制度日趋完善的情况下，财政对个人消费需求的形成是有直接影响的。而银行主要是通过工资基金的管理和监督以及现金投放的控制，间接地影响个人的消费需求。财政在形成投资需求方面的作用，主要是调整产业结构，促进国民经济结构的合理化，而银行的作用则主要在于调整总量和产品结构。

15.3.3 财政政策与货币政策的搭配

财政政策与货币政策在实践中往往要配合使用。所谓财政政策和货币政策的配合，是指政府将财政政策和货币政策按某种形式搭配组合起来，以调节总需求，最终实现宏观经济的内外平衡。财政政策与货币政策的配合使用，一般有四种模式：

(1) 扩张性的财政政策和扩张性的货币政策，即"双松"政策

扩张性财政政策是指通过减少税收和扩大政府支出规模来增加社会的总需求。扩张性货币政策是指通过降低法定准备金率、降低利息率而扩大信贷支出的规模，增加货币的供给。扩张性财政政策和宽松的货币政策能更有力地刺激经济活动。一方面通过减少税收或扩大支出规模等松的财政政策来增加社会总需求，增加国民收入，引起利率水平提高；另一方面通过降低法定准备金率、降低再贴现率、买进政府债券等宽松的货币政策增加商业银行的储备金，扩大信贷规模，增加货币供给，抑制利率的上升，以消除或减少扩张性财政政策的挤出效应，使总需求增加，其结果是可在利率不变的条件下，刺激了经济，并通过投资乘数的作用使国民收入和就业机会增加。这种模式能够短时间内提高社会总需求，见效迅速，但运用时应谨慎，如果尺度掌握不好会有通货膨胀的危险。

(2) 紧缩性的财政政策和紧缩性的货币政策，即"双紧"政策

紧缩性财政政策是指通过增加税收、削减政府支出规模等，来限制消费与投资，抑制社会的总需求；紧缩性货币政策是指通过提高法定准备率、提高利率来压缩支出的规模，减少货币的供给。当经济过度繁荣、通货膨胀严重时，紧缩性财政政策和紧缩性货币政策搭配可以抑制经济过热与通货膨胀。这就是说通过增加税收和减少政府支出规模等紧缩性财政政策压缩总需求，从需求方面抑制通货膨胀。而利用提高法定存款准备金率等紧缩性货币政策增加商业银行的准备金，会使利率提高，投资下降，货币供给量减少，有利于抑制通货膨胀。同时，由于紧缩性财政政策在抑制总需求的同时会使利率下降，而紧缩性货币政策使利率上升，使利率的下降不会起到刺激总需求的作用。其结果可在利率不变的情况下，抑制经济过度繁荣，使总需求和总产出下降。削减总需求一方面有利于抑制通货膨胀、保证货币和物价的稳定；另一方面有助于改善国际收支状况，减少国际收支赤字。但是，这一模式如果运用不当往往会造成经济停滞的后果。

(3) 扩张性的财政政策和紧缩性的货币政策

扩张性财政政策在于刺激需求，对克服经济萧条较为有效；紧缩性货币政策可以避免过高的通货膨胀率。因此，这种政策组合的效应是在保持经济适度增长的同时尽可能地避免通货膨胀。具体说来这种模式在刺激总需求的同时又能抑制通货膨胀，扩张性财政政策通过减税、增加支出，有助于克服总需求不足和经济萧条，而紧缩性货币政策会减少货币供给量，进而抑制由于扩张性财政政策引起的通货膨胀的压力。长期运用这种政策组合，会积累大量的财政赤字。

（4）紧缩性的财政政策和扩张性的货币政策

紧缩性财政政策可以抑制社会总需求，防止经济过旺和制止通货膨胀；扩张性货币政策在于保持经济的适度增长。因此，这种政策组合的效应就是在控制通货膨胀的同时，保持适度的经济增长。这种政策组合的结果是利率上升，总产出的变化不确定。一方面，通过增加税收，控制支出规模，压缩社会总需求，抑制通货膨胀；另一方面，采取扩张性货币政策增加货币供应，以保持经济适度增长。

15.3.4 财政政策与货币政策的相对效力

在凯恩斯经济学中，"需求管理"是政府的主要宏观经济政策。在封闭经济条件下，财政政策与货币政策对总需求的影响不同，因此，财政政策与货币政策的相对效力也不同。

15.3.4.1 财政政策的效力

当政府实施扩张性财政政策时，政府需求增加将通过财政政策乘数效应使国民收入增加，国民收入的增加又需要更多的货币用于交易。在货币供给不变的情况下，利率必然上升；利率上升，在抵销由于国民收入增加而增加的货币需求的同时又会减少投资需求，从而抵销一部分政府支出或减税对国民收入的刺激作用。当货币需求对利率的敏感程度很低时，由于政府支出增加引起的货币需求将使利率猛增；而当投资需求对利率的敏感程度很高时，利率的上升将大量降低投资需求。

（1）IS 曲线斜率给定，LM 曲线斜率变动情况下的财政政策效力

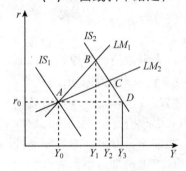

图 15-4 财政政策效果因 LM 曲线的斜率而异

在图 15-4 中，假设 IS 曲线斜率不变，在均衡收入 Y_0 和利率 r_0 水平下有两条不同斜率的曲线 LM_1 与 LM_2。假定政府实行一项扩张性财政政策如政府增加支出 ΔG，则它使 IS_1 右移到 IS_2，右移的距离为 Y_0Y_3，但由于利率上升会产生"挤出效应"，国民收入实际增加 Y_0Y_1 和 Y_0Y_2。

从图 15-4 可以看出，政府同样增加一笔支出，LM_1 曲线斜率较大，即曲线较陡时，引起国民收入变化较小，即财政政策效果较小；LM_2 曲线较平坦，引起的国民收入变化较大，即财政政策效果较大。其原因是：当 LM 曲线斜率较大时，表示货币需求的利率敏感性较小，这意味着一定的货币需求增加将使利率上升较多，从而对私人部门投资产生较大的"挤出效应"，结果使财政政策效果较小。相反，当货币需求的利率敏感性较大时，政府由于增加支出，即使向私人借了很多钱，也不会使利率上升很多，从而不会对私人投资产生很大影响，这样，政府增加支出就会使国民收入增加较多，即财政政策效果较大。

（2）LM 曲线斜率给定，IS 曲线斜率变动情况下的财政政策效力

在图 15-5 中，LM 曲线斜率固定，在均衡收入 Y_0 和利率 r_0 水平下有两条不同斜率的曲线 IS_1 与 IS_2。政府实行一项扩张性财政政策，假定增加一笔支出 ΔG，则会使 IS 曲线右移的距离是 Y_0Y_3，但实际上收入不可能增加到 Y_3，因为 IS 曲线向右上移动，在货币供给

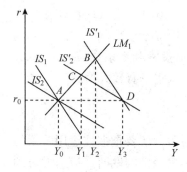

图 15-5 财政政策效果因 IS 曲线的斜率而异

不变时，导致均衡利率上升，利率的上升抑制了私人投资。由于存在政府支出"挤出"私人投资的问题，因此，新的均衡点收入只能分别增加到 Y_1 和 Y_2。

从图 15-5 可以看出，$Y_0Y_1 < Y_0Y_2$，原因在于 IS_2 曲线比较平缓，IS_1 曲线较陡峭。IS 曲线斜率大小主要由投资的利率敏感度所决定，IS 曲线越平缓，表示投资对利率敏感度越大。当投资对利率变动的比较敏感时，扩张性财政政策引起利率上升较快，导致私人投资下降很多，出现较大的挤出效应。IS 曲线比较陡峭，说明私人投资对利率变动不敏感，所以挤出效应较小，政策效果较大。

15.3.4.2 货币政策的效力

扩张性货币政策如果在货币供给的增加时使利率下降的幅度很大，对投资产生很大的刺激作用，它对总需求的影响就很大。如果货币需求对利率的敏感程度很高，货币供给的增加并不能使利率下降很大。在这种情况下，扩张性的货币政策如果使利率下降较小，或对投资的影响较小，它对总需求的影响就较弱。

（1）IS 曲线斜率给定，LM 曲线斜率变动情况下的货币政策效力

从图 15-6 可以看出，IS 曲线斜率固定，在均衡收入 Y_0 和利率 r_0 水平下有两条不同斜率的曲线 LM_1 与 LM_2。假定实行一项扩张性货币政策使得 LM 曲线右移 Y_0Y_3，移动后的 LM_1' 与 LM_2' 与 IS 曲线交于不同的点。实行扩张性货币政策后，由于 LM 曲线的斜率不同，国民收入增加幅度也不相同，$Y_0Y_1 < Y_0Y_2$，其原因是当 LM 曲线较平坦时，表示货币需求受利率的影响较大，即利率稍有变动就会使货币需求变动很多，因而货币供给量变动对利率变动的作用较小，从而增加货币供给量的货币政策就不会对投资和国民收入有较大影响；反之，若 LM 曲线较陡峭，表示货币需求受利率的影响较小，即货币供给量稍有增加就会使利率下降较多，因而使投资和国民收入有较多增加，即货币政策的效果较强。

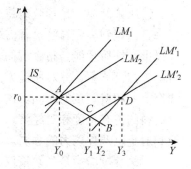

图 15-6 货币政策效果因 LM 曲线的斜率而异

（2）LM 曲线斜率给定，IS 曲线斜率变动情况下的货币政策效力

图 15-7 中，LM 曲线斜率不变，在均衡收入 Y_0 和利率 r_0 水平下有两条不同斜率的 IS 曲线。中央银行增加货币供给量，LM_1 右移到 LM_2，Y_0Y_3 等于利率 r_0 不变时因货币供给增加而能够增加的国民收入，但实际上收入并不会增加那么多，因为利率会因货币供给增加而下降，因而增加的货币供给量中一部分要用来满足增加了的投机需求，只有剩余部分才用来满足增加的交易需求。究竟有多少货币量用来满足增加的交易需求，决定于货币供给增加时国民收

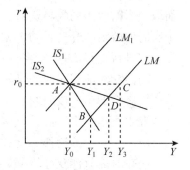

图 15-7 货币政策效果因 IS 曲线的斜率而异

入能增加多少。IS 曲线较陡峭时，收入增加较少；IS 曲线较平坦时，收入增加较多。因此，当 LM 曲线由于货币供给增加而向右移动使利率下降时，投资不会增加很多，从而国民收入水平也不会有较大增加；反之，IS 曲线较平坦，则表示投资利率系数较大。因此，货币供给增加使利率下降时，投资会增加很多，从而使国民收入水平有较大增加。

15.3.5　财政政策与货币政策的时滞

经济学家认为，良好的经济政策不仅是单纯的政策配合问题，还要把握住运用政策的时机。因此，政府在利用相机抉择的财政政策与货币政策来解决经济问题时，应当考虑到相关政策的时滞问题。财政政策与货币政策的实施一般会产生下列五种时滞，依次为：认识时滞、行政时滞、决策时滞、执行时滞以及效果时滞。

① 认识时滞　是指从经济现象发生变化到决策者对这种需要调整的变化有所认识所经过的时间，这段延迟时间的长短，主要取决于行政部门掌握经济信息和准确预测的能力。认识时滞之所以存在，主要有两个原因：一是搜集各种信息资料需要耗费一定的时间；二是对各种复杂的社会经济现象进行综合性分析，作出客观的、符合实际的判断需要耗费一定的时间。

② 行政时滞　也称行动时滞，是指政府在制定采取何种政策之前对经济问题调查研究所耗费的时间。

③ 决策时滞　是指政府将分析的结果提交给立法机构审议通过所占用的时间；中央银行一旦认识到客观经济过程需要实行某种政策，就要着手拟定政策实施方案，并按规定程序报批，然后才能公布、贯彻。这段时滞之所以存在，是因为中央银行根据经济形势研究对策、拟订方案，并对所提方案做可行性论证，最后审定批准，整个制定过程的每一个步骤都需要耗费一定的时间。这部分时滞的长短，取决于中央银行对作为决策依据的各种信息资料的占有程度和对经济、金融形势的分析、判断能力，体现着中央银行决策水平的高低和对金融调控能力的强弱。

④ 执行时滞　是指政策议案在立法机构通过后交付有关单位付诸实施所经历的时间。

⑤ 效果时滞　是指政策正式实施到已对经济产生影响所需要的时间。

认识时滞和行政时滞只涉及行政单位而与立法机构无关，也就是说，这两种时滞只属于研究过程，与决策单位没有直接关系，经济学称之为内在时滞。内在时滞的长短，一方面取决于财政当局收集资料、研究情况所占用的时间以及采取行动的效率；另一方面取决于当时的政治与经济目的，尤其是在希望实现的目标较多的情况下，必须对政策目标的优先顺序进行选择。

与内在时滞相对应的是外在时滞。外在时滞是指从政府采取措施到这些措施对经济体系产生影响的这一段时间。主要包括决策时滞、执行时滞和效果时滞。这三种时滞与决策单位发生直接关系，而且直接影响社会的经济活动，故称为外在时滞。外部时滞的长短，主要取决于政策的操作力度和金融部门、企业部门对政策工具的弹性大小。

内在时滞只涉及经济问题的发现与对策研究，这对财政政策和货币政策来说大体一致。从决策时滞来看，货币政策就可能优于财政政策。因为财政政策措施要通过立法机构，经过立法程序，比较费时，因此财政政策的决策时滞较长；货币政策可由中央银行的公开市场业务直接影响货币数量,时滞比较短。就执行时滞来看,财政政策的执行时滞一般比货币政策要长。因为财政政策措施在通过立法之后,还要交付给有关执行单位具体实施,而货币政策在中央银行决策之后,可以立即付诸实施。从效果时滞来看,财政政策可能优于货币政策。由于财政政策的工具直接影响社会的有效需求,从而使经济活动产生有力的反应;而货币政策主要是影响利率水平的变化,通过利率水平变化引导经济活动的改变,不会直接影响社会有效需求。因此,财政政策的效果时滞比货币政策要短。

时滞的存在对财政政策的实施效果产生一定的影响,甚至在某些情况下导致经济的更加不稳定。例如,在经济周期从萧条走向复苏的阶段,政府为加快经济的复苏实行了扩张性的财政政策,但由于财政政策时滞的存在,使得财政政策在经济已经自发运行到高涨阶段时才开始发挥作用,此时的财政政策将会增加当时经济的通货膨胀的压力;反之,在经济周期高涨阶段,政府为抑制通货膨胀而采取的紧缩政策,可能直到经济自发走向萧条时才开始发挥作用,这将使得已经衰退的经济进一步雪上加霜。

15.4 我国财政政策的实践

改革开放后,随着市场机制的引入,政府在宏观调控中开始注重运用财政政策与货币政策解决现实中出现的经济问题。同时,改革开放之初,财政政策在我国政府的宏观调控中居于主导地位,货币政策的作用微乎其微。随着社会主义市场机制的不断完善,金融体系的逐步建立,货币政策在宏观调控的作用不断增强。目前,财政政策与货币政策在宏观调控过程中共同发挥着作用,成为政府进行宏观调控的主要手段。自1978年以后,我国财政政策与货币政策的配合大致经历以下几个阶段。

(1) 改革开放初期我国财政货币政策的配合(1979—1992年)

这个时期我国市场经济体制处于起步阶段,政策协调的外部环境不完善,政策作用的微观主体以国有企业为主,政府调控经验不足,财政政策与货币政策协调中一直以直接调控为主,很少用财政与金融中间变量来间接影响经济主体活动。同时,财政政策与货币政策的搭配以"同松同紧"为主,造成政策协调的效果不佳。这个时期财政政策与货币政策的搭配又可以分为两个阶段:

第一阶段:1979—1984年,以"双松"为主的财政政策与货币政策搭配

1978年党中央提出以经济建设为中心,1979年中央提出对国民经济实行"调整、改革、整顿、提高"八字方针,1979—1980年的财政政策与货币政策搭配以"双松"为主,财政上采取一系列措施,使得财政支出连续大幅度增长,造成了高额财政赤字,银行方面则是大幅度增加现金与贷款投放,使全国零售物价总指数大幅上涨。鉴于物价上涨,1981年政府对经济活动进行调整,采取"紧财政松货币"的政策搭配,基本实现了财政平衡。

第二阶段:1985—1991年,以"双紧"为主的财政政策与货币政策搭配

1982—1984年的"双松"配合带来了经济的强劲增长,1984年后期出现了经济过热现象,生活总需求与总供给的差额不断扩大,投资消费高速增长,价格水平大幅攀升。1985年实行财政货币增长的"双紧"配合,初步遏制了投资与消费的过热势头。但是,社会上加速经济增长和投资扩张的需求仍然十分强烈。为了满足投资扩张需求,1986—1988年又实

行了"双松"财政货币政策搭配,结果导致严重的通货膨胀。为了抑制经济过热与通货膨胀,1988年底实行了"双紧"的财政货币政策配合,基本达到了预期目的。但是,财政货币政策紧缩过度,导致了经济的疲软,到了1990年,政府开始调整紧缩力度,在"双紧"基调下实行"双松"财政货币政策的配合,改善了市场疲软现象。

(2)社会主义市场经济体制发展阶段我国财政货币政策的配合(1992年至今)

在1992年邓小平南巡讲话以后,我国经济进入社会主义市场经济建设时期。这期间我国经济发展先后经历过了经济过热、1997年的亚洲金融危机、四川汶川大地震以及2008年美国金融危机等。在复杂的国内外形势面前,我国政府灵活运用财政货币政策,主动干预经济,成功化解一次次危机,保持国民经济持续高速发展。在这个时期,财政货币政策又可以划分为以下几个阶段:

第一阶段:1992—1997年,以"双紧"为主的财政政策与货币政策

1992年,邓小平南巡讲话以后,全国掀起新一轮经济建设高潮,导致投资增长过猛,物价水平上涨过快。为了保持国民经济的平稳发展,党中央果断作出深化改革、加强和改善宏观调控的重大决策,1993年下半年开始实行适度从紧的财政货币政策配合,其中财政政策发挥了重要作用。通过这次宏观经济调控,国民经济在1996年平稳地回落到适度增长的区间,基本实现了经济"软着陆"。

第二阶段:1998—2002年,以"双松"为主的财政政策与货币政策

1997年7月,亚洲金融危机爆发,我国经济发展受到了严重冲击,物价走低、投资低迷、失业增加,全国经济面临通货紧缩问题。面对国内外经济与市场形势,我国财政货币政策由适度从紧快速转为"双松"配合。其着力点在于扩大内需,治理通货紧缩,防范金融风险,摆脱经济萧条,促进经济增长和努力降低失业率,实现充分就业,保持经济平稳发展。通过这次调控,成功抵御了亚洲金融危机的冲击,宏观经济运行得到根本改善,通货紧缩趋势得以遏制,社会需求全面回升,经济结构调整稳步推进,经济持续快速增长。经过五年左右的宏观调控,我国经济增速由1998年的7.8%逐步而波动式地提高到2002年的9.1%;而居民消费价格指数保持在1998的-0.8%水平变化不大,直到2003年才摆脱价格负增长局面上升到1.2%;阻止了经济严重下滑,我国经济开始进入新一轮经济周期上升阶段。

第三阶段:2004—2007年,以"双稳健"为主的财政政策与货币政策搭配

前一阶段我国政府实行"双松"政策使国民经济摆脱了通货紧缩的阴影,取得了巨大的发展,但在宏观经济运行方面也产生了新的矛盾和问题,国民经济中出现了局部过热现象,投资需求进一步膨胀,贷款规模偏大,通货膨胀压力加大,个别地区与个别产业的发展严重失调,使民经济的发展态势出现了不均衡。为了防止经济过热进一步加剧,2004年中央党中央、国务院提出进一步加强宏观调控,主张实行"稳健的财政政策和稳健的货币政策",主要措施是多次上调利率和存款准备金,缩减长期国债规模和中央财政赤字,改革出口退税制度,减少部分商品出口退税率等。

第四阶段:2008年以后,以"双松"为主的财政政策与货币政策搭配

经过上一轮稳健的经济调控以后,进入2007年经济过热和通货膨胀成为我国经济面临的最大问题。2008年年初的南方地区的特大雪灾与5月的四川大地震,将物价进一步推

高,物价飞速上涨,所以在 2008 年上半年,中央的宏观调控政策为从紧的货币政策与稳健的财政政策。但是,在 2008 年美国的次贷危机开始蔓延到实体经济,并波及全球。我国外贸出口严重缩水,沿海中小企业大量倒闭,工人大量失业,经济出现严重下滑趋势。党中央及时转变调控方式,由从紧的货币政策与稳健的财政政策搭配迅速转变为积极的财政政策与宽松的货币政策。

2008 年以来宏观经济政策转变的本意是刺激总需求、防止经济全面下滑。实际政策执行的结果是,到了 2009 年第二季度,我国经济迅速复苏,在房地产市场迅速升温的影响和带动下,我国物价指数也一路攀升。2010 年,国家宏观经济政策基调实际上已经发生了转变,由过度宽松转向适度宽松,其目的是抑制总需求,从根本上缓解宏观经济过热的局面。

受美、欧债务危机冲击,市场信心动摇,金融市场持续大幅波动,大宗商品价格明显下跌,全球制造业活动收缩,国际经济环境有所恶化。我国出口、投资需求面临下行压力,潜在风险也在增加。因此,2011—2015 年中央政府连续实施积极的财政政策和稳健的货币政策,增强宏观调控的针对性、灵活性、有效性。其中,2012 年,受发达国家债务危机拖累,世界经济延续缓慢复苏,国内经济结构调整的压力进一步增大。中央政府在 2012 年采用由稳健货币政策转变为稳健从松或适度扩张货币政策,积极财政政策转变为更加积极的财政政策。随着一系列宏观经济政策的实施,物价涨幅趋稳,资产泡沫化风险降低,经济运行开始回归正常增长轨道。

2015 年中国经济下行压力加大,中央决定继续实施积极的财政政策和稳健的货币政策。加强政策协调配合,注重用好增量、盘活存量,进一步改善实体经济发展环境。加力增效落实好积极的财政政策,着力盘活用好沉淀资金,优化财政支出结构,提高公共支出效率;继续减轻企业负担,落实好结构性减税和清理规范涉企收费的各项措施。松紧适度实施好稳健的货币政策,灵活运用货币政策工具,促进社会融资规模和货币信贷合理增长。有效防范化解金融风险,健全金融风险防范评估体系和预警机制,加强对金融市场、机构以及跨领域、跨市场风险的监控,守住不发生区域性、系统性风险的底线。

延伸阅读

过渡期增值税中央与地方五五分成 注重调动地方积极性

2016 年 5 月 1 日,营改增试点全面推开。

中国政府网 4 月 30 日发布国务院印发的《全面推开营改增试点后调整中央与地方增值税收入划分过渡方案》。方案明确,在未来 2~3 年的过渡期内,增值税收入中央与地方将五五分成,以保障地方既有财力,又不影响地方财政平稳运行。

方案称,按照党的十八届三中全会关于"保持现有中央和地方财力格局总体稳定,结合税制改革,考虑税种属性,进一步理顺中央和地方收入划分"的要求,同时考虑到税制改革未完全到位,推进中央与地方事权和支出责任划分改革还有一个过程,国务院决定,制定全面推开营改增试点后调整中央与地方增值税收入划分的过渡方案,过渡期暂定 2~3 年。

在中国社会科学院财政税收研究中心主任杨志勇看来，2~3 年的过渡期相当于给出了央地财政关系总体规范方案的时间表。

"目前营改增还处于试点阶段，一个过渡方案可以给我们比较大的回旋余地，有利于我们及时总结经验和应对遇到的问题。"中央党校经济学部教授李旭章说。

财政部发布的数据显示，2015 年，国内增值税收入为 31 109 亿元，营业税收入为 19 313 亿元，两大税种收入合计为 50 422 亿元。如此规模的增值税收入，分配比例稍稍变动，就会对相关利益方产生很大影响，尤其是地方，在财力原本就已经比较紧张、收支矛盾十分突出的情况下，分成比例就成为其最为关心的问题。

方案提出，以 2014 年为基数核定中央返还和地方上缴基数，所有行业企业缴纳的增值税均纳入中央和地方共享范围。中央分享增值税的 50%，地方按税收缴纳地分享增值税的 50%。

此次方案明确的基本原则就是保持现有财力格局不变，注重调动地方积极性，兼顾好东、中、西部利益关系。

李旭章表示，方案的提出让地方政府吃了一颗"定心丸"。营改增不是从地方上划财力，既保证地方不因改革减少可用财力，又减少了改革阻力。杨志勇认为，在税种数量有限且各个税种重要性差别很大的条件下，各级政府都要有独立的主体税种的要求往往难以满足，地方税系的构建与完善只能另辟蹊径，增值税在中央和地方的分享比例就是在这样的背景下确定的。

（资料来源：http://www.mof.gov.cn/zhengwuxinxi/caijingshidian/shzqb/201605/t20160503_1974301.html）

▲ 本章小结

1. 财政政策是指一国政府根据经济社会发展需要，为了达到既定的目标而采取的财政措施的总和。具体而言，财政政策就是政府通过调节财政支出与收入，引导社会资源合理流动，从而实现社会充分就业、物价稳定与经济增长。

2. 财政政策的主体是政府，财政政策由税收政策、财政支出政策、公债政策、财政预算政策等一整套政策体系组成。财政政策是政府干预经济运行的主要调控手段。财政政策具有一定的时效性与相对的稳定性。

3. 财政政策目标是政府运用财政政策工具进行经济宏观经济调控时所要达到的预期目的。政府为了调节社会总供给与总需求的大致平衡，追求的财政政策目标主要有充分就业、物价稳定、经济增长与社会生活质量的提高。

4. 财政政策工具就是政府所选择的用以达到财政政策目标的各种财政手段。财政政策工具主要有税收、公债、政府购买支出、转移支付支出与政府预算。不同的财政政策工具具有不同的功能和作用，在不同经济环境下政府追求的财政政策目标不同，因此，在不同时期政府采取的财政政策工具有很大的差异。

5. 根据财政政策调节经济周期的作用可将财政政策分为自动稳定的财政政策和相机抉择的财政政策。根据财政政策在调节国民经济总量和结构中的不同功能可分为扩张性财政政策、紧缩性财政政策和中性财政政策。按财政收支活动与社会经济活动之间的关系，财政政策可分为宏观财政政策和微观财政政策。

6. 财政政策传导机制就是财政政策在发挥作用的过程中，税收、政府购买支出、转移支付支出、公债等财政政策工具通过收入分配、货币供应与价格等媒介体相互作用形成的一个有机联系的整体。

7. 财政政策效应是指财政政策作用的结果，即在财政政策的有效作用下，社会经济作出的反应。它包括财政政策的"内在稳定器"效应、经济稳定效应、货币效应与奖抑效应。

8. 财政政策是政府利用财政收支等手段来影响总需求，从而调节国民经济的均衡。财政政策乘数用来研究财政收支变化对国民收入的影响。财政政策乘数效应包括：税收乘数效应、政府购买支出乘数效应、转移支出乘数效应与平衡预算乘数效应。

9. 货币政策是指政府为实现一定的宏观经济目标所制定的关于调整货币供应基本方针及其相应的措施。它是由信贷政策、利率政策、汇率政策等具体政策构成的一个有机的政策体系。

10. 财政政策和货币政策的配合是指政府将财政政策和货币政策按某种形式搭配组合起来，以调节总需求，最终实现宏观经济的内外平衡。财政政策与货币政策的配合使用，一般有四种模式：扩张性的财政政策和扩张性的货币政策，即"双松"政策；紧缩性的财政政策和紧缩性的货币政策，即"双紧"政策；扩张性的财政政策和紧缩性的货币政策；紧缩性的财政政策和扩张性的货币政策。

思考题

1. 试述财政政策的目标。
2. 简述财政政策的性质。
3. 简述财政政策工具的类型。
4. 试述财政政策乘数效应。
5. 试述财政政策与货币政策搭配类型。

参考文献

安秀梅.2011.财政学[M].北京：中国人民大学出版社.
陈工，林致远，杨志勇.2005.财政学[M].武汉：武汉大学出版社.
陈共.2004.财政学[M].北京：中国人民大学出版社.
陈共.2012.财政学[M].北京：中国人民大学出版社.
储敏伟，杨君昌.2010.财政学[M].北京：高等教育出版社.
大卫·李嘉图.2005.政治经济学及赋税原理[M].北京：华夏出版社.
邓子基，林志远.2008.财政学[M].北京：清华大学出版社.
邓子基.2005.财政学[M].北京：高等教育出版社.
邓子基.2014.财政学[M].北京：中国人民大学出版社.
杜振华.2015.财政学[M].北京：人民邮电出版社.
段治平.2008.财政与税收[M].北京：清华大学出版社.
高培勇.2004.公共经济学[M].北京：中国人民大学出版社.
郭庆旺，赵志耘.2010.公共经济学[M].北京：高等教育出版社.
国家统计局.2015.中国统计年鉴[M].北京：中国统计出版社.
哈维·S·罗森，特德·盖亚.2009.财政学[M].8版.郭庆旺，赵志耘，译.北京：中国人民大学出版社.
蒋洪，朱萍.2011.公共经济学[M].上海：上海财经大学出版社.
蒋洪.2000.财政学[M].上海：上海财经大学出版社.
寇铁军.2000.财政学教程[M].大连：东北财经大学出版社.
匡小平.2008.财政学[M].北京：清华大学出版社.
李放.2009.公共经济学[M].北京：中国农业出版社.
林致远，邓子基.2012.财政学[M].北京：清华大学出版社.
刘京焕，陈志勇，李景友.2011.财政学原理[M].北京：高等教育出版社.
鲁迪格·多恩布什，斯坦利·费希尔，理查德·斯塔兹.2003.宏观经济学[M].8版.王志伟，译.北京：中国财政经济出版社.
马海涛.2009.中国税制[M].北京：中国人民大学出版社.
马俊.1998.论转移支付[M].北京：中国财政经济出版社.
毛程连，朱红琼.2009.财政学[M].上海：复旦大学出版社.
牛淑珍.2008.财政学案例[M].上海：复旦大学出版社.
牛永有，李互武，富永年.2013.财政学[M].上海：复旦大学出版社.
申秀清，修长柏.2012.发达国家农业现代化资金来源多元化对我国的启示[J].农业现代化研究(1)：46-49.
孙世强.2012.财政学[M].北京：清华大学出版社.

唐祥来，康锋莉. 2013. 财政学[M]. 北京：人民邮电出版社.

王柏玲，李慧. 2008. 财政学[M]. 北京：清华大学出版社，北京交通大学出版社.

席晓娟. 2012. 税法[M]. 上海：上海交通大学出版社.

辛立秋. 2015. 财政学[M]. 北京：中国农业出版社.

亚当·斯密. 1981. 国民财富的性质和原因的研究[M]. 北京：商务印书馆.

杨斌，雷根强，胡学勤. 2003. 税收学[M]. 北京：科学出版社.

杨志勇. 2011. 税收经济学[M]. 大连：东北财经大学出版社.

于玲. 2009. 浅论投资于经济增长的关系[J]. 山东纺织经济(4)：98-99.

张国兴，李芒环. 2013. 财政学[M]. 郑州：河南大学出版社.

张晓光. 2007. 财政学[M]. 北京：中国农业出版社.

张馨. 2012. 财政学[M]. 北京：科学出版社.

中国注册会计师协会. 2015. 税法[M]. 北京：经济科学出版社.

中华人民共和国财政部. 2013. 中国财政年鉴[M]. 北京：中国财政出版社.

朱军. 2010. 高级财政学[M]. 上海：上海财经大学出版社.

BUCHANAN J M. 1965. An economic theory of clubs[J]. Econometrica, 32：1-14.

MIRRLEES J A. 1971. An exploration in the theory of optimum income taxation[J]. Review of Economics Studies, 38：175-208.

TIEBOUT C. 1956. A pure theory of public expenditure[J]. Journal of Political Economy (10)：416-424.